非传统威胁下中国公民海外安全分析

李晓敏　著

人民出版社

责任编辑:陈寒节
责任校对:湖　偺

图书在版编目(CIP)数据

非传统威胁下中国公民海外安全分析/李晓敏 著.
—北京:人民出版社,2011.10
ISBN 978-7-01-010244-3

Ⅰ.①非…　Ⅱ.①李…　Ⅲ.①出入境管理-研究-中国
②安全教育-中国　Ⅳ.①D631.46②X925

中国版本图书馆 CIP 数据核字(2011)第 188745 号

非传统威胁下中国公民海外安全分析

FEICHUANTONG WEIXIEXIA ZHONGGUO GONGMIN HAIWAI ANQUAN FENXI

李晓敏　著

人民出版社 出版发行

(100706　北京朝阳门内大街 166 号)

北京龙之冉印务有限公司印刷　新华书店经销

2011 年 10 月第 1 版　2011 年 10 月第 1 次印刷

开本:710 毫米×1000 毫米　1/16　印张:24

字数:370 千字　印数:0,001-2,200 册

ISBN 978-7-01-010244-3　　定价:50.00 元

邮购地址:100706　北京朝阳门内大街 166 号

人民东方图书销售中心　电话:(010)65250042　65289539

序 言

《非传统威胁下中国公民海外安全分析》是一部全面和系统地分析中国公民在海外的安全现状和风险形式,介绍我国相关部门如何维护我国的海外权益,保护中国公民和机构海外安全与合法权益的专著。本书的面世,对于读者更好地了解新时期中国外交"以人为本、外交为民"理念,培育和提高公民和机构海外安全意识和风险防范能力,很有裨益,我在此表示祝贺。

目前,中国已成为世界第二大经济体,中国经济与世界经济融合进一步加深,文化交流进一步增加,人员往来更加频繁。我国每年前往境外从事经商、求学、旅游、探亲、务工等跨国活动的人员迅速增长。2010 年,中国公民出境总数已达 5739 万人次,跨国活动地域更加广泛,目的更加多元。但同时,中国公民和机构海外安全风险自然增多,面临的海外安全形势更加严峻。一些国家和地区政治局势不稳,武装冲突、局部地区骚乱及社会动荡,恐怖主义活动依然严重,社会治安较差,重大自然灾害频繁发生,以及中国公民缺乏法律意识,不遵守和尊重当地法律习俗等多种因素,都不同程度影响着海外中国公民和机构的安全。重视和关心中国公民和机构的海外风险,成为一个十分迫切和现实的问题。

党中央、国务院十分重视中国公民和机构的海外安全。2004 年,胡锦涛总书记在中国工人国外遇袭事件发生后表示:中国有十三亿人口,但我们珍惜每一个同胞的生命!2009 年,在中国第十一次驻外使节会议上,胡锦涛总书记提出:要坚持以人为本,依法维护我国公民和法人海外合法权益,维护侨胞及香港特别行政区同胞、澳门特别行政区同胞、台湾同胞正当权益。党和国家其他领导人也多次对中国公民和机构海外安全问题做出指示和批示。为此，外交部领事司认真落实党中央和国务院领导指示精神，按照部领导要求，努力贯彻"以人为本、外交为民"方针，不断加强体制机制和能力建设，妥善处理境外各类涉及中国公民和机构重大突发事件，积极加强预警宣传，化解海外安全风险，为维护国家不断拓展的海外利益、保护海外中国公民和机构的安全与合法权益尽了绵薄之力。

应该指出，尽管我国在保护海外公民和机构安全与合法权益工作上取得一定进展，但公民不断增长的安全需求与政府领事保护资源相对短缺之间的矛盾将长期存在。要从根本上改善中国公民海外安全状况和水平，只靠政府部门和驻外使领馆是远远不够的，最根本的还是公民要提高海外安全意识，强化自我防范风险能力和自救能力。

当前，无论是个人还是法人机构，在国外逗留和生活期间，应按照《中国领事保护和协助指南》、《海外中国公民文明指南》的要求，遵纪守法，做文明人、办合法事。公民要入乡随俗，与人友善，平等待人。要洁身自好，提高安全意识。要加强与中国驻外使领馆的联系，主动登记个人信息。中国企业和法人机构，在开拓海外资源和市场的同时，要秉承中国儒家文化传统，君子爱财，取之有道，公平竞争，和气生财。更要积极融入当地社会，承担相应社会责任。在一定程度上，中国公民和机构在海外的安危与自身的文明程度是相关的，大家的一言一行代表着中国形象。因此，每一位海外中国公民，都应该成为中国人民与世界各国平等相处、共同发展的和平使者。

是为序！

黄屏

外交部领事司司长

二〇一一年五月四日

目　录

导　论

一、非传统威胁源起和特征

(一)非传统威胁的源起

在刚刚过去的21世纪第一个十年,走出国门涌向世界的中国人已经明白,外面的世界既精彩也风险多多,不时有战争、恐怖爆炸、暴力冲突、绑架抢劫、突发自然灾害等“天灾人祸”相随。这些年来,诸如中国政府从利比亚撤出数万名因该国政局突变而处危境的我国公民、索马里海盗抢劫中国商船、“基地”组织的恐怖分子杀害在巴基斯坦的中国劳工、中国公民在苏丹被武装分子绑架、墨西哥发生“H1N1甲型”流感疫情促使中国政府接回侨民,俄罗斯警察查扣切尔基佐夫市场的“华商”巨额物品等这些国人以前很少听到的消息,不绝于耳,连篇累牍的报道充斥国人眼帘,成为人们茶余饭后关注的话题。它表明,在改革开放30多年后的今天,在海外从事经商、留学、旅游、劳务等活动的中国公民,在走向世界、参与全球化过程中,正面临着一种全新的不同于以往传统的战争、武装冲突给生命和财产安全带来的威胁,这就是人类面临的共同问题和挑战,即“非传统威胁”。

“非传统威胁”,又称“非传统安全问题”、“非传统安全”、“非传统安全威胁”等等,“非传统威胁”是相对传统安全威胁而言的。因此,首先要弄清什么是“传统安全威胁”?“非传统威胁”问题的由来和发展?

所谓“安全”是指人类的生存、繁衍、昌盛免受威胁的状态。在英语中,对安全(security)一词的注解是指没有威胁、免予恐惧。由于“安全”的对立面是“威胁、危险、不确定”等,因而一旦“威胁”状态消除,则个人和组织是安全的、稳定的。国际政治学意义上的“安全”,是指一个主权国家不存在外来敌人或敌对国家的军事威胁;或以武力相威胁,国家应免予恐惧。同样,以往的国际政治学者研究的焦点也就是一国如何避免威胁,是增强军事实力来自保,还是通过与强国结盟或用外交手段来维护自身安全。凡是以军事的、政治的手段来维护国家安全的,称“传统安全”问题。

人类社会自从有民族国家以来,民族间、国家间的冲突和矛盾更多是通过战争和武力来解决,古今中外的学者和大量论著也是论述和关注“传统安全威胁”问题。无论是中国的《孙子兵法》、《非攻》、《论持久战》等有关战争的不朽名著,还是西方国家的克劳塞维茨《战争论》[①]、美国汉斯·摩根索《国家间政治:权力斗争与和平》[②]和保罗·肯尼迪《战争与和平中的大战略》[③]等,概不例外。

“非传统威胁”或者叫“非传统安全威胁”的现象其实早已出现,但并不引人注目。例如,今天人们所熟知的国际恐怖主义问题,早已存在数千年。西方史书中最早记载恐怖活动现象可追溯到公元前4世纪的古希腊。中国公元前2世纪《史记·刺客列传》中已经有记载:因争权夺利的需要,许多诸侯列国派遣刺客搞谋杀的事例。但历经数百上千年,国际恐怖主义活动虽始终存在但不显眼。即使到了上个世纪60年代,由于中东地区的巴勒斯坦问题长期得不到公正合理的解决,有一段时期,绑架、谋杀、劫持飞机等恐怖事件频发,恐怖主义问题曾引起过国际社会的关注。1972年9月4日,来自巴勒斯坦地区的“黑九月”组织成员绑架了在联邦德国慕尼黑参加奥运会的11名以色列运动员。由于种种原因,联邦德国的安全部门武力营救人质计划最终失败,导致11名以色列运动员死亡,国际奥运会为此事曾中止比赛,向遇难者致哀。这一事件表明,国际恐怖主义活动已经到了一个新

① 卡尔·冯·克劳塞维茨(1780—1831)是近代以来西方世界最伟大的军事学家之一,著有《战争论》名著。

② 汉斯·摩根索(1904—1980)是国际政治学说中经典现实主义的集大成者,被称为“国际关系之父”。其所著的《国家间政治:权力斗争与和平》一书是国际政治学者必读书。

③ 保罗·肯尼迪(1945—)是美国哈佛大学教授,著有《战争与和平中的大战略》《英国海军霸权的兴衰》等书,其中《大国的兴衰》一书至今仍是国际政治领域畅销书。

阶段。

但是,由于类似的国际恐怖主义等非传统安全威胁问题并没有出现全球性蔓延的后果,或只是其中某个问题引起关注。因此,“经济安全”、“恐怖主义”、“生态安全”等“低级政治”[①]问题,或者叫做“非传统威胁”问题,一直没有被国际政治学界特别重视。

国际社会关注起非传统威胁问题,其转折点是2001年美国“9·11事件”[②]及以后国际社会相继发生的2003年全球性“非典”、2008年美国“金融危机”等国际性灾难,这些严重危及人类生存和发展的全球问题不断地爆发,促使国际社会认识到,过去“人们所熟悉的传统威胁正在被大量新的陌生的威胁所取代”[③],这就是引起国际社会广泛关注的“非传统威胁”问题。从此,人们把恐怖主义、生态环境、艾滋病、突发性传染病、粮食危机等带有全局性共同性的人类面临的问题,称为“非传统威胁”,以区别于传统的战争、军事冲突等传统安全问题给国家或者个人所带来的威胁或者危险。

当然,“非传统威胁”问题在不同国家和地区出现的程度和表现的形式是不同的。即使同一问题,各国的程度也不一样。如国际恐怖主义是全球性问题,恐怖活动对美国、伊拉克、巴基斯坦、阿富汗等国来讲,是一种现实的非传统威胁。国际恐怖主义问题在中国的表现不像环境问题那样严峻,“环境问题”这一非传统威胁倒是危及到中国可持续发展的现实问题。因而世界各国,无论是政府还是学者对于非传统威胁的概念和外延,有着不同的解释,目前还没有一个统一的公认的看法,但各种不同的解释、看法也存在许多共性。基本相似的认识是:“非传统威胁是指除军事、政治和外交冲突以外的,对国家乃至人类整体的生存构成威胁的安全问题。非传统安全

---

① 国际政治领域往往把“战争与和平、外交与联盟、首脑互访”等领域问题称为“高级政治”,而把“个人自由和少数权利、经济贸易、生态保护和非政府组织”一类问题称为“低级政治”。——转引自王逸舟:《中国与非传统安全》,《国际经济评论》2004年第11期,第12页。

② 在“9·11事件”中,共有2998人罹难(包括失踪者,不包括19名劫机者)。其中2974人被官方证实死亡,另外还有24人下落不明。

③ [美]詹姆斯·多尔蒂、小罗伯特·普法尔茨格拉夫等:《争论中的国际关系理论》,阎学通、陈寒溪等译,世界知识出版社2003年版,第422页。

包括经济、社会、科技、信息、环境等领域的安全。这是人类过去没有遇到过的,或只是局部、偶然遇到的非军事侵害性安全问题,现在逐渐凸显出来,并成为整个人类的威胁。"①

(二)非传统威胁的特征

上述"非传统威胁"概念概括了非传统威胁问题的特征,明确了其与传统安全威胁的区别,因此,理解"非传统威胁"问题要把握以下几点:

一是跨国性。所谓跨国性就是非传统威胁发生在多个国家甚至整个世界,这是非传统威胁与传统安全威胁一个比较明显的区别,也是什么样问题可称"非传统威胁"的依据之一。如我国城乡结合部的"城中村"普遍是公共环境脏、乱、差地区,这与农民和外来人口群体的个人卫生意识相对差有关。但是,城中村环境问题不是非传统安全威胁问题,全球气候变暖、温室效应造成的世界环境问题,倒是属于非传统威胁范畴,因为它涉及所有国家。否则,人们很难理解,2010 年 12 月,联合国在哥本哈根召开的世界环境气候大会,有多达 192 个国家和地区派代表团参加了会议。因为,世界气候环境问题已影响到许多国家的生存。②

非传统威胁问题往往涉及几个国家、几十个国家乃至全世界,是全局性全球性问题。2009 年 4 月,墨西哥发生了"H1N1 甲型"流感疫情,并在短短几个月时间蔓延到全世界。据世界卫生组织统计,从 4 月底发现"H1N1 甲型"流感疫情起,在不到一个月时间内,全球有 74 个国家和地区发现 27737 名"H1N1 甲型"流感疫情患者,染病死亡 141 人。6 月 11 日,世界卫生组织总干事陈冯富珍正式宣布,把"H1N1 甲型"流感疫情警戒级别升至六级,这意味着世界卫生组织已经认为:疫情已经发展为全球性"流感大流行"。因此,非传统威胁问题从产生到解决具有明显的跨国性特征,不仅是某个国家

---

① 俞正梁:《国际关系与全球政治——21 世纪国际关系学导论》,复旦大学出版社 2007 年版,第 145 页。

② 位于印度洋中的马尔代夫,全国平均海拔只有 1.5 米。根据科学家最新发布的研究报告,如果全球变暖的趋势以目前的速度持续下去,那么这个由 1192 个小岛组成的国家将在本世纪消失。

存在的问题,而且关系到其他国家或整个人类利益的问题。它不仅是对某个国家构成安全威胁,而且可能对多国的国家安全不同程度地造成危害。

由于非传统威胁问题的跨国性特性,对于一国公民来讲,即使这一国家国内处于安全的、和谐的社会环境下,很少有非传统威胁问题存在,但是,只要其公民走出国门,就会受到非传统威胁的影响。因此,我们认识公民海外安全问题,就要把问题放在整个非传统威胁大背景下来思考,这样,无论是个案处理还是对安全形势的整体评估,我们都可以做到“对症下药”,提高处置问题的科学性。

二是不确定性。所谓不确定性就是非传统安全威胁源头不一定来自某个主权国家,往往由非国家行为体如个人、组织或集团等所为。而传统安全威胁范畴内的战争或武装冲突,往往是由单个国家或者国家集体实施的。因此,防范和控制威胁的方法是有一定“套路”的,如一国相应地增加军备,加入区域防卫组织搞“集体安全”,与超级大国结盟寻求“靠山”,商请国际力量干预等方法,以此来维护国家安全。例如,1990 年 8 月,伊拉克入侵并占领科威特,科威特政府邀请美国和联合国共同合作来消除这一威胁,最后,以美国为首的多国部队用武力将伊拉克军队赶出科威特,科威特的主权和领土完整得到恢复和保证。

非传统威胁的不确定性,增加了危险的不确定程度。例如,近年来,国际恐怖主义活动在受到国际社会合力“围追堵截”后,恐怖组织的力量和网络都损失巨大。但是,这两年出现新型的恐怖主义形式,例如,2010 年,意大利、瑞士等国发现了“邮包炸弹”形式的恐怖活动,幸好欧洲各国加强戒备,发现及时,没有酿成更大事故。①

非传统威胁的不确定性,导致主权国家在防范和应对这类威胁时,处于防不胜防的境地。非传统威胁的特性,决定了解决非传统威胁问题,一定要做到预见性和打“提前量”,也就是要有“预案”。中国外交部和驻外使领馆近年来实施过多次海外大规模撤侨护民行动,许多次起因都因非传统威胁,

① 2010 年 12 月 23 日,瑞士和智利驻意大利使馆相继发生邮包爆炸事件,共造成 2 人轻伤。

而每次都能做到"万无一失"，圆满地完成任务，这同相关部门高度重视非传统威胁的性质和特点是分不开的。

三是突发性与扩散性并存。传统安全威胁通常有一个较为明显的冲突和危机酝酿期，往往表现为特定国家或国家集团在特定区域的对抗，范围有限、强度可控。即使发生像第一、二次世界大战那样的全球性战争，战争的时间和规模也是有限的。例如，第二次世界大战历经1939年到1945年8月共6年，先后卷入战争的国家达61个，最终以德、意、日三个法西斯国家的失败而告终。非传统安全威胁在酝酿期往往不易被觉察，一旦爆发，立即出现严重态势或酿成危机，如不及时加以控制，很可能引发其他领域的连锁反应，最终演变成全面危机。而且，它往往从单一的孤立事件开始，快速蔓延并发展，引发地区甚至全球动荡与不安，其后果不亚于一场传统战争给主权国家或地区乃至世界造成的损失。

2003年春夏之际，发生在东南亚地区及中国的"非典"（医学名"非典型性肺炎"，英文简称"SARS"）疫情就是一个例证。在"SARS"最猖獗的蔓延时期，"假如有外星人降落北京城，他一定惊异偌大的市区空无行人的死寂场景。没有大国间对抗，没有原子弹爆炸。市民却成天担忧、惊恐不安，正常的工作和生活节奏被打乱，对外交往活动严重受阻。那时的瘟疫查不清来源，找不到良方，比国际战争和社会动乱更难预防也更可怕"①，这段话很形象地说明了像"SARS"这种突发性公共传染病对人类社会的祸害。因此，非传统威胁是一种危害面极广的危险。

四是互动并生性。非传统安全威胁与传统安全威胁相伴而生，具有明显的互动并生性。也就是说，非传统安全威胁与传统安全威胁相互交织、相互影响，并在一定条件下相互转化。例如，许多非传统安全问题是传统安全问题直接引发的结果。战争或者局部冲突会带来难民问题、环境破坏与贫穷问题等。一些传统安全威胁问题如果长期得不到解决，也可能演变为非传统威胁问题。比如，以色列与阿拉伯民族中的巴勒斯坦人数十年的战争

① 王逸舟：《中国外交新高地》，中国社会科学出版社2008年版，第192页。

与冲突,就是一例。阿、以间战争属于传统安全威胁领域,阿、以双方几十年内打了数场大规模的“中东战争”,但因种种原因,巴勒斯坦地区的人民要求建立自己独立国家的愿望终难实现,其生存和发展的权益长期得不到公正、公平的解决。巴、以冲突问题得不到解决,与美国在处理中东和平问题上采取“双重标准”有关,因此,阿拉伯世界中的一部分激进和极端民族主义势力就通过暗杀、绑架、人体炸弹、汽车炸弹等恐怖手段来制造事端,以引起国际社会关注,试图达到其政治目的,中东成为世界恐怖主义问题的“重灾区”。所以,非传统安全威胁与传统安全威胁的互动并生性,使看似相对孤立的事物,却常表现出“牵一发而动全身”的效应,不能简单地对待和处理。因此,解决非传统问题,要从源头上消除诸如战争、地区冲突和种族歧视等引起冲突和对立的根源。

非传统威胁问题的性质和特征,决定了应对和防范此类威胁,必须创新手段和方法,加强国际合作,合力应对威胁。

二、非传统威胁与公民海外安全

中国是国际社会重要一员,也是高度外向型国家,从2005年起,中国对外贸易占国民生产总值的比重已达到60%以上,因此,国际社会上出现的问题都会对中国发展产生影响。中国同样面临着传统安全问题与非传统威胁交织的安全环境,像突发公共传染病、金融安全、国际恐怖主义等非传统威胁问题对于中国国家安全和公民海外安全产生日益严重影响。例如,国际恐怖主义是全世界人民的“毒瘤”。过去中国人认为,恐怖主义活动是针对美国和西方目标的。中国人民爱好和平,中国政府奉行独立自主的外交政策,因此,中国不会受到恐怖分子攻击。事实上,正像中国外交部副部长宋涛在2009年9月27日回答记者所言:“在恐怖袭击和绑架、海盗等非传统安全事件中,中国公民正逐渐从过去被殃及变为直接目标。”[①]

中国是世界上在海外移民最多的国家,有4500万之巨的华侨华人生活

---

① 《外交部称中国公民成非传统安全事件直接目标》,中广网2009年9月29日。

在世界各地。1978年改革开放后，中国与世界的交往和联系日益紧密。现在，每年有多达5000万人次以上的中国公民走出国门前往海外从事经商、求学、旅游、探亲、务工等跨国活动，更有许多人因故长期居留国外，成为"新华侨"或"新华人"[①]，中国进入了国内国际关系互动的新阶段。

进入21世纪第一个十年后，中国国民生产总值以连续年均9%以上增速发展，对外贸易总额和引进外资规模更是连年两位数增长。到2010年底，中国国民生产总值已超过日本，成为世界上仅次于美国的第二大经济体。2010年，中国全年国内生产总值397983亿元人民币，比上年增加10.3%，[②]远高于同期世界经济平均增速。得益于中国经济的良好发展，更多的中国公民开始走出国门，前往海外进行留学、旅游、经商和劳务输出等活动。再加上中国企业家积极响应政府提出的"走出去"战略，前往世界各地从事开矿办厂、种植养殖、拓展海外市场等活动，这样，中国公民出国人数急剧膨胀，出境总人次连年打破历史记录。[③]

据统计，2008年，中国公民出境总人次是4584万，2009年为4765万人次，2010年达到5739万人次，比上年增长20.4%。现在，中国公民一年的出境总人次相当于建国到1978年近30年总和的两百倍[④]，这在国际人口流动史上也是不多见的。

随着中国公民出境人数总量的几何级数增长，因故(公、私)长期或短期在国外的中国侨民数量也快速增长，有关中国公民海外安全事件开始大量出现，中国公民因非传统威胁所致的非自然死亡案件时有发生，中国公民的海外安全进入"高风险期"。

据中国外交部领事司统计，2004年，全球范围内发生的涉及中国公民和企业法人领事保护事件2万余起，涉及中国公民8万余人，伤亡人数达

① 一般把1978年前在国外的中国人称为"华侨"或"华人"。1978年后出去的定居海外的中国公民，如仍拥有中国国籍的，列入"新华侨"，已经加入外国国籍的为"新华人"。

② 《统计局：去年我国GDP将近40万亿同比增10.3%》，《新京报》2011年3月1日。

③ 这里的出境人数统计一般包括大陆公民去台港澳地区和出国两部分。因为，中国出入境管理部门统计和公开的数字是出境总人次。如"出国"则专门指除去"港澳台"以外的外国。

④ 据统计，从建国到1978年的近30年间，中国人出国总人次是28万。

1713人。2005年和2006年两年，由外交部领事司和中国驻外使领馆处理的涉及中国公民的领事保护事件有6万起[①]，以后数年这一数字也是居高不下。2008年，领事保护事件已经达到空前的4万起以上，此后的2009年和2010年两年，总量略有下降，但仍在4万起左右[②]。

2011年初，间隔不到1个月时间，中国政府实施了从埃及和利比亚撤出因两国政局动荡而处于困境的中国公民的撤侨行动，它从一个侧面表明，进入21世纪第二个十年后，中国公民的海外安全可能仍不“太平”。

因此，加强非传统威胁背景下的中国公民海外安全研究，很有理论和现实的价值。

三、研究意义和主要概念界定

（一）研究意义

从理论上和实践上重视非传统威胁与中国公民安全，这同中国领导人和政府关心公民海外安全问题是分不开的。2004年，国际上接连发生了几起中国公民在阿富汗、巴基斯坦、伊拉克、尼日利亚等国被武装分子和歹徒绑架抢劫[③]，有些甚至被杀害的恶性案件，这些事件牵动了中国领导人和政府的神经，引起国人高度关注。胡锦涛总书记明确提出：“尽管我们中国有13亿人口，但我们珍惜每一位同胞的生命！决不容许恐怖主义威胁中国公民的人身安全。中国政府将尽最大努力确保境外中国公民的安全”[④]。温家宝总理就中国公民在海外的安全问题要求外交部落实“以人为本”、“执政为民”理念，制定和实施有关中国公民及海外利益保护的机制。因此，2004年，由外交部牵头，包括公安部、教育部、商务部、国家旅游局、侨办、中国民航局等职能部门组成，建立了“境外中国公民和机构安全保护工作部际

① 胡文辉：《海外华人安全风险增大的原因剖析》，《商业时代》2008年第15期。

② 从2007年中国领事保护中心成立到2010年，平均每年处理的领事保护事件3.7万起。《国际先驱导报》2010年9月17日，第557期。

③ 见附录：《中国公民海外安全重大事件选登（2001年9月到2010年12月）》。

④ 新华社布达佩斯2004年6月12日电。

联席会议”制度，外交部设立了“应急办公室”，新时期的中国领事保护机制不断地得到完善，这一机制在处置多起大规模海外撤侨护民的跨国行动中发挥了重大作用，为进一步做好中国公民海外安全保护工作积累了丰富的经验。

2009 年 7 月 17 日，在中国第十一次驻外使节会议上，胡锦涛总书记提出：要坚持以人为本，依法维护我国公民和法人海外合法权益，维护侨胞及香港特别行政区同胞、澳门特别行政区同胞、台湾同胞正当权益。外交部部长杨洁篪在会议上强调：近年来，我国实施“走出去”战略的步伐明显加快，我海外利益全面迅速拓展，各种风险和挑战也日益突出。每年发生的涉我海外安全突发事件多达 3 万余起，并且呈全球多点爆发的态势。维护和拓展海外利益，是外交工作为国家发展服务的直接体现，是贯彻以人为本、外交为民的必然要求。我们要把海外利益保护工作放到更加突出的位置上来，加大投入，并从机制体制、法律法规方面加以保障和完善，调动各方资源，综合运用各种手段，切实提高海外利益保护的能力和水平，更好地维护海外公民和法人的合法权益。[①]

上述党和国家领导人的重要指示和有关部门负责人论述，既为外交部及相关部门实施中国公民海外安全保护提供了理论指导，也给研究公民的海外安全问题奠定了理论基础。

可以肯定的是，随着中国更加全面地参与全球化，中国公民去海外活动的规模将更大，地域会更广，出现的问题同样更多、更复杂，在相当长的时期内，中国公民的海外安全态势是严峻和不容乐观的。

本课题将以马克思主义的国际政治理论为指导，以十年来（2001 年 9 月至 2010 年）中国公民海外安全的重大事件为脉络，以数十例海外安全事件为样本，结合课题组对上千名有海外生活和出国经历人士的问卷调查，分析不同群体的海外安全现状和问题，在借鉴美国、英国、日本等国保护本国公民海外安全的经验基础上，提出关于现阶段中国公民海外安全的现状与

① 杨洁篪：《新中国外交 60 年与新形势下的外交工作》，《学习时报》2009 年 10 月 31 日。

对策报告,以反映出社会科学研究服务现实,关注政府关心的现实问题的目的,这一课题主要创新在于:

一是提供有价值的中国公民海外安全“路线图”。中国公民海外安全问题虽显露较早,但问题大量出现并成为人们关注的“热点”是这几年的事。本课题着重地分析了中国公民当前和今后所面临的国际安全环境、海外风险种类、安全事件成因、防控及避险机制等问题,并提出有指导意义的建议。

二是通过对海外安全风险的梳理和研究,为职能部门制订政策提供依据。研究中国公民海外安全问题,重点要放在风险成因、背景和形式,特别是如何消除安全隐患、降低应对风险的成本上。本课题结合国际政治学、社会学的知识,在介绍美国、英国和日本等国保护本国公民的海外安全行之有效方法基础上,结合我国有关部门保护公民安全事例,科学地分析国际安全形势的发展趋势,对非传统威胁的特征、起因和发展加以剖析,提出从安全观、对外战略、国家形象和应对机制建设等方面来考虑中国公民海外安全防范工作,以供决策和相关部门参考。

三是按照中国公民出国目的的不同,相应地分析了在海外的中国商务人员、留学生、游客、劳务人员等群体的安全问题,论述了各种风险的起因,并就防范和避险提出了一些建议。

(二)主要概念界定

本课题是国内比较系统的、全面地研究和分析中国公民的海外安全问题的成果。由于国内学界对中国公民和法人的海外安全的认知,是近几年才出现的,相关文章并不多见,再加上理论工作者对同一个问题的认识,会因观察问题的角度不同,使用的概念含义也不尽一致,而这一领域尚无权威性的学术标准。因此,这就需要对这一课题所常用的概念进行界定,以避免因术语理解不同而引发对整体结构误解,产生理解上的困惑。

1. 中国公民

本课题在分析中国公民的海外安全问题时,因事件背景及对象不同会出现“中国公民”、“华侨”、“华人”、“侨民”等几近相似但却内涵不同的概念，为防止因误解或理解不准影响对问题的判断，现做出界定。

中国公民：指依照《中华人民共和国国籍法》，具有中国国籍并持有中国护照的中国人，当他们离开中国行政地域到国外长期居留或短期活动时，从国际关系意义上讲，通称“中国公民”。对于“中国公民”的法律界定，外交部领事保护中心编写的《中国领事保护和协助指南（2010 年版）》规定：只要是中国公民，无论是定居国外的华侨，还是临时出国的旅行者；无论是大陆居民，还是香港、澳门和台湾同胞，都是中国驻外使领馆提供领事保护的对象。这里明确规定了“中国公民”的范围和含义，即包括中国大陆和台港澳地区“一国四地”的中国人。

由于中国现阶段大陆与台港澳间关系的特殊性现实，为研究方便起见，本课题的“中国公民”主要是指持中华人民共和国护照的大陆公民，使用的数据和样本也是以这一范围为准。

华侨：是指长期在海外定居但没有加入所在国国籍的中国公民。2010 年 6 月，国务院侨务办公室宣布：当今世界上有 4500 万华侨华人。其中 95% 以上是华人，它们是有中国血统的华裔。因此，现在仍拥有“华侨”身份的长期定居海外的中国公民数量并不多。从本课题研究对象来讲，华侨是指这部分仍有中国国籍但定居在海外的中国公民。

华人：是指已经加入外国国籍的有中国血统的华裔外国人。

侨民：是指因经商、留学、跨国婚姻、探亲、劳务等原因暂居海外的中国人。因此，列入本课题范围的“中国侨民”主要指因留学、经商、劳务、创建公司或办事处，在外国居留时间较长的中国公民。

2. 海外安全

“安全”是国际政治中使用频率最高的单词之一，也是本课题研究的重点。在国际政治中，“安全”范畴主要是研究“安全环境”、“国家安全战略”、“新安全观”等。《现代汉语词典》中对“安全”理解和解释是：没有威胁;不受威胁;不出事故。① 而《美国传统书案词典》的"安全"定义是:免除危险、疑虑和恐惧。② 由此可见,在东西方文化中,"安全"一词的基本概念是一致的,没有危险就是"安全"。"安全"的评价标准是主观上没有恐惧和害怕的心理感受,客观上有安全保护能力和条件。

"海外安全"是研究中国公民在"国外"的安全状况,有哪些不安全因素,这些不安全因素是如何发生的,如何消除"威胁"来达到安全等。当然,公民安全包括人身安全和财产安全两部分,我们主要研究公民的"人身安全"保护问题,因为"人命关天"、"生命高于一切",无论是公民的私人财产还是法人的投资、经济利益等,都依附于生命而存在的。

在现实社会中,不管人们如何提高安全意识,增强风险防范和应对能力,人类社会的安全是相对的,个人和国家都没有绝对安全。人们只能通过各种手段来减少和降低风险。当然,安全是人的生存需要,是社会"公共必需品",政府要把公民"海外安全"视为国家海外利益一部分,有责任对公民在国外安全提供保护。本课题将分析海外各种风险的形成、风险的预兆和特点及如何减轻和消除不安全因素,并就不同群体的中国公民的海外风险,做出安全现状分析。

3. 出境和出国

由于中国现阶段特殊的行政管理国情,本课题所称的"中国公民",从法定范围讲,包括"中国大陆、台湾、香港和澳门"四个部分中国人,但因大陆居民与台、港、澳居民间不能像内地省市区人员间双向自由流动。大陆居民前往上述三地,要凭特别通行证经出入境机构审批,通过边境口岸和边防检查前往。反之,也是基本如此。所以,中国出入境管理机构在管理大陆居民前往国外和台港澳地区时,一律按出入境相关法律和制度执行。因此,凡涉及大陆居民前往世界各地和台港澳地区的,一律列入"出境"范围。本课题所涉及"出境总人次",是指大陆居民前往世界各国和台港澳地区的总

① 中国社会科学院语言研究所词典编辑室编:《现代汉语词典(第五版)》,商务印书馆2005年版,第7页。

② The American Heritage Desk Dictionary(Boston:Houghton Mifflin Comyany,1981)。

和。“出国”则指除“台港澳”地区以外的世界各国。

4. 领事保护

领事保护是指派遣国的外交、领事机关或领事官员,在国际法允许的范围内,在接受国保护本国的国家利益、本国公民和法人的合法权益的行为。由于公民海外安全事件的事发地在国外,各国的法律制度、意识形态和风俗习惯各不同,再加上领事保护涉及敏感的国际关系,因此,各国涉外机构处理本国公民的海外安全问题难度是很大的。“依法保护”和“合法正当利益”是领事保护机构维护一国公民海外利益的基本准则。

中国政府提供的领事保护,就是当我国公民和法人的合法权益在所在国受到不法侵害时,中国驻外使领馆依据公认的国际法原则、有关国际公约、双边条约或协定以及中国与驻在国的相关法律,反映有关要求,敦促驻在国当局依法公正、友好和妥善地处理。领事保护还包括我驻外使领馆向中国公民或法人提供帮助和协助的行为,在紧急情况下协助撤侨等。

四、文献综述

本课题研究属于国际政治学范畴,其借重的理论也是政治学理论。因此,本课题将循着“非传统威胁→人的安全→公民海外安全”路径来分析,根据我们收集和了解,现阶段国内外研究这一领域问题的现状、理论贡献及主要观点介绍如下:

(一)国外研究现状和主要观点

从非传统威胁背景来认识公民海外安全问题,这同非传统威胁问题在21世纪第一个十年,成为影响国际关系的一个重要因素是分不开的。之所以将恐怖主义、传染性疾病、环境问题、能源安全等称为“非传统威胁”,原因在于传统的、经典的国际政治理论的研究领域和出发点是:国际政治是研究国家间相互关系的学科。研究的重点和对象是主权国家,影响国家安全的主要威胁是外敌入侵、军事冲突等。因此,传统的国际政治研究大师和学者关注的是一国如何运用政治的、外交的和军事的资源来消除这种威胁,汗牛充栋的国际政治类著作和文献大都涉及这些话题。

然而,进入20世纪70年代后,世界形势总体上出现如下趋势:大规模的世界战争是可以被推迟甚至被无限期地推迟的,国际局势不断缓和。传统的国家集团间的军事对抗可能性不断减弱,世界人民受战争和武装冲突威胁的程度在不断下降。反过来,随着经济全球化不断加速,人们对人类生存和发展环境中的经济安全、资源短缺、环境恶化等问题更加担忧。尤其是1975年西方经济大衰退、1998年东南亚金融危机、2001年美国"9·11事件"、2003年"非典"流行性疫情、2004年印度洋"海啸"和2009年墨西哥"N1H1甲型"大流感等引发众多国家人员伤亡和重大经济损失的"天灾人祸"接二连三地爆发,引起世界各国政府和研究人士对此类问题的重视,"非传统威胁"开始映入人们的眼帘。

西方学者对非传统威胁问题的关注和研究起步较早,其研究和探索在上世纪70年代就已经开始。1972年,罗马俱乐部[①]发表了《增长的极限》《人类处于转折点》等报告,率先预警了人类社会面临的某些非军事性灾难。一些新兴的国际政治流派如国际政治经济学、新自由主义、建构主义等代表人物,开始更多关注经济、贸易、文化等因素在国际关系中的作用和影响,其研究视野也拓展到诸如生态安全、金融危机、恐怖主义、人口增长等领域,并认为这些危机同样会像传统安全问题如战争一样给主权国家造成灾难,呼吁国际政治学者要注重"非传统威胁"研究。例如,英国国际关系理论学者巴瑞·布赞指出:真正的安全只有通过人民和集体才能获得,只有他们的安全不被剥夺,也就是说只有他人获得了安全,自己才能安全。[②] 以罗伯特·基欧汉、约瑟夫·奈为代表的新自由制度主义者认为:把国际政治研究的焦点一直放在以国家安全为核心的经典和传统的做法不太适合变化了的世界,因为国家间冲突主要是利益冲突,因此,要注意到:"就实现其他一些愈益重要目标(诸如经济福利和良好的生态环境而言,武力也往往不是一种恰当的手段)……。在大多数情况下,使用军事力量的结果不仅代价高昂

① 罗马俱乐部是关于未来学研究的国际性民间学术团体,也是一个研讨全球问题的全球智囊组织,成立于1968年4月,总部设在意大利罗马。

② 胡税根、余潇枫等:《公共危机管理通论》,浙江大学出版社2009年版,第334页。

而且还难以预料。”[①]所以，要把国家安全概念外延扩大到“人的安全”问题。他们提出一国应重视传统军事和政治安全之外的如“人的安全、经济和贸易、环境等低级政治问题”[②]。

20世纪90年代后，由于国际恐怖主义活动盛行，西方国家公民的人身安全和海外利益受到日益严重的侵害。欧、美学者关于“人的安全”研究从注重“人权”开始向包括公民海外安全领域延伸。如理查德·德尔迈和杰西卡·马修斯分别在《国际安全》和《外交》杂志上发表《重新定义安全》一文，把“人的安全”列入以环境、资源、金融等安全为主的非传统威胁范畴，使得国际政治学对“非传统威胁”问题研究随着国际政治现象变化而深化，这说明欧、美学者已经注意到“人的安全”在“非传统威胁”的研究地位。

“人的安全”概念的提出，与联合国重视和关注“发展”问题分不开。联合国是二战后国际社会建立的维护世界和平，促进共同发展的最有权威的国际组织。数十年内，联合国为了推动世界和平，促进各国共同发展做了大量的工作。先后有联合国“维和”部队、联合国劳工组织、联合国儿童基金会等机构获得过“诺贝尔和平奖”，这充分表明了国际社会对于联合国工作的首肯。

20世纪80年代后，联合国逐渐加大在发展领域的工作，更加关注发展中国家特别是最不发达国家的发展问题，尤其是非洲撒哈拉以南地区的欠发达国家。1995年，由联合国设立的全球治理委员会提交了一份研究报告，提出：国家安全与人的安全应有所区别，安全不仅应该包括国家安全，也应顾及人民的安全。提出再以传统的军事、权力、遏制、恐怖平衡、结盟、核优势、国家利益等为核心的安全理论是过时的，这是较早的权威国际组织关注到“人的安全”问题。

1994年，联合国发表的《人类发展报告》明确指出：长久以来，安全的概

---

① ［美］罗伯特·基欧汉和约瑟夫·奈：《权力与相互依赖》，中国人民公安大学出版社1992年版，第31页。

② ［美］罗伯特·基欧汉和约瑟夫·奈：《权力与相互依赖》，中国人民公安大学出版社1992年版，第31页。

念被狭隘地理解为来自境外侵略的领土安全，或外交政策中国家利益的保护，或来自核灾难的全球安全。安全与民族国家之间的关系甚于与人民之间的关系，……人民所追求的乃是日常生活的安全。对许多人来说，安全意味着保护它们免于疾病、饥饿、失业、犯罪、社会冲突、政治迫害和环境恶化的威胁。[①]。为了使“人的安全”理念提出更具说服力，《人类发展报告》引用了《联合国宪章》有关“有免于恐惧的自由，以及免于匮乏的自由”的规定，要求各国政府将人的安全与领土安全同等对待。

2000年联合国千年首脑会议以后，联合国提出的“人的安全”概念与“人权”问题联系在一起，被定义为“以人为中心的安全”，强调不仅是国土的安全，而且是人民的安全。不仅是通过武力来实现的安全，而且要通过发展来实现的安全。联合国关于“人的安全”理念的提出和工作思路的调整，推动了国际社会对“安全”范畴的认识。

“9·11事件”后，由于欧、美国家现实政治的需要，西方学者更加关心非传统威胁问题与“人的安全”问题，大量的文章充斥学术期刊，其中哥本哈根学派对“人的安全”研究在非传统威胁领域独树一帜。[②] 由于理论领先和欧、美“反恐”斗争形势需要，促使英、美、法等国政府职能部门对“非传统威胁”下本国公民海外安全问题更加重视。例如，2001年美国国防部《四年防务评估报告》和2002年的《美国国家安全战略报告》都把“保护美国公民和海外利益安全”放在国家利益范畴，这使公民海外安全研究有了更加广阔的天地。

当然，国外学者热衷于“非传统威胁”研究，其使用的名称与我国学者不尽相同，他们喜欢使用“非军事安全”、“跨国安全”、“人的安全”、“综合安全”等。欧、美研究人员对非传统威胁研究重点也不一样，如美国学者关注“恐怖主义”问题，欧盟国家研究人员对“合作安全”有独到见解，日本同行倒是对“人的安全”感兴趣。他们共同的努力推动了国际政治学界对“非

① United Nations, Human Development, New York: Oxford University Press, 1994. p. 22.

② ［英］巴瑞·布赞等：《新安全论》，浙江人民出版社2003年版，第10—11页。

传统威胁”问题的研究。

(二)国内研究现状和主要观点

国内理论界和学术界对“非传统威胁”与“公民海外安全”问题及相互关系研究起步晚些,但发展较快,也取得富有成就的结果。

1998 年,中国社会科学院王逸舟研究员在《欧洲》杂志第 4 期上发表了《论综合安全》一文,在国内学术界较早使用了“非传统安全”概念。此后,以张幼文、周荣国、李少军等研究员为代表的学者提出[①]:中国在传统威胁出现新变化、新特点的同时,要更加关注非传统威胁问题。1998 年的东南亚金融危机发生后,国内学者对“非传统威胁”关注度大增,大量文章和书籍开始关注“非传统威胁”。

2001 年底,中国正式加入世界贸易组织。在“WTO 热”背景下,理论工作者开始分析“入世”给中国政治经济所带来的影响。类似经济安全、金融安全、货币战争、环境安全等新概念频频出现,表明中国学者对非传统威胁研究的兴趣与日俱增。

2006 年,由浙江大学余潇枫和潘一禾两位教授主笔的《非传统安全概论》一书出版,这是国内较早的系统论述“非传统安全”问题的专著。随后,浙江大学成立了国内第一家“非传统安全研究中心”,出版了“非传统安全与现实中国丛书”[②],这一切极大地推动了国内对于“非传统威胁”问题的研究。

中国政府层面上认识到并提出“非传统威胁”可上溯到 2002 年。在 2002 年 11 月召开的中国与东盟国家政府首脑会议上,双方领导人共同发表了由中国政府有关部门起草,经过大会确认的《中国与东盟关于非传统安全领域合作联合宣言》,宣言提出:要加强区域间应对各种非传统安全威胁

① 相关著作有:李少军《论经济安全》,《世界经济与政治》1998 年第 11 期;周荣国《我国经济安全面临的风险及其对策》,《经济研究参考》1999 年第 3 期;张幼文《国家经济安全全球化与国家经济安全》,《世界经济与政治》1998 年第 5 期。

② 丛书包括《粮食安全》《信息安全》《公共卫生安全》《文化安全》等十几种,由浙江大学出版社出版。

合作。同年，在党的“十六大”文件上首次出现：“影响和平与发展的不确定因素在增加。传统安全威胁和非传统安全威胁的因素相互交织，恐怖主义危害上升。霸权主义和强权政治有新的表现。民族、宗教矛盾和边界、领土争端导致的局部冲突时起时伏。人类面临着许多严峻挑战。”[①]这表明中国政府已经注意到非传统威胁对中国国家利益所带来的影响。2007 年 10 月，党的“十七大”文件再次明确：传统安全威胁和非传统安全威胁的因素相互交织，世界和平与发展面临诸多难题和挑战。

同样，《2004 年中国的国防》白皮书提出：中国高度重视与各国在非传统安全领域的合作，主张采取综合措施，标本兼治，共同应对非传统安全威胁。《2008 年中国国防》白皮书再次指出：我军关注非传统安全问题，提高应对多种安全威胁，遂行多样化军事任务的能力。这不单是国家安全的客观需求，也是今后我军建设的发展方向。有效应对国家面临的非传统安全威胁，不仅是一个重大的实践问题，也是一个崭新的理论课题。这一切充分说明，“非传统威胁”问题已是被中国领导人接受并认可的概念，从而统一全党全军思想，有利于中国重视非传统威胁问题，也促使这一领域的研究走向深入。

2005 年 3 月，温家宝总理在全国人大所作的《政府工作报告》中，首次提出了“维护中国公民海外的生命安全和合法权益”，[②]这表明中国政府已经关注到非传统威胁对中国公民的海外安全影响。

在研究非传统威胁的概念、特征、缘由等同时，如何认识非传统威胁与中国公民海外安全的关系，这一领域的研究在学界也开始出现。据不完全统计，在 2004 年至 2010 年 6 年间，有关中国公民海外安全这一主题的相关论文约 65 篇[③]，出现了一些有见地和有分量文章。例如，外交学院夏莉萍

① 江泽民：《全面建设小康社会，开创中国特色社会主义事业新局面》，《江泽民文选》（第三卷），人民出版社 2006 年版，第 566 页。

② 《政府工作报告》，新华网 2005 年 3 月 14 日。

③ 通过“中国期刊全文数据库”得到的数字，2010 年 12 月止。

老师的《海外中国公民安全状况》[①]一文,较有代表性反映了国内学者在这一领域的水平。此文以中国公民海外安全事件为线索,通过数据和事例罗列的形式提出中国公民在海外的风险类别、各国对本国公民安全保护的措施及建议等。暨南大学廖小健教授的《海外中国公民的安全形势分析》[②]一文,对本世纪初期的中国公民海外安全问题作了回顾和简单总结。另外,诸如《中国公民在海外安全问题初探》[③]、《再论中国海外利益保护》[④]等文章也从不同角度认识了中国公民海外安全这一话题,为实际部门重视这一问题提供理论支持。2006年起,国内时政类报纸《南方周末》连续四年在年终岁末发表当年中国公民的海外安全专题报告,以引起相关部门和国人对中国公民海外安全状况的关注和重视。

从2007年开始,国内关于中国公民海外安全的研究已经向深度发展,更多的论文关注到了不同群体的安全形势和防范对策上。如《中国公民在非洲的安全与领事保护问题》[⑤]一文探讨了中国企业在非洲地区投资建工厂过程中出现的安全风险问题。《透过在俄中国公民安全现状看中国领事保护》[⑥]一文以在俄罗斯的中国公民安全状况和领事案件为例,提出中国政府和相关部门应如何加强合作,共同保护在俄中国公民安全问题。《中国公民境外权益法律救济手段探析》[⑦]一文则讨论了中国公民海外权益受损时,如何借助"国际法、当地政府救济、领事保护、外交保护和国际人权组织救济"五种手段来维权问题,表明我国学者关于公民海外安全研究已经达到新的水平。

---

① 夏莉萍:《海外中国公民安全状况》,《国际论坛》2006年第1期。

② 廖小健:《海外中国公民的安全形势分析》,《广州社会主义学院学报》2009年第2期。

③ 虞花荣:《中国公民在海外安全问题初探》,《江淮论坛》2007年第2期。

④ 方宁:《再论中国海外利益保护》,《理论导刊》2007年第2期。

⑤ 方伟:《中国公民在非洲的安全与领事保护问题》,《浙江师范大学学报(社会科学版)》2008年第5期。

⑥ 张俊峰、刘晓亮:《透过在俄中国公民安全现状看中国领事保护》,《西伯利亚研究》2008年第4期。

⑦ 刘国福:《中国公民境外权益法律救济手段探析》,《外交评论》2010年第3期。

现实需要推动了理论研究，反过来，学术探索服务于实际工作。2004年后，外交部根据中国公民海外安全现状和领事保护工作的需要，新设了涉外安全司，后在领事司领事保护处基础上成立了中国领事保护中心（领事司内），这两个司局级机构主管中国公民的海外安全和非传统领域的问题。这样，“非传统威胁”下中国公民海外安全研究已经走到理论研究与实践操作相结合新阶段。

五、分析方法介绍

关注到非传统威胁下的中国公民海外安全问题，意识到这是一个值得深入研究的现实问题，光凭一时热情是不行的，必须讲究研究方法和手段。方法得当才能结论正确，达到“事半功倍”的效果。

《现代汉语词典》中将“方法”定义为：解放思想、说话、行动等问题的门路、程序等。[①] 这里，“门路”的内容可以包括工具、技术、设备、试验、调查、分类、综合等。美国学者肯尼斯·贝利把“方法”定义为“收集资料和研究的技术或工具”。[②] 我国国际问题研究学者阎学通认为：“如果将技术和工具进一步简化为‘手段’，我们可以说，‘方法是手段’”。[③] 这说明，研究方法决定课题研究的质量和成败。

“非传统威胁下中国公民海外安全分析”是对策性研究课题，它以中国公民在海外安全现状为脉络，结合案例分析和理论阐述，运用科学研究方法和政治学、历史学学科相关知识，从而得出基本结论，为制定相关对策提供理论依据。因此，本课题在坚持马克思主义唯物辩证法立场和观点基础上，依据科学研究方法，借助真实的客观的第一手资料和素材，将结果建立在事实根据上，这样，得出的结论才可信，提出的建议有可操作性。

由于中国公民海外安全是一个现实性强、操作性要求高的理论和实际

① 中国社会科学院语言研究所词典编辑室编：《现代汉语词典（第五版）》，商务印书馆2005年版，第353页。

② ［美］肯尼斯·贝利：《现代社会研究方法》，许真译，上海人民出版社1986年版，第8页。

③ 阎学通、孙学峰：《国际关系研究实用方法》，人民出版社2001年版，第29页。

问题，因此，本课题的研究方法主要是调查统计法、演绎归纳法和案例分析法。

（一）调查统计法

现代市场调查和统计方法给社会科学工作者提供了用科学方法来解释现象和解决问题的可能。调查统计法的基本要求是问题研究要建立在真实、可靠的数据和资料基础上。为了获得第一手素材，准确把握中国公民海外安全现状，课题组在征求专家意见基础上，设计了调查大纲，并按照研究要求科学制作了问卷表，在2009年7、8月间，邀请十余位高校学生在杭州萧山国际机场、上海浦东国际机场和北京首都机场，以专人访谈和当面填写表格形式向曾有国外工作或生活经历人士，包括正在国外居留的当事人进行问卷调查，获得了上千份答卷。接着，通过统计专业工作者对获得的样本进行汇总和筛选，确定1152份有效样本和数据，这成为课题相关调查数据的基础。

同时，为了使研究工作和结论更加准确和有权威，课题组特邀中国规模较大的从事留学生和移民业务的中介机构"新通国际"浙江公司进行海外中国留学生、移民（华侨）安全现状问卷调查，经过严格的样本筛选，最终获得一定数量的有效问卷，它作为留学生这一群体安全现状和特征的样本依据。为了了解中国公民海外旅游的安全现状，课题组约请了若干名旅行社海外部导游和领队在带团出境旅游期间收集海外旅游人员有关答卷，汇总后得出相应数据。课题写作过程中，作者走访了浙江省外办、侨办、商务厅领导和相关人员，也到中国旅行社杭州分社和温州、义乌、青田、文成（浙江省海外"浙商"和华侨最多市县）等地，通过召开小型座谈会、约请当事人面谈、专家咨询等形式，先后与数十位人员进行了访谈，以获得第一手的资料。

2010年冬，在完成本课题框架和形成主要观点基础上，课题组又以书面形式请教北京、上海有关部门和专家学者对研究成果的意见，并前往外交部中国领事保护中心、教育部等部门，约请有关领导和实际工作者，并就一些结论和观点听取了他们的意见，进一步丰富和充实了本课题内容。因此，本课题使用了大量图表和数据，以事实来证明观点，并详细介绍了中国政府在保护中国公民海外安全中的做法,披露了许多鲜为人知的内情,向读者展示中国领导人和相关机构如何落实"以人为本"执政理念,在复杂的国际环境中维护中国公民和法人的合法权益。

(二)演绎归纳法

这是研究国际政治和世界经济的同行们经常使用的方法。演绎的方法就是利用已知的一组事实作为前提,通过合理的逻辑推理,推导出未知的结论。演绎归纳法要求:一是前提是真实的;二是论证方法正当。例如,我们认为国际恐怖主义分子是全世界人民的公敌,其特征是滥杀无辜、制造恐惧,因此,只要世界上仍存在恐怖主义分子,中国公民在海外就无法避免恐怖主义伤害,这是正确的前提得出的结论。

怎样做到论证正确呢?因为前提正确,如果论证不正确也会出现差错,特别是混淆概念,或者将同一概念用于不同前提,犯偷梁换柱的毛病,也会出现结论不可信。例如,通过各种报道和消息,人们的第一印象总是:近些年,海外中国公民被绑架、遭抢劫等严重刑事犯罪事件多半发生在南非、苏丹、阿富汗等国,而这些国家都是发展中国家,因此,由此得出发展中国家是中国公民海外安全"重灾区"的结论,显然是犯了论证不当错误。

归纳的方法就是要求我们通过对个别事物和现实的分析,从中推理得出该事物和现象的普遍性规律。归纳的方法也可以有多种,包括完全归纳法、简单枚举法和科学归纳法。本课题在研究过程中十分注意用简单枚举法,因为中国人在海外有数千万,每天有数以万计的公民跨出国门前往海外。他们出国的目的千差万别,活动所在国分布在世界上一百多个国家和地区,每年发生的由驻外使领馆处理的领事保护案件数万起。因此,要在复杂的浩瀚的涉外案件中进行逐个分析是做不到的,只能采取简单枚举法,把某类事物中的部分事例的同一属性归并进行考察,只要没有反例,就可以得出该类事物会具有什么属性结论。

例如,本课题认为:中国留学生低龄化倾向是值得高度关注的问题,小留学生是中国留学生中最容易"出事"群体。近年来,发生在美国、加拿大、澳大利亚、新西兰、波兰等国的无数起"斗殴、抢劫、谋杀、偷窃"等涉及中国留学生人身安全或财物损失案件，有一个共同点就是低龄留学生自控能力差、处置反应弱，容易受到犯罪分子的侵害。因此，本课题建议国内家长不要过早地送初中阶段或低年龄段学生去国外留学，并提出强化"小留学生"安全工作的若干建议。

（三）案例分析法

案例分析法又称个案研究法，是由哈佛大学于1880年开发和提出、后被哈佛商学院用于培养高级经理和管理精英的教学活动中，逐渐发展成今天的"案例分析法"。案例分析法这一分析问题解决问题的方法，已经被证明对商业人士教育来讲，是成功的和有效的方法。国内许多像中欧工商学院、清华大学经济学院、浙江大学管理学院等著名的"MBA"专业教学机构，大多使用案例分析法作为主要教学方式和手段。同样，我们在研究中也使用到案例分析法，主要是学习这一方法中一切从实际出发的科学态度。

这几年，中国政府和相关部门在合作处置多起中国公民海外安全事件中积累了经验，也有许多需进一步改进的地方。我们选取几个典型案例，将事件发生和发展过程的全貌展示出来，抓住几处关键环节，提出各个阶段的主次点，并就如何做到分工负责、各司其职提出相应建议。这样，提出的避险方式方法才有针对性和科学性。因此，我们收集了多个有关中国公民海外安全的案例，介绍前因后果，查阅了当时的国内外报道，进行线索和资料整理比对，希望得到尽可能多的完整的事情经过，从中得出准确的合理的结论。

六、主要观点和内容

（一）主要观点

本课题研究非传统威胁下的中国公民海外安全问题，由于这是一个全新的领域，相关的现成的成果并不多，因此，在学习和借鉴他人成果基础上，本课题提出了下列有一定前瞻性、有参考价值的研究结论：

1. 中国公民在海外的安全问题是国际安全环境新变化和中国国家利益全球化的"副产品"。随着中国国家利益国际化步伐的加快，这一问题会更加突出。因此，相关部门必须科学预见，尽早规划应对。当前提高中国公民安全意识，增强公民防范和应对风险能力，是减少和降低公民受非传统威胁的最紧迫任务。

2. 从中国公民海外活动的特点和规律分析，中国公民的海外安全态势与中国国际地位变动是有因果和关联效应的。国际安全环境变化是中国公民海外安全系数的“应变量”，公民自身素质提高是“自变量”，在当前国际形势下，重视和强化“自变量”建设，会更有成效。

3. 中国综合国力和国际地位的提高，并不会自然地给中国公民带来安全感，因为，这只是增强了安全保护能力，是一种“硬实力”。要根本上提高中国公民的海外安全，关键在于中国崛起后给世界带来了什么？中国公民会有什么样的国际安全环境？因此，倡导“新安全观”，坚持“和平发展”对外战略，提升“和平、合作、文明、开放”的国家形象，是改善中国公民海外安全环境的关键，是“软实力”建设，是一种“主动安全”，当前，这一点尤为重要。

4. 当前，抢劫、偷窃、意外伤害、非法移民是危害中国公民海外安全主要风险源。中国公民所在国的政局动荡、恐怖袭击、政治性“排华”等风险呈现上升趋势，相关部门要根据不同地区的安全状况和不同类型的风险，制订相应反危机对策。

5. 内生性自身素质和外生性安全环境是中国公民海外安全中的两类不安全因素。因此，相关部门要以“出事在国外，预防在国内”的思路，以“预防性保护”为重点，不断地完善协调、预警、应急、磋商和服务机制，更好地保护中国公民的海外安全。

6. 相关部门要总结历次海外撤侨的经验，借鉴国际社会好的做法，不断地探索保护中国公民的海外安全新方法。领事保护机构和人员要借助中国国际地位日益提高，综合国力不断增强的时机，充分发挥华侨华人遍布全世界这一优势，通过政治、经济、外交、侨团社领、国际组织、国际法乃至军事力量等综合手段，来尽力维护中国公民的海外人身安全及其法人的海外利益。

(二)主要内容

本课题主要是研究在当前国际政治多极化、经济全球化和非传统安全威胁有增无减的国际背景下,中国公民在走出国门后,如何防范和降低人身及财产风险;中国企业在积极响应国家"走出去"战略下,如何避免非商业风险;海外留学、旅游、劳务活动的不同群体所面临的风险和防范之策;通过借鉴发达国家领事保护的经验,解剖了若干个中国政府保护公民安全的撤侨护民事件,探索如何在当前国际安全环境下做好中国公民海外安全工作,并提出若干建议。

本课题由导论和正文共十章组成,各章节内容如下:

导论主要介绍了本课题研究的源起和重要意义,简述非传统威胁问题的提出和发展过程,分析国内外学者对非传统威胁与公民海外安全的研究现状,最后介绍了研究方法和主要内容。

第一章公民海外活动的历史沿革和发展趋势。中国是世界上在海外侨民人数最多的国家,现在又是世界上年出境总人次增长最快的国家。这一章回顾了近代以来中国公民前往海外谋生和移民的历史。同时,以 1978 年为界,分别介绍了中国公民在改革开放前后前往海外活动的历史过程,分析了不同阶段的中国公民海外活动的特点,最后将重点放在新世纪初期中国公民海外活动规律上。

第二章公民海外活动安全现状及成因。这一章在展示大量案例和统计调查数据基础上,分析了十年来中国公民在海外的人身和财产安全现状,提出公民海外安全面临的主要风险、成因和不同侨居地区中国人安全现状等。本章认为,外生性成因和内生性诱因是导致中国公民海外安全问题的两大主因。

第三章中国政府维护公民海外安全的历程。中国是社会主义国家,党的宗旨是全心全意为人民服务,"以人为本"执政理念是这一宗旨的最好体现。中国政府始终把公民海外安全视作国家海外利益一部分。本章介绍了国际领事保护制度,回顾了历代中央政府对公民海外安全的保护。重点介绍了以胡锦涛同志为总书记的新一代中国领导人如何高度关心公民海外安全,分析了中国政府相关部门落实“外交为民”理念,建立和健全行之有效的中国公民海外安全的保护机制。

第四章国际保护公民海外安全的机制与实践。一国公民因故(公、私)长期或者短期离开本国,其发生的人身和财产安全问题涉及复杂和敏感的国际关系。一国政府对其海外公民安全保护既要有相应国际法作依据,更要借鉴国际先进经验和做法。本章以美国、英国、日本等国领事保护机制为例,分析了发达国家对于本国海外侨民利益保护的做法和经验。

第五章中国保护公民海外安全的建设方向。这是本课题最为重要和亮点部分。保护公民的海外安全,既要重视领事保护能力建设,提高安全保护的“硬实力”;更要营造和平的国际安全环境,注重中国国际形象的塑造,强化“软实力”建设。本章通过对历次撤侨护民活动的共性分析,并以2011年年初中国政府协调商业包机从埃及接回中国游客的领事保护事件为样本,剖析了当前我国保护公民海外安全的机制,并从安全观、对外战略、国家形象塑造和领事保护能力建设多个层面,提出提高中国公民海外安全保护水平的若干建议。

第六章公民海外商务活动的风险及应对。七、八、九、十四个章节,将中国公民划分为商务、留学、旅游和劳务四个群体,分析不同群体在海外活动的规律、面临的风险形式和防范建议。本章介绍商务人员和企业法人响应政府提出的“走出去”战略,在海外开展商务活动中遇到的非商业风险,分析了“华商”们的海外安全问题,提出做好这一群体安全和防范的建议。

第七章公民海外留学活动的风险及应对。中国是世界上海外留学生数量最庞大、年度留学人数增长最快、留学地区分布最广的国家。留学生安全问题也是牵动留学生家长和社会各界“神经”的地方。本章在简述海外留学历史后,主要介绍了当今中国留学生海外活动规律和风险特征,提出从留学生本人、中介机构和政府职能部门三方面来共同做好公民海外留学的安全工作,并提出了防范和应对风险的若干建议。

第八章公民海外旅游活动的风险及应对。中国是世界上出境旅游人数增长最快的国家,预计到2020年,中国会有1亿人次公民出境旅游和观光,中国将成为世界上“第一旅游大国”。当前,公民海外旅游过程中受伤害或非自然死亡事件不少,中国公民的自身素质低是一大诱因。因此,本文提出,提高中国公民的人文素质和海外旅游文明程度是降低风险的最有效途径。

第九章公民海外劳务活动的风险及应对。中国是世界上人口最多的国家,也是对外劳务输出最有潜力的国家。近年来,大量中国企业前往海外投资,必然带动公民去海外就业。在海外的中国人群体中,劳务人员呈现文化水平低、安全条件差、自身维权意识淡薄等特征,这些问题导致这一群体的安全状况,在所有海外中国公民群体中是最差的。因此本章提出,应该从政府、企业法人和劳务人员三个层面共同努力,合力来提高这一群体的安全状况。

附录部分收集了三种资料,除了全文刊登外交部网站发布的《中国公民海外安全常识》外,收录了《中国公民海外安全状况问卷调查统计表》,特别是整理了一份从 2001 年“9・11 事件”到 2010 年的十年间,发生在海外的危害中国公民的 250 余起重大安全事件,作为《中国公民海外安全重大事件选(2001 年 9 月至 2010 年)》,这是国内首份披露中国公民海外安全重大事件的资料,供这一领域研究感兴趣的学者参考。

非传统威胁下中国公民的海外安全研究,既是一个理论问题更是现实问题,其涉及的知识和理论是多方面和综合的。由于这一领域的研究,涉及外交信息保密性,“涉外”事件的评论和分析具有政治敏感性等特点,更由于研究者自身的学识和理论水平有限,因此,本课题只能对这一领域的研究起个“头”,引个“路”,许多问题仍需进行更深入和有价值的研究,竭诚地希望有更多的人士关心和支持中国公民的海外安全的研究工作,共同为新时期的中国公民海外安全水平的提高,作出贡献。

第一章 公民海外活动的历史沿革和发展趋势

2011 年 2 月下旬，北非国家利比亚的安全形势发生重大变化，中国在利比亚的部分中资企业工地遭到持枪或持械歹徒袭击，一些中方人员在遇袭时受伤。党中央、国务院十分关心在利比亚的中国公民的安全，胡锦涛总书记、温家宝总理作出重要指示和批示，要求有关方面采取切实有效措施，全力保障我驻利人员生命财产安全。23 日，国务院决定成立应急指挥部，负责组织协调我驻利人员撤离及有关安全保障工作。中国政府采取派包机和运输船、租外国邮轮和大型车辆、海军舰船护航和空军飞机救援等形式，开始了历时十一天的跨国救援活动，最终将 35860 名在利比亚的中国公民（主要是劳务人员）安全接回国内。这是跨入 21 世纪第二个十年后，在海外发生的危及中国公民和法人安全的重大事件之一。

2005 年 11 月 10 日，约旦首都安曼有三家大饭店同时发生三起自杀式"人体炸弹"爆炸事件，共造成 57 位无辜人员死亡，300 多人受伤。因公务需要正在约旦访问的中国国防大学代表团成员孙靖波、张康平和潘伟等三人因所住饭店遭到炸弹袭击而不幸遇难，另有一名代表受伤。

上述两则涉及中国公民在海外工作和活动期间，因各种原因而处于危境或付出生命代价的安全事件，只是近年来数以万计的有关中国公民海外安全事件的个案。如果说前一个事件起因是一国政局动荡和内乱引起的问题，那后一个就是非传统威胁形式之一的国际恐怖主义分子制造的惨无人道的"人祸"所致。它从一个侧面表明，国际社会并没有因"冷战的结束似乎预示着一个和平新时代的来临"①,遍布全世界的中国公民安全和法人利益,正受到形形色色的非传统威胁。为了更好地研究中国公民海外安全现状和应对之策,这里有必要对公民海外活动的历史过程和发展趋势,做一简单回顾。

第一节 公民海外活动的历史沿革

一、中国人海外活动历史简述

中国是世界上人口最多的国家,也是在海外侨民数量最多的国家。②现在,中国更是世界上公民出国人数增长最快的国家之一。可以说,在这个星球上,从北极圈的阿拉斯加到南美洲的亚马逊流域;从欧洲平原到非洲的内陆腹地,到处可见中国人的踪影。据不完全统计,目前,大约有4500万华侨、华人和华裔生活并定居在世界各地,遍布160多个国家和地区。可以说,凡有海水的地方就有华侨华人的身影,有陆地的地方就有中国人的脚印。

从国际移民史角度来讲,自从人类社会诞生以来,就有了世界不同民族人民跨国界交往、迁居的现象。世界上不同地域、种族、民族的人们因各种原因离开本国前往异国他乡,进行跨国界、跨地域的民族迁移活动由来已久。

国际移民活动是一种有着悠久历史的持续不断的人类社会现象。它的存在和发展,促进了世界民族间的交往和联系,有利于世界生产力的全球配置。当然,国际移民规模和特点的演变,既与生产力发展和人类交通及通讯

① 世界观察研究所编:《世界报告2005:重新定义全球安全》,邓文华、谢玲译,河北教育出版社2005年版,第1页。

② 关于中国人在海外总数量,因统计口径和范围不同,再加上许多国家没有人口统计资料,因此,国内对"海外中国人"的数量认识是不统一的。多数人认为,在3000万到4800万之间。2010年6月16日,国务院侨办宣布:中国海外侨胞的总量已超过4500万,数量稳居世界第一。

工具的发达程度分不开,又与世界经济与国际安全环境状况有关联,更与各国人口流动的出入境管理制度相关。历史上曾出现过几次大规模的世界性移民潮,既有因自然灾害和经济因素引发的为改善生存条件而跨国迁居的“经济性”移民,也有因种族、民族、意识形态迫害而出现的“政治性”移民。

19世纪中叶到20世纪30年代的近百年间,曾经出现过一波世界性移民潮。“全世界的移民规模超过一亿人,仅欧洲在1846~1924年间向外移民的总数就达4800万人”①,这一移民潮的出现,与欧洲资本主义生产力发达及科学技术进步所产生的欧洲国家需要大量劳动力和技术工人相联系。另外,当某个国家的统治者采取极端的反人道、反人类的种族歧视和民族迫害政策来对待境内少数民族时,也会导致某一民族或特定族群因恐惧和害怕心理而被迫外逃,远走异国他乡,这会人为地改变移民流向和打破移民活动规律。例如,上个世纪三四十年代,欧洲范围出现了大规模迫害和排挤犹太人浪潮,“纳粹”德国采取惨无人道的“种族消灭”政策来对待犹太人。据统计,二战期间,至少有600万犹太人死于德国法西斯魔掌中。欧洲范围的对犹太人大屠杀大迫害浪潮,导致世代生活在欧洲(主要是德国、波兰、奥地利等国)的犹太族裔被迫出走,迁移世界各地,大部分人去了美国,“从1933年到1945年间,据统计,约有20多万犹太难民进入美国,大部分难民是来自欧洲”②。这是一次人为政策造成的国际移民“逆流动”,因为从世界移民规律来讲,国际人口流动总是从经济欠发达国家流向发达国家和地区,从人口充裕、劳动力丰富的国家向人口和劳动力短缺国家流动。同样,一国国内的人口流动规律也是如此。

中国人参与跨国人口流动和向海外移民的历史源远流长,可以说是世界上最早有移民现象的国度。现在国内对于中国人最早去海外活动的年代仍无定论,如按史书上记载的中国人移居海外的年代算,可以追溯到秦汉时代。《史记》曾记载:秦始皇派方士徐福率童男幼女数千人,入东海求延年

---

① 丘立本:《中国的和平崛起与对外移民》,《华侨华人历史研究》2008年第2期。

② 李伟建:《以色列与美国关系研究》,时事出版社2006年版,第116页。

益寿药。据说徐福等人后来到了日本,就在日本定居下来。如果传说属实,那么徐福率领的数千幼童男女,就是第一批移居海外的中国人了。

据《汉书》“地理专·粤地条”记载,汉代时中国就建立了途经东南亚通往印度的海上交通要道,它为海外移民提供了方便之门。在唐朝更有大批中国人开始移居“南洋”①。由于唐朝时中国经济社会相当发达,对外贸易的“海上丝绸之路”更是畅达,一些商人带着丝绸、茶叶、土布等传统特产去南洋地区从事贸易活动,少部分人因多种原因留驻当地并定居下来,成为移居异邦最早的“中国人”。早期外国人对中国人的称谓“唐人”、“唐山”,中国人聚集地被称为“唐人街”,也是因此而得名。

在较长的历史时期,由于中国经济发展水平远远高于周边国家,再加上造船和航海技术的进步,以及指南针、罗盘等航海工具的发明,提高了海上航行的安全性和快捷性,因而极大地促进了沿海地区人民与东南亚国家的交往。到了元代,开始出现大批中国人在南洋地区“住蕃虽十年不归”②的现象。这一时期,中国人出国谋生和定居主要以东南亚地区为主,因为这些地方通过中南半岛上的马来西亚、越南、缅甸与中国广西、云南陆地相连,海、陆交通相对方便。

由于中国与东南亚各国海上相距并非遥不可及,近者数百公里到菲律宾(史称“吕宋、棉兰”),远则上千公里到苏门答腊(今印度尼西亚)等地,因此,早期中国人移居海外主要是到东南亚地区。广东、福建、浙江沿海省份一些穷苦农民因生活所迫和“闯南洋”去发财的诱惑,历尽千辛万苦,冒着生命危险远涉他国,寻求生养安息之地。当然,也有许多人是因政治原因(如参加农民起义失败需要避祸)或者因刑事犯罪为躲避惩罚而出走海外,但是,更多的是抱着“闯世界、发洋财”的梦想来到异国他乡。

到了元、明时期(公元1271—1644年),中国移民史上出现了第一次国人前往东南亚国家的移民高潮。尤其是明朝初期,由于郑和在1405年至

① 南洋是明、清时期对东南亚一带的称呼,包括马来群岛、菲律宾群岛、印度尼西亚群岛,也包括中南半岛和马来半岛等地,地理范围就是今天的东南亚国家和地区。

② [宋]朱彧:《萍洲可谈》卷二。

1433年连续七次下“西洋”[①],遍访世界各地,促使中国人对外部世界的认识大大提高,再加上航海技术日新月异,促使更多的沿海人民去“南洋”闯世界。而当时的东南亚地区因经济社会落后,许多地方人烟稀少、土地肥沃,适合人类生存和生产发展,因此,带动了更多的中国人来到东南亚地区,东南亚一些地方开始有大规模的中国人聚集,形成相对集中的“唐人”居住生活区。例如,今印度尼西亚的爪哇有一处名“杜板”地方,“此处约千家,以二头目为主。其间多有中国广东及漳州人流居此地,鸡羊鱼菜甚贱。……于杜板东行半日许,至新村,番名叫革儿,原系沙滩之地。因中国之人来此居,遂名新村,至今村主广东人也。约在千余家……[②]。这种记录早期中国人来东南亚地区开拓土地、发展生产的史料在许多国家随处可见,印证了中国人很早就与东南亚人民共同建设美好家园的事实。今天,在东南亚的印度尼西亚、马来西亚、泰国、菲律宾等国,到处可以见到华人祖先建造和留下的寺庙、宗祠等历史建筑,也证实了中国人给这些地方所作出的贡献。

从16世纪中叶的明朝到19世纪鸦片战争前的300年间,出现了一波中国人去海外的移民高潮。尤其是前往东南亚地区的中国人越来越多,这些人主要是到印度尼西亚、暹罗(今泰国)、马来西亚等地。究其原因,这一时期的中国社会形态已到封建社会晚期,本来就存在人多地少矛盾的沿海地区广大农村,土地被封建大地主和大资本家剥夺和兼并,大量失地农民因生活所迫流浪各地,寻找生机和出路。再加上农业生产力相当落后,农民生活状况极其悲惨,部分沿海地区农民冒死前往海外“淘金”。中国王朝更替和无休止战乱又促使更多的人为生计所迫,寻求生存之道。结果,导致东南亚的许多地方,中国人急剧地增加,成为当地最大的外来移民。

据不完整的统计,到19世纪中叶,世界各地估计已有约100万海外华人,绝大部分人在东南亚国家。[③] 今天的新加坡全国总人口中,75%是华

---

① 西洋是古代中国人以中国为中心的一个地理概念。明朝时期的西洋是指今文莱以西的东南亚和印度洋沿岸地区,“郑和下西洋”中的西洋就是此义。广义“西洋”概念还包括欧洲等地。

② 朱杰勤:《东南亚华侨史》,高等教育出版社1990年版,第23页。

③ 江永良:《海外华人地域分布变化特征及原因》,《华侨华人历史研究》2002年第1期。

人,其祖籍大多是广东和福建人,这从一个侧面反映了当时中国人前往“南洋”的规模。

二、近代以后中国人移民海外特点

1840 年,中英鸦片战争后,中国逐步成为半殖民地半封建国家。东南亚国家也先后相继成为英国、法国、荷兰等西方国家的殖民地。激烈的民族矛盾和阶级冲突促使更多的中国人前往海外,当然仍主要是到东南亚地区。原因在于:一是交通相对便利,中国人经过海陆路均可短时间到达上述地方。二是中国人移民海外主要是通过“穷帮穷、亲带亲”的形式进行,因为以乡邻、亲戚关系前往海外陌生地方谋生,会有诸多方便之处。据估计,从 1840 年到 1949 年新中国建立的一百多年间,沿海省份民众前往海外生活和谋生的移民潮从未停止过,每年的出国人数在十万左右。这一时期移居海外的中国人与以前先辈出国,在动机和目的地上,已经发生了一些变化,这主要表现在:

一是地域范围更加扩大。从传统的东南亚地区,开始向世界各地扩散,包括到美洲大陆建造铁路,去中美洲巴拿马开挖运河等,甚至到远在万里之外的南美洲阿根廷和秘鲁种植咖啡。当然,移民的主要流向仍是东南亚地区,原因是这些地方的中国人已经世代生活几百年,有一定的社会经济基础。从安全和经济角度出发,国际移民多数是通过亲戚、族人、老乡间的相互介绍和协助出去的,中国人也不例外。因此,今天在东南亚和世界各地都有宗亲家族关系形成的同乡会、老乡会等组织,同一个国家某些地方会出现“广东潮汕帮”、“福建福清帮”等中国人群体,也源自这一原因。

二是中国人出国的方式已经多样化。这一时期,除了许多人因生计和受到各种诱惑前去海外,带有自愿性质的移民外,开始出现因欺骗或强迫不情愿前往国外的“华工”,也就是中国近代移民史上沾满血泪的“契约华工”。

所谓“契约华工”是西方殖民主义者对这一时期出国去的中国劳工一种“蔑视”叫法。它专指中英鸦片战争后,由于饥寒交迫的艰难生活环境,沿海省份中的一部分农民通过与为洋人代理招工的劳务中介签订契约，以所谓“自愿”形式应招到国外去做工，这些“华工”被洋人叫做“猪仔”，缘由是那些集中收留并关押“华工”的地方十分简陋和脏乱，像农家“猪舍”，关押的“华工”被称为“猪仔”，这种带侮辱性的用词从一个侧面反映了华工的地位极其低下，人身安全是没有保障的。这些“契约华工”多数来自广东、福建、浙江沿海地区，受招工中介诱骗和威逼，有些完全是被绑架、胁迫成为“猪仔”，失去人身自由。“洋行”或者其“代理人”强迫“猪仔”们签订生死合约，规定双方权利义务，并立下“自愿”下南洋工作，生死与他人无关的“卖身”条款，以蒙骗政府当局。经过一段时间的集中关押，凑到一定人数后，这些人会搭乘航海设备简陋、船况破旧不堪的专门贩运“猪仔”的船只前往海外。由于目的地路途遥远，船上生活条件恶劣，食品短缺，再加上天气炎热，卫生条件极差，因此，许多人半途就死亡或伤残，死亡率有时高达20%～30%。能侥幸活下来的“华工”到达目的地后，就被分配到橡胶园、种植园和农场从事苦力工作，过着暗无天日的艰难的生活。

19世纪初，中国人开始大规模移居美洲地区。华工们被“卖猪仔”方式进入南美地区，沦为苦力。他们主要从事开矿、修筑铁路、种茶植棉等艰苦而繁重的工作。这个时期被称作“卖猪仔”而来到南美的中国苦工，主要集中在秘鲁、巴西等国家。在秘鲁大致有10万之众，巴西也有5万人左右，这些人事实上就是今天南美国家中华侨华人们的祖先。

19世纪中叶，北美洲的美国和加拿大经济快速发展，尤其是美国的“西部大开发”，驱使中国人去北美洲地区“淘金”。1858年，加拿大西部弗雷塞河与汤普森河中游一带也发现了金矿。1880年，加拿大破土动工兴建太平洋铁路。开发金矿和修建铁路，需要大量的劳动力，但美国和加拿大西部地广人稀，自然条件恶劣，劳动力极其缺乏。19世纪40年代，英法相继废止奴隶买卖，奴隶制在美国也受到越来越激烈的批评，再从非洲进口和贩卖黑奴已不可能。而此时的中国刚刚遭受鸦片战争的惨败，大量多余劳动力正在寻找生活出路，很自然地成了资本家获取大量廉价劳动力的目标。

美国、加拿大急需劳工促进其社会经济发展的现实，直接影响到两国移民政策，这一时期，两国政府对华工总体上是持欢迎态度的。1868 年，清朝政府与美国签订了《蒲安臣条约》，规定两国人民“或愿长住入籍，或随时来往，总听其自便不得禁阻为是”。这一条约为美国在华招募劳动力奠定了法律基础，华工出国劳务合法化。美国、加拿大两国这一时期的对华移民政策，也正符合当时广东、福建沿海省份百姓因生活所迫需外出谋生求存的需要，于是一批批中国人远涉重洋来到太平洋彼岸，融入到美国、加拿大这两个世界民族“万花筒”国家中。

20 世纪前半期，特别是第一次世界大战期间，英法两国从中国华南地区先后招募了 14 万名华工，在欧洲战场参战和从事后方服务，其中两万多华侨战死他乡。因此，每一个世代侨居在海外的华人家族都有一段血泪斑斑的辛酸历史。

进入 20 世纪后，随着民族矛盾、社会矛盾和阶级矛盾的进一步发展，中国陷入军阀混战和地方割据的混乱局面，社会生产力受到极大破坏，再加上中国自然经济极端落后，人口急剧增长与土地资源不足矛盾更加激烈，迫使更多人远涉重洋，出国谋生，这样，又引发近代史上新一波移民海外潮。

这样，经过上千年连续不息的移民和人口自然繁殖，中国人在东南亚地区和世界许多国家成为一支数量众多的外来群体。“海水之处，必有中国人”成为华侨华人遍布世界的真实写照。

三、移民海外与中外关系发展

中国是文明之邦、礼仪之国，中国人民素来有爱好和平、反对强暴的历史传统。因此，在中国人海外移民史上，留下了华侨与当地人民友好相处、共同奋斗的美好记录。一部中国对外移民史，实质上就是一部中外文化融合史。

一是中国人都能与当地人融合，和平相处

中国人来到异国他乡后，在仍保持自身独特的生活习惯、语言文字的同时，一般都很愿意向当地人民学习，与当地人建立起友谊和感情。有些中国人还开始与当地人通婚联亲 加快了与当地人共建新家园的进程。例如在泰国的洛真(Luck Chin)、印度尼西亚的伯拉奈干(Peranakan)、菲律宾的密斯蒂佐(Mestizo)、越南的明乡(MinhHuong)等地,早已形成由华人与当地人通婚而形成的相对独立的华人村落,这在各种有关史书记载上都有。[①] 中国人与当地人相互学习,共同建设美好家园,并不断融入到当地社会生活中,在保持自身文化习惯的同时,又尊重别的民族文化,因此,在世界大多数地方,凡是有华侨华人生活的地区,华人与当地人民融合的程度要高于其他外来人与当地土著人结合程度的,这对于扩大中华文化的影响起到不可低估的作用。

二是华侨华人促进了中外文化的融合

世界不同地域的、不同民族的人民都有其先进的进步的民族文化,作为有着数千年悠久历史和文化的中华民族传人,华侨华人来到世界各地后,必然会将文化传统带到各国,通过文学、戏剧、音乐、语言、习俗等表现形式,传播中国人民爱好和平、热爱劳动、与人为善等民族精神。同时,中国人将服装、饮食、纺织、茶道、酿酒等传统工艺带到异国他乡,使中国文化在他国生根开花。在日本、韩国和东南亚国家的本国语言和文字中,自然而然地出现了一些汉字借用字。如印度尼西亚语中的汉语借词就超过1000个,而汉语中的马来西亚借词也有200多个。[②] 这说明中国人与当地人相互学习,取长补短,和谐相处,共同建设新的家园。现在在世界各地,中国饮食大受各民族欢迎,这同祖辈们传播中国文化分不开的。

三是促进当地经济社会发展

中国人以爱劳动、很勤奋、吃苦耐劳而闻名世界。中国人特别爱研究、有好奇心,这又促使中国人比较喜欢学习先进和优秀的东西,这样一种性格的民族后代,无论到世界哪个地方,不管条件和环境多么不好,中国人对环境适应能力都特别强。因此,经过无数代人的努力,侨居在世界各地的华侨华人,其经济收入的平均水平远远高于其他外来民族,也高于当地人的水

① 张应龙:《华侨华人与新中国》,暨南大学出版社2009年版,第4页。

② 张应龙:《华侨华人与新中国》,暨南大学出版社2009年版,第4页。

平。尤其是当资本主义生产方式引入华侨华人所在国后,很快被华侨华人接受和学会。中国人善于经营,擅长买卖,通过投资开工厂和经商,最终许多人在当地成为富裕社会阶层的人士。

在东南亚地区,华人资本的财力可谓"富可敌国"。例如,在东南亚十国中,除政府和外国资本外,上市公司中华人资本所占总资本的比例,分别为新加坡18%、印度尼西亚73%、马来西亚61%、泰国81%、菲律宾50%。泰国资产总额前10位公司中,有5家为华人企业。[①] 华人资本的发展一方面提高了华人群体在所在国的政治经济地位;另一方面,华人资本又对当地经济发展,促进民生,增加就业,提高所在国的综合国力起到不可磨灭的作用。

总之,在历经上千年的中国人海外移居历史过程中,到新中国建立前,中国人已经成为许多国家最大的外来移民群体,中华民族的文化也传播到五湖四海。

第二节 当前公民海外活动的规律和特点

一、改革开放前的公民海外移民活动

1949年10月1日,中国人民的伟大领袖、中华人民共和国缔造者毛泽东主席在庄严的北京天安门城楼上宣布:中华人民共和国成立了!中国人民从此站立起来了!新中国的成立,标志着中华民族结束了近代史上一直受压迫、受欺侮的屈辱一幕,开始昂首屹立在世界民族之林。这一历史性的巨变,同样对中国人加入国际人口流动,发展对外经济关系,扩大中国人民与世界各国的交往和友谊,产生重要的影响。

新中国实行人民民主专政的社会主义制度,其实质是人民当家作主。因此,这一社会根本制度的建立,结束了中国人因生活所迫费尽艰辛、或者

① 赵启氓:《东南亚华侨经济匮分析》,《市场周刊》2002年2月号。

受欺骗被迫移民海外的历史。反过来，在海外的华侨华人开始纷纷回国，参加国内经济和社会建设，形成了新中国历史上华侨回国大潮，这也是中国人移民史上第一次移民“回流潮”，这在国际移民史上也是不多见的。

当然，因种种原因，在往后的历史发展中，由于中国的华侨华人政策出现过反复，期间受到“文化大革命”的极“左”思潮严重影响，再加上我国经济连年困难，20 世纪 60 年代后期，沿海省份的侨乡地区有许多公民再度“出国”移民，更有许多人冒死偷渡远涉海外，这是新中国海外移民史上极不光彩的一幕。

如果按照不同历史时期的中国公民出国出境特点来划分，可以把新中国 60 多年的公民前往海外活动的历史分为前后 30 年两个部分，分别论述。

从 1949 年 10 月到 1978 年改革开放约 30 年，是新中国海外移民发展的第一个时期。这一时期，新中国刚刚建立，中国政府奉行独立自主的社会主义国家的和平外交政策，加入了以苏联为首的社会主义国家阵营。因此，以美国为首的资本主义国家对中国采取孤立、排斥甚至敌视的遏制政策。由于历史条件的变化，中国人要去欧美国家移民已经不可能了。即使到 20 世纪 70 年代后期，随着中国与美国关系的改善，中国与西方国家外交关系得到发展。但是，因种种条件所限，这一时期的中国公民前往海外活动的数量和规模较小，任务和方式相对单一。反过来，倒是出现了一波中国海外公民回国回乡热。

20 世纪 50 年代初，海外同胞获知新中国成立后，感到无比的扬眉吐气。他们感觉到自己终于有了一个昂首站立起来的“母亲”，自己在海外再也不会被别人视作二等公民或者中国“弃儿”。[①] 因此，许多华侨在侨居国除以各种形式庆祝新中国的成立，用各种手段支持祖国的经济社会建设外，更有许多华侨华人放弃在国外已经获得的经济和物质待遇，甚至连“绿卡”和国籍也不要，回国参加经济建设。

---

① 在清朝政府时期，中国沿海地区的居民因生活所迫前往海外，但历朝政府和各级官员都是采取禁止态度。例如大清律明确规定：“凡国人在番托故不归，复偷漏私回者，一经拿获，即选择正法。”

当然，新中国建立初期出现的华侨回国回乡热，同毛泽东、周恩来等开国领袖们高度关心海外华侨命运，各级政府执行正确的侨务归侨政策是分不开的。新中国成立后，中国政府在政治上给华侨以较高待遇，许多华侨或侨领回国后，成了全国政协和地方各级政协的领导，有些被选举为全国和地方各级人民代表大会的代表。一些华侨还成为全国政协和人大的领导人。为统一管理和更好地服务归国华侨、海外侨胞，中央人民政府建立了专门负责华侨工作部门——国务院侨务办公室，各省市区地方政府也建立相应机构，从事侨务工作。

从1950年起，受党的华侨政策和中国政府广泛动员海外侨胞回国参加经济建设的热情感染，许多在国际上有所作为的华侨青年科学家纷纷回国，有的放弃所在国国籍和拒绝高官厚禄的盛情挽留，毅然回来，报效祖国。这中间许多人为新中国国民经济恢复和中华民族的强大作出不可磨灭的贡献。他们是李四光、华罗庚、钱学森、卢嘉锡、陈宗基、吴仲华、黄量、孟少农、王运丰等一大批著名归侨，这些人都是当时国际上各个领域的顶级科学家。特别是以钱学森、钱三强、邓稼先为代表的"两弹一星"功勋专家，他们为中国科技事业和国防尖端武器领域进步，做出了杰出贡献，得到了党和国家的高度尊重。

这一时期，海外华侨华人除了回国参加新中国社会主义事业建设以外，更多的华侨华人是身处海外却心系祖国，他们以各种形式来支持新中国的经济社会事业发展。

一是华侨利用侨居国的便利，通过宣传和扩大中华民族文化和优良传统来展示新中国形象，使外国政府和民众正确地认识新中国的性质，海外华侨以民间交流形式来促进所在国与新中国建立政治关系。

二是通过在国内投资，建立企业来促进侨乡经济发展，增加就业。尽管受当时国内计划经济的体制限制，个人和合伙人是不能举办企业的，但国家允许华侨用自有资本举办小型作坊或者企业。

三是用侨汇和侨资来支援国家经济建设。新中国建立后，中国政府在对外政策上实行"一边倒"，坚决与苏联为首的社会主义国家站在一起，支持亚非拉国家的民族解放运动，因此，以美国为首的西方国家对新中国采取不予国际承认，在经济上实行封锁和禁运的政策。这一时期，中国的对外经济关系主要是与苏联等社会主义国家发展经贸关系。而华侨大多侨居在欧美发达国家，因此，华侨华人汇回国内的外汇就成为当时的中国相当宝贵的战略资源，对于中国政府购买急需的和紧缺的战略物资起到了独特的作用。

这一时期，尽管中国政府欲参与国际活动，加强与世界各国人民的交往和友谊。但于当时的国际政治环境，中国对外关系的主要对象国是苏联、东欧等社会主义国家和广大的发展中国家，与美国、日本等发达国家的政治关系几乎没有，这一对外关系特点影响了中国公民的海外活动规律和特点。

一是公民临时和短期出国活动的国家相对集中。由于当时的国际政治环境，中国受到了以美国为首的西方阵营的国际孤立和全面封阻，中国公民出国活动目的地主要集中在苏联、东欧国家，而且都是公派公务活动。例如，从中国公民海外留学角度来讲，这一时期，中国公民去海外留学主要国家是苏联和东欧社会主义国家，包括苏联、波兰、民主德国、南斯拉夫、保加利亚等国，其中以到苏联留学为最多。1950 年开始，根据中国与苏联政府签署的文化交流合作协议，中国开始向苏联大规模派遣留学生，这批留学生在苏联主要学习造船、机械、化学、水利、农林等自然科学学科。同时，由于中国国防工业的需要，有一大批留学生在苏联的军事院校学习军事科学，这些人回国后，经过实践磨炼，大多数成为中国 60 年代后各个领域的领军人物，为新中国尽早改变“一穷二白”面貌起到决定性作用，更有许多人到 90 年代后成为党和国家最高领导人。[①] 这一时期，由于种种条件限制，在新中国建立到 1977 年止，中国仅向除苏联、东欧国家外的 32 个国家和地区派出过 1548 名留学生，并且主要是学习和研究外国语言的，学习自然科学的很少，仅占 6.3%。[②]

二是公民出国活动的规模小，因私出国人员不多。这一时期，囿于国际

① 江泽民、李鹏等中国党和国家最高领导人都有留学苏联的经历。

② 许志怀、关健：《四十年出国留学工作的回顾与思考》，《神州学人》1989 年第 6 期。

关系的现实，再加上中国经济社会发展水平仍相当落后，因此，中国公民去海外无论是留学还是其他活动，不但规模和数量是微不足道的，更有严格的条件限制。至于中国公民去海外自费旅游和观光活动，那是不可能的，也没有这一方面的经济条件。这一时期有幸能出国的，主要是政府和官方名义下的公务活动，个人和企业名义出去的商业性质活动几乎没有。根据不完整的统计，从新中国建立到1978年间，总共只有区区28万人次中国公民曾经出境过。普通中国百姓要想出国，只能是一种美好愿望而已。

二、新时期公民海外活动的历程

从1978年开始到本世纪前十年，这是中国公民海外活动大规模展开时期。1978年，中国开始实行对外开放政策，中国与世界融为一体的步伐不断加快。到21世纪初，中国已经成为世界上经济外向度和依存度最高的国家之一。这一国情变化同样在中国公民海外活动和跨国移民领域得到体现。

从1978年起，中国政府在对待海外华侨华人和中国公民出国出境问题上采取宽松和务实的政策。邓小平、江泽民、胡锦涛等一代代党和国家领导人，始终把促进中国人民与世界人民的联系和交往作为中国对外开放的重要内容。十一届三中全会后，党中央及时纠正了“文革”时期把有“海外关系”的华侨家属说成“复杂的”社会关系，有海外关系的个人可能是“间谍”、“敌特分子”嫌疑的极端错误认识。1977年10月2日，邓小平在接见港澳同胞国庆代表团和香港知名人士利铭泽夫妇时说：“说什么‘海外关系’复杂不能信任，这种说法是反动的。我们现在不是关系（海外关系）太多而是太少，这是个好东西，可以打开各方面的关系。”①邓小平同志的这一番讲话，为新时期的侨务工作奠定了基础。

江泽民总书记主持党中央工作期间，多次就华人和华侨问题作出重要

---

① 国务院侨务办公室、中共中央文献研究室编：《邓小平论侨务》，中央文献出版社2000年版，第6页。

批示。1999年1月,江泽民总书记指出:"分布于世界各地的广大华侨华人,是中华民族一个重要的人才资源宝库,其中科技人才就有几十万,既有享誉世界的科学家,也有成绩显著的中青年科技人才,他们在当今一些重要的高科技领域取得了卓越的成就,我们一定要十分珍惜。"①

历代中央领导人都十分重视国际人员交流,鼓励中国人民与世界各国人民相互取长补短。在中国公民出国出境问题上,一直采取"来去自由"的宽松出入境管理制度,这一切对于促进中国公民前往海外活动起到推动作用。

另一方面,随着中国对外开放的不断深入,中国经济与世界经济的融合快速地发展,尤其是中国对外贸易总额在2002年后每年以两位数增长速度发展,现在,中国已经是世界上第一大出口大国、第三位贸易大国。中国经济的快速发展带动了人员流、商品流、信息流大发展,中国公民进出边境口岸的规模不断提升。这一时期,不但临时的短期的出国人数突飞猛进,而且,随着一大批"新华侨"的涌现,在海外中国侨民规模不断地扩大。

所谓"新华侨"是指1978年实施对外开放政策后,中国政府鼓励公民通过合法途径自由前往海外留学、务工、婚姻、定居、经商等活动而形成和出现的移民潮。据不完全统计,从1978年至2009年,中国约有500万人以各种形式移居海外,大部分人已经获得所在国的国籍和永久居住权。这批新华侨不同于老一辈的华人移民之处,在于这批人呈现出"高学历、专业化、技术化"特点,他们在所在国从事的职业已属"白领"工作的"教授、工程师、医生、会计师、律师"等岗位,改变了过去的中国人从事缝纫、理发、饭店等(俗称"三把刀":剪刀、剃刀和厨刀)劳务型工作岗位的形象,这种移民结构的改变,有利于提高海外中国人在所在国的政治经济地位。近年来,"新华侨"的数量和流速仍在继续上升、加快,特别是以技术和投资移民形式前往国外定居、加入外国国籍的中国人人数大幅度增长,中国出现新一波的海外移民潮。

① 《江泽民同志在接见全国侨务工作会议代表时的讲话》,《人民日报》1999年1月18日。

三、当前中国人移民海外的主要形式

从国际移民和一国公民海外活动规律来讲，亲缘关系和技术、投资型移民是国际移民的主要方式。非法滞留、政治避难和偷渡是非正常的移民手段。与新中国成立前的移民海外原因和途径相比较，改革开放后出去的“新华侨”，通过留学、涉外婚姻、技术和投资移民方式定居异国他乡的居多，当然还包括数量可观的“非法移民”。

(一) 留学方式移民

以海外留学方式实现人口跨国流动或定居海外，这是国际移民的一个主渠道，也是一种得到人口输入国政府支持和鼓励的移民方式。1978 年中国实行对外开放后，中国政府在公民海外留学政策上，经过了从严格限制到逐渐放宽、再到鼓励支持的发展过程。现在，政府不仅鼓励公民自费出国留学，而且对公派留学生回国政策也从早先的苛刻限制，即用经济补偿手段来防止公费留学生滞留外国，到现在实行“依法派遣，鼓励回国、来去自由”人性化的留学政策。经过 30 多年的公民留学历程，中国已经成为世界上第一大留学生生源输出国。据教育部统计，目前中国留学生的足迹遍布全球 109 个国家。2009 年度各类出国留学人员总数达到 22.93 万，其中自费留学达到 21.03 万人。与 1978 年的区区 860 人相比，30 年来，中国年度出国留学生总数翻了 265 倍。从 1978 年到 2009 年底，前后有各类出国留学人员约 162.07 万人[①]，留学回国人员总数近 50 万人。至今仍有一百万之巨的中国留学生留居在海外，主要在美国、加拿大、澳大利亚、欧盟等发达国家和地区，绝大部分已经获得长期留居异国他乡的“绿卡”，成为中国海外庞大的华侨华人群体中的新生力量。

(二) 技术和投资型移民

这是近年来出现的公民移居海外的新方式，也是经济全球化过程中国际人才争夺和世界综合国力竞争的结果，更是中国经济社会发展到新阶段

① 《教育部公布 2009 年度各类留学人员情况统计结果》，教育部网站 2010 年 6 月 28 日。

的象征。

从上个世纪90年代起，欧、美一些国家和地区从其国家利益出发，借助优厚的物质生活条件、先进的教学科研手段及其完善的社会保障制度，大量从发展中国家吸收和引进人才，并用投资移民手段吸取国际资本。中国作为世界上最大的发展中国家，也是世界上人力资本最充裕的国家之一，囿于各种原因，中国也难挡这一国际人才流动潮流的冲击。技术和投资型移民先是从上个世纪80年代后的中国台湾、香港地区开始。[①] 本世纪开始，有越来越多的大陆居民也以投资移民方式前往美国、加拿大、澳大利亚等国，成为当今中国“富人圈”生活中的一种时尚和潮流。

改革开放30年后，随着经济的持续和快速的发展，中国产生了一大批

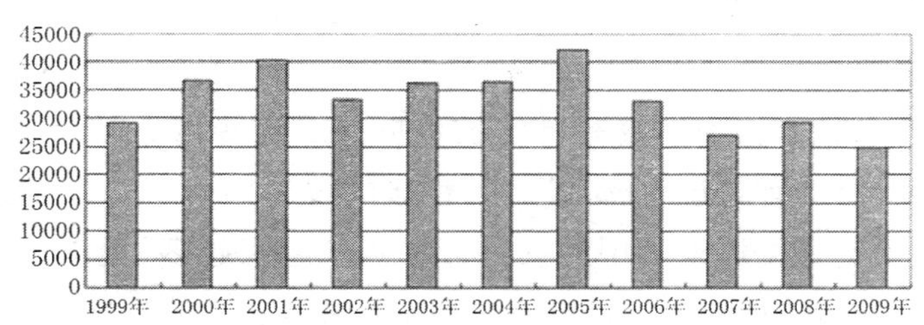

1999～2009年中国移民加拿大人数

“先富裕起来的人”，这一群体的数量无法准确统计。如按家庭财产千万人民币标准来衡量，保守的估计至少有百万，更有不计其数的亿万富裕。出于各自不同的原因，这些人开始考虑移居海外。有些想凭借一技之长或通过投资方式得到外国护照，成为“外籍中国人”。再加上加拿大、澳大利亚、美国等国将投资移民作为本国吸引外国资本、增强本国经济竞争力的政策来实施。中国成了加拿大、澳大利亚、美国等世界移民型国家优先吸引和鼓励投资移民的首选国之一。

---

① 1997年香港回归前，估计有数十万港人移民加拿大、美国和澳大利亚。光1996年的温哥华一地，就有香港移民12269人。新浪网2002年1月29日。

以加拿大为例,加拿大是世界上移民入籍政策较为宽松的国家,也是中国大陆、台湾和香港地区中国人最喜欢移民的国家之一(见上图)。2005年,中国人移民加拿大的是42000人,达到十年来最高峰。2006年后,香港和台湾地区移民加拿大的人数大幅度下降,中国大陆的移民数量却明显上升。加拿大移民部长康尼(Jason Kenney)2010年5月在接受新华社记者采访时说:2009年有2.5万人从中国(含大陆和含台港澳地区)移民加拿大。中国是我们最大的移民来源国,而且很明显地,中国移民对加拿大的贡献是巨大的,我们甚至无法用数字去量度中国移民在经济及文化上的贡献。[①]

移民海外是近年来中国大陆最富裕阶层的时尚和生活方式。无论是出于让子女接受良好国际化教育、个人得到稳定的安全生活环境、便利的投资和避税手段,还是通过移民来实行财富转移等目的,这些年,国内投资型移民海外的浪潮再度出现。2010年4月,《2010胡润财富报告》指出:中国目前有5.5万名亿万富翁。没有可信的数据显示这些富豪已经多少移居海外。据调查,至少有高达30%富豪们有移民海外的打算。美国《侨报》报道:中国人投资移民进入美国的公民近些年来越来越多,美国移民局2010年第四季度发布的最新统计,2010年来自中国大陆的投资移民申请居全世界之最,占移民局全年发放的EB-5签证总数的41%,共计772人。[②] 另据美国国土安全局(DHS)提供的资料:近年来,每一年中国大陆出生人口移民美国的数量,在1989年至2000年间,已从32272人上升至45652人(含在美国领到"绿卡"人员),而到了2009年,中国大陆出生并成功取得美国永久居留权的人数则已达到64238人,仅次于墨西哥。[③]

大陆投资型移民主要是去加拿大、美国和澳大利亚,原因在于这些国家的移民政策比较宽松,有成熟的华人社会圈,"新华侨"更容易融入当地社会。除去传统的澳大利亚、美国、加拿大等三大主要移民目的地国之外,近年来,不少南美、欧洲、东南亚等地区的较小国家也成为中国大陆移民的

---

① 资料和图表来源:摘自移民顾问赵丹的博客:http://blog.sina.com.cn/u/1298170372。

② 《美投资移民中国大陆居首占2010发放签证总数41%》,中国新闻网2011年1月17日。

③ 吴晓蕾:《新移民潮争议:中国能否留住人才受关注》,《时代周报》2010年6月24日。

"新宠"目的地。

与中国上世纪70年代末80年代初的出国留学热和上世纪90年代开始的技术移民热不同,21世纪初开始的投资移民热的申请者似乎无意迁往移民国居住,他们只是希望更换公民身份并继续留在中国生活。这批新移民群体主要由新富阶层与知识精英构成,他们大多是主流社会眼中的成功人士,移民只是他们的一种生活方式而已。可以肯定的是,只要中国现行的出入境管理和人口流动政策不作出重大调整,会有更多的中国人以技术和投资移民方式加入"新华侨"行列,这也扩大了中国公民在海外的数量。

(三)跨国联姻和家庭团聚移民

这是世界各地"新华侨"涌现的又一主因。从国际人权保护和一国国内社会稳定出发,世界移民主要输入地的欧、美发达国家在移民政策上采取区别对待的"分类"移民政策。一般来讲,各国移民政策优先考虑的对象是基于婚姻关系或家庭团聚因素移民的外国人。改革开放以来,中国大陆出现了大量以国际联姻渠道前往海外的"新华侨"。包括歌星韦唯,影视明星陈冲、宁静、巩俐、斯琴高娃在内的大量中国公民远嫁他国,落户异乡,成为海外新移民的一部分。上海、北京、广州等国内大城市更有许多女子以嫁外国人为首选。据统计,福建省主要侨乡福清、永安、新罗、古田等地近30年向海外移民50多万,其中90%以上是以婚姻和家庭的姻缘关系移居的。同样,著名侨乡浙江青田县现有15万华侨华人分布在世界70多个国家和地区,其中大部分是近20年通过婚姻或者家庭关系出国的。2010年12月,韩联社报道,居留在韩国国内的中国人人数首次突破60万人,包括短期、长期和非法居留者在内,其中结婚移民者共有6.6万人。①

(四)非法移民

所谓非法移民,是指没有通过正当合法的出境出国渠道,采取违法手段进入他国境内,或合法入境但非法长期滞留的国际移民。由于中国与欧美主要移民输入国的经济发展水平差距较大,加上许多人无一技之长,年龄偏

---

① 《在韩居留中国人突破60万,几乎占全体外国人一半》,中国新闻网2010年12月22日。

大，语言不通，生存能力较弱，根本不符合人口输入国的移民要求。许多人在"入门无方"的情况下，通过非法渠道进入他国。非法偷渡是一种国际现象，不足为奇。改革开放30年来，究竟有多少中国人在世界各国成为"非法移民"，这一数字无法统计，但是，一般认为，有几十万之巨是合理的。2005年6月，国际劳工组织曾公布一份报告，题为《中国非法移民偷渡到法国和受剥削的状况》。该报告指出，目前在法国的中国非法移民约有5万人，70%的人生活在巴黎，其余30%生活在法国东部和北部。非法移民是国际人口流动中的"暗流"，对人口出入境国家都带来极大的麻烦，是国际社会全力打击和防范的对象。

对于非法移民，中国政府的态度历来是一致的，始终保持严厉打击和明令禁止的态势。中国边防、公安、海关等部门不断地加强国际合作，密切关注国际非法移民新动向，严厉打击国际"偷渡"集团，严惩集团首要头目。例如，2003年10月，公安部部署开展了为期5个月的打击边境地区违法犯罪活动暨反偷渡专项行动。在短短5个月时间里，全国公安机关共查获偷渡人员5286名，抓获偷渡组织者、运送者444名①。但是，由于福建福清、浙江青田、广东开平等主要侨乡有大量人员在海外定居或者生活，因华人"亲缘、姻缘、乡缘"等原因，当地许多知识文化水平低、技术能力差的人无法通过正常的合法的手段，前往国外生活和与亲人团聚，因此，他们就选择用"偷渡"形式冒险去海外。加上移民输入国的意大利、西班牙、美国等国因劳动力短缺或者政治需要，往往会每隔一段时间实行宽松的移民政策，将部分非法移民转为合法移民，这客观上鼓励了许多人铤而走险地"偷渡"。据统计，今天在东欧地区、意大利、西班牙等传统移民输入地，有数十万名非法中国移民。但是，从中国领事保护角度来讲，这部分人仍是中国领事保护的救助对象，政府相关部门仍要对这些人提供力所能及的人道主义帮助。

综上所述，现阶段的中国公民离开祖国前往海外长期定居和生活，其动因已经发生与旧社会截然不同的变化。现在为了谋生和逃难等原因，或者

---

① 盖金东：《全国公安机关开展反偷渡专项行动综述》，人民网2004年5月19日。

所谓“政治迫害”缘由而被迫前往海外的已经很少了，更多的人出国定居是为了获得更好的自我发展空间和优越的物质生活保障，也有人是出于理想和生活偏好而出国的，当然，也有人因婚姻、家庭团聚等原因出国。总之，公民出国出境长期定居他国的条件和背景已经发生根本变化。有关部门在实施中国公民海外利益保护时，要注意到这一情况，特别是在实施紧急撤侨护侨的行动中，要考虑到中国侨民的意愿，避免做出“出力不讨好”的事情来。

第三节 公民海外活动的发展趋势与展望

一国公民出国出境规模和海外活动规律，既受国际安全大环境的影响，更与一国政府实施的公民出入境管理制度相关。“冷战”结束以后，由于国际安全形势总体缓和与相对稳定，它促进了世界人口跨国活动的快速发展。当然，中国政府放松了公民出入境管理，也推动了中国公民的跨国活动。

展望未来，中国公民海外活动的规模和特点是：出国出境总人数和总人次将不断增长；公民海外活动的目的和动因多样化；公民海外活动的地域和范围更广。中国已进入国内经济与国际经济联动，中国人活动地域国际化的新时期。

一、出国出境的总人次增长较快

据统计，从新中国建立到1978年的近30年间，中国公民出境出国总数只有28万人次。而从1979年开始，公民因商务、留学、探亲、劳务等原因而出国的人数快速增长，1998年达到750万人次。进入新世纪后，出境总人次连年递增在10%以上，2003年超过了2020万人次，2009年达4765万人次。2010年更是达到5739万，这是惊人的增长数字（见图）。

事实上，这一增长速度与改革开放30年来的中国经济年增长率几乎相一致，这反映出今后中国公民出国出境活动的规模和速度。假设今后十年，中国国民生产总值仍保持每年7%以上的增长率[①],那么到2020年,中国公民出境总人次达到1亿以上是完全可能的。

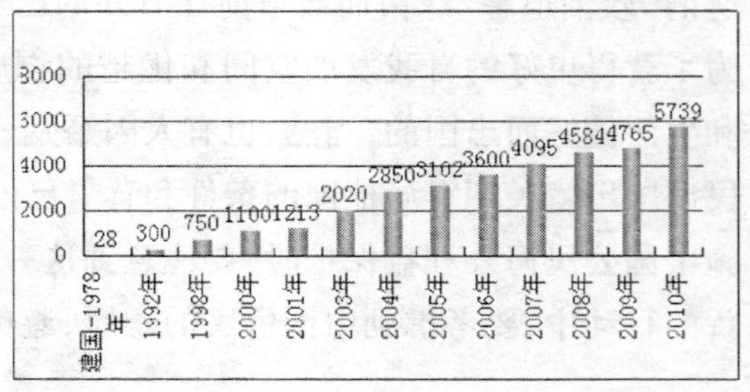

有关中国公民海外活动的规模和数据,我们还可以从另一个侧面来证明。2009年暑期,课题组搞过一次问卷调查,获得的数据也证实上述图表内容。

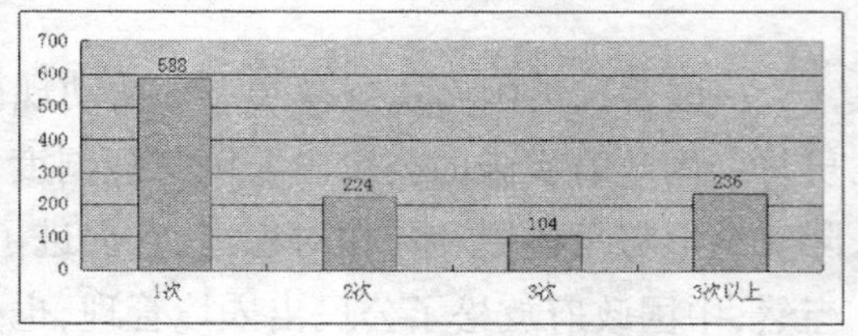

近年来,沿海发达地区和国内大中城市已有数千万家庭,其年总收入水平已经从小康生活进入"较富裕"阶段,这些家庭的消费结构已经将住房、汽车、子女留学作为新"三大件"[②]。海外留学、旅游、探亲、经商等跨国活动已经成为这部分家庭生活的一部分。更有许多人因种种原因需要经常出国,从事跨国经营活动和生活。在对1152位有出国经历的人士问卷调查中:"从2005年至今,你已经出国出境几次?"51%受访者回答"一次",但回答"两次及两次以上"者达到28%(见图)。这说明,在今后相当长时期内,在一部分中国公民中,出国出境的跨国界活动将是"家常便饭"。

另外,2008年4月,世界两大飞机制造商之一的欧洲空中客车公司在北京发布"2007－2026年全球航空市场(中国)"预测。报告认为,从2007到2026年的20年里,中国内地将需新增2800多架客机和货机,价值3290亿美元,占同期全球新增客、货机需求总量(24000架)的11.6%。理由之一:中国公民实际消费水平的快速增长,中国公民出境游的出现。今天,在

---

① 《温家宝:今后五年我国经济增长预期目标是年均增长7%》,新华网2011年3月5日。

② 中国人记忆犹新的"三大件",是代表一种生活水平的耐用消费品。如20世纪70年代的"手表、缝纫机和自行车",80年代的"电视机、冰箱和洗衣机"、90年代的"空调、手机和组合音箱"等。

从中国各大城市前往世界各地的航班上，满眼望去看到的都是出国旅游、留学、探亲和经商的中国旅客现象，这已不足为奇了。这表明，在今后相当长时期内，公民前往海外将是一股不可阻挡的潮流。因此，这决定了中国将很快成为仅次于美国的世界上公民跨国界活动最多的国家。

二、出国出境的目的和任务多样

中国公民跨国界生活和活动年代虽源远流长，但在上千年中国人海外移民历史上，公民出国的原因都是因旧中国积贫积弱，百姓生活穷困潦倒，国人无奈出国者居多。还有许多人是被蒙骗和胁迫下前往海外的，中国人出国动机主要是生活所迫居多。进入21世纪后，随着中国年均经济增长率保持9%左右，中国外汇储备居世界第一位，再加上人民币不断升值[①]，使得更多中国人的收入达到世界中等发达国家国民平均收入水平，这客观上促进了公民出国留学、经商、劳务、旅游、探亲等群体数量快速增长。同时，随着中国对外开放战略从过去"引进来"向"引进来与走出去"相结合方向转变，中国经济外向化和企业国际化步伐加快，中国进入全球化、国际化提速发展的新时期。

一是跨国经营和商务活动国际化升温

参与国际经济一体化，加快对外开放步伐，这是中国30多年来经济实现快速发展的成功经验。2007年，党的十七大提出："坚持对外开放的基本国策，把'引进来'和'走出去'更好地结合起来，扩大开放领域，优化开放结构，提高开放质量，完善内外联动、互利共赢、安全高效的开放型经济体系，形成经济全球化条件下参与国际经济合作和竞争的新优势。"[②]这一对外开放战略的历史性转变，标志着中国对外开放已经迈出新的步伐。

自此以后，一大批像中国石油、海尔、康佳、华为、中兴、万向、吉利等国

---

① 自从2006年中国政府实行人民币汇率改革以来，到2010年，人民币对美元的比值已经实际升值15%以上，从2006年的1:8.28升值为1:6.55。

② 胡锦涛：《高举中国特色社会主义伟大旗帜，为夺取全面建设小康社会新胜利而奋斗》，人民出版社2007年版。

内著名的国有和民营企业走上了国际化跨国经营之路。他们在世界各地从事投资办厂、开矿修路、贸易销售、种田育林等跨国经营活动。许多中资企业在海外经营活动中,愿意使用本国的经营管理者和劳务人员,这客观上带动更多的中国公民因商贸活动需要而出国出境。

据统计,截至2007年底,中国近7000家境内投资主体在全球173个国家(地区)设立的境外直接投资企业超过1万家。据国家发改委统计,2002年至2008年,中国企业的年度对外投资额从27亿美元增长到约560亿美元,年均增长幅度达到66%。至2008年底,中资企业的境外投资存量达到1840亿美元,境外资产总额超过1万亿美元。2008年通过收购、兼并实现的对外投资达到302亿美元,比上年增长约380%,占当年对外投资量的54%。2003年至2009年第三季度末,中国企业进行了437宗海外并购交易,总值达1168亿美元。这些经济活动,极大地带动了中国公民海外生活的规模和水平。这一时期,中国向160多个国家和地区累计派出各类劳务人员400多万人次。[①] 例如,仅非洲的利比亚一个国家,2011年年初,中国政府从该国撤回中国劳务人员就有三万多人。在一项“你最近一次出国的目的”调查中,在1152份有效回卷中,有208位回答是“商务活动”,占本次调查人数的17%(见图),由此可见,从事国际商贸活动是中国公民出国的主要目的之一。

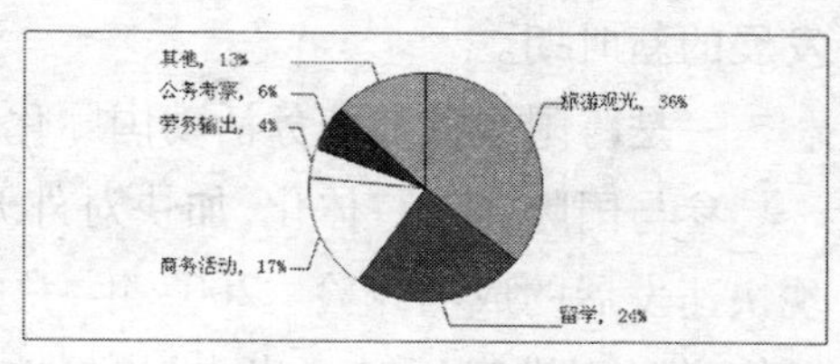

因此,展望未来,随着中国企业大踏步地走向世界,公民海外活动的规模和数量将进一步扩大。

二是公民海外留学规模不断扩大

国际经验告诉我们,发展中国家公民大规模地前往海外留学,是一国经济发展到一定阶段,人民生活水平极大提高的必然结果。上个世纪80年代起,经济发展水平已经达到世界中等发达国家水平的亚洲“四小龙”国家和

① 《2007年度中国对外直接投资统计公报》,中国政府门户网站2008年9月18日。

地区的公民,开始大规模地去美国、加拿大、澳大利亚、西欧等地留学。中国香港、台湾地区高中毕业生大多将海外留学作为人生一个选择,中国也不例外。尽管中国公民去海外留学早已有之,但在上个世纪 90 年代前,海外留学以公费和官派为主。自费留学仅是极少数富裕家庭的子女"奢侈品",普通工薪阶层子女是不可能"奢望"的。

公民以自费形式大规模前往国外留学,出现在本世纪初。近年来,公民海外留学的总量连年突破历史记录。据教育部权威发布:2010 年中国公民海外留学人数达到创记录的 28.5 万名,比前一年增加 24%。在这些留学人员中,约 94% 为自费留学,其余则是公派或由公司、企业资助出去的。这说明,中国公民海外留学已经从社会富裕和精英阶层向平民阶段转变,海外留学开始进入"井喷"阶段。十年来,中国公民海外留学的总量每年以 10% 递增,2009 年后出现 20% 以上的增速,中国已经成为世界上最大的留学生生源输出国。

三是公民国际旅游和观光加速增长

从 2009 年 9 月 15 日起,中国公民组团出境旅游目的地新增九个国家,分别为圭亚那、厄瓜多尔、多米尼克、马里、佛得角、加纳、巴布亚新几内亚、黑山、阿联酋。这样,到 2010 年,中国公民海外旅游目的地国已经达到 139 个。现在,世界上还有许多国家希望尽快与国家旅游局签订旅游合作协议,开放中国公民赴该国旅游。中国公民出国旅游观光已经成为中国经济发展的"晴雨计"。

2008 年美国"金融危机"后,国际旅游业受到极大影响。原本作为世界上最大的国际游客输出地的美国、欧盟和日本等国,由于经济困难和国力衰落,一些国家政府紧缩支出,减少了社会福利开支。许多企业被迫裁减员工和削减工资外福利,因此,发达国家的百姓钱包"缩水"了,个人和家庭不得不削减各项开支,减少或放弃国际旅游活动。反过来,中国经济虽受到经济危机的影响,但由于中国政府采取经济刺激政策,在世界经济中率先企稳回升,中国沿海地区和大中城市的一部分先富裕起来的群体,借助人民币升值带来的国际旅游价格相对较低、海外市场奢侈品便宜的时机,开始走出国门去海外旅游。2008 年,中国公民出境旅游人数 4600 万人次,比上年增长约 12%。2009 年是近 5000 万人次,增长 10%左右。2010 年,由于日本、美国、加拿大相继放宽对中国公民出国旅游签证的限制,中国公民欧洲游、日本游价格降到历史低点,这极大地刺激了中国公民海外旅游热潮。当前,公民海外旅游出现新的变化:

一是从早期主要是东南亚旅游,兼顾韩国、日本旅游,逐渐转变为到世界各地旅游。连非洲大陆这一与中国相隔数千公里,经济相对落后的地方,也是到处有中国游客的身影。例如,2011 年 1 月,中国政府协调商业包机从埃及接回因该国政局动荡而滞留的中国公民,在撤出的 1848 位中国公民中,绝大部分人是利用春节假期去埃及旅游的。中国公民国际旅游的旅游产品消费额已从原先的五千元人民币向万元级以上发展。中国游客的消费能力,促使更多的国家对中国游客采取积极鼓励和开放的入境制度,反过来又会提高中国公民海外旅游的热情。

二是从团队旅游向以团队为主与自由行相结合方向发展。出于旅游安全和出入境管理制度的限制,中国游客去海外旅游大多是由旅行社组团集体整团共进同退形式,个人结伴或自由行一般不能获得外国签证,给中国游客免签证或者落地签证的国家只有泰国、俄罗斯等少数国家。随着中国国际旅游业的发展,越来越多的国家开始允许中国公民自由行,包括一直对中国游客有苛刻限制的日本,所以,中国公民自由行国家数量的增加会促使中国国际旅游业的发展。

三是中国公民旅游从单纯的观光和购物向休闲方向发展。现在,参加各种特色旅游的中国公民人数不断地增长,像南极考察游、登山游、海岛游、游轮休假游等。许多中国公民不再喜欢过去出境出国旅游的“下车拍照、撒尿,上车睡觉,回来一问啥都不知道”的走马观花式的旅游方式,开始向个性化的旅游方向转变,这也扩大了中国公民出境旅游的规模。据统计,2009 年中国公民出境旅游达 4765 万人次,增长 4%。2010 年出境旅游达 5739

万人次，增长20.4%。[①] 据世界旅游组织预测，到2020年，中国每年出境游人数将超过1亿，成为全球最大的游客输出国。中国已经成为世界上最具国际旅游潜力的国家。

三、海外活动的国家更多、地域更广

现在，除了个别的内陆国家和偏远的岛屿地区之外，环球皆有炎黄子孙的踪迹，中国海外侨胞遍布世界五大洲的160多个国家和地区。从大洲分布来看，亚洲为2125万人，占83.7%。美洲245万人，占9.9%。欧洲125万人，占4.9%。大洋洲32万人，占1.2%。非洲9万人，占0.3%。按国家和地区划分，华侨华人的85.5%集中在东南亚地区，仅印度尼西亚（600万）、泰国（465万）、马来西亚（509万）三国就有1574万人。现在世界上居住华侨华人100万以上的有印尼、泰国、马来西亚、新加坡、菲律宾、美国等6国。居住华侨华人1万人以上不足10万人的有文莱、老挝、朝鲜、韩国、尼泊尔、土耳其、沙特阿拉伯、荷兰、德国、比利时、意大利、毛里求斯、留尼汪、马达加斯加、南非、墨西哥、巴拿马等32个国家和地区。居住华侨华人1000人以上不足1万人的有26个国家和地区。居住华侨华人100人以上不足1000人的有29个国家和地区，以上共104个国家和地区。其余50多个国家和地区的华侨华人合计起来不过2000多人，多则几十人，少则三五人。在同中国有外交关系的171个国家中[②]，绝大多数国家有华侨华人。

除了华侨华人遍布全世界外，现在，因劳务、商贸、旅游等原因而出国活动的中国公民几乎到达了世界上任何一个角落，连中国外交官都不太知道的一些偏僻西方国家海外领地也出现了中国人。2010年9月，外交部领事保护中心副主任赵海涵在回答《国际先驱导报》记者时说："好多地方之前连我都没听说过，随便举个例子，如大西洋上的英属西凯格斯群岛上，曾发

① 《邵琪伟局长在2011年全国旅游工作会议上的讲话》。国家旅游局信息中心2011年1月18日。

② 截至2009年7月16日，同中国正式建立外交关系的国家是171个，与中国台湾地区保持"邦交"关系的有23个。

生过200多名中国劳工纠纷案件，这一群岛上的项目雇主是以色列，主权却是英国，同时它又离巴哈马最近。”①

总之，只要经济全球化和中国对外开放的滚滚大潮不出现逆变，中国利益遍布全世界已经是一个不争的事实，这也对中国政府保护中国海外利益和海外公民安全提出了新课题。

① 梁辉：《中国领事保护案件年均3.7万起》，《国际先驱导报》2010年9月17日，第557期。

第二章 公民海外活动的安全现状及成因

安全是人的基本需要，也是中国公民去海外从事经商、留学、旅游和劳务等跨国活动的前提和基础。由于自然界和人类社会“天灾人祸”客观存在，人类至今仍无法实现“绝对安全”。因此，要达到个人和组织的相对安全，重点在预防和减少各种危险的发生，提高个人和团体的风险意识，特别是强化风险防范和危机应对能力建设。一国公民在海外发生的安全事件，由于涉及敏感的国际关系和复杂的国际法，处理起来既劳神又费时，因而对一国政府来讲，就要立足于“国外出事，国内预防”的安全保护战略。为了做好中国公民海外安全工作，先要对公民海外安全状况及特点作些了解。

第一节 当前公民海外活动的安全现状

一、“安全”的定义和依据

2010 年 1 月 20 日，中共中央总书记胡锦涛率政治局全体常委及其他党和国家领导人来到北京八宝山殡仪馆，出席在海地（13 日）大地震中不幸牺牲的 8 名中国联合国维和警察遗体告别仪式，这是中国参加国际“维和”行动以来，中国军人在海外一次性死亡人数最多的安全事件。27 日，48 名因地震滞留海地的中国公民（包括 1 名台湾同胞）搭乘中国政府民航包机抵达首都国际机场。

海地大地震导致 8 名“维和”警察遇难和中国政府“撤侨”事件，这是

2010年伊始，中国公民在海外遇到的一起严重人身意外伤亡安全事件，而这只是每年发生的数万起公民海外安全事件中的“沧海一粟”。[①] 据外交部中国领事保护中心统计，2009年，中国公民出境总人次在2008年4584万基础上，达到4765万人次。同期，外交部领事保护中心（含驻外使领馆）受理的涉及中国公民及企业海外利益的领事保护案件达四万件。这两项数据同步增长表明，随着中国对外开放程度的不断提高，公民活动地域跨国化、全球化趋势更加明显。中国公民海外安全将是一个与日俱增的常态性、多发性问题。公民的海外安全问题，是中国融入全球化进程中出现的“副产品”，想绕是绕不过去的了。

外交部领事司前司长魏苇[②]在总结2008年和2009年两年的中国公民海外安全形势时说过：“2008年，我们面临的海外安全形势仍然不容乐观，中国公民和企业‘走出去’可能面临新的风险，涉我海外安全保护案件的绝对数量可能会增加，类型和表现形式也将复杂多样，我们绝对不能掉以轻心。”“2009年总体而言，中国人面临的国际安全环境并未发生重大变化。与此相应，中国公民海外安全所面临的威胁也未明显减少或增加”[③]。主管中国公民海外安全问题的外交部职能机构负责人两次关于中国公民海外安全形势的判断，都使用了“不容乐观”、“未明显减少”用词，反映出当前及今后较长时期：海外中国公民和机构面临的安全形势日趋严峻。

“安全”是什么？在日常生活中，我们经常使用“公共安全”、“安全重于泰山”、“安全就是效益”等概念，因此，我们首先要清楚什么是安全？“安全”为什么非常重要？

在古汉语中，恰恰没有“安全”两字组合，而是以“安”字单个出现，如“是故君子安而不忘危，存而不忘亡，治而不忘乱，是以身安而国家可保也”

① 外交部统计，2006年涉及中国公民或者机构的海外领事事件有31800件，比上一年的29290增长10%左右，由此推算，2009年应该在4万件上下。

② 外交部领事司前司长，现任中国驻新加坡大使。

③ 张哲：《问题发生在国外，但解决的根子还在国内——专访外交部领事司司长魏苇》，《南方周末》2009年1月7日。

(《易・系辞下》)。这里的“安”是与“危”相对的,并且如同“危”表达了现代汉语的“危险”一样,“安”所表达的就是“安全”的概念。《现代汉语词典》对“安”字的第4个释义是:“平安;安全(跟‘危’相对)”,并举出“公安”、“治安”、“转危为安”作为例词。对“安全”的解释是:没有危险,不受威胁,不出事故。因而“安”的对应词是“危”、“危险”,只要消除了危险,也就是实现了“安全”。

汉语的“安全”一词译成英文,其对应的单词主要有“safety”和“security”两个单词,虽然这两个单词的含义及用法有所不同,但都可在不同意义上与中文“安全”相对应。国际关系领域研究人员经常使用“国际安全”、“国家安全”等概念,在这里,“安全”就是指国际社会或者国家免于危险,没有恐惧;另一方面是指对安全的维护,指一国的安全措施和安全机构。综上所述,“安全”是指个体或者群体所处的环境“风险”、“危险”的状态和心理感受。它既包括主观上对外界没有害怕或者恐惧的心理感受,客观上有消除危险或恐惧的能力。

“安全”是人的最基本需要之一。美国心理学家马斯洛①的“人的需求层次论”中提出:人的基本需求有五种,依次是:(1)生理需要。(2)安全需要。安全的涵义既有生理方面的,如生命安全、财产安全等,也有心理方面的,如职业安全等。(3)感情和归属的需要。(4)尊重的需要。(5)实现自我价值的需要。这里“安全需要”被认为是一种仅次于人的“生理需要”之后最基本的需要。“人的安全”既是个人实现其他需要的前提,也是人生其他需要的基本要求。因此,保护公民海外安全是政府的责任,也是“以人为本”、“执政为民”理念的体现。

在现代社会中,风险和各种不测事件会随时发生。可以讲,只要有人类活动的地方,就有风险和危险,风险无处不在、无时不有。因此,所谓“安全”只是相对概念。人们只能通过提高自身的安全意识,借助物质和技术力量,在个人和群体自我保护能力不断提高的前提下,防止危险的发生或将潜

① 马斯洛(1908—1970):美国心理学家,人本主义心理学创始人。

在危险消除在萌芽状态，或在危险出现时尽可能地减轻伤害和危害程度。

怎样才算安全呢？"安全"包括客观和主观两个方面，从主观上讲，"安全涉及人类生存与发展的方方面面，对安全的认识根植于生活的体验之中。人们对安全的最朴素的理解是：没有危险，或者说安全是人的一种包括身体上没有受伤害、心理上没有受损害、财产上没有受侵害、社会关系上没有受到迫害的无危险的存在状态等"①。从客观上讲，"安全"是指个体或组织防范和控制危险或威胁的自卫和自我保护能力。从国家来讲，如果一个国家拥有强大的军事能力，足够在和平时期震慑敌人，在战争出现时，能够打败对手，这样，这一国家就是相对"安全"的，因此，物质条件是实现安全的基本前提。

我们研究和分析公民海外安全问题，也要从"安全"的主观和客观两方面来认识，要了解中国公民海外"风险"、"危险"的种类和特点，找出风险的成因，然后对症下药，提出科学的行之有效的预防和应对之策。

二、当前公民海外活动的安全现状

自从2001年美国"9·11事件"发生至今，已十来年了，国际安全环境呈现出复杂性和多变性。虽然，和平与发展是时代主题这一根本特征仍没有改变，但局部地区战争、紧张和冲突的国际形势不时地危害着世界和平与合作。恐怖爆炸、突发性传染病、跨国犯罪、贩毒、海盗等非传统威胁时刻危害着人类社会，各种不确定因素仍有增无减。这种国际环境既影响到各国人民的交往和沟通，也对中国公民海外活动产生了影响。近年来，无论是中国公民在海外受到恐怖分子实施的爆炸、绑架等事件无辜伤害而付出生命，还是中国游客在海外旅行过程中财物被抢夺，甚至各种"天灾人祸"导致的海外公民群死群伤事件，一直不绝于耳，海外安全问题已影响到我国公民和企业法人参与全球化的热情。

回顾2001年至今的21世纪头十年中国公民的海外安全状况，尽管在

① 余潇枫等：《非传统安全概论》，浙江人民出版社2006年版，第10页。

各个不同时期，因造成公民海外安全问题的外部环境和主客观条件变化，中国公民海外安全的状况是有差别的。有些年份，绑架、恐怖爆炸等恶性事件造成的中国公民海外死亡事件多一点。例如，2004 年美国占领伊拉克后，伊拉克、巴基斯坦、阿富汗等国的国际恐怖主义活动猖獗，恐怖事件不断地发生，在海外的中国公民深受其害，涉我公民的绑架、爆炸等事件接二连三地发生。有时，因中国侨民居住国战乱和政局动荡导致中国政府撤侨行动很频繁，例如，2006 年全年中国政府共组织过四次海外撤侨。但是，从总体上讲，头十年的中国公民海外安全的形势，表现出以下几个特点：

一是领事保护事件数量逐年上升，居高不下

进入新世纪后，随着大量中国公民前往国外从事商务、旅游、留学、探亲、劳务和其他跨国活动，公民的海外安全事件与日俱增。回顾过去的十年，我们看到，“9·11 事件”发生后，美国发动了阿富汗战争、伊拉克战争和全球“反恐”战争。由于布什政府奉行“以暴制暴”、“先发制人”全球反恐战略，导致这一时期的国际安全形势复杂多变。一时间，西班牙、英国、法国等国先后发生“地铁大爆炸”等恐怖事件，众多无辜平民受连累致死。阿富汗、伊拉克、巴基斯坦、印度、印度尼西亚和中东地区更是成为国际恐怖活动的“重灾区”，“人体炸弹”、“汽车炸弹”等形式的恐怖事件接连不断。苏丹、尼日利亚、埃塞俄比亚、阿尔及尔、埃及等非洲国家成为恐怖事件多发地。这样，遍布全世界的中国公民也难逃“劫难”，世界各地不时传来中国公民在恐怖袭击和爆炸中被错杀误伤的消息。

2004 年，由恐怖分子活动造成重大伤害事件为特点的涉及中国公民海外安全事件达到一个高点。全球范围内发生的各种领事保护事件 18000 多起，其中重大案件 40 多起，死伤人数达 750 多人。[①] 例如，2004 年年初，21 名中国拾贝劳工惨死英国莫克姆湾案[②]；4 月 11 日，发生了 8 名中国公民被伊拉克反政府武装分子绑架事件；6 月 10 日，更有 11 名中国工人在阿富汗

① 陈志敏等：《当代外交学》，北京大学出版社 2008 年版，第 144 页。

② 2004 年 2 月 5 日，一群中国劳工在英格兰西北部兰开夏郡的莫克姆湾捡拾蛤蜊时被来势汹猛的海潮围困，最终有 21 名丧生，2 人失踪。经调查确认，死者大多来自福建省福清市。

遭恐怖分子袭击不幸遇难;10月9日,又传来3名中国工程师在巴基斯坦被武装分子绑架的消息。这一连串涉及中国公民海外伤亡的重大事件告诉和警醒国人:外面的世界很不安全。

从2004年起,有关中国公民受到各种非传统威胁而伤亡的消息不绝于耳。像索马里"海盗"抢劫中国商船、墨西哥"甲型H1N1"疫情等问题,威胁到世界人民包括中国公民的正常国际活动。自2004年中国公民海外领事保护事件第一次突破上万件后,以后几年连年增长,2008年和2009年两年①,外交部领事司和驻外使领馆处理的中国公民海外安全案件在8万件左右(不包括中国公民在海外没有申报或私了的案件)。中国领事保护中心工作人员长期处于"满负荷"的工作状态,公民海外安全问题成为中国领导人和国人关注的一个"热点"问题。

2005年至2010年,中国公民海外领事保护案件增长表②

年份	2005年	2006年	2007年	2008年	2009年	2010年
数量	29290件	31800件	3万件以上	近4万件	4万件以上	4万件

2008年后,由于国际社会在打击国际恐怖主义及共同应对各种非传统威胁问题上加强合作,恐怖主义活动对中国公民伤害的安全事件呈现下降趋势。但中国公民在海外经商、旅游、留学、劳务等跨国活动中,遇到动乱、绑架、抢劫等形式的危及人身和财产安全事件仍有增无减。所以说,不管国际形势如何变化,只要中国公民出国潮涌现不断,即使从出国人员的总数增长角度来讲,涉及公民海外安全的事件总体上仍会在4万件上下,防止和降低公民海外风险是一项长期的艰巨的工作。

二是事件种类"五花八门",背景复杂多样

① 《中国领事保护案件年均3.7万起》,《国际先驱导报》2010年9月17日。

② 根据《南方周末》发布的2005年至2009年《年度中国人海外安全报告》和外交部网站相关资料整理。2010年的数字,因中国领事保护中心到2011年2月份止,仍没有权威发布,4万件是一个估计数字。

在成千上万件涉及中国公民海外安全事件中，可以发现，公民在海外发生的涉及其人身和财物安全事件可谓“五花八门”，几乎包括了日常生活中所有的已知的不安全因素，更有许多风险是国人在国内生活时比较陌生的、不曾听说过或经历过的风险。例如，中国公民在国外期间（无论是长期居留还是临时逗留）因国际恐怖分子制造的“人体炸弹”、“汽车炸弹”事件而错杀误伤。

本课题整理了2001年“9·11事件”发生到2010年十年间，在海外发生的涉及中国公民的250起重大安全事件①，统计后进行分类（见表）。在这里，抢劫偷窃、交通事故、海难和溺水、恐怖袭击和绑架等四项是危害中国公民海外安全最多的事件。上述排列顺序同课题组在杭州、上海、北京国际机场候机大厅进行的调查问卷结果基本吻合。在一项：“在过去的出国经历中，如有，你遇到过下列何种意外伤害？”问卷中，在1152份有效答卷中，共有57人回答在海外曾经遇到过不测和意外，占总数5%，其中以遭抢劫和偷窃等刑事犯罪性质风险居多（见图）。特别要指出的是，2010年5月10日，全国人大常委会副委员长乌云其木格率中国人大代表团在出访途经法国期间，曾遭遇歹徒抢劫，丢失少量财物，后法国相关部门向中国政府表示歉意。这是一起级别最高的中国官员在海外遇到的“有惊无险”的意外安全事件，它从一个侧面反映出公民海外安全问题。

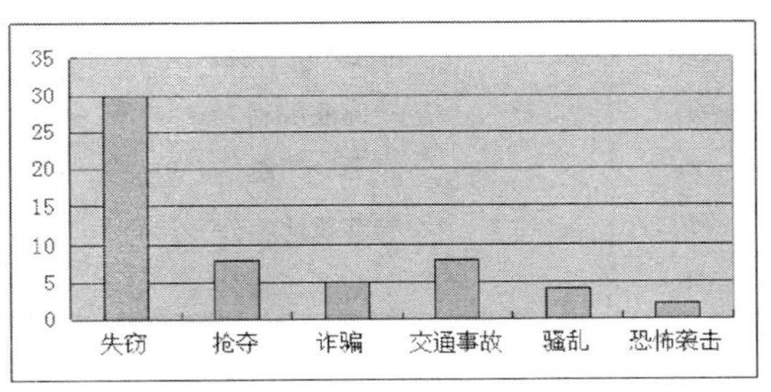

① 根据外交部网站“出国安全提醒”“领事注意事项”等栏目刊登的涉及中国公民海外安全事件及收集新浪网、中国新闻网、《南方周末》等媒体的相关信息归纳而成，见附录《中国公民海外安全重大事件选登（2001年9月至2010年）》。

中国公民海外安全事件前十类

	事件性质	数量	比例
一	抢劫、偷窃、抢夺	84	33.6%
二	交通事故	39	15.6%
三	溺水、海难、空难	38	15.2%
四	恐怖袭击、绑架	36	14.4%
五	自然灾害(海啸、地震等)	19	7.6%
六	非法入境、偷渡	15	6%
七	商业限制	6	2.4%
八	劳务纠纷	4	1.6%
九	警察执法不公	4	0.4%
十	留学诈骗	1	0.4%

在海外安全事件上,造成公民非自然死亡最多的是恐怖袭击和意外交通事故。据不完全统计,在美国"9·11事件"发生后到2010年间,至少有百位中国公民在国际恐怖袭击中死伤。例如,2005年11月9日,正在约旦访问的中国国防大学代表团在酒店内被恐怖分子发动的"人体炸弹"爆炸连累,造成3死1伤后果。2007年4月24日,一家中资石油公司设在埃塞俄比亚东南部地区的项目组遭众多不明身份武装分子袭击并抢劫,造成中方9人死亡。2008年10月18日,中国石油天然气集团公司的9名工人在苏丹西部地区遭武装分子绑架,结果5人遇害。这些年,国际恐怖主义活动虽因种种原因受到压制,特别是在欧美发达国家发动大规模的恐惧性极端事件的几率下降。而像"人体炸弹"、"汽车炸弹"这类恐怖事件主要集中发生在阿富汗、伊拉克、巴基斯坦、印度等几个恐怖活动猖獗的国家。但是,国际社会中出现的像"核恐怖主义"、"个人恐怖主义"的恐怖主义变种,仍会影响到世界和平与发展的事业,特别是中国国内的民族分裂势力、宗教势力和极端势力会千方百计地制造事端,随时可能对中国公民的海外利益和安全形成危害,仍要加以研究和防范。

三是群死群伤恶性事件时有发生

公民海外群死群伤事件选①

	时间	地点	后果
一	2003 年 11 月 24 日	莫斯科	人民友谊大学学生宿舍楼发生火灾,造成 11 名中国学生死亡,数十人受伤。
二	2004 年 2 月 5 日	英国莫克姆海湾	23 名拾贝中国人因潮水上涨无法脱逃死亡。
三	2004 年 6 月 10 日	阿富汗昆都士	恐怖分子闯入中国人工地射击,11 名中国工人丧生。
四	2005 年 1 月	印度洋周边国家	印度洋海啸导致 15 名中国公民(含港澳台同胞)遇难,24 人受伤。
五	2005 年 11 月 9 日	约旦安曼	国防大学代表团 3 名成员被恐怖分子发动的"人体炸弹"误炸而死。
六	2008 年 1 月 7 日	韩国京畿道利川市	一家冷库地下室发生爆炸并引发大火,造成 12 名中国公民在事故中死亡,1 名受重伤。
七	2009 年 1 月 31 日	美国亚利桑那州	交通事故造成中国游客 6 人遇难,9 人受伤,其中香港居民 1 死 1 伤。
八	2009 年 6 月 1 日	法航飞机失事	9 名中国公民罹难。
九	2010 年 1 月 13 日	海地大地震	8 名中国"维和"警察因地震遇难
十	2011 年 2 月 22 日	新西兰克莱斯特彻奇市地震	23 名中国公民死亡,大部分是留学生

所谓群死群伤事件指在海外发生的安全事件中,一次性导致两名或两名以上中国公民伤亡事件,个别甚至有十几人、甚至几十位中国公民伤亡的特大事件(见上图),这类事件发生的概率虽低,但一旦发生,后果不堪设想。研究表明,造成公民海外群死群伤事件的主因是各种意外事件和突发性自然灾害,如空难、海难、车祸、海啸、地震、火灾等。2011 年 2、3 月的新西兰和日本地震都造成了中国公民的重大伤亡。也有人为的由恐怖分子和武装歹徒实施的绑架、爆炸所致的。当然,有些问题本可避免,至少降低或减轻损失,但由于当事人大意或避险不当,反而造成更大的伤害和损失。例如,公民因住宿地或公共场所起火时慌忙跳楼导致摔死等。

① 根据外交部网站的《海外安全动态》及相关报道整理而成,个别时间、数字可能有出入,仅供参考。

从上述事件中可以看到，一次性死亡最多的达数十人。起因多是意外事故、恐怖袭击或自然灾害所致。因此，对于这种防不胜防的海外安全问题，应把提高公民安全意识和防范及自救能力放在第一位。

四是有组织排外“挤华”事件显现

所谓有组织排外“挤华”事件，是指发生在海外的涉及中国公民安全事件中，加害者并非出于“钱、财、物”等个人所需而为，事件参与者也不是单个人，而是由一些国家行政当局或执法机关实施的针对外国人尤其是中国人的强制行为，当然，也包括一些带有极端排外倾向的组织和团体。有些事件的发生同该国某一利益集团或势力为转移社会矛盾分不开。事件制造者往往是组织、团体和政党，带有一定政治性或特定利益诉求。这类事件的后果和影响面十分广泛，轻者会导致成百上千的公民经济利益受损，严重的会影响到国际关系，甚至造成大规模的人道主义危机。对于这类事件的处理，在情形十分紧急情况下，中国政府往往会选择“撤侨”行动以保护我国公民安全。总之，这类事件起因相当复杂，经常引发外交纠纷和民族主义情绪，中国相关部门必须高度重视，谨慎地应对和处理。

公民海外集体性受伤害事件一览表

	时间	地点	事件概要	后果
一	2004 年 9 月 17 号	西班牙埃尔切市	约 400 名当地人放火烧毁了中国商人的商品集装箱和数个仓库。	造成温州鞋商约 800 万元人民币货物经济损失。
二	2005 年 2 月 27 日	马里	首都巴马科发生球迷骚乱。	中国侨民 15 家饭馆被砸、被抢、被烧，有 9 名侨民受伤。
三	2005 年 11 月 16 日	汤加王国	首都努库阿洛法发生骚乱。	十余家“华商”商店遭到骚乱波及，约 50 名中国公民前往中国驻汤加使馆避难。
四	2006 年 4 月 18 日	所罗门群岛	部分人因对选举结果不满，发生骚乱，暴徒乘机洗劫当地唐人街商铺。	中国政府实施撤侨行动，312 名华侨华人紧急撤离该国。
五	2006 年 5 月 29 日	东帝汶	发生打、砸、抢暴力活动，危及 243 名侨胞的生命和财产安全。	中国政府实施撤侨行动。

六	2007 年 4 月 3 日	巴西圣保罗 25 街购物中心	巴西司法部门在军警配合下查抄“华商”商店。	部分“华商”现金、支票、账本等贵重物品在查抄过程中丢失。
七	2009 年 1 月 25 日	莫斯科	俄罗斯“光头党”分子冲进普希金俄语学院，攻击外国人。	3 名中国留学生被刺伤，其中 1 名女生身中 18 刀。
八	2009 年 7 月 25 日	莫斯科切尔基佐夫市场	警察、海关、商检人员强行对“华商”货物采取扣押和销毁，随后关闭了市场。	受损商户数千，直接经济损失 400 多亿元人民币，“华商”数百人被扣押。
九	2009 年 11 月 24 日和 2010 年 4 月 24 日	罗马尼亚尼罗市场	执法部门派出大量警力对“华商”集中的尼罗市场进行封锁并查扣。该市场后被大火烧毁。	数百个“华商”商铺遭查封，财产损失巨大。后被强拆，上千“华商”财产损失严重。
十	2010 年 4 月和 6 月	吉尔吉斯斯坦	吉尔吉斯斯坦政局动荡引发骚乱，外国人店铺受冲击。	至少 20 家“华商”店铺被抢，财物损失严重。中国政府实施撤侨行动。

2008 年起，由于美国发生“百年一遇”金融危机，其冲击波逐渐波及到其他国家，许多国家的经济处于困难，社会陷入动荡之中，少数国家的政治、社会和治安局势极不稳定。例如，2010 年 4 月，邻国吉尔吉斯共和国发生大规模社会骚乱，危及在该国经商和投资的数千名“华商”的安全，为防不测，中国政府实施了紧急“撤侨”行动。① 因此，在今后较长时期内，只要世界经济形势没有根本性好转，仍会有许多国家陷入危机和动荡中，它给正在大规模地前往海外经商、投资、旅游、留学的中国公民和企业带来了安全隐患，相关部门要不断总结经验，密切关注国际经济政治动向，一旦局势危急，做好充分的应对之策。

第二节 公民海外活动风险的分类及形式

当前，中国公民海外安全事件呈现种类繁多、形式不一、起因复杂多样

① 2010 年 6 月 12 日起，中国政府动用 9 架次包机将 1300 名因吉尔吉斯共和国骚乱而陷入困境的中国公民撤回国内。

等特点,为了较好地了解海外安全状况,把握其发展规律,有必要对危及中国公民海外安全事件做出分类和梳理。关于中国公民海外风险的分类,国内专家学者从不同角度进行了分析。例如,中国现代国际关系研究院"反恐研究中心"李伟研究员提出"六种风险"论:①冲突与战争,这是最高风险。一旦发生冲突或战争,任何安全措施都很难避免,这种区域是应尽量避免去的。②恐怖袭击。恐怖袭击直接威胁生命安全,而且有隐蔽性和突发性的特点。③有组织犯罪。这种危险可能首先导致经济上的损失,事态恶劣的情况下也有可能导致人员生命的损害。④一般性的刑事犯罪。⑤歧视性的政策问题,包括种族歧视或者政治歧视。⑥安全常识问题,比如一些交通安全、用电安全等。这一划分从危险对个体造成的危害性和损失程度不同来区分,有其合理之处。但这一区分方法没有全面和准确概括中国公民海外活动所受到的威胁和特点。我们认为,按照公民在海外安全事件的性质和起因来区分风险形式,可以清晰地说明当前及其今后较长一个时期的中国公民海外风险特点,以便有针对性地提出应对和防范之策。

一、政治性政策类的风险及形式

(一)政治性政策类风险的特点

所谓政治性政策类风险是指公民海外受到人身伤害和财产损失事件的起因,有一定的政治背景和社会条件。侵害者可能是某个国家的政府或组织及团体,实施者有政治目的和利益诉求。政治性政策类风险不同于刑事犯罪活动或纯粹个人因素(如间歇性精神病人对他人的无端攻击)对受害者造成的危害,有几个特点:

一是事件制造者是行政机关或某个地方政府,也可能是非政府组织、社会团体或特定利益集团。因此,对于政治性政策类风险的防范和应对,光靠主权国家领事保护和救助方法是不够的且效力不足的,必须综合地运用外交的、领事保护的、国际法的多种手段。政治性政策类风险事件的解决往往费时又耗财,属于高风险范畴,相关部门需要特别重视。例如,像"基地"组织绑架在阿富汗、巴基斯坦等国的中国公民事件,就属于政治性政策类风险。

二是事件受害者不只是单个中国人，往往是两个或者两个以上的群体，受害者都是无辜的、受冤枉的或者被连累的。政治性事件制造者的目的在于"引人注目"，或引起有关国家"重视"，因此，策划和组织者必须要造成万分危急的情形。政治性事件不仅仅会导致海外公民的财产损失，而且稍贻误时机，会危及公民生命安全。如苏丹的某些反政府组织绑架中国石油公司在苏丹项目部的工人，并非"谋财"，而是想通过这种方法，试图让中国对苏丹政府施加压力，以达到某种政治目的。再如，欧美国家中出现的当地人焚烧中国商人的店铺和经销的商品事件，目的之一在于用"排外"手法来达到保护其自身经济利益。莫斯科市当局多次使用行政权力强行关闭"华商"集中经营的商贸市场，导致公民数十亿财产损失，更使数千"华商"人身安全得不到保证，也属于政治性政策类风险。

由于政治性政策风险实施者是国家政权的力量，或是某些极端组织采取残忍的、非人道和恐怖的手法，因此，这种危险一旦出现，或外力不能加以有效控制，会造成侨民生命和财产安全处于极度危险中。因此，政治性政策类风险是一种系统性集体性风险，解决此类问题往往要动用国家的外交资源和其他手段，有时效果不大，最后的有效办法是实施海外大规模"撤侨"行动。中国政府从2004年以来，先后组织过从所罗门群岛、东帝汶、乍得、吉尔吉斯等国大规模"撤侨"行动，问题的起因大多是这些国家发生了政治性政策类风险。

（二）政治性政策类风险的分类

政治性政策类风险有多种形式，按照这类风险产生的起因划分，有几种形式。

形式之一：战争、战乱和军事政变等传统安全威胁

上个世纪90年代以来，随着苏联解体和东欧剧变，和平与发展成为世界潮流和发展趋势。但二十多年来，世界上局部战争和地区冲突从未停止过。许多国家和地区因民族、种族、领土、宗教和意识形态等之争而处于战争和武装冲突中。一些国家长期有反政府武装活动，如斯里兰卡、尼泊尔、

哥伦比亚、菲律宾、土耳其、尼日利亚、苏丹、缅甸等国。这种传统安全威胁是“高度风险”，容易对包括中国公民在内的外国人生命和财产安全构成致命的威胁。例如，2006年7月26日，以色列轰炸了联合国驻黎巴嫩维和部队位于黎巴嫩南部的一处观察站，造成4名联合国军事观察员死亡，其中包括中国军事观察员杜照宇。

再如，2009年8月，因缅甸政府军与反政府武装在中缅边境地区发生交战，缅甸内战殃及“华商”安全。据逃到中缅边境的中国商人透露，至少有6名中国人在炮火中遇难。[①] 当然，由于战争和地区冲突有一个酝酿和逐步升级过程，一旦出现战争或内战危险，外交部和驻外使领馆会根据形势发展，及时警告中国公民不要前往。因此，这类高危战争风险对中国公民威胁是存在的，只是几率较小。但是，凡事不怕一万，只怕万一，建议中国公民在前往海外时必须高度关注一些敏感地区的安全形势。

形式之二：国际恐怖主义活动错杀误伤中国公民

“美国的9·11恐怖袭击至今已经8年了，尽管各国均给予高度重视并采取多项反恐措施，加强国际反恐合作，但恐怖事件仍不时发生，国际社会的稳定和人民的生命安全仍然受到恐怖主义的威胁。从最近两年的情况来看，全球反恐形势不容乐观，反恐斗争仍然任重道远，”[②]这是中国社会科学院2010年发表的《全球政治与安全报告(2010)》一书对近年来国际反恐形势的认识，它基本上反映出当前及今后一段时期国际反恐领域的安全形势。

2010年起，奥巴马政府强化了美国在阿富汗和巴基斯坦两国“反恐”战争力度。从伊拉克撤出的部分美军增兵阿富汗，美国政府想早日解决阿富汗安全问题。现在，由“北约”国家组成的“多国部队”与阿富汗“塔里班”及“基地”组织残余分子进行的战争，仍没有平息。阿富汗和其邻国巴基斯坦正在受到愈来愈严重的恐怖主义袭击。造成数十上百人伤亡的恐怖爆炸事件层出不穷，阿富汗和巴基斯坦被公认为世界上“最不安全国家”。由于

① 《2009年度中国人海外安全报告》，《南方周末》2010年1月28日。

② 李慎明等：《全球政治与安全报告(2010)》，社会科学文献出版社2009年版，第116页。

美国军事力量远高于阿富汗“塔里班”势力，因此，这些恐怖组织会采取在欧美地区发动惨无人道的类似“地铁爆炸”、“汽车炸弹”甚至“毒气炸弹”等手法来实施报复，以达到“声东击西”、缓解其压力目的。这样，恐怖分子的攻击目标就会选择美国、英国等发达国家。而欧美国家是短期前往海外进行商贸、旅游、探亲、考察活动的中国公民最多的国家，因此，极易导致公民被恐怖分子发动的恐怖袭击错杀误伤的事件发生。

公民海外受到恐怖袭击重大事件选

时间	地点	经过	后果
2001年9月11日	美国纽约世界贸易中心	“9.11事件”	华人华侨数十人死亡或者失踪
2002年4月12日	以色列耶路撒冷	自杀性“汽车炸弹”爆炸	中国工人2死2伤
2004年5月3日	巴基斯坦西南部瓜达尔港	自杀式“汽车炸弹”袭击	中国监理工程师3死9伤
2004年6月10日	阿富汗北部昆都士	中铁十四局集团公司工地遭到持枪恐怖分子袭击	中国工程技术人员11人死亡
2005年11月9日	约旦	自杀性“人体炸弹”袭击	国防大学代表团3死1伤
2006年2月月15日	巴基斯坦俾路支省	歹徒枪杀一水泥厂项目组中国工程技术人员	中国技术人员3人死亡
2007年1月30日	肯尼亚	歹徒抢劫中国路桥公司承建的蒙巴萨公路项目石料厂	中国工人1死1伤
2007年4月24日	埃塞俄比亚	不明身份武装分子袭击并抢劫一家中资石油公司项目组	中国工人9死1伤
2008年10月18日	苏丹	中国石油公司9名工人在苏丹西部地区遭武装分子绑架	中国工人5人死亡

需要指出的是，由于中国是联合国安理会常任理事国，在打击国际恐怖主义问题上始终站在国际社会正义力量一边①。因此，已经出现恐怖组织和极端分子袭击中国利益目标和绑架中国公民的苗头。今后较长时期内，海外中国公民因恐怖主义分子活动而造成的人身伤害和财产损失事件仍会

① 胡锦涛：恐怖主义是我们共同的敌人，中国政府不会因中国公民受到人身伤害，就放弃打击恐怖主义方面的责任。新浪网2004年6月16日。

出现,中国相关部门应采取种种手段来提醒中国公民,防范此类风险。

形式之三:政局动荡和社会骚乱危及公民安全

由于中国公民遍布世界上五大洲的160多个国家和地区,每天有十多万人次的公民出境去海外从事经商、劳务、旅游、留学等活动。中国人走遍全世界,发生不测和不安全事件是在所难免的。需要指出的是,近年来,对海外中国人来讲,出现了一种新的风险,就是一些国家出现的社会骚乱和政治抗议活动,影响到海外中国人的正常生活,甚至人身及财产安全。

由于世界政治经济发展不平衡,特别是某些国家和地区长期受困于国内政治动荡和社会无序,尤其是非洲许多国家因政治、经济、社会等问题积重难返,引发无休止的国内政治斗争。更有一些发展中国家在世界经济危机后陷入困境中,导致国内政局不稳。这些国家极易出现"街头政治",并引发局部地区的社会骚乱。有些极端分子可能寻机滋事,搞"打、砸、抢、烧"活动,最终造成对无辜人员的伤害。例如,2011年2月16日开始,非洲的利比亚出现严重的政治和社会动荡,全国范围内都出现了打、砸、抢、烧事件,一些中资公司的项目营地遭到暴徒袭击和洗劫,一些中国工人受伤,3万多名在利比亚从事建筑、油田勘探及其他劳务活动的中国公民人身和财产安全受到严重威胁。2月23日,鉴于利比亚政局有失控或发生内战的可能性,为保护我在利比亚的中国公民安全,党中央、国务院决定从利比亚撤出中国侨民。有关方面动用了包括商业包机、租用邮轮、大巴汽车和一切交通工具,尤其是第一次采取了派军舰进行撤侨护航行动,经有关方面全力协助和各方大力支持,最终从利比亚撤出了3万多名中国公民,撤侨工作取得圆满成功,最大限度地维护了中国公民的安全和利益。

形式之四:"三股恶势力"危及公民安全

所谓"三股恶势力"是指"宗教极端势力、民族分裂势力和国际恐怖势力",这些势力盘踞在中亚地区,渗透到中国西部边疆,实行内外联动,不断地制造事端,危及中国公民的安全。当前,它的主要表现是少数生活在海外的"藏独"、"东突"、"法轮功"等国内极端民族分裂和宗教狂热分子制造的安全事件。众所周知,在美国、欧盟和印度等国,寄生着一部分主张和奉行

"藏独"、"疆独"立场的民族分裂势力,他们在国际敌对势力资助和鼓励下,不断地制造各种事端,攻击中国海外公民和国家利益。这种威胁已是中国海外公民安全新"隐患",务必高度重视。

2008 年西藏"3·14 事件"和 2009 年新疆"7·5 事件"发生后,散居在世界各地的"藏独"、"疆独"分子组织了数百次的围攻中国驻外使领馆、攻击中国海外公民目标的所谓"抗议"活动。尽管大部分活动并没有造成中国公民人身和财产损失,但像中国留学生与"藏独"、"疆独"分子的"口角"或者轻微肢体冲突事件仍时有发生。另外,一些极端分裂势力公然叫嚣要攻击我海外公民,2009 年 8 月 4 日,菲律宾《世界日报》刊出《警惕"东突"分子对全球华人进行袭击》一文:一个名为"突厥斯坦伊斯兰党"的"疆独"组织头目阿尔·蒂尔基思坦尼日前在网上发表录像讲话,号召伊斯兰教徒在世界范围内袭击代表中国利益的目标,其中包括海内外华人和设施。这说明,海外恐怖势力已经明确将中国平民作为攻击目标,这就增加了中国公民海外活动时的危险系数。

形式之五:特定商业限制和国有化风险

这是政治性政策类风险在经济领域的表现,也是危及中国人财产安全的主要风险源。这类风险是指中国人拥有的店铺和资产被外国政府以强制征用、兼并和没收,或一国地方政府颁发特别法令,对外国人从事的行业和领域进行限制,以变相剥夺外国人财产或削弱其竞争力。

近年来,南美洲少数国家在"左"翼势力执政后,像委内瑞拉、玻利维亚等国政府开始限制外资甚至没收外国资本,搞国有化运动。由于国际间直接投资周期长、回收成本慢,一旦出现上述情况,投资者就会血本无回。近年来,中国企业在海外收购和并购外国企业,推进跨国经营活动,更要注意到此类风险。

"特定商业限制"是指外国政府通过行政命令强行或限制中国人经商范围,故意给中国人做生意设置障碍,以保护本国人利益。例如,2005 年 12 月,菲律宾移民当局先后两次检查马尼拉城的"华商"店铺,菲方以违反《移民条例》和《零售商法律》等理由,扣押"华商"们的商品,关押了 140 多名中国商人[①],结果导致“华商”人心惶惶,去留难定。研究表明,至少有包括俄罗斯、罗马尼亚、波兰、印度、意大利、西班牙等十来个国家先后出台过一系列限制中国人经商和实行许可证制度的行政法令,其背景明显带有保护本国居民商业利益的目的。

政治性政策类风险还有许多形式,包括中国公民被外国政府以所谓“间谍”、“恐怖分子嫌疑”等名义逮捕或限制自由,尽管类似案件的数量不多,但对当事人的伤害是严重的。

二、刑事犯罪类的风险及形式

所谓刑事犯罪类风险是指中国人在一国遭外国人(或中国人)或犯罪分子实施的侵害其人身自由和财产安全的威胁,侵害者的行为触犯了所在国的法律和法规,按各国法律规定,通过司法程序予以处理和处罚。这类风险是最常见的海外安全风险,是任何一个国家公民都避免不了的威胁。这类风险主要发生在社会治安环境较差、政府权威不足、社会犯罪率较高、国内贫富差距较大以及国民排外倾向较重的国家。

由于世界各国经济发展水平极不均衡,一些最不发达国家长期处于经济全球化的“边缘”,国内人口增长与经济发展矛盾十分严重,再加上部分国家长期处于内战状态,导致中央政府权力失控,社会治安状况恶化,刑事犯罪活动猖狂,最终殃及外国公民。像索马里的海盗活动猖狂同该国中央政府权威下降、社会长期动荡是分不开的。有些国家针对外国人的刑事犯罪活动猖狂,同某些政治势力通过有意识地引导和误导公众,将本国经济困难归咎于外国人,达到转移国内矛盾和国民对当局腐败现象的注意力,导致本国人对外国人妒忌、怨恨甚至仇恨,最终导致族群对立,使外国人合法利益和生命安全处于危险之中。

刑事犯罪类风险在中国公民海外安全事件中占多数,这种风险一旦出现或被殃及,轻则被侵害者受到身心伤害和财产损失,严重的案件造成中国

① 《菲律宾单边行动逮捕145名中国商人,其中144人获释》,《侨情简报》第2005卷第9期。

公民伤亡。刑事犯罪类风险主要是绑架、劫财和偷窃活动，其中绑架和抢夺行为最容易伤害人身和财产安全，这类事件在世界各地都有，相对来讲，西方国家的法律制度完备，社会安全程度高，发生恶性案件几率低于一些发展中国家，特别是部分最不发达国家。因此，像南非、索马里、埃塞俄比亚、刚果(金)等非洲国家，可称得上是世界上“最不安全国家”[①]，在这些国家的外国人容易成为犯罪分子侵害的目标。例如，2006 年 12 月 16 日，浙江一民营企业员工在乌干达首都坎帕拉遭歹徒抢劫，该公司负责人遭枪击，被击中四枪。后虽经医院尽力，因伤势太重，抢救无效死亡。2005 年一年内，在南非就发生了四十几起中国人受到抢夺的恶性案件，其中有 8 人因反抗或遭枪杀而失去生命。2009 年 12 月 8 日，南非东开普省伊丽莎白港市发生一起中国公民遭抢劫遇害案。一中国公民在其经营的超市遇害，其父亦遭歹徒枪击，幸免于难。上述事件都给当事人和家属造成不可弥补的损失。

三、灾害和意外伤害类的风险及形式

这类风险往往事发突然，没有预兆和反应时间，一旦出现，个人的生命和财产安全会受到致命性的打击。近年来，中国公民在海外因遇到地震、海啸、火山爆发、泥石流等自然灾害而造成的生命和财产安全事件不断增多，有些事件甚至造成两人以上中国公民死亡。意外事件主要是指车祸、空难、海难、溺水等危及生命的突发性事件，尤其是交通事故成为海外中国公民最大的“杀手”，甚至还出现过一次性多达十人以上群死群伤的特大事件。

近年内，由于全球气候环境的变化，世界各地的自然灾害十分频繁，尤其是极端性自然灾害增多，再加上许多国家经济水平落后，基础设施和公共安全建设落后，因此，一旦发生特大自然灾害，就会出现严重的伤亡事件。

随着中国公民遍布全世界，各种突发的自然灾害对中国公民的伤害越来越多。现在，一旦国外发生任何突发自然灾害还是特大意外事件，中国领

---

① 南非是世界上犯罪率最高的国家之一，每年发生谋杀案件 2.1 万起、强奸案 5 万起、抢劫案 10 万起、入室抢劫案 30 万起；南非的非法枪支高达 300 万支。四川在线网 2010 年 5 月 31 日。

事保护中心第一时间的反应就是抓紧确认有无中国公民在事件中"遇难"或"不测"。例如,2006 年 1 月 31 日,中国香港一个旅游团在埃及遭遇特大车祸,共有 14 名香港同胞在车祸中遇难,29 人受伤。2007 年 3 月 9 日,美国发生了一起中国留学生 3 人同时死于交通事故的恶性事件。3 名来自大连市和沈阳市在美国俄亥俄州厄巴纳大学攻读工商管理硕士学位的留学生在当地发生的一起多辆汽车连环相撞事故中不幸身亡。这是近年来发生在美国的一次性造成中国留学生死亡最多的交通事故,对受害人家庭带来了不可愈合的伤痛。2010 年 12 月 13 日,一艘载有 42 人的韩国远洋渔轮在南极海域沉没,船上的 8 名中国籍船员中有 4 人获救、4 人失踪。这是当月在境外发生的涉及中国船员死伤的 5 起海难事件之一[①]。因此,对于走出国门的中国人来讲,要十分注意此类意外事件。

自然灾害和意外事故往往是事发突然、后果严重且难以预料,属于"不可抗力"范畴。对于这种风险,中国公民要提高风险防范意识,注意在海外活动中经常关心和了解国际新闻,注意所在国的时政动态,尤其是关注所在国政府有关职能部门的安全提示,注意提高自我安全防范意识和避险能力。

第三节 公民海外活动风险的外生性成因

没有世界的安全,就没有公民的海外安全。公民海外安全是世界总体安全环境的一部分,因此,分析公民海外安全环境就要考虑到世界总体形势。近十年来,公民海外安全事件呈现数量不断增多、案件复杂多样、地区分布极广、后果千差万别的特点,这既同中国公民出国总人数和总人次急剧增加相关,基数越大,事件发生的概率和可能性越高,这是必然的。

另一方面,决定公民海外安全状况的因素取决于两个方面:一是总体国际和地区安全环境;二是中国公民自身言行和素质及安全防范能力。一起海外安全事件的发生,必然有主客观条件和因素。国际安全环境和所在国

---

① 详见附录三。

安全状况是客观条件,它是外因,靠个人和中国政府的力量是不能改变的,国际安全环境的变化需要世界各国的共同努力和通力合作才能解决。而中国公民自身言行和风险防范能力是主观因素。一国公民在海外出事,主要在于个人对各种危险认知水平,取决于个体的自我保护和防范及自救能力。如果公民自身有较强的安全意识,就可以减少风险,至少可以少出险或降低风险损失。

马克思主义的唯物辩证法告诉我们,世界上任何事物的变化是由内因决定的,外因要通过内因起作用。当然,有些问题是防不胜防的,非个人意志能克服和消除的。例如,像地震这种突发性的自然灾害,在当今人类科技水平下仍不能做到百分之百的准确预测。因此,个人或企业在海外生活和经营活动中一旦遇到地震,往往会造成极其严重的后果。2010 年年初,8 名中国维和警察在海地大地震中遇难。2011 年年初,又有 23 名中国公民在新西兰克莱斯特彻奇市大地震中死亡,都是属于意外事件。同样,类似空难、车祸、海难等意外性事件是任何一个走出国门的中国人都不可能完全避免的风险。除此之外,大部分的风险和危险是可以预防和应对的,只要个人有高度的安全意识,有应对危机的基本能力,是可以防止风险产生或者至少在危险发生时,将损失和危险降到最低程度。

关于中国公民海外安全原因,国内学者有不同的认识。比如,外交部领事司前司长魏苇同志的观点:总体看,目前国际安全局势不稳定、不确定因素增加,非传统安全因素突出。政治局势不稳定、社会治安严峻、生活环境恶劣、自然灾害、疾病疫情频发等,都可能导致我在国外的公民和机构安全受到威胁。而我国多数公众对外部世界的风险缺乏足够认识和应有准备,某些企业和个人存在违规违法违纪行为。部分海外侨胞不注意尊重当地风俗、不注重个人修养、缺乏法律意识或违背商业道德。这些不文明行为给本人带来安全风险,也损害了中国人的整体对外形象,对当地华人华侨和合法旅居当地中国公民的生存、发展造成严重的负面影响①。

在这里，他把中国公民海外安全事件的性质和原因分为两大类，既从外部环境来看，也不回避公民自身素质问题，这是比较全面和公正的。我们认为，分析中国公民海外安全的起因，要放在国际安全形势的特点上，从非传统威胁这一问题大背景和公民自身客观原因来区分，会比较清晰地认清问题的性质，抓住现象的本质。

从外部环境来讲，导致中国公民和法人海外利益受到损害或危险的主要是传统安全威胁和非传统安全威胁两大类，而非传统安全威胁的影响不断地上升。当然，像刑事犯罪活动和自然灾害等问题对中国公民海外安全的伤害，它们不属于非传统威胁范畴，但作为观察问题的角度，我们主要从非传统威胁角度来认识外生性原因。

一、传统安全威胁与非传统威胁异同

非传统威胁与传统安全威胁虽一字之差，但两者既有共同之处，更有很大不一。传统安全威胁主要是指一些过去熟知的所谓“高级政治”问题，它是国家面临的军事威胁和危及国际安全的政治因素。而非传统威胁是相对传统安全威胁而言的，指人类社会过去没有遇到或很少见过的不很突出的安全威胁，是除军事、政治和外交冲突以外的其他对主权国家及人类整体生存与发展构成威胁的因素，它们之间存在差异。

首先，两者外延不同

传统安全威胁专指对国家生存构成危险的武力威慑、军事对抗和战争等，这类威胁往往是致命的，需要动用国家意志和力量来应对。它侵害的是国家主权和领土完整，最坏的结果是一国被占领或兼并。1990 年伊拉克入侵并占领科威特、1999 年美国轰炸南斯拉夫和 2003 年美国侵略伊拉克，都是传统军事威胁。非传统安全威胁主要是指经济金融安全、生态环境问题、

① 《海外中国公民和机构安全形势严峻，外交部呼吁严加防范》，中国新闻网 2009 年 9 月 3 日。

信息安全、恐怖主义、核武器扩散、传染性疾病蔓延、跨国犯罪等。这些问题过去被称为“低级政治”,大多是涉及国家和人类共同体的发展状态问题。

其次,来源与行为主体不同

传统安全威胁问题中的行为主体和来源相对比较明确,一般都是主权国家之间的利益冲突与纷争,当事方主要是国家和政府。例如,1979 年的苏联入侵阿富汗、越南占领柬埔寨和 2001 年的美国占领阿富汗。现在的美国对伊朗和古巴两国的军事威慑和经济制裁,都属于传统安全范畴。非传统安全威胁问题的行为主体和渊源更具多样性,非传统威胁都不是国家行为体直接行为造成的,而是非国家行为体诸如非政府组织、团体等活动的结果。例如,“基地”组织是一个跨国性国际组织,其实施的恐怖主义行径导致某些地区局势动荡甚至引发局部战争,因此,国际恐怖主义问题属于非传统安全威胁范畴。

再次,表现形式和侵害对象不同

非传统威胁问题比起传统安全威胁,具有更明显的跨国性和全球性特征。非传统威胁一般不仅仅是某个国家存在的个别问题,而是关系到多个国家甚至全人类利益的问题。这些问题不仅是对某个国家构成安全威胁,而且可能对多国的国家安全不同程度地造成危害。例如,突发公共传染病往往发生于某个国家,但是,由于国际社会流动性和全球化的关系,一旦出现疫情,如不能加以快速控制和应对,则很快会蔓延至多个国家。比如,艾滋病是一种流行性病毒,它在世界范围内的传播越来越迅猛,已成为威胁人们健康的第四大杀手。[①] 联合国艾滋病规划署 2010 年 11 月 23 日发布了《全球艾滋病疫情报告》称:2009 年底,全球约有 3330 万艾滋病病毒感染者,艾滋病相关死亡例数约为 180 万。中国、印度尼西亚、肯尼亚、莫桑比克、巴布亚新几内亚、俄罗斯、乌克兰、越南、德国、英国、澳大利亚等许多国家的新增艾滋病病毒感染者的数量出现了上升的势头。[②] 因此,对于非传

---

① 公众和卫生部门把“糖尿病、肿瘤、高血压、艾滋病”认作危害人类健康的四大杀手,但这一标准并非唯一的。

② 《联合国报告显示全球艾滋病疫情蔓延势头扭转》,《半月谈》2010 年 12 月第 22 期。

统威胁问题,各国如不能进行有效国际合作,共同应对,就会造成不可收拾的后果。

最后,解决的思路、方法和途径不同

问题的性质决定解决问题的方法不同。应对传统安全威胁,一般通过增强军事实力,强化集体互保同盟,注重以威慑和遏制等手段来遏制潜在对手,以达到国家安全目的。如美国通过建立"北约"这一军事组织来与前苏联"华约"集团对抗,导致欧洲数十年一直处于两大军事集团对抗中。这种"旧安全观"主导下的"零和游戏"结果,就是地区局势的对抗和紧张。处理非传统威胁问题必须有新理念,提倡"新安全观"。它主张全球"双赢共处",通过加强国家间的对话与协作,实现合作安全和共同安全。2009 年 9 月 23 日,中国国家主席胡锦涛在联合国大会提出:"国际社会应该继续携手并进,秉持和平、发展、合作、共赢、包容理念,推动建设持久和平、共同繁荣的和谐世界,为人类和平与发展的崇高事业不懈努力。"[①]这种新安全观是人类防范和解决传统威胁和非传统威胁的有效之道。

例如,为了维护中国公民的海外安全,中国政府采取多管齐下的综合手段来应对这种威胁。中国政府参加联合国支持下的索马里海域国际护航行动。到 2010 年 12 月,已经派遣共七批海军编队赴印度洋海域执行护航任务。截至 2010 年 4 月 19 日,海军护航兵力共完成 188 批 1878 艘船舶护航任务(含香港地区船舶 466 艘 台湾地区船舶 12 艘,外国船舶 26 艘),完成 6 艘船舶的接护任务,共实施解救被海盗追击的我国船舶 16 次 23 艘。[②] 这一护航行动至今仍没有结束,这也是国际社会应对"国际海盗"这一非传统威胁问题的一种新方法。

当前,从国际安全形势来看,传统安全威胁与非传统安全威胁的界限已被打破。传统安全威胁与非传统安全威胁相互渗透、相互作用的趋势更加明显,虽然传统安全威胁仍然是世界和平与发展的主要障碍,但非传统威胁

---

① 《胡锦涛在第 64 届联大一般性辩论时的讲话》,人民网 2009 年 9 月 25 日。

② 《中国海军完成 1878 艘船舶护航任务护航成功率 100%》,华广网 2010 年 4 月 25 日。

的危害程度上升，对世界和平与发展事业构成新的威胁，这一特点同样适用中国公民的海外安全缘起。

二、传统安全领域问题

传统安全领域问题主要是指战争、武装冲突或两国政治危机而导致的威胁。对于在海外的中国公民来讲，传统安全威胁既有定居国的安全环境对其人身和财产的影响也包括中国与外国政治、外交、军事冲突而导致的风险。这类风险和威胁往往是致命的，损失难以挽回的。这种传统安全领域问题主要有三种情形：

一是中国与世界上强国（国家集团）或某个大国发生军事冲突，导致公民在海外活动和生活中处于危险境地。改革开放30多年来，中国坚持“和平发展”战略和独立自主的外交政策，中国已经与世界上171个国家建立了外交关系。[①] 中国与美国、俄罗斯、印度、日本、欧盟等大国或国家集团建立了较为稳固的关系。当今世界上没有一个国家或国家集团公开地把中国树为“假想敌”、“敌对国”，也没有一个国家会悍然地对中国进行军事或政治挑衅，因此，在相当长一段时间内，中国公民在海外陷入因中国与外国关系恶化而受到迫害或驱逐的危险几率是较低的。[②]

二是涉我主权争议引发的传统威胁。中国是世界上周边关系最为复杂的大国，[③]由于历史和现实原因，中国与印度、日本、韩国、越南、菲律宾、马来西亚等国存在着领土和海洋主权的纷争，这些主权争议问题会影响到中国公民的海外安全。这些年来，不时地传来越南、菲律宾、日本等国军警扣留中国渔民和船只事件，大多属于涉及主权问题而引发的。这类风险在今

---

① 依据截至2010年6月12日止，外交部网站“中华人民共和国与各国建立外交关系日期简表”。

② 自从1975年始，越南实行排华反华政策，开始驱逐世代侨居在越南的中国华侨，导致数十万华侨被迫离开越南，大多数华侨的财产被没收或者抢夺，许多人失去生命。后中国政府采取各种方法，妥善安置回国侨民。

③ 中、美、俄、日、印度、英、法等大国中，中国周边邻国最多，陆上邻国有14个，隔海相望的邻国有韩国、日本、菲律宾、文莱、印度尼西亚、马来西亚、东帝汶等国。

后较长一个时期,可能会不断地出现,甚至在个别时候或特定环境下造成渔民的意外伤亡,或者发生重大的安全事件,这需要相关部门予以高度重视。

2010 年 9 月 7 日,一艘载有 15 名船员的中国渔船在钓鱼岛附近海域遭日本海上保安厅巡逻船冲撞。后日本方面抓扣了这 15 名渔民和船长数日,引发中国与日本围绕钓鱼岛主权之争的外交风波,这就是一起典型的涉我主权问题的公民安全事件。另外,中国与陆上 14 个邻国的个别国家边民间纠纷事件也时常发生。但总体来讲,由于中国政府奉行"睦邻、安邻、富邻"的友好政策,中国对解决与邻国争议问题采取"搁置主权,共同开发"的积极协商态度。因此,中国政府有能力有办法通过多种手段来维护国家安全,周边国家中也没有一个国家有意愿和能力对中国及其公民采取强制性的军事手段或以武力相威胁,因此,中国公民因这类主权之争而受到威胁的概率是低的。即使假定某个阶段,由于各种因素综合作用,中国与个别国家政治关系破裂,发生传统军事冲突和战争,但现代社会资讯无比发达,一国对另一国发动类似日本偷袭"珍珠巷"那样的突然袭击是不可能的,在海外的中国公民也有时间作出应变和反应。

三是侨民所在国因发生战争和武装冲突,导致中国公民陷入困境,甚至危及到生命安全。冷战结束后,尽管世界形势总体上是和平和稳定的,政治多极化和经济全球化是一个不可阻挡的历史潮流,世界人民爱好和平,谋求合作。但是,世界上的局部战争和冲突仍没有停止过,因宗教、领土、民族、种族和意识形态等原因引发的国家间冲突经常出现。据斯德哥尔摩和平研究所(SIPRI)2009 年度的报告称:2008 年,全球至少有 15 个地方发生了 16 场武装冲突,其中在亚洲地区的伊拉克、阿富汗、印度与巴基斯坦的克什米尔、缅甸、斯里兰卡和菲律宾有 6 场;在非洲的苏丹、索马里、布隆迪三国有武装战争事件发生;其他在欧洲和南美洲也发生了小规模武装冲突,如 2008 年 8 月的俄罗斯与格鲁吉亚战争①。由于中国公民遍布世界上 160 多个国家和地区,侨居国的国内战争或与邻国战争危害中国公民安全是客观

① 李慎明等:《全球政治与安全报告(2010)》,社会科学文献出版社 2009 年版,第 20 页。

存在的。例如，2009 年 8 月，缅甸国内发生大规模内战，大批在中缅边境地区经商的“华商”因来不及转移财产和撤退而陷入险境，许多在缅甸生活的中国公民受到伤害，个别人甚至失去生命。① 为此，9 月 21 日，当时的外交部领事司司长魏苇会见缅甸驻华使馆公参，就在缅中国公民权益受到侵害一事提出交涉，要求缅方尽快彻查事件经过，严惩违法人员，并将处理结果通报中方；采取得力措施，切实维护在缅中国公民合法权益，确保类似事件不再发生。②

展望今后较长时间，像非洲的苏丹、刚果（金）、尼日利亚、肯尼亚、马里等国；亚洲的伊朗、土耳其、菲律宾、泰国、缅甸、斯里兰卡、尼泊尔；南美洲的哥伦比亚、墨西哥等国，由于长期以来一直有反政府组织和团体进行活动，因此，在这些国家出现内乱和政变等传统安全威胁问题是可能的。例如，2008 年 8 月起，非洲先后有毛里塔尼亚、几内亚、几内亚比绍、尼日尔、科特迪瓦、埃及、阿尔及利亚、突尼斯、利比亚等国发生过军事政变或内乱，这种政治动荡和战乱环境很容易导致外国人成为所在国利益争斗的“牺牲品”。上个世纪 90 年代以来，中国政府先后组织过的从伊拉克、科威特、黎巴嫩、也门、利比亚等国的撤侨行动，起因都是中国公民受到这些国家战乱的威胁。因此，对于这类军事和武装冲突而导致的我侨民安全问题，中国相关部门要早预报、先准备，一旦情形不妙，随时随地进行“撤侨”行动。

三、非传统威胁方面

2001 年 11 月 12 日，联合国安理会一致通过了《全球打击恐怖主义的宣言》，明确宣告：“国际恐怖主义行为是 21 世纪对国际和平与安全一个严重的威胁”，“是对所有国家和全人类的挑战”。③ 2002 年元旦，江泽民主席代表中国政府强调了中国对国际恐怖主义问题的认识：“恐怖主义对当今世

① 参见凤凰电视台 2009 年 8 月相关专题报道。

② 参见外交部网站 2009 年 9 月相关消息。

③ 上海国际问题研究所编：《国际形势年鉴（2002）》，上海教育出版社 2002 年版，第 500 页。

界的和平与安全构成威胁，已经成为国际公害。"[①]考察过去十来年的非传统威胁问题的发展趋势和中国公民海外安全现状，我们认为，当前及今后较长时期内，非传统威胁是中国公民在海外的主要威胁源，某些时期这种威胁也有集中上升或突发可能。[②] 由于非传统威胁的时间突发性、起因的人为性、手段和方法无常性、应对和防范的困难性等特点，因此，非传统威胁是中国公民海外安全中最突出的风险。

（一）国际恐怖活动对公民安全的威胁

1. *恐怖活动殃及我海外公民*

国际恐怖主义是世界人民的公敌，也是世界和平与发展事业的"毒瘤"。"9·11事件"发生至今，国际"恐怖与反恐怖"斗争从来没有停止过。不可否认，由于美国发动的反恐战争和世界各国在打击国际恐怖主义问题上通力合作，恐怖组织实施大规模袭击的能力大大下降。但从这几年世界范围内的一系列恐怖事件来看，"基地"组织及其附属机构仍然有能力实施轰动全球的袭击行动。由于恐怖分子在"暗处"，反恐力量在"明处"，不管美国及世界各国如何强化反恐手段，采取各种措施来维护国家安全。但是，总归是百密一疏，当前和今后，类似美国"9·11事件"仍有可能发生，[③]更有可能出现新型的变种的恐怖主义形式。例如，个人恐怖主义问题，这种恐怖行为的制造者是没有组织、没有政治背景的个人极端英雄主义者，其策划和制造事端的原因相当复杂。2010年5月1日，美国纽约时代广场发生一

---

① 《人民日报》2002年1月1日。

② 2004年一年，至少发生了多达十起的中国公民在伊拉克、苏丹、巴基斯坦、阿富汗等国因恐怖分子的绑架、暗杀、爆炸而失去生命的特大安全案件。

③ 英国警方宣布破获一起特大恐怖袭击阴谋，几十名恐怖嫌犯计划利用液体炸药同时炸毁10架航班。据美国广播公司报道，英国警方已经逮捕了24人，其中22人有巴基斯坦血统，另外两人则有孟加拉国和伊朗血统，官方称他们都是有英国公民身份的穆斯林。警方目前仍在搜寻5到10名尚未落网的嫌犯。类似消息近年来从没间断过，说明国际"恐怖"活动仍处于高发期。中新网2006年8月11日。

起未遂汽车炸弹案。[①] 因此,像个人恐怖主义是近年来出现的一个新苗头,需要引起高度重视和关注。

当前,国际恐怖活动出现了一些新的变化[②]

一是组织联系国际化。当今国际社会中,不同派别的恐怖主义组织借助现代化通信与网络技术,形成了一个松散的但相互呼应的国际恐怖联盟,其国际化趋势越来越明显。散布在世界各地的恐怖主义组织,借助现代互联网和移动通讯的便利,相互间联络和沟通,并采取种种形式建立起网络体系。目前以"基地"组织为核心的国际恐怖组织网络分散在全球60多个国家。因此,随着各国恐怖主义组织的跨国合作日益紧密和跨国活动日益频繁,国际反恐斗争的形势变得越来越严峻。

二是成员分子年轻化。随着世界进入后现代社会和信息化时代,南北国家间和一国国内贫富两极分化越来越加剧,许多国家政局越来越不稳定,矛盾和冲突越来越复杂。在此情况下,由于青年人阅历浅,世界观、人生观和价值观正处于形成之中,加之年少气盛,其本已心怀不满和怨恨的心理,一旦受到某种教义或学说的怂恿,就会化为铤而走险的行动,成为某个恐怖组织的忠实成员和骨干分子。从各国捕获的恐怖分子成员和骨干来看,其年龄大多在19至30岁之间,甚至有未成年人参加恐怖组织。俄罗斯的车臣恐怖分子还专门有一支"黑寡妇"恐怖小组。[③]

三是恐怖手段多样化。20世纪60年代以前,恐怖组织主要通过暗杀

---

① 2010年5月1日晚,纽约时代广场发现一辆停在路边的黑色汽车冒出烟雾,这辆车发动机未熄火,尾灯闪烁。接到警报的纽约警员迅速疏散数以千计的游客和附近建筑内的居民,并调来拆弹组。大批警察全副武装封锁周边街区。一个警用拆弹机器人通过打破可疑车辆玻璃,遥控检查了车内情况。车厢里发现了鞭炮、液化气罐、汽油、化肥和一个简易计时器。警方判定是汽车炸弹后,安全引爆了这辆外形奇异的尼桑车。警方迅速追查破案,案犯名叫费萨尔·沙赫扎德,30岁,是在巴基斯坦出生的美国公民,其行为没有任何政治背景,纯属个人所为。

② 邵峰:《全球恐怖主义的现状与发展态势》,引自李慎明等:《全球政治与安全报告(2010)》,社会科学文献出版社2009年版。

③ "黑寡妇"是指在车臣战争中被俄联邦军队击毙的车臣非法武装组织成员的遗孀或者姐妹,由于平常总是蒙着黑色头巾、身着黑色长袍,心怀黑色的仇恨,动辄带来黑色的死亡,所以被称为"黑寡妇"。

和绑架从事恐怖活动，手段较单一，受害者主要是政界人物和军方要员，因而危害性也较小。六七十年代，劫机、袭击、占领大使馆成为新的恐怖手段，受害者已扩大到政府机关职员和公共部门人员，危害性增加，影响扩大。“冷战”结束以来，随着现代科技和军民两用武器的扩散，恐怖主义组织采取的恐怖手段和方式日趋多样化和残暴化，除传统方法外，还包括爆炸及自杀性爆炸、纵火、生化攻击、网络攻击、邮包炸弹等，危害巨大。

四是袭击目标扩大化。随着恐怖主义组织的国际化和恐怖手段的多样化，恐怖主义分子袭击的目标也呈现出日益扩大化的趋势，目的在于造成恐怖和血腥场面。如果说20世纪60年代至80年代，恐怖袭击以外交和商业目标为主，同时也不放过军事和政府目标的话；那么90年代以后，其袭击的目标则扩展到非官方和平民目标以及公共设施和标志性建筑等，政府首脑、外交人员、司法人员和广大的无辜平民以及跨国企业、机场、输油管道、无线电塔、雷达观察站乃至原子能发电站等都成了国际恐怖主义分子袭击的对象和目标。恐怖主义没有国界，是当今世界各国共同的敌人，它所威胁的是全世界各国而不仅仅是某一个国家的和平与安全。恐怖组织不会受特定的空间地域限制，为追求自身利益最大化，任何国家都可能成为其袭击目标。这种恐怖活动的变化，对于遍布全世界的中国公民和海外利益来讲，成了潜在的随时会出现的风险。

2. 中国公民成为恐怖事件直接受害者

“9·11事件”后，国际恐怖主义活动出现过一轮高潮。俄罗斯“别斯兰人质事件”、印尼“巴厘岛爆炸案”、西班牙“地铁爆炸案”、印度“饭店系列爆炸案”等恐怖事件接二连三地发生，成百上千的平民死于恐怖分子之手。在阿富汗、伊拉克、以色列、巴基斯坦、约旦等国的中国公民都曾受到过恐怖分子制造的恐怖事件伤害，轻则受伤致残，重则付出生命代价。但是，以往中国公民遇到恐怖事件的伤害，可以归结于运气不佳的“碰巧”、“偶遇”。例如，中国人刚好在爆炸现场，或者因面貌特征相似某国公民被恐怖分子弄错搞混而牵连,[①]总之,属于“错杀误伤”范畴。值得注意的是,有迹象表明,某些恐怖组织或团体开始有意识地选择中国公民和利益目标来制造恐怖事件,这是一个相当危险的倾向,当前和今后都必须成为相关部门高度警觉和认真对待的问题。它有两种情形:

一是国际恐怖组织通过攻击中国公民和海外利益目标,来达到其政治目的。中国是联合国五个常任理事国之一,在国际社会享有较高威望和重要的国际地位。中国政府反对形形色色的恐怖主义,中国与世界上主要国家在共同打击恐怖主义问题上立场一致,通力合作。因此,一些国际恐怖组织会通过绑架中国公民或攻击中国海外利益目标的方法,以达到对中国政府施加压力,或者通过这种方法要挟中国政府出面对某个国家的当局施加压力,以达到其不可告人的目的。这种性质的恐怖活动在巴基斯坦、阿富汗和中亚地区表现最为明显。

阿富汗和巴基斯坦是中国的近邻,也是中国两个传统的友好国家。进入新世纪后,因种种原因,这两个国家的政局一直处于不稳定状态。阿富汗是国际恐怖组织“基地”大本营,巴基斯坦政府则因旗帜鲜明地打击恐怖势力,配合美国在阿富汗的“反恐”战争,得罪了一些恐怖和极端组织。因此,这两个国家是国际恐怖势力活动“最活跃地区”,而这两个国家恰恰又是中国公民经商、投资、开矿等经济活动较活跃的国家。

近年来,随着中国加快与周边国家的经济技术合作步伐,扩大对像巴基斯坦、阿富汗、孟加拉国等较落后国家的经济援助,大量中国公民和企业法人受国家委派,在这些国家从事经济活动,发展中国与这些国家的友好关系。例如,在巴基斯坦,中国援建的瓜达尔港、山达克铜金矿、杜达铅锌矿、恰希玛核电站等项目,这些项目大多由中国技术和劳务人员承建,分散在巴基斯坦偏僻的人烟稀少地区。因此,巴基斯坦国内的极端组织想破坏中巴

① 中国人与日本人、韩国人的外貌特征比较相似,欧洲人或者其他民族一般很难区分东亚国家中、韩、日三国公民。阿富汗战争后,“塔里班”及其他恐怖势力为迫使韩国军队撤出阿富汗,曾经多次绑架在阿富汗的韩国人。2007 年 7 月,在阿富汗的 20 名韩国人被武装分子绑架和扣押,后经韩国政府积极营救,人质危机得到解决。

友谊,通过制造事端达到某种目的。2004 年到 2007 年,在巴基斯坦发生过多起中国工人和技术人员被恐怖分子绑架和杀害的恶性事件,也有工人被恐怖分子的"汽车炸弹"、"人体炸弹"攻击而死伤的,总共导致 15 名中国无辜人员伤亡,个别事件甚至一次性多人死伤。[①] 像这种将中国公民和海外利益作为选择目标,通过危害中国公民来达到政治目的的恐怖活动,在阿富汗、巴基斯坦、苏丹、尼日利亚、索马里等国表现明显,发生恐怖事件的可能性较大。因此,相关部门要特别关注此类问题。

二是以"东突"势力为代表的"藏独"、"疆独"势力,通过制造恐怖事件危害中国公民和海外利益。从近十年的情况看,中国面临的恐怖主义威胁主要来自境内外的"东突"恐怖势力和国际恐怖组织进行的各种恐怖活动。新疆地区的恐怖主义、分裂主义和极端主义势力曾在中国境内外共制造了 260 多起恐怖事件,造成包括维吾尔族在内的无辜群众、基层干部和宗教人士等 160 多人丧生,440 多人受伤。[②]

当前,随着中国和国际社会加强合作,共同打击国际恐怖主义和极端势力的活动,恐怖主义的活动能力得到一定程度的遏制。但部分恐怖势力正在寻求各种手段,千方百计地挑起事端。其中之一,就是一部分极端分子通过制造恐怖事件来对中国政府施加压力,以达到其不可告人的目的。从中国反恐斗争来讲,以"东突"势力最为危险。散布在中亚和世界各地的以"东突厥斯坦伊斯兰运动"、"东突厥斯坦解放组织"、"世界维吾尔青年代表大会"、"东突厥斯坦新闻信息中心"[③]等为代表的"东突"恐怖组织,绞尽脑汁地使用各种手段,企图制造各种事端。他们采取搞爆炸、进行暗杀和绑架、实施放火与投毒等恐怖活动,在中国新疆和国内其他地方犯下了不可饶恕的罪行。2009 年新疆"7·5 事件"发生后,散布在德国、澳大利亚、土耳

① 2007 年 7 月 8 日,巴基斯坦西北部城市白沙瓦发生自杀式"人体炸弹"爆炸事件,导致 3 名中国工人死亡,1 人受重伤。新浪网 2007 年 7 月 9 日。

② 公安部反恐局副局长赵永琛说:"东突"仍是中国面临的主要恐怖威胁。来源:杭州网 2005 年 9 月 6 日。

③ 上述四个组织已经被中国公安部认定为"恐怖组织"。

其等国的"东突"分子提出要攻击中国公民和海外利益目标(中国驻外使领馆、中资企业等)。2010年6月24日,公安部对外发布消息:公安机关破获了一起重大恐怖组织案件,抓获以阿不都热西提、阿不来提、依明·色买尔为首的10余名恐怖组织头目及成员,缴获了一批自制爆炸爆燃装置等作案工具,有力挫败了恐怖分子的破坏图谋,及时消除了社会安全隐患。[①] 当然,更多的恐怖破坏活动阴谋因有关方面的高度警惕而没有得逞。[②] 因此,在海外的中国公民,尤其是在"东突"、"藏独"分子活动较活跃的国家定居或生活的中国公民,例如,印度、尼泊尔、土耳其、瑞典、德国、美国、加拿大等国,一定要增加"识恐"知识,提高"防恐"能力,以保护自身的安全。

(二)其他非传统威胁对公民安全的影响

所谓其他非传统威胁,是指中国公民在海外生活和活动期间,因自然灾害、传染性疾病蔓延、经济危机、跨国犯罪、海盗抢劫等缘由而引发的各种风险,导致中国公民的生命和财产受到损害,这些非传统威胁直接对公民安全产生影响。例如,2009年年初,墨西哥"甲型H1N1"流感爆发,短时间内,数百成千的人被感染,有许多人很快死去,并很快蔓延到美国、加拿大、法国等十几个国家。一时间,世界许多地方人心惶惶。在墨西哥的中国侨民要求政府采取紧急行动帮助他们,中国政府派出包机前往墨西哥撤出97名中国侨民。像这类突发性的非传统安全问题今后仍是公民海外活动过程中的主要威胁。当然,大多数非传统威胁对个体来讲,并不一定是直接的,更多的是间接的无形的损害。

一是骚乱与政治抗议活动危及公民安全

所谓骚乱、抗议活动是指那些对一国政府或现有政治秩序构成威胁的事件。这些事件不可避免地伴随着暴力活动和社会骚乱,有些是合法组织的抗议活动,后演变为暴力事件。过去,类似游行、示威、抗议、罢工等群体

① 见同期《人民日报》相关报道。

② 2009年1月9日,公安部新闻发言人武和平在回答记者提问时谈到:新疆警方近日破获一个"东突"组织,击毙"东突"恐怖分子18名,捕获17名,缴获了一批用于恐怖活动的武器和弹药。转引自:《中国警方坚决依法打击一切恐怖主义组织》,新华网2007年1月9日。

性活动在欧洲国家习以为常，不用大惊小怪，由于组织者是经过合法审批而进行的，抗议和游行的目的是五花八门的，多数活动会在和平的、有序的过程中结束。过去，相对于发达国家来讲，像抗议、游行、示威等活动在一些发展中国家，尤其是部分低收入国家中，出现局势失控或发生骚乱概率较大。但近年来，在欧盟国家中，这类活动也呈现出暴力倾向严重、局势经常失控、外国人屡受冲击的特点。据不完全统计，自从2008年美国金融危机发生以后，全球至少有30多个国家发生过示威、游行、罢工、抗议等参加人数成千上万的群体性事件（见表），并且是一浪高过一浪，像传染病一样蔓延到世界各个角落。这一轮示威抗议浪潮有规模大、分布广泛、相互影响、暴力事件多等特点。在国际金融危机背景下，欧盟经济发达国家的民众和形形色色的团体因失业、企业倒闭、财富“缩水”、环境保护等原因，不断地进行各种集会活动。有个别组织和个人把怨恨撒在外国人身上，导致包括“中国人”在内的外国侨民深受其害。应当指出的是，当前世界范围内发生的抗议与骚乱活动有一个明显的特征，就是组织者和参加者虽然五花八门、目的不一，但大多提出带有种族主义色彩的排外口号和冲击外国人目标。

2008年以来发生抗议与骚乱活动的国家和地区①

洲别	国家和地区
欧洲	希腊、冰岛、法国、英国、乌克兰、拉脱维亚、保加利亚、希腊、瑞典、俄罗斯、意大利、土耳其、德国、爱尔兰、匈牙利等
亚洲	泰国、印度、斯里兰卡、尼泊尔、蒙古、也门、约旦、伊朗、巴林、叙利亚等
非洲	埃及、突尼斯、阿尔及尔、科特迪瓦、利比亚、苏丹、尼日利亚等
美洲	美国、智利、秘鲁、委内瑞拉、墨西哥等

自从2004年在西班牙发生“烧鞋事件”②后，欧洲范围好像出现了一股

① 根据新华社、网易、《人民日报》等媒体的相关报道整理而成，仅供参考。

② 2004年9月17号，西班牙埃尔切市约400名当地人放火烧毁了一辆装满了中国温州商人准备在当地销售的商品集装箱和数个仓库，造成“浙商”约800万元人民币货物经济损失。这一事件又称西班牙“烧鞋事件”。

"嫉华、挤华、排华"浪潮。在英国,2008年一项民意调查表明,有高达78%的受访者认为:没有工作的外国人应该被驱逐出境。[①] 在俄罗斯,极端民族主义组织"光头党"[②]经常袭击外国人。俄罗斯远东地区的"光头党"分子明确打出"中国人滚开"、"俄罗斯属于俄罗斯"等口号,攻击中国人和中国人经营的商铺,有些事件造成"华商"的人身伤害和财产损失。

2010年后,随着欧洲经济危机进一步深入,由德国、法国、希腊、西班牙等国的行业工会组织的全国性大罢工和抗议事件在这些国家接二连三地出现,有些游行、示威活动带有明显的"排外"倾向,需要高度警惕。例如,2009年10月,希腊的码头工人举行了针对中国公司接管航运公司和码头经营权,进行企业改革活动的罢工活动,要求政府取消与中国企业合作,要求经营者不能消减其福利和待遇。欧盟的希腊、西班牙、意大利、法国、葡萄牙、德国等国是华侨华人最集中地区,也是中国公民国际旅游主要目的地之一,在这些国家发生集体性群体性事件很容易损害到中国公民的安全和法人的利益。

展望今后较长一个时期的海外安全局势,我们认为,上述发生在欧美国家和部分发展中国家的社会动荡与政局混乱情形,在短期内仍不会停止,而且有蔓延和扩大的可能。因为,这一波的世界性的抗议和动乱潮,是在各种因素共同作用下产生的。从国际大环境来看,源自2008年的全球金融危机先影响和冲击了西方发达国家,造成大量银行倒闭,企业债务危机,个人消费能力下降,许多欧美国家相继地发生了游行、示威、罢工等抗议浪潮,但由于欧美国家的民主化较为成熟,经济力量雄厚,社会福利水平高,因此,多数街头政治活动都在和平、非暴力环境下进行,这也可以说是第一波。第二波的影响波及到新兴经济体国家,导致这些国家的出口不振和萧条,通胀加

---

① By James Migrants Change Track to Beat Recession, Http://www. bbc. co. uk/worldservice/business/.

② 俄罗斯的光头党的特征是持极端民族主义观点,鼓吹"白种人至上",扬言要用暴力"将一切非斯拉夫族的外国人从俄罗斯清除出去"。这些人身着短皮夹克和黑色牛仔裤,脚蹬带有金属鞋头的"虎头狗"式皮鞋,把脑袋剃得光光的,因而得名。

剧，失业率走高，原先的经济社会发展战略受到严重影响，也触发了一些游行、街头抗议和群体性事件，但由于像巴西、印度、俄罗斯、南非、阿根廷等新兴国家，在过去十来年积累了物质基础，经济发展快速，人民生活水平改善明显，政府调控经济的能力得到提高，因此，这些国家也没有发生大规模的严重威胁现存政权的动乱。而21世纪第二个十年开始的中东和北非部分国家的政局动荡，可以视为美国金融危机后的世界动荡第三波，这一波的影响面和涉及国家更广，大多都是世界上欠发达和最不发达国家，这部分国家可以说是全球化过程中被"边缘化"国家。世界经济危机给这些国家带来了物价飞涨，人们收入锐减，失业人数剧增，多数民众生活拮据的恶果。再加上这些国家长期存在的社会分配不公和贫富分化拉大，社会不满情绪日益累积，在各种内外势力共同作用下，导致众多国家出现乱象。当前，世界经济仍没有走出美国金融危机所带来的处于低谷和不振阶段，有些矛盾和问题仍在暴露。还有一些国家会出现社会和政治动乱局面，对外国人包括中国公民的海外安全构成威胁，因此，相关部门尤其要高度警惕，密切地关注这一波世界和地区安全形势变化对中国的海外利益的影响。

二是国际海盗和非法移民问题

2008年起，在印度洋的索马里海域出现了大规模的海盗劫持国际船只活动，包括中国远洋货轮在内的数十条国际船只受到海盗分子的骚扰、劫持和袭击。例如，2008年11月14号，中国天津远洋渔业公司的渔船"天裕8号"在肯尼亚海域被索马里海盗劫持，包括17名中国船员在内的25人被扣为人质。2009年10月19号，青岛远洋运输公司所属的散货轮"德新海"号被索马里海盗劫持，类似案件近几年来经常发生。根据中国船东协会数据，2008年一年，包括港台船只在内的6艘中国籍或中国租用的外国籍船只被索马里海盗劫持。据中国外交部提供的数据，2008年1至11月，中国共有1265艘次商船通过亚丁湾、索马里海域，平均每天3至4艘次，其中20%受到了海盗袭击，[①]2008 年共发生 7 起涉华劫持案。此外还有许多船只遭遇到了海盗的袭击，因种种原因没被得逞。国际海盗活动已经威胁到中国公民的安全，也成为国际社会共同面对的挑战。为此，联合国安理会通过决议，授权各国根据《联合国宪章》第七章采取行动，在索马里领海打击海盗，索马里联邦过渡政府也同意各国进入其领海打击海盗，这为外国军舰进入索马里领海护航提供了法律依据。2008 年 12 月 26 日，中国政府派遣南海舰队的“海口”号和“武汉”号两艘驱逐舰和“微山湖”号补给舰赴亚丁湾、索马里海域执行护航任务，执行联合国的决议，维护中国和世界各国船只和船员的安全。至 2011 年 10 月止，这一海上护航任务仍没有结束。

非法移民是中国公民安全海外安全事件中的一种特殊性威胁。因种种原因，国内一些省市的部分地区百姓有通过非法渠道去海外生活即“偷渡”的“民风”。“偷渡”是国际社会予以严厉打击的非法活动。偷渡者一旦被外国军警查获，其基本的人身权利都得不到保证，不但要被遣返回国，而且要承担经济和法律责任。但是，国内每年仍有许多人铤而走险通过种种方法“偷渡”，既损害了中国国家形象，也给偷渡者自身带来巨大的风险。“偷渡”者在“蛇头”的胁迫下，经历了长时间艰难的海上漂泊或陆上颠簸，有的还没踏上异国他乡就被外国警方抓获。有的即便躲过警方的搜捕来到了外国，也是负债累累。由于没有合法的身份，他们只能东躲西藏，靠打黑工来还债，很多人从此永远无法得到解脱。

2008 年，中国社会科学院发布的《全球政治与安全报告（2007）》指出：在全球化的移民大潮中，非法移民问题日益凸显，中国的非法移民处境艰难。美国、欧洲是中国非法移民聚集较多的地方。根据美国国土安全部移民统计办公室 2006 年 8 月公布的统计数据，截至 2005 年 1 月，美国境内约有 1050 万非法移民，其中来自墨西哥的有 597 万人，而来自中国的大约有 23 万人，占美国非法移民总数的 2.19%，在印度之后排名第五。欧洲各国

---

① 陈君、熊争艳、章利新：《中国首派军舰远洋护航履行应担的国际义务和责任》，新华网 2008 年 12 月 23 日。

也有数万至数十万不等的中国非法移民。[①] 非法移民因没有合法身份，有些还处在国际犯罪集团的非法控制下，因此，基本上处于生命不保、生活无着落的境地，是最容易受到不法侵害的群体。

2004年2月5日，在英国兰开夏郡莫克姆湾海滩发生一起拾贝者因潮水涨潮来不及逃离而遇险的惨案，事件中共有19名中国人遇难死亡，另14人因抢救及时脱险，这些人全部都是非法入境英国的中国公民，这是一起由国际"蛇头"幕后操纵的国际事件。中国政府历来打击偷渡行为，"偷渡"者也不属于中国领事保护的范围。但是，一旦"偷渡"者落难后来寻求中国政府的帮助，我驻外使领馆仍有义务给予他们人道主义的救助。

当然，国际社会中还有其他形式的危害海外公民安全的非传统威胁，有些危害性已经充分表现出来，更多的人为的或自然因素产生的风险仍在出现。因此，相关部门要加强对各种风险和威胁形式的研究，及时跟踪国际上出现的不确定因素，以更好地保护中国公民海外安全。

第四节　公民海外活动风险的内生性诱因

在现实的人类社会，风险是难免的。囿于人类现有的科技水平和预测能力，对于地震、海啸等突发性较强的自然灾害，目前仍无法做到准确和及时的预报。因此，像地震、海啸一类的自然灾害属于不可抗力，非个人意志和能力可以避免，人们只能尽力去减少和降低灾害的损失。同样，政治性政策类风险虽是人为因素造成的，其规律和特点可以掌握和预测的，但某些政治性风险制造者往往采取极端的非人道的不可想象的手段来实施，因此，这类风险也很难从根本上避免，正所谓"防不胜防"。例如，国际恐怖分子以"人体炸弹"、"汽车炸弹"方式来制造事端，并且专门攻击妇女、老人等群体，或在人员密集的公共场合肇事，这种由恐怖分子制造的危害社会和公众的行为，就很难避免。如要根本性预防，则要投入大量的安全成本，还会严

① 李慎明等：《全球政治与安全报告（2007）》，社会科学文献出版社2008年版，第215页。

重损害公众的"自由"。例如,"9·11 事件"后,美国在国内强化反恐安全保卫措施,其中之一就是广受争议的机场出入境"裸检"。所谓"裸检",就是美国国土安全部在各大机场为安全检查部门配备的全身扫描设备,这种全身扫描设备可以全方位一览无遗地显示人体的"裸体"轮廓,并提供可疑部位的细节照片。但由于该安检措施涉及侵犯个人隐私问题,因而在美国引起广泛争论。

所谓内生性诱因,是指风险的产生和危险后果的造成,与当事人的个人自身言论不慎、行为不当、处置方法不对相关联,也就说是主观原因造成的或引起的,是一种本可避免,或者降低损害的伤害,也就是俗话说"外伤"。例如,犯罪分子抢劫海外中国公民的财物,往往与当事人"露财"或"炫富"的衣着装扮有一定关联。在交通事故中受伤,与坐车不系安全带、开车随意变道等不良习惯相关。外交部领事司前司长魏苇认为:中国公民海外安全事件一半是由中方人员的不当行为引起的,[①]这一判断点明了中国公民海外安全问题的内生性缘由,其依据是:

一、风险意识和安全观念淡薄

改革开放三十多年来,中国始终保持了稳定和安全的社会环境。中国坚持走中国特色社会主义道路,一心一意地搞经济建设,人民的生活水平提高很快。随着经济社会的快速发展,中国公民前往海外从事商贸、留学、旅游、劳务、探亲的人流潮水般涌动。由于绝大多数中国公民是第一次走出国门,人们对外部世界了解不多,国际旅行和生活的经验几乎空白。另外,数十年来,由于国内没有出现过全国性规模的战乱、动荡和无序的社会环境,即使个别时候发生过像 1989 年"6·4"政治风波、1996 年"台海危机"、2008 年西藏"3·14 事件"和 2009 年新疆"7·5 事件"等政治性事件,但这些事件的影响范围相对有限,而且很快得到平息和控制。因此,中国社会的安全程度和公民的安全感是较高的,中国也是世界上公认的"最安全国家之

① 《世界知识》2008 年第 17 期。

一”①。

另一方面，由于中国对外开放的时间不长，全球化程度相比欧美国家来，是有一定差距的，因此，大多数老百姓对外部世界的了解有限，更多的人并不关心国际形势，这一切都会淡化中国人的安全意识。还有，国人安全意识相对淡薄的原因同我国意识形态领域的宣传报道有关。中国的广播电视和报刊杂志等媒体，一直是搞正面歌颂和“报喜不报忧”，对人们社会生活中存在的危险和不测的报道不多。例如，前些年，中国各地总是不断地出现数十上百人员伤亡的矿难事件，媒体在报道这些事件的时候，强调较多的是领导如何组织救援、矿工家属怎样感谢政府的关心等，对矿难的发生的原因、矿工应该如何避险等知识的介绍不多，导致类似的错误“一犯再犯”，企业和职工的安全生产责任得不到根本落实。有时候，因各种原因，有关部门会进行安全知识教育，群众也会参加，但往往是一种“头痛医头，脚痛医脚”的短期行为，形势稍缓解就束之高阁。例如，2003 年，中国出现过全国范围的“非典”疫情流行，后来造成全民“草木皆兵”，正常的社会生活秩序受到破坏，各级卫生防疫主管部门印发了大量防“非典”宣传资料，发放了防疫物品等，一时，人们开始用“公筷”、搞分餐制、勤洗手了。但这一公共流行病情稍缓解，国人的卫生习惯和意识就“老方一帖”，没有明显改变。例如，国内随地吐痰的现象仍随处可见。

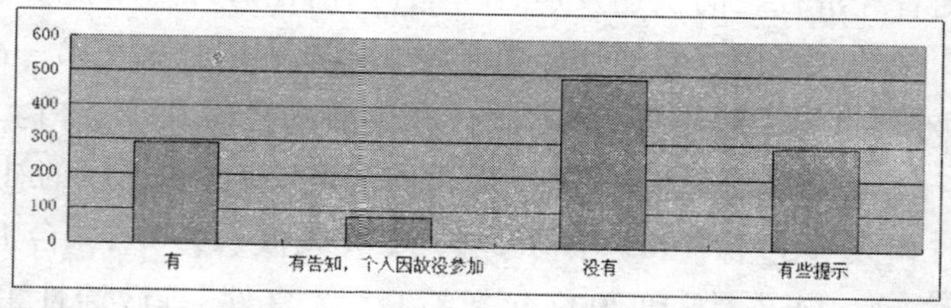

同样，由于历史和教育体制的原因，中国公民从接受幼儿教育起，就很少有文化知识以外的公共安全防范教育。在一项“你出国前，有没有参加过安全教育”问卷调查中(见图)，三分之二的人表示“没有”或“有些提起，个

① 翁东辉:《调查显示中国成为最安全的国家》,《经济日报》2001 年 10 月 29 日。

人没有参加”，因此，安全意识缺少是中国公民共同的特点之一。例如，长期以来，中国教育制度一直以升学率作为教学目标和学校评价标准，这导致中国公民在成长过程中缺乏安全教育。因此，中国学生比起日本、韩国等亚洲国家学生来，缺少危机意识，这就无形中增加了危险系数。这些意识潜移默化的结果是，中国人认为外部世界也是太平无事的，以致中国公民对外界风险掉以轻心，最终给自己招来麻烦和危险。例如，中国人一直认为，恐怖分子袭击对象主要是美国公民和西方目标，中国人与恐怖分子无冤无仇，不会有危险。这种观念和想法，表明中国公民对恐怖主义的认识是十分简单的、肤浅的。实际上，恐怖主义分子最大的特征之一就是喜欢攻击平民目标，特别是大国（美国、中国、英国、日本等）的利益，受害对象的无辜性是其一大特征。[①]

二、海外活动中言行不当所致

中国是有数千年文化传统的国家，人们世代相传形成了许多的约定俗成的生活习惯。一些国人认作“小节”、“小事”的个人习惯和行为，如果在国内，最多被看作个人素质和道德品质问题，人们会习以为常，见怪不怪。如国人不按秩序排队、乱闯红灯、横穿马路、随地吐痰，喜欢在公众场所大声喧哗，爱凑热闹，贪占小便宜，遇到问题和麻烦总是先想到找熟人、托关系而不是走法律途径解决等。这些小节、碎事和无意识习惯动作及做法，如在国外不加注意，会引来不必要的麻烦，甚至成为“杀身之祸”。例如，中国每万辆汽车的交通事故率远高于世界平均水平，更是欧美发达国家的十几倍。光 2003 年一年，全国公安交通部门共受理一般以上道路交通事故 667507 起，造成 104372 人死亡，494174 人受伤，直接经济损失 33.7 亿元[②]。“车祸”已经成为公民意外死亡的第一大“杀手”，而这些事件起因大多是交通

---

① 关于恐怖主义的定义在国际社会是有争议的。各种定义不下几十种，但有一点是肯定的共同的，即恐怖事件的特征之一是受害者多半是无辜者。参见王巍、张金杰：《国家风险——中国企业的国际化黑洞》，江苏人民出版社 2007 年版，第 50 页。

② 徐邦友：《自负的制度——政府管制的政治学研究》，学林出版社 2008 年版，第 118 页。

参与者的交通意识差所致。超速、酒后开车、随意变道是引发事故的主因。

公民交通安全意识差的结果是习惯成自然，一旦去海外留学、旅游和商务活动，乱闯红灯、不走人行道、随意变道驾驶等不良行为给自己和他人带来伤害。例如，2010 年 10 月 9 日，美国西北大学法学院的 4 名中国留学生，在去郊游看枫叶的途中，汽车失控撞树，导致后座一名学生当场死亡，另三人不同程度地受伤。事后警方调查认为，车祸与留学生驾驶操作失误有关。现在出去的留学生大多有在国内驾车的经验，许多人认为中国车多、人多，路况复杂，能在中国开车，那么在美国驾驶就没有问题。实际上，在美国往往出门就上高速，行车速度快，这和在拥挤的但速度慢的马路上开车是两回事。

近年来，随着中国游客大量涌入欧美发达国家，一方面给这些国家带来了旅游外汇收入，深受法国、澳大利亚、日本、德国等国的欢迎。另一方面，中国公民与当地人及经营者“口角”甚至肢体冲突的事件经常发生。许多事件的起因是不值一提的，但往往引来麻烦。我们看到，在欧美国家的许多公共场所中有用中文写“不要抽烟”、“节约用水”等告示，这同国人在海外不注意文明举止有关。这些问题在国内或许不算大“毛病”，但在不同的风土人情国家，往往给自己带来麻烦。例如，在阿拉伯地区，吐痰、吐口水是愤怒时才会做出的侮辱性举动，人们对这种行为非常反感。对当地传统习俗不了解，加之当地人对中国人的误解，更容易造成彼此间的误会。中国人一些“小毛病”稍不注意，就会引来“祸水”。如遇到血气方刚的外国青年人“打抱不平”，更容易引起冲突，给自身安全带来风险，这方面的案例随处可见。

2005 年 8 月 20 日，6 名在德国慕尼黑一家餐厅就餐的中国留学生与一群当地青年发生吵架和冲突，结果有 2 名中国留学生被打伤。事后警方调查，起因十分简单，就是中国留学生在餐厅搞毕业聚会，学生们不停地大声喧闹，不听旁人劝阻，引发双方冲突所致。同样，类似中国人在海外不尊重他国的民风乡俗，造成误会，引发中国公民受伤害或者财产损失的案件时有发生。

另外，由于少数中国公民不注重细节，经常做出异常行为，导致许多外国人对中国公民的印象极差。俄《消息报》2009 年 9 月 1 日刊发文章称：切尔基佐夫市场[①]的一名居民说，他曾在一个早上观察到，在一个小时内有 20 个中国商人在一颗大树下撒尿。因此，中国公民如何做到在异国他乡尊重别国的风土人情和宗教、文化习俗等，是一个值得重视的问题，也是公民避免在海外遇到不测的需要。

三、安全防范和应对能力较弱

2007 年六七月间，日本新宿消防署曾对辖区内 20 所日本语言学校的 866 名外国学生进行抽样调查。这些抽查对象近半数为中国学生，但超过半数留学生被调查者坦言：在发生地震时，他们会因为慌乱而无法采取任何防护措施。[②] 这一结果并不奇怪，近年来，留学生是中国公民海外安全事件中的高发群体。留学生本来应该是文化程度高、接受新生事物快和反应能力最强的群体，现在恰恰是受伤害最多的，这从一个侧面反映出公民海外安全事件的内因是个人应急应变能力差。

中国公民从幼儿到成年，很少有机会接受系统性的有关自然和社会风险防范及应对教育，公民自觉地接受安全教育的很少。即使准备出国的公民，多半人也没有参加过强制性安全教育活动和提示。在一项"你出国前是否曾经阅读过下列相关安全资料"问卷中（见图），绝大多数人表示"都没有"或"很少"。更没有接受过如何在自然灾害和意外危险发生时

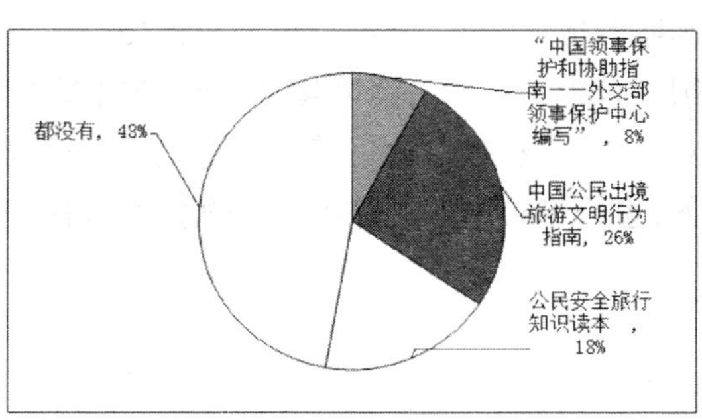

① 切尔基佐夫市场曾是莫斯科最大的华商市场，最多时有上万人经营，2009 年 8 月被俄方强行关闭。

② 蒋淡远：《在日华人与震灾》，《日本新华侨报》2007 年 3 月 12 日。

进行逃生和自救等实战培训。公民在国内就业和单位工作期间,也很少有单位安排强制性安全教育和演习活动,绝大多数公民不知道如何应对像火灾、溺水、地震、山洪暴发等各种危险。许多时候因形势需要或领导要求,有些单位也搞消防、防震、救灾等演习活动,但往往是在特定背景下热闹一阵,只重视形式而不在乎实际效果,导致中国人普遍存在侥幸心理,认为不会有事或总认为"我的运气不会这么差"。一旦出事或者遇到危险,往往不知所措,造成严重后果。有些本可避免的损失,由于当事人应对失当,以致损害进一步扩大。如没有正确的逃生知识,在火灾发生时采取错误的反应手段,导致在火灾中没有受伤,反而因惊慌失措地跳楼而致残。遇到车祸不会正确施救伤员和现场处置,结果导致受伤者伤势进一步加重等。中国公民在海外遇到抢劫、偷窃、性侵害等犯罪分子侵害自身利益时,往往因处置不当导致人身和财产损失扩大,许多本可避免的伤害和损失,因应对失误而出现不好结局。例如,当受到犯罪分子绑架时,应该沉着冷静与其周旋,千方百计地给警方或者其他人发出求救信息等。遇到危险或者麻烦要及时向警方报案,千万不可私了。

综上所述,公民海外安全是一个多重因素结合而产生的现实问题。要从根本上消除公民海外活动中的安全"隐患",既需要国际社会的共同合作和联合应对非传统威胁,更要公民提高自身安全意识和防范能力。同时,各国应该根据国际安全环境和本国公民海外活动的特点,积极预防和强力应对。现阶段,建立和完善中国公民海外安全保护机制是相关部门的主要任务,也是维护中国公民海外安全的有效途径。

第三章 中国政府维护公民海外安全的历程

公民跨国界活动是经济全球化的必然结果,也是世界各民族相互学习和共同进步的需要。由于"天灾人祸"是客观存在的,因而对一国公民来讲,在海外遇到风险和不测在所难免,关键是公民国籍国政府能够提供及时和有力的领事保护。

一国政府对公民海外安全的保护水平,既与该国的社会制度、意识形态、文化传统等有关,更与一国的国际地位和综合国力分不开。近代以来,中央政府对公民海外安全的保护,经历了清朝时期"无心也无力",到民国时期"心有余而力不足",再到新中国"既有心更有力"的发展过程。进入新世纪后,随着中国国际地位和综合国力的不断地提高,尤其是经过十多次海外撤侨护民行动的考验,中国政府维护公民海外安全的能力得到极大提高。中国已经建立起全方位、多层次、机制化的公民海外安全和法人利益保护体系,在海外的中国公民安全已有可靠的和可以信赖的保障。

第一节 领事保护与外交保护异同

在现代国际关系中,一国政府对于本国公民在海外的人身安全和合法权益的维护,最权威和正当的手段是通过国际领事保护制度来实施,当然,必要时也可以借助外交保护措施。领事保护和外交保护是国际通行的维护其本国公民海外利益最合法的途径。在现实国际社会中,主权国家动用外交保护来维护本国公民或法人海外利益的几率是较低的,轻易不会启动。

原因在于实施外交保护有较多的限制条件,极易影响到两国交往,甚至波及国际关系。

领事保护与外交保护都是一国保护本国海外公民安全的手段,既有着相同点,更有明显的区别。

一、领事保护和国际领事制度

国际领事保护制度出现较早,始于民间,几经兴衰。它最早是欧洲地区的民间商团或行业协会为了解决商务、航海等跨国活动而产生商业纠纷的需要,通过权威团体或个人来调节和仲裁商业活动而演变过来的,担当代表或代理的人被称为"领事官",相关调节规则或共同遵循的惯例就是领事制度。

国际社会上约定俗成的双边领事规则最早出现于17世纪西方国家间的通商和航海条约中。后来,人们开始将这一民间性质的涉商领事制度引入国家关系中,到十八九世纪变得越来越普遍,成为主权国家民间事务协调和处理的基本准则。进入20世纪特别是第二次世界大战以后,出于维护国家利益和外交效率的考虑,越来越多的国家逐渐把政治性的外交官制与民间性质的领事官制合并,使领事官和外交官性质更接近甚至等同起来,并更多地使用职业领事官而不是名誉领事官来处理两国间民事和商务纠纷。[①]各国间的双边领事条约也常常在互惠的基础上给予领馆和领事人员更为全面的特权与豁免权,这样,诞生了现代意义上的国际领事制度。

1963年4月24日,《维也纳领事关系公约》通过并于1967年3月19日开始生效,时至今日,它已是世界上承认该条约并批准加入国家最多的国际法律条约之一,也是世界上最权威的最受各国认可的关于领事官地位和

① 名誉领事又叫荣誉领事。由于经济、地理、政治等原因,许多国家往往委任一些知名或有影响的侨民或外国人担任本国荣誉领事,受予一定权限。在国际上,名誉领事制度遵循国际习惯法的原则,由各国任意选用,作为职业领事制度的补充。虽然,许多国家不承认名誉领事制度,但由于名誉领事制度在无职业领事的情况下具有开支少、便于同地方当局联系、能及时提供第一线的领事协助和保护等优点,也有许多国家一直在采用并不断完善这一制度。

领事管辖权的国际法律文件。领事制度是各国共同遵守的国际法,以领事保护为职责的国际领事制度也逐渐发展起来。

国际领事保护制度的产生和发展是人类社会进步的标志,也是世界文明的重要内容。在全球化时代,随着国际间人口流动的日益频繁,跨国民事和商务纠纷也不断增多,国际间领事保护的范围和内涵逐渐增添了新的内容,领事保护的作用和功能也得到了进一步的发展。

领事保护:是指一国的领事机构或领事代表,根据本国的国家利益和对外政策,在国际法许可的范围内,在接受国同意的基础上,保护派遣国及其国民的权利和利益的行为。1967 年生效的《维也纳领事关系公约》第 5 条第 1 款规定:领事职务包括于国际法许可之限度内,在接受国内保护派遣国及其国民——个人与法人——之利益。

关于领事保护的定义,中国政府基本认可国际社会的概念。外交部编印的《中国领事保护和协助指南(2010 年版)》明确提出:领事保护,是指派遣国的外交、领事机关或领事官员,在国际法允许的范围内,在接受国保护派遣国的国家利益、本国公民和法人的合法权益的行为。当本国公民、法人的合法权益在驻在国受到不法侵害时,中国驻外使领馆依据公认的国际法原则、有关国际公约、双边条约或协定以及中国和驻在国的有关法律,反映有关要求,敦促驻在国当局依法公正、友好、妥善地处理。领事保护还包括我驻外使领馆向中国公民或法人提供帮助和协助的行为。如提供国际旅行安全方面的信息、协助聘请律师和翻译、探视被羁押人员、协助撤离危险地区等。[①]

综上所述,无论是国际法条约还是我国保护公民海外安全的主管机构的法规,在领事保护的范围和内容上基本一致。这是领事官员行使领事权利和公民在海外获得本国政府领事保护的法律依据和唯一准则。

领事保护是主权国家驻外机构和官员,对本国公民在外国居留或短期停留期间的正当和合法权益受到侵害而实施保护的最有效、最有法律依据

① 《中国领事保护和协助指南(2010 年版)》,参见外交部网站的"领事服务"栏目。

的途径，是国际社会共同认可和普遍遵循的国际准则之一。但是，领事保护也不是“万能的”，而是有严格的规定和限制的。其中，“合法的正当的利益”是领事保护的核心。任何一个国家的公民，不管是来自世界强国还是弱国，是白种人还是黄种人，经济上是富翁还是穷人，在异国他乡都没有超越国际法和主权国家法律的权力。帝国主义和殖民主义时代强加给殖民地、半殖民地国家的所谓“领事裁判权”或“治外法权”早已被世界各国所抛弃，是行不通的。

在现实生活中，作为一国领事机构或官员行使领事保护是有严格限定的，能做的事并不多。因此，中国公民在海外期间，维护自身安全和合法权益的最好办法是“遵纪守法”。

在国外的中国领事机构和领事官能帮助在海外的中国人做什么呢？《中国领事保护和协助指南》一书明确告知：中国驻外使领馆依法履行保护中国公民在海外合法权益的职责，为在国外的中国公民提供领事保护和协助是应尽的义务。但是，领事保护不能违反国际法和所在国法律。中国驻外使领馆是国家的外交代表机构，使领馆在接受国没有行政权力和强制手段，只能通过外交途径向接受国提出交涉，可能成功，也可能不成功。在很多情况下，使领馆的工作主要是协助当事人维护自己的合法权益，而不是代替个人主张其权利。这一表述明确了领事工作的性质和任务，规定了领事保护的范围和内容，符合国际关系共同的和普遍的要求。

领事保护最根本的是保护本国侨民合法和正当的利益。国际法规定，各国应根据主权平等和友好合作的原则，允许外国政府的官方代表保护本国国家利益和公民的权利。领事官员行使领事保护是执行公务的行为，各国政府应该按照国际法及与相关国家签署的领事互助协定，为领事官员行使权力提供协助和方便。领事官员行使领事权力既要符合派遣国的国家利益和对外政策，保护侨民的合法权益，又不得干涉接受国的内政，滥用领事保护。这里，《维也纳外交关系条约》及各国政府间签署的双边及地区间领事合作条约是领事官行使权力的依据和准绳。

中国已经加入了全部有关领事保护和领事制度的国际条约。另外，到

2010年3月10日止，中国政府先后与世界上48个国家签署了领事合作条约，除去少量因国家名称变更或外交关系变动而失效外，至今中国已与世界上43个国家有领事合作协定。[①] 中国同外国签订的领事条约、互免签证协定约有140多个。[②] 外交部领事司现任司长黄屏介绍说："我国有70多个驻外领事机构，加上所有我们的大使馆都有领事部"，[③]这样，中国在世界上约有240个使领馆分布在世界上160多个国家，它包括了中国公民海外活动和侨民最多的东南亚地区、日本、韩国等亚洲国家，还包括美国、加拿大、意大利、西班牙、葡萄牙、英国等美洲大陆及欧洲国家，另外，中国与更多国家进行的领事协助谈判工作仍在进行中。中国与各国签署的双边领事互助条约，是中国政府维护海外公民利益的法律依据，为中国政府有效地实施海外公民安全保护提供了便利和保障。

二、外交保护的概念和构件

（一）外交保护概念

外交保护：是指一国针对其国民（包括公民或法人）因另一国的国际不法行为而受到的侵害，依据所在国法律用尽了行政和司法救济仍不能补救时，以国家的名义为其采取外交行动或其他合法手段以解决争端的行为。通俗而言，外交保护的依据在于一国根据其对一切在国内或国外的本国人享有"属人优越权"，通过外交途径对在国外的本国国民（公民或法人）的合法权益所进行的保护。

根据国际法的基本原则，一国对具有本国国籍的公民享有管辖权。主权国家对其国民采取的外交保护行为是国家的主权行为，是根据国家"属人优越权"，即属人管辖权而确立的。外交保护是一国主权独立和不可侵犯的象征。如果一国国民受另一国违反国际法行为的侵害而得不到公正解决，

① 外交部网站《领事服务》栏目"中国与外国缔结领事条约（协定）一览表"，截至2010年3月。

② 《中国领事保护的现状》，《人民日报海外版》2003年6月13日。

③ 《黄屏：领事司是外交部第一大业务司为国家发展服务》，人民网2010年11月23日。

该公民国籍所属的国家有权对其实行外交保护，这是世界人权的基本要求，也是国际关系所共同认可和支持的原则。

（二）外交保护的构件

外交保护涉及国际关系，当事人或利益冲突者双方往往是在他国行政管辖范围内，如一国公民被外国军警无故扣押、一国行政当局无理没收侨民财产等。因此，在国际关系史上，国际社会经过长期的实践和摸索，共同认可了外交保护的基本要件：

1. 一国国民权利受到侵害是由于所在国的国家行为不法所致，也就是说，该侵害行为可以引起国家责任。这种不法行为是指一国国家行政、司法机关、其他代表国家行使权力的实体和人员，所实施的违反该国国际义务的行为。如一国政府无故没收外国人投资的企业、非法扣押外国人的财产、警察非法拘禁外国人等，行为实施者是行政机关和执法机关人员。

2. 国籍继续原则。即被保护人是否具备本国国籍，这是最重要的构件。在我国，凡是依照《中华人民共和国国籍法》具有中国国籍者，都可以得到中国政府的外交保护。也就是说，只要您是中国公民，无论是定居国外的华侨，还是临时出国的旅行者；无论是大陆居民，还是香港、澳门和台湾同胞，都是中国驻外机构提供外交保护的对象。

根据《中华人民共和国国籍法》规定，中国不承认双重国籍。定居外国的中国公民，凡自愿加入或已经取得了外国国籍者，即自动丧失中国国籍，因而不再享有中国驻外使领馆的外交保护。这一国籍国原则是中国政府行使外交保护的要件。①

3. 用尽当地救济原则。这里提出的“用尽当地救济原则”是指当事国如进行外交保护，应当是在受害人或法人已经用尽了所在国当地法律法规的一切可以利用的救济手段后，包括行政和司法救济手段。也就是说本国公民在受害国通过各种行政的、司法的救济手段之后仍未能得到合理公平对待的情况下，国籍国的驻外机构或官员方可进行外交保护，通过外交途径

---

① 关于中国“国籍”的法定范围解释，参见《中国领事保护和协助指南（2010 年版）》。

寻求赔偿或者救济等。例如,中国公民张三在B国的合法财产被B国政府征收,而B国政府未给予任何补偿,该公民首先应该通过行政复议、行政诉讼等手段向B国行政当局或司法机构寻求解决,当一切努力都没有效果情况下,才可以向中国驻B国使领馆请求外交保护。

综上所述,外交保护是国际法中属人管辖权的重要体现,本质上是处理国家间关系的制度,是将国家与私人之间的事情转化为两个国家之间的事情。外交保护是主权国家的权力象征,无论本国公民是否提出请求,国家都可以自行作出保护或拒绝的决定。

三、外交保护和领事保护的异同

外交保护与领事保护是两个常用但并不相同的概念。在国际法中,这两者是既相互联系又有所区别。在外交实践中,外交保护和领事保护这两个概念经常交叉使用,区别不大,"都是指派遣国的外交、领事机关,依据国际公约、双边条约以及派遣国和驻在国的有关法律,在接受国内保护派遣国及其国民正当合法权利和利益的行为"。[①] 但是,外交保护相比领事保护更有政治敏感性,它是主权国家的国家权力体现。因此,一般来讲,主权国家很少使用外交保护手段来处理涉及一国公民的民事或商务纠纷。

在当今国际社会现实中,主权国家对于海外本国公民和利益的保护,可以运用领事保护和外交保护两种手段。两者间的目的是一致的,当然,两者也有不同点。相同点在于两者保护的对象都是从事非官方活动的本国普通公民或法人;实施的法律依据都是国际法和相关的双边领事条约;前提条件都是在受害者权益得不到公正和合理的解决情况下才启动和实施的。但是,外交保护和领事保护仍有明显的区别和不同。这主要体现在:

一是外交保护和领事保护适用的前提不同。外交保护针对的是外国政府对本国侨民的不法行为,并采取措施追究外国国家责任。而领事保护则是协助本国国民适用当地救济,针对的是接受国境内本国公民或法人利益

---

① 陈志敏等:《当代外交学》,北京大学出版社2008年版,第142页。

受到和尚未受到现实侵犯情况下，均可实施领事保护。有时候，领事保护带有一定的预防作用。由于一国政府借助领事保护介入，可以敦促接受国更为妥善、公允地处理涉及该国公民或法人利益的事务，防止接受国实施国际不法行为，避免有关问题上升到国家间的政治冲突。例如，前几年，针对中国公民在俄罗斯经商期间，经常受到俄罗斯"光头党"分子敲诈和恐吓等危及中国公民安全问题，中国驻莫斯科和彼得堡的领事官经常与俄罗斯外交部官员进行领事磋商，商讨如何共同维护中国公民合法和正当利益，这一做法就是领事保护的体现。

二是外交保护与领事保护行使的名义不同，即实施主体不同。外交保护是以国家名义行使的，有权威性和严正性。领事保护并非总以国家名义行使，有些情况下更直接代表被保护公民或法人从事某些行为。在实践中，外交保护通常由大使馆中的外交官具体实施，而领事保护则由领事官负责执行，过问和关注的问题往往涉及商业和民事纠纷范畴，不具有政治敏感性。

三是国家在行使外交保护和领事保护方面的自由裁量权不同。对于是否行使外交保护，国家有自白裁量权，无需被保护人提出请求或征得保护者同意。而领事保护一般是一国驻外使领馆应被保护人的请求或经其家属同意后才给予提供。在现实生活中，一国公民或法人在其个人权益受到侵害后，可能并不寻求领事保护，也可以拒绝领事保护。《维也纳领事关系公约》第36条第1款明确规定，被监禁或羁押的一国国民可以反对该国领事官员为其聘请律师、探访等行为，在这种情况下，该国领事官员应避免主动采取上述行动。例如，中国公民在B国因偷渡和非法滞留活动被拘禁，除非其本人或家属委托，否则，中国外交官没有义务去探访或过问此事。

从上面分析中，我们认识到，外交保护是一种国家行为，它事关国家形象和国际尊严，因此，实施起来比较敏感。外交保护往往是在特定的紧急的情况下才启动的，受保护对象比较宽泛，主要是通过外交渠道提醒当事国注意某些危害本国侨民安全和利益的"苗头、倾向"，希望当事国遵守国际法和相关法规等。当然，也有一国政府对特定对象的本国公民行使外交保护的个例。例如,2004年7月,来自天津的名叫赵燕的中国公民在美国旅游期间,因美国警方粗暴执法而受到身心伤害,其合法权益得不到落实,在华侨华人圈引起极大反响。中国驻美使领馆和外交部领导获悉此事后,高度关注此事进展,启动了外交保护程序。时任外交部部长李肇星还亲自与当时美国国务卿通电话,要求美方高度重视此事。最后,美国政府正式向中国人民道歉,赵燕一案得到比较合理和公正的解决。[①] 中国外长为一个普通公民的正当和合法的权益给美国国务卿打电话,进行外交交涉,这在中美关系史上也是十分罕见的,这是一起有代表性的外交保护案例。这从一个侧面反映出新时期的中国"外交为民"新理念的实施和落实。

当然,一国政府启动外交保护都很慎重和少见的,原因在于"外交保护"经常被一些大国和强国以"保护侨民"、"领事裁判权"为由来干涉小国或弱国的主权,或借"人权高于主权"名义来侵犯弱国利益。例如,当今世界上独一无二的超级大国美国,经常以"保护侨民"、"护侨"名义来干涉他国内政或以此为幌子来侵略别国,使"外交保护"带上了强权政治的色彩。1983年10月和1989年12月,美国先后出兵中美洲的格林纳达和巴拿马两国,理由之一就是所谓"保护侨民安全"。上个世纪30年代的日本帝国主义入侵中国,其借口也是为保护其侨民的安全和利益。因此,为了防止引发国际纠纷,战后大多数国家的政府不轻易动用外交保护手段。

从中国政府立场来讲,"总体上讲,我国主张严格外交保护条件,慎重使用外交保护。对中国而言,外交保护是国籍国的权利而不是其义务。国籍国在行使外交保护时,不能侵害损害发生地国的领土管辖权,更应尊重该国的法律。对境外本国公民保护,应立足于损害发生地国的法律保护,由该国法律保护是根本,国籍国保护是补充……。"[②]况且,频繁使用外交保护也不利于维护我国国际形象。反过来,领事保护是国际社会常用的保护本国海

① 张兵、梁宝山:《紧急护侨——中国外交官领事保护纪实》,新华出版社2010年版,第255页。

② 2006年10月,外交部条法司段洁龙以中国代表身份,在第61届联合国大会六委上阐述了我国行使外交保护的原则。

外侨民利益的国际规则和惯例，也是得到像《维也纳领事关系公约》等相关国际条约支持的国际法律，领事保护是各国驻外机构主要工作职责。因此，中国相关部门可以充分行使自己的权利，更好地维护我海外公民的安全和利益。

第二节 中国政府维护公民海外安全的历程

中国是世界上海外侨民最多的民族，更是当今世界上公民跨国活动最频繁、出境人次增长最快的国家。

中国公民前往海外生活历史可上溯千年。可以说，世界上凡是有人群的地方，就有中国人。世代侨居海外的炎黄子孙们把中华民族的先进文化和优良传统传播到世界各地，为促进中国人民与世界各族人民的相互了解和共同发展，作出了不可磨灭的贡献。

但是，不得不指出的是，在长达千年的中国人侨居海外的历史中，海外侨胞在异国他乡一直被视为"二等公民"、"下等人"，饱受种种歧视、排斥和迫害，更有许多国家不时发生大规模有组织的迫害和镇压华侨华人的事件。[①] 一些国家甚至还有"排华"传统，侨居该国的华侨华人财产经常被无偿剥夺和没收，更有不计其数的华侨被无端地逮捕甚至被非法杀害。另一方面，海外侨胞在国内也被统治者视为"化外"之人[②]，身份不予承认和尊重，甚至其家属也受到连累，海外权益更不可能得到政府的维护和支持，华侨被视为"弃民"、"孤儿"。历史上，华侨华人这种在母国不被关心，在海外受人歧视和排挤的"寄人篱下"处境，导致任何一个华侨华人家族，其祖辈的海外发展史往往是一部血泪史，都经历过常人难以想象的艰辛和苦难岁

① 从国籍法意义讲，"华人"是指已经加入侨居国的华裔或其后代。从广泛意义上讲，凡中华民族在海外的华侨华人都属于"华人"范畴。

② 出自《唐律疏义·名例律》："诸化外之人同类自相犯者，各依本俗法。"化：开化。民：民众。文明地区以外的民众，即没有开化的民众。旧时统治阶级的偏见，指中国教化达不到、法律管不着的少数民族。

月。

新中国建立后,中华民族站起来了,中国人民走上了独立自主地决定自己命运的道路,中国国际地位也与日俱增。在海外的中国人终于可以得到祖国母亲的关心和保护,侨胞们才真正地挺起腰板,昂首站立在世界舞台上。

一、历史上的华侨命运和领事制度

中国人移民海外源远流长。但是,形成潮流大规模地涌出国门是从鸦片战争开始的。1840 年后,随着西方殖民主义者和外国资本的入侵,中国社会逐渐从长达数千年的封建社会沦为半殖民地半封建社会。近代史上,旧中国一直处于经济社会落后、战争内乱不断、国力衰落的境地,这种现实促使沿海地区众多民众因生计所迫而四处出走和流浪,谋求出路。当然,也有一部分人是因参加反政府活动失败(如太平天国和小刀会等农民起义等),或因刑事犯罪受到官府抓捕而逃亡的。他们通过种种途径走出国门前往世界各地,大部分人到了东南亚地区,也就是俗称的“南洋”,形成了中国华侨史上的一次海外移民潮。

这一时期,西班牙、荷兰、葡萄牙、英国、法国等西方列强因大量掠夺和开拓海外殖民地,为弥补劳动力不足,采取惨无人道的“人口贸易”手段将数百万“契约华工”贩运到东南亚等地,导致这一时期东南亚地区华人人口剧增。据估计,到新中国成立时,世界各地至少已有一千二三百万华侨。[①] 东南亚地区的新加坡、泰国、马来西亚、印度尼西亚、越南等国,华侨华人更是成为这些国家最大规模的外来民族。[②]

旧中国积贫积弱,帝国主义列强不断地侵略和瓜分中国领土。封建王

① 任贵祥:《海外华侨华人与中国改革开放》,中央党史出版社 2009 年版,第 66 页。

② 泰国的华侨华人总数在 700 万左右,约占泰国总人口的 12%,其中华侨约 30 万人。马来西亚华侨华人总数达 610 万(马统计局 2004 年 3 月统计数字),约占马全国人口的四分之一(23.96%),系马第二大民族,绝大部分已加入马籍。2009 年,新加坡华人占新加坡居民人口中的 74.2%,即 4 个新加坡人就有 3 个是华人,是新加坡人口当中最大的族群。

朝清政府腐败无能，虽有种种抗争，有时候也尽力维权，但最终因兵弱国衰而被迫与西方列强签署了无数个丧权辱国的不平等协定，中国的主权和领土完整受到严重损害。结果，一方面，西方国家单方面将种种不平等条约强加给中国人民。例如，西方列强在中国享有领事裁判权，它规定外国人在中国犯法，中国的法律和行政权力无法管辖，这就是单方面的"治外法权"。由于清朝政府连国内的百姓安全和领土完整都不能有效地维护，更不可能去维护海外中国人的利益，侨居他乡的中国公民在异国他乡尝尽了人间的苦难和艰辛，他们完全处于任人宰割的境地。另一方面，这一时期的统治阶级在认识上将移居海外的华侨视为"化外"之民而漠不关心。例如，1740年，荷兰人在印尼屠杀华侨近万人，乾隆皇帝竟回答："大朝弃民，不惜背祖宗庐墓，出洋谋利，朝廷概不闻问。"①封建王朝对海外华侨的认识，客观上纵容了外国政府和当地人对华侨的迫害及歧视行为。

1740 年 10 月，印度尼西亚发生了荷兰殖民当局血腥镇压当地华侨华人的"红溪惨案"②，引起了中国和欧洲各国民众的公愤。荷兰政府害怕清政府会采取报复措施，曾派出专使乘专船携带"说帖"前往北京活动。此时的清朝统治者竟认为："被害汉人，久居番地，屡邀宽宥之恩而自弃王化，按之国法，皆于严谴。今被其戕杀多人，事属可伤，实则孽由自作。"③清朝政府并没有对荷方使者严词谴责，也没有向杀人凶手兴师问罪，更没有采取任何措施对华侨进行保护，致使这场针对侨民的血腥大屠杀最后不了了之。

清朝晚期，虽政府仿照西方国家的国际惯例，开始在海外建立若干个领事馆，但因大清帝国已日薄西山，维护海外侨民利益已无能为力。因此，清朝政府对海外侨民的保护处于"无心也无力"状态，海外侨民像没有父母的"孤儿"而任人宰割。

在长达上千年的华侨华人史上，世界各地一直有不间断的形形色色"排华"活动。所谓"排华"，就是"走出国门的华侨华人在异国他乡受到当地政

---

① 韩永福：《清代前期的华侨政策与红溪惨案》，《历史档案》1992 年第 4 期，第 101—102 页。

② 见下页解释。

③ 《清朝文献通考》卷二九七。

府、社会团体或当地人不公正、非人道甚至残忍的对待，在名誉、财产、心理、生理乃至生命等方面受到不同程度的侵害和损伤”。[①] 在世界华侨史上，无论是在菲律宾、印度尼西亚、马来西亚等华侨华人较集中的东南亚国家，还是加拿大、美国、澳大利亚等所谓西方“民主、人权”国家，都出现过针对华侨华人的惨无人道的集体性迫害和屠杀事件。成百上千的华侨被当地人或殖民统治者以“莫须有”罪名杀害，甚至一次性上万人同时被杀害的极端恐怖事件也时有发生。这里仅举1740年发生在印度尼西亚的华侨史上著名的“红溪惨案”和加拿大政府强制推行的华人“人头税”为例。

1740年10月9日，当时占领和统治印度尼西亚的荷兰殖民当局对巴达维亚城（今印尼首都雅加达）的华侨实施了一次集体性的大规模屠杀。殖民当局的军警和狂热的当地民族主义分子先制造种种借口，激化华侨与当地人的矛盾，并伺机弹压华侨。据记载，荷兰占领军对华侨聚集地村落和庄园进行了惨无人道的“烧、杀、抢、掠、奸”活动，大火足足烧了三天三夜，华侨的鲜血将一条名叫“红溪”的小河都染红了，估计有多达上万华侨死于这次大屠杀，史称“红溪惨案”。“惨案结束后，全城华人的房屋，没有一间是完整的。只见断瓦残垣，一切都被劫掠和焚烧。全城看不到一个华人。所有华人，或被屠杀，或被烧死，或自缢，或溺毙。”[②]

类似“红溪惨案”的恐怖事件在世界许多地方都曾发生过，排华浪潮更是从未停止过。从华侨史看，世界各地针对华侨华人的迫害、歧视和排斥方式至少有三十多种，这包括职业限制、财产没收、征收税费、敲诈勒索、抢劫、绑票、名誉损害、系统性迫害、恐怖性集体屠杀等。

“排华”事件不但发生在亚洲，号称是“民主、人权”代表的西方国家也有过不光彩记录，加拿大“人头税”就是一例。所谓华侨“人头税”是指加拿大联邦政府1885年7月20日通过的《华人入境条例》。《条例》规定从1886年开始，每个华人入境必须缴纳50加元“人头税”。1900年7月18

① 乔印伟：《试论海外排华中的经济因素》，《八桂侨刊》2008年第4期。

② 巫乐华：《南洋华侨史话》，商务印书馆1997年版，2004年7月第2次印刷，第78页。

日,又将"人头税"增至100加元。1903年7月10日,再次调升至500加元。这笔钱相当于当时一个工人两年的工资。1885年至1923年间,迫于无奈,约有8.1万华侨支付了这一税款。为进一步限制华人入境,加拿大联邦政府又在1923年6月30日通过禁止华人入境的《排华法案》,法案在1924年1月1日生效,直到1947年才被废除。在此期间,除极少特例外,几乎所有华人新移民都被加拿大政府拒之门外,这其中也包括了当时已在加国生活的几千华工的妻子儿女,数以千计的华人家庭被迫过起了"牛郎织女"般的生活,给在加拿大的华侨造成了极大伤害。事实上,"人头税"事件也只是加拿大"排华"形式之一而已。除加拿大外,美国、日本、法国等发达国家在历史上都有对华侨犯下的不光彩历史记录。因此,一部华侨华人海外发展史,实质上是一部血泪控诉史,惨不忍睹。

清朝政府意识到并关注海外华侨安全问题是在19世纪后期。1860年,中国与西方列强签订了《天津条约》,西方国家除强迫中国政府开放更多的通商口岸之外,还规定华工出国合法化,目的在于让殖民主义者从中国"贩卖"华工到世界各地的活动合法化。这样,由于这一时期的出国华人数量不断增多,中国人与外国人间涉商、民事案件也就不断出现。

清政府认识到:"必须照约于各国就地设立领事等官,方能保护华工,以免被外邦耻笑,启轻视中国之心。"①1868年7月28日,清政府派蒲安臣②赴美国,与美国政府签订了《天津条约继增条款》,明确清政府可以在美国各通商口岸派驻领事。1878年,清朝政府专职从事领事业务的中国驻新加坡领事馆正式成立,这是中国在海外设立的第一个从事海外公民利益保护的领事馆。此后,清政府先后在日本、美国等国的横滨、大阪、旧金山、檀香山等50多个城市派驻过领事官员和建立领事馆,中国的领事保护制度也逐渐形成。③ 但是,此时的清朝政府已经处于国力不断衰落之中,即使统治阶级

① 《总署奏请派员出使美日秘国保护华工折》,《清季外交史料》,文海出版社,第79页。

② 蒲安臣(1820—1870),美国著名律师、政治家和外交家,美国对华合作政策的代表人物。他还是绝无仅有的既担任过美国驻华公使又担任中国使节的一位美国人。

③ 丘日庆:《领事法论》,上海社会科学院出版社1996年版,第18页。

中少数有识之士出于爱国和同胞同情心，认为要保护侨民利益，建议清朝政府关心侨胞。例如，郭嵩焘[①]认为：海外设领是“保护商民”。薛福成[②]呼请：清摒弃旧禁，申明新章，以保侨民。但晚清时期的中国政府已是“泥菩萨过河”，自身难保，政府哪有精力和能力去保护海外侨民安全。

中华民国时期，中国与外国建立领事关系的国家是不断增多的，国民政府在国外设立的领事机构最多时达到85个。国民政府驻外机构在联系侨领、吸引华侨资本回国设厂开矿、兴办教育事业、募集侨资进行抗日等方面做了一些工作。但是，由于中国长期军阀混战和社会动荡，再加上日本帝国主义侵略和占领中国，中华民族已经到了生死存亡的历史关头，国民政府同样没有精力去保护和维护海外侨民的安全。因此，到上个世纪三四十年代，海外中国侨民的安全状况仍没有得到明显改变。

历史上，华侨华人在海外受到歧视、排斥和迫害，原因有多方面：其一，历代统治阶级在认识上错误所致。自明清以后，中国封建专制政权将移居海外的中国人视为“背弃祖宗庐墓”、“自弃化外”的“莠民”，对他们的命运漠不关心，甚至持敌视态度，以致华侨华人沦为海外孤儿，得不到母国政府的保护，任人杀戮而无人过问。其二，晚清和民国时期，政府虽也制定过一些护侨政策，但由于国力衰弱，在保护华侨安全上并无大作为。中华民族一直处于帝国主义列强侵略和压迫之中，连最基本的生存权和主权都岌岌可危，政府更无精力去保护海外侨民的安全。因此，海外“孤儿”称谓也一直伴随他们，直到新中国建立。

二、新中国对华侨华人权益的维护

1949年10月1日，新中国建立，中华民族的历史翻开了新的一页。从保护公民海外安全的角度来讲，无论是临时出国的中国人还是长期定居在海外的华侨华人，它们都拥有了一个日益强大的祖国作为“靠山”，海外侨

① 郭嵩焘(1818—1891)，湖南湘阴人。晚清首任驻外(英、法)公使。

② 薛福成(1838—1894)，江苏无锡宾雁里人。清朝“洋务派”人士，曾任浙江宁绍道台。

胞也结束了"孤儿"历史,受到来自伟大祖国的呵护和关心。

从1949年新中国成立到1978年改革开放,这一时期,受特殊的国际环境影响,中国对外关系的发展经历了一个艰难曲折的历程。因此,它在客观上影响了中国政府对海外侨民安全的维护能力。尽管以毛泽东为首的中国领导人高度重视华侨华人,中国政府也竭尽所能来维护我海外侨民利益,但因历史和客观条件限制,特别是中国政府可供使用的外交资源和护侨手段不多,因此,国际上"排华"事件仍频频发生,迫害华侨的极端恶劣事件也有。

这一时期,由于国内出国出境人员的数量和规模并不大,即使有机会出国的人员,大多是从事外交和政务活动的因公出国干部,因私出国的人员很少,规模也相当小。因此,中国政府领事保护工作的重点是侨居海外的华侨华人,做好爱侨、护侨工作。概括起来,这一时期的中国政府维护海外公民安全和利益工作,体现在三个方面:

(一)认识上高度重视华侨华人工作

中国共产党历来重视和关心海外的华侨华人。中国领导人认为:华侨华人虽客居国外,许多人世代侨居在异国他乡,有些人在所在国已有较高的经济社会地位,但他们内心是渴望祖国能早日独立和强大的。华侨华人素有爱国主义情怀,他们深知,只有祖国强大了,华侨才有靠山,才能挺起腰板,扬眉吐气。因此,无论是在新民主主义革命时期还是在社会主义建设阶段,中国共产党人一直把华侨华人视为中国革命和建设最广泛的无产阶级同盟军一部分。

早在1935年8月1日,在中共中央发表的《为抗日救国告全体同胞书》以及《关于目前的形势和党的任务决议》等文件中,中国共产党就明确提出:"保护侨胞在国内外生命、财产、居住和营业的自由"。毛泽东同志起草的《论联合政府》一文中,就提出"保护华侨利益,扶助归国的华侨"方针,把华侨华人视为中国革命的同盟军之一。

新中国建立后,以毛泽东为核心的第一代中央领导人,高度重视华侨工作。1949年9月29日,新政协通过的《中国人民政治协商会议共同纲领》

规定:“中华人民共和国中央人民政府应尽力保护外国华侨的正当权益和利益,保护归侨、侨眷的合法权益和利益”,并提出了“为侨民利益服务”、“为保护国外华侨的正当权益而奋斗”的口号。

新中国建立初期,受资本主义阵营与社会主义阵营两大集团对立的“冷战”国际环境影响,以美国为首的西方国家对新生的社会主义中国采取“不承认、不接触”的敌对政策,造成中国与华侨华人主要聚居地的西欧和东南亚地区多数国家都无法建立起正常外交关系。这种情形下,中国政府没有足够的政治、经济和国际影响力,对海外华侨提供及时、直接和足够的保护。因此,党中央提出:国外华侨要保护自己的正当权益,主要必须依靠华侨自身的团结。为此,中国政府提出要尽量通过做好华侨华人的国内侨眷和归侨工作,来体现党和政府对广大海外侨胞的亲切关怀。

1952 年 1 月,毛泽东主席签署的《中共中央关于海外侨民工作的指示》,明确提出:当前“我国侨民政策的中心点”是“争取生存,加强团结,保存力量”。1954 年的《中华人民共和国宪法》第 98 条规定:中华人民共和国保护国外华侨的正当权益。以后,中国政府不断地完善护侨立法和政策,在《国籍法》、《中国公民出入境管理法》、《归侨侨眷权益保护法》、《海商法》等涉侨法律法规中都明确规定了政府的责任,并把爱侨护侨工作作为中国驻外使领馆的一项重要职责。所有这一切反映了新中国领导人高度关心海外同胞,在指导思想上把海外侨胞视为中华民族的一部分,使广大华侨华人有了“家”的归宿和母亲般呵护的温暖。

(二)解决“双重国籍”问题,维护侨胞利益

建国后较长一个时期,由于受“冷战”[①]影响,中国对外关系和邦交对象国主要是以苏联为首的社会主义国家和部分发展中国家。中国与其中一部分国家签订了关于领事协助和侨民利益保护的双边条约。例如,1959 年的《中德领事条约》、《中苏领事条约》和 1960 年的《中捷领事条约》条约签订,

① 1947 年到 1991 年间,以美国为首的西方资本主义国家和以苏联为首社会主义国家两个阵营除直接交战以外,在经济、政治、军事、外交、文化、意识形态等各方面都处于对抗状态,这一时期又称“冷战”时期。

为中国政府维护在这些国家的华侨利益提供了法律依据。

众所周知,领事保护的前提是受保护人的“国籍”从属。国籍是一个敏感的复杂的国际问题,“国籍继续”原则是实施领事保护和外交保护的前提。但是,由于历史的和法律的原因,世界各国对于公民国籍取得和丧失,都有不同的规定。有些国家奉行“血统主义”,以父母血统作为国籍取得最基本条件,如中国。一些国家主张“出生地原则”,不管其父母身份如何,一旦出生在该国管辖领土上就是本国公民,如英国、美国和欧洲国家。更有既认可“血统”又许可“出生地”原则来确认国籍的。不同国家对于“国籍”认定的不一致,导致世界上“双重国籍”或“多重国籍”问题的存在,因此,国际间也容易因国籍问题发生争端。

直到19世纪末,中国封建政府也没有一部明确的国籍法。1909年,清朝政府制定和颁布了第一部以血统主义为原则的《大清国籍条例》。它规定,凡是“生而父为中国人者”,或“生于父时为中国人者”,或“母为中国人而父无可考或者无国籍者”,不论是否在中国出生,都具有中国国籍。这一国籍原则与当时印度尼西亚[①]的荷兰殖民统治者规定的《荷属东印度籍民条例》以出生地作为国籍标准发生了冲突,造成华侨在印度尼西亚拥有“双重国籍”,同样情况在东南亚地区的马来西亚、泰国、新加坡等地也存在,为国家间争端埋下“祸根”。1912年和1929年,当时的中华民国政府曾两次颁布和施行了《中华民国国籍法》,在确认海外华侨的国籍身份时,仍坚持“血统加出生地”的国籍区分原则,这样,华侨“双重国籍”问题就成为中国与许多东南亚国家发展关系的一大障碍。

新中国成立后,从华侨长远的和根本利益出发,同时考虑到部分国家对新中国对外政策的某些顾虑[②],中国政府决心尽快与有关国家解决悬而未决的华侨“双重国籍”问题。1955年4月22日,经过中、印(尼)两国相互协

① 印度尼西亚是全球海外华人最多的国家,华人人口在全国居第3位,约有1000余万。

② 建国初期,由于中国共产党和社会主义社会的性质不被一些国家理解,再加上西方国家恶意宣传,印度尼西亚和东南亚一些国家执政者怀疑当地的许多华人都是中共派去搞游击、搞颠覆的,要输出游击战和武装夺取政权,要搞暴力革命等。

商和友好谈判，中、印（尼）签订了《关于“双重国籍”问题的条约》。中国政府明确宣布不承认华侨具有“双重国籍”。中国政府鼓励华侨自愿选择加入侨居国国籍，履行侨居国公民的权利和义务，效忠于侨居国。自愿选择保留华侨身份的中国人，中国政府要求其做遵守所在国法律的模范，尊重当地的风俗习惯，同当地人民和睦相处，为侨居国的发展作出贡献。中国政府严格区分两类不同身份的“中国人”。凡已经加入外国国籍的中华血统中国人，一律视为“外方人士”，是中国人民的朋友和亲戚。中国不承认双重国籍。中国政府要求在外国的华侨不要参加政治活动，不鼓励其卷入侨居国与中国政治关系事务中。中国希望在海外的华侨华人用各种方式推动所在国与中国人民之间的民间友好关系。这些原则在中国政府与泰国、菲律宾、马来西亚、柬埔寨等国建交谈判和外交关系发展中得到很好的体现。

“双重国籍”问题的解决，一方面，促使华侨聚集人数较多的东南亚国家政府对新生的社会主义中国的对外政策了解和放心；另一方面，也妥善地解决了华侨华人的身份和地位问题。因此，到60年代中期，随着“双重国籍”问题逐步解决，上千万生活在世界各地的中国侨民的身份问题基本解决。大部分侨居东南亚国家的华侨选择加入侨居国国籍，成为侨居国的公民，并逐渐融入所在国的社会生活当中。海外侨民身份的变化，有利于促进华侨所在国与中国关系的发展，也打消了部分国家发展与新中国外交关系的种种顾虑，提高了中国的国际地位。

（三）反对“排华”活动，以“撤侨”保护华侨权益

因种种原因，新中国建立后，世界各地仍有许多国家发生过有组织的集体性“排华”事件。较有代表性的是1959年印度尼西亚政府掀起的排华浪潮，1962年印度政府在中印边界武装冲突后进行的排华行动，1965年印度尼西亚当局再次掀起的排华潮和1977年越南政府大规模迫害与驱逐华侨等事件。至于零星的、个人的或某些组织所为的排华事件更是难以计数，有些问题的性质是十分严重的。受害者不仅仅是华侨，而且还包括已经加入外国国籍的华人和华裔后代。

回顾历史，可以看到，国际上一旦出现排华事件，后果是十分严重的，轻

则华侨华人财产受到严重损失,重则华侨生命被非法剥夺。另外,诸如改造充公、强制改变职业、绑票、敲诈勒索、抢劫等形形色色的排华活动,都危害到海外华侨华人的安全。对于发生在世界各地的排华事件,中国政府针对不同情况,进行了外交交涉、政治斗争,直至在忍无可忍情况下的军事反击战加以惩罚等,力求最大限度地维护我国侨民的利益。

建国初期,中国政府对东南亚某些国家迫害华侨的行径,均发表了严正的声明,表示抗议。1951 年 10 月 23 日,周恩来总理在政协一届三次会议上表示:我国散居海外的华侨约达一千万,由于某些国家无理地歧视乃至迫害他们,他们的正当权益已受到了重大损害,这不能不引起中国人民和政府的深切注意和严重关怀。限于当时的中国外交资源和国力,中国虽无法从根本上阻止外国当局对华侨的歧视和迫害政策,但中国政府捍卫华侨利益的决心从未改变过。这里举中国政府针对越南当局和印度尼西亚军人政权“排华”活动而进行的“护侨”工作为例,表明中国政府维护海外侨民合法权益的意志和决心。

由于历史、传统及地理相邻的原因,到新中国建立时,中国在越南的华侨大约有一百多万,大部分人居住在越南南方,他们为越南赶走法国殖民主义者,打败美国侵略者,实现越南全国统一和国家经济建设作出了贡献。但1977 年,越南全国统一以后,越南当局开始奉行“联苏反华”对外政策,掀起了有组织有计划的反华、排华浪潮。越方制订了“净化边境地区”计划,有步骤地驱赶侨居在中越边境地区的华侨。越方散布谣言说“中国侵略越南”、“中国政府号召华侨回国”等,进而迫使华侨离开侨居地而四处出走。

越南当局煽动仇视华侨情绪,恫吓和威胁华侨。他们利用各种手段,限制华侨就业,对华侨公职人员进行无理解职、降级。通过减少华侨口粮配给、甚至取消户口来造成华侨生活困难。在一些地区还发生大规模逮捕、打死打伤华侨的严重事件,致使旅越华侨难以生存下去,处境困难。自 1978 年 5 月到 1979 年初,至少有 20 万华侨被越方武力或强制驱赶,这些人中的大部分被中国政府接受,得到妥善安排。也有数万人逃难到香港、东南亚地区和美国等地,许多人死于逃亡路上。

华侨华人侨居印度尼西亚已有悠久的历史。华人移居印尼的时间至少可以追溯到唐朝末年,也就是说,远在一千一百多年以前,华人就已经在印度尼西亚居住生活了。中国人远涉重洋来到"千岛之国"印度尼西亚,带来了丝绸、布匹、瓷器、茶叶等特产,并将我国先进的种植、养蚕、制糖、冶炼、铸造等生产技术和先进文化传播到了印尼,为印度尼西亚社会生产力的开拓、发展和经济繁荣立下了不可磨灭的功勋。在漫长的岁月里,华人与当地各族人民同甘共苦、和睦相处和生死与共。大部分华人从移民走向扎根定居,逐渐融入当地社会,并把印尼视为自己的"第二故乡"。但是,不幸的是,印度尼西亚政府在独立后的相当长一个时期内,一直是世界上"排华"问题最为严重的国家。

印度尼西亚曾经受到荷兰殖民统治,第二次世界大战期间又被日本占领。史实表明,华侨与当地原住民共同为反对殖民统治和日本军国主义作出了不可磨灭的贡献。但是,印度尼西亚独立后,印尼的民族主义政府就把华侨视为"异族"、"外乡人",视华侨经济为"殖民时代的残余",开始以振兴民族经济为由,通过立法的形式,从各方面对华侨进行限制和排斥。

据不完全统计,印尼政府曾经出台的限制、排斥华侨经济的法案达30个左右,对华商经营的国内贸易、进口企业、汽车商行、碾米业、木材业等加以限制和监督,并禁止华侨在乡村从事零售业。1959年,印度尼西亚政府颁布第10号总统令,明令从1960年起禁止华侨在印度尼西亚县级以下地区经商。这道法令被印尼某些地区的军人政权发展为不准华侨在县级以下地区居住,结果造成50多万华侨失去生计,有的甚至流离失所,10多万华侨遭遣返。

1965年9月30日,印度尼西亚爆发了"9·30"事件。印尼军人集团借口"印尼共产党"问题,对无辜的华侨华人进行了大规模的逮捕和杀戮。据统计,先后至少有30万华侨华人在印度尼西亚军政府血洗下被杀害,在华侨史留下了悲惨的一页。苏哈托政权①上台后，更是采取种族歧视政策来迫害华侨。

印度尼西亚当局把印尼居民分为原住民和非原住民，将华人归为非原住民，并在其身份证上注上特殊记号，赤裸裸地将对华人的歧视公开化、合法化。1966 年起，苏哈托政府颁布了数十项排华反华的法令法规，旨在剥夺华人作为印尼公民应享有的政治文化权利，强迫华人放弃本民族的语言、文字、宗教信仰和生活习俗。印尼政府多次颁发特别命令，要求印尼华人改名换姓，彻底放弃自己的中文名字，改用印尼化的姓名。1966 年 5 月，印尼政府下令关闭全印尼的 667 所华文中小学，之后，又相继封闭了所有的华文报纸和华人社团。从 1967 年起，印尼政府基本上不再批准新的华人移民入境，并不允许华侨华裔回中国大陆探亲旅游。为削弱华人经济力量，苏哈托政府连续颁布法令，对华人资本在企业中的股份比例及经营范围进行限制。在苏哈托执政的 32 年里，华人被排除在印度尼西亚的政治、军事、文化等职业领域以外，不能担任公务员、参加军队和从事军警职业，只能在经济领域从事工商业。印度尼西亚当局违背国际法和国际人道主义的做法，一直受到国际上一切主持正义的组织和国家的批评及反对，当然也包括中国政府的强烈反对。最终，迫使中国政府采取种种方法，实施护侨行动来保护在印尼的侨胞安全。

为了保护华侨生命和财产安全，中国政府在通过外交抗议、政治谈判和国际人道主义声援都无效的情况下，决定大规模地从印尼撤侨。1959 年 12 月 20 日，中国政府作出决定，准备在几年内大量接待印尼归国华侨。“我国政府正积极准备接待回国的侨胞，回来几十万、几百万，我们都欢迎”②。从 1960 年 2 月开始，中国政府开始派船只前往印度尼西亚接运因受印尼当局

---

① 苏哈托：印度尼西亚共和国第二任总统、军事强人，1967 年至 1998 年间出任印尼总统。在位期间，他重视经济建设，对于发展印尼经济，减少国内贫穷人口，提高印尼国际地位起了作用。苏哈托家族的资产总值达 150 亿美元。在他管治期间，他建立了强大的中央集权政府，通过高压手段打压政治异己来维护稳定。2008 年 1 月 27 日，苏哈托在印尼去世，终年 86 岁。

② 《侨务报》1960 年第 1 期。

迫害而被迫回国的华侨,到1961年共接回华侨约9万名。[①]

这一时期,由于印度尼西亚当局变本加厉地推行排华反华政策,东南亚地区的泰国、菲律宾等华侨较多的国家也经常采取种种手段来限制和迫害华侨,导致数以万计的华侨被迫离开世代居住的家园,返回祖国。据不完全统计,从新中国成立到1978年止,全国共接待安置归侨、难侨近百万[②],这些归国侨胞大多被安置在广东、海南等农场和国有企业,开始新的生活。

从新中国成立到1978年中国改革开放前,中国公民因私出国出境人数较少,绝大部分是外交和公务活动所需公派的。这些中国公民在世界各国活动中也遇到过一些意外人身伤害和财产损失的海外安全事件,但由于影响和涉及面并不大,案件处理主要依据外交制度和相关国际法律进行,再加上国内长期处于封闭状态,因此,见诸报纸的公开报道甚少,中国出国人员的安全问题并不突出和令人关注。

由此可见,在新中国成立后的前30年,中国领导人是高度重视海外侨胞安全的,中国驻外机构也在力所能及的范围内做了保护中国海外公民安全工作。这一时期,中国相关机构在处置海外带有政治背景的有组织的"排华"事件中积累了一些经验,为今后中国政府处理此类问题提供了宝贵的经验。

第三节 新时期的中国领事保护制度建设

1978年12月,党的十一届三中全会召开,中国开始了对外开放进程。1979年7月3日,中国申请加入《维也纳领事关系条约》,全面履行国际社会保护海外公民安全和利益的义务并承担相应责任,这为我国政府从国际法角度来保护我海外公民安全奠定了基础。

随着中国与国际社会的交往和联系不断加深,中国对外关系也迎来了

---

① 《侨务报》1961年第5期。

② 《广东省志·华侨志》,广东人民出版社1996年版,第224页。

加快发展的大好时机。以邓小平、江泽民和胡锦涛为首的历届党中央领导集体高度关心海外同胞，并在每次涉及我海外公民安全和利益的重大领事事件发生后，亲自过问并跟踪事态发展，极大地推动了中国政府处理和应对涉中国公民海外安全的工作。

这一时期，随着中国国际地位的不断提高，中国政府维护公民海外安全能力得到极大提升。外交部领事司前司长魏苇在总结中国维护公民海外安全工作取得成功的原因时认为：一是国家的综合国力；二是政府处理危机的态度和能力；三是外交队伍的综合素质。随着我国综合国力日益增强，在国际社会的影响力和地位不断加强，这是我们做好领事保护工作的坚实基础①。这段话言简意赅地总结了做好领事保护工作的基本条件，也反映出我国政府对海外中国人的保护，已经进入了既有决心和信心，又有能力和手段的"既有心更有力"阶段②，中国维护公民海外安全工作"渐入佳境"。

一、"外交为民"理念的提出和落实

随着对外开放的不断深入，中国公民涌出国门前往世界各地从事商贸、留学、劳务、旅游、探亲等跨国界活动的人数及总人次，呈现几何级数般增长，连年创新高。2010 年，中国公民年出境总人次已经达到 5739 万，这一数字相当于从新中国成立到 1978 年近 30 年中国公民出国出境总人次 28 万的 200 倍，这是十分惊人的增长。随着中国公民出国人数不断增长，境外活动范围更加广泛，中国海外利益的空间不断拓宽，这在客观上加大了中国公民和法人在海外权益受到损害的风险系数。

另一方面，由于世界格局一直处于深刻的调整中。一些国家政局长期动荡不安，许多地区战乱频繁，国际恐怖主义和极端分裂主义势力活动十分

---

① 魏苇：《海外安全案件增多 中国政府保护公民海外安全》，《人民日报海外版》2005 年 12 月 31 日。

② 2011 年 2 月 22 日至 3 月 5 日，中国政府协调派出 91 架次民航包机、12 架次军机、5 艘货轮、1 艘护卫舰，租用 35 架次外国包机、11 艘次外籍邮轮和 100 余班次客车，海、陆、空联动，开展了建国以来最大规模的有组织撤离海外中国公民行动，从利比亚撤出 35860 位中国公民。

猖獗，许多国家针对外国人的犯罪活动很频繁，再加上境外“东突”、“藏独”、“法轮功”等反华势力不时制造各种事端，这些不安全的因素错综复杂交织在一起，对遍布全世界的中国公民的安全构成了威胁。面对新形势，历届党和国家领导人十分重视中国公民海外安全保护工作，提出了许多关于中国公民海外安全问题的理论，为相关领事保护部门做好新形势下的护侨和维护公民海外利益工作，指明了方向。

邓小平是中国改革开放的总设计师，特别关注海外侨胞的命运。邓小平同志曾说过：“对于中国来说，在发展的时机并不多。中国与世界各国不同，有着自己独特的机遇。比如，我们有几千万爱国同胞在海外，他们对祖国做出了很多贡献。”[①]邓小平同志关于海外侨胞的历史地位和做好华侨华人工作的重要意义的论述，极大地提高了数千万海外侨胞的爱国热情，也促使我国有关部门更加重视和关注海外侨胞。

以江泽民为核心的党的第三代领导集体同样强调：要在新的历史时期，即“我国加快改革开放和经济建设的新时期，做好侨务工作，对于加快我国改革开放和现代化建设，增进同各国人民的友好交往，促进和平统一祖国，有着更加重要的作用”。[②] 江泽民总书记在担任党和国家最高领导人期间，凡到国外访问，若有可能，总要抽出时间安排接见当地华侨华人代表，带去祖国人民对身处异国他乡同胞的关怀，使华侨华人感受到来自祖国的温暖。

以胡锦涛同志为总书记的新一届中国领导集体，既重视华侨华人和海外中国公民安全，更是亲自过问涉及中国公民安全重大事件的处理。胡锦涛总书记提出：“我国有几千万归侨侨眷，有几千万海外侨胞。这两个几千万，既是我国的独特国情，又是我们进行现代化建设的独特优势。要按照凝聚侨心、汇集侨智、发挥侨力、维护侨益的要求，最大限度地把归侨侨眷和海外侨胞团结起来，把他们的积极性调动起来，把他们的独特优势发挥出来，进一步会聚起全民族为实现中华民族伟大复兴而共同奋斗的强大合力”[③]

① 《邓小平文选》第3卷，人民出版社1993年版，第358页。

② 《江泽民文选》第3卷，人民出版社2006年版，第153页。

③ 《侨务工作研究》2005年第1期。

“尽管我们有十几亿人，但我们珍惜每一位同胞的生命。决不容许恐怖主义威胁中国公民的人身安全。中国政府将尽最大努力确保境外中国公民的安全”①。

进入新世纪后，以胡锦涛同志为总书记的党中央领导集体提出了“以人为本、立党为公、执政为民”的新理念。党中央和国务院领导要求各级涉外部门和工作人员，时刻把人民利益放在第一位。无论是中国公民在伊拉克、阿富汗和以色列等国被恐怖分子制造的恐怖事件连累而伤亡的事件处理，还是中国劳工在苏丹、尼日利亚被歹徒绑架并勒索钱财案件发生后，在每桩危及中国公民海外安全重特大事件发生后，胡锦涛总书记总是时刻地关心和过问事情的进展。至于相关方面每次实施的从海外撤侨护民的行动，更是得到胡锦涛、温家宝等党和国家领导人的全程关注。②

例如，2010 年 8 月 23 日，在菲律宾首都马尼拉发生了一起 22 名香港游客乘坐的大巴车被一名犯罪分子武装劫持的安全事件，由于菲律宾警方反劫持行动处置失当，最终造成香港同胞 8 死 7 伤的严重后果，此事引起了香港政府和民众极大关注。在这一事件解决全过程中，胡锦涛、温家宝、习近平等中国领导人一直关注事件的进展，多次要求我有关方面高度重视，尽快协助各方妥善解决此事。外交部长杨洁篪与菲律宾外长通电话，表明中国政府对此事件立场，要求菲方在确保人质安全的前提下，全力开展营救行动。悲剧发生后，中方派出以中国驻菲大使为首的工作组向菲律宾政府交涉。后来，在中国政府严正要求下，菲律宾政府对相关当事人进行了撤职、降级乃至开除等处分，向中国政府及香港同胞表示了歉意，基本上平息了民众的愤怒。

2011 年 1 月，中国政府鉴于埃及政局发生动荡，严重地危及到数百位滞留埃及的中国游客安全，决定由中国政府协调商业航班进行接回游客的跨国救援行动。胡锦涛总书记明确提出：要求外交部协调有关部门，做好接

① 新华社布达佩斯 2004 年 6 月 12 日电。

② 张兵、梁宝山：《紧急护侨——中国外交官领事保护纪实》，新华出版社 2010 年版，第 57 页。

回部署。[①] 在党中央领导亲自过问下,中国相关方面快速行动,克服一切困难,在最短的时间内、以最快的速度,完成了从埃及接回1848名中国公民的任务,赢得了全国人民的信任,极大地增强了中国公民的民族自豪感。[②]

中国领导人高度重视和关心海外侨民的领事保护工作,已经成为新时期外交、外事、侨务和经贸等涉外部门做好各自工作的动力。外交部前外长李肇星2004年3月在记者招待会上表示:"新时期的中国外交也贯彻了以人为本、执政为民这一宗旨。"[③]评价新时期外交工作搞得好不好,就是:"国家的外交组织、外交活动和外交内容都要以这个'本'来衡量,即是否满足了人民的需要、是否为人民尽到责任、是否受到了人民的有效监督、是否维护了每个公民在世界上的权利。"[④]从这些话中可归纳出新时期中国外交理念发生的深刻变化。

中国外交指导思想已从传统的以维护主权和领土完整的"外交为国"为中心,向包括维护海外公民安全和法人利益为方向的"外交为民"转变。近年来,外交部不断地完善各种机制和制度,初步建立了体系完备、运转有序、反应快速、职责清晰的海外公民安全保护机制。这一机制在21世纪头十年的中国领事保护实践工作中得到检验,成效十分明显,得到党中央和全国人民的肯定。今天,无论是对临时出国的公民,还是长期定居海外的中国人来讲,可以相信,中国政府现有的保护公民海外安全的机制是可靠和有效的。

二、中国领事保护机制的新发展

所谓"机制":原指生物机体结构组成部分的相互关系,以及其间发生的各种变化过程的物理、化学性质和相互关系。现已广泛应用于自然现象和社会现象,是指其内部组织和运行变化的规律。在任何一个系统中,机制

---

① 任怀:《胡锦涛指示包机撤侨 港报刊广告:港人真有福》,《人民日报》2011年2月11日。

② 详见第六章。

③ 《李肇星就中国外交工作和国际问题答中外记者》,新华网2004年3月7日。

④ 庞中英:《以人为本——中国外交的新要素》,人民网2004年3月12日。

都起着基础性的和根本的作用。在理想状态下，有了良好的机制，甚至可以使一个社会系统接近于一个自我适应系统。在外部条件发生不确定变化时，能自动地迅速作出反应，调整原定的策略和措施，实现优化目标。“机制”建设的目的就是把相互联系和相互依赖的事物，通过有序的合规的程序，使其动作有组织有秩序，使各项工作有章可循，以最大限度地提高工作效率。在现实生活中，大到一个国家，小到一个单位或组织，其运行和发展过程，都应有一个机制或规则，做到依法、合规、科学和有效。

建立中国领事保护机制，就是根据中国公民海外活动的特点，结合国际风险的成因，借鉴发达国家的经验，依据国际法和相关条约，形成有中国特色的保护公民和法人海外安全的体系。分析和总结这一机制的特点，可以从几个方面加以归纳：①

（一）领事保护机构的多元化

由于海外中国侨民分布范围广，国内公民出国方式上又分因派和因私两种，公民出国出境的任务和目的各不相同，海外停留时间长短不一，再加上世界上仍有23个国家没有与中国建交，这些国家中也有中国公民在生活和活动。因此，中国领事保护工作面临着“点多、面广、量大、任务艰巨”的特点。面对这样一种领事保护对象的现状，中国政府要做到保护有力，就要有专门机构来负责和主管中国公民的海外安全工作。

根据国际条约和惯例，世界上多数国家都是由一国外交或移民部门来负责海外侨民安全工作。在中国，外交部是法定的负责公民海外安全的职能机构。外交部在其工作职责第11条明确提出：负责领事工作。管理外国驻华外交、领事机构；负责海外侨务工作；办理和参与境内涉外案件的对外交涉工作；负责领事保护和协助工作，协调有关部门、地方政府并指导驻外外交机构处理领事保护和协助案件，发布领事保护和协助的预警信息。第12条：负责协调处置境外涉我突发事件，保护境外中国公民和机构的合法

① 夏莉萍：《中国政府在保护海外公民安全方面的制度化变革及原因初探》，《国际论坛》2009年第1期。

权益,参与处置境内涉外突发事件。[①] 2009 年 11 月,外交部起草的《中华人民共和国领事保护和服务条例(送审稿)》提出领事职责:为中国公民、法人和其他组织提供领事保护。这表明,外交部是中国唯一的领导和负责公民海外安全的机构。为此,根据工作需要,外交部内设了领事司,负责公民海外安全和领事服务工作。2006 年 5 月 29 日,外交部在领事司内新设了领事保护处,顾名思义就是在领事司业务范围内,成立专门处室来负责海外公民和法人合法权益的保护工作。2007 年,考虑到中国公民海外安全保护工作任务加大,原有的领事保护处人员和机构规格不足以应对繁重的领事保护工作,外交部又将领事保护处升格为中国领事保护中心,工作人员进行了充实和优化。现在,外交部领事司(中国领事保护中心)有职员 300 人(干部加雇员),成为外交部业务司局中规模最大、人员最多的司局级机构,为有效地履行其职责打下了基础。[②]

另外,2004 年,外交部设立了“涉外安全事务司”,专门负责处理因恐怖主义、极端主义、分裂势力等非传统安全领域问题引发的涉我和在华外国公民的安全事件。这样,外交部已有领事司(领事保护中心)和涉外安全事务司两个司局负责海外公民安全和法人利益保护工作,这两个职能部门携手合作,相互配合,为圆满完成党中央、国务院交付的任务作出了巨大努力。

中国国际地位的提高,为相关部门提高保护中国公民海外安全能力奠定了基础。据统计,到 2011 年上半年,中国已经与世界上 172 个国家建立了外交关系,中国在其中 160 多个国家设立了大使馆。在与中国没有邦交关系的 23 个国家中,中国通过“未建交国代管馆”形式,即由该国相邻的中国驻外大使馆代理相关领事事务。这样,中国与世界上几乎所有国家和地区有了官方关系或其他联系。

为更好地维护中国公民海外安全,中国按照与外国达成的双边领事协助和合作协议,在世界上华侨华人较多的城市设立了 84 个总领事馆、领事

---

① 参见外交部网站:中华人民共和国外交部主要职责。

② 领事司有 180 多位干部,还有 120 多位雇员,干部、职工加起来有 300 人,可以说是外交部第一大业务司。引自 2010 年 10 月,外交部领事司司长黄屏在人民网访谈录。

馆和领事办公室[1],这样,中国保护公民海外安全的机构基本上覆盖了世界上所有有中国人生活和活动的地方。

领事保护机构的多元化还体现在中央与各部委间、中央与地方间的横向与纵向两个层面既分工又合作的领导体制上。现在,在外交部总负责下,中央各涉外部门也根据工作范围和职责,设立了相应司局机构来负责业务范围内的中国公民海外利益保护工作。例如,主管外经和对外劳务合作的商务部在海外207个国家和地区设立驻外经贸机构,在中国驻外使领馆都有经商处或商务参赞。教育部在世界上51个中国留学生较多国家的中国大使馆内设有教育处或文化参赞,负责留学生管理和留学生安全工作。国家旅游局在日本、美国等国也有代表处,负责涉中国公民境外旅游安全事件。商务部、教育部、国家旅游局等有关部委都有类似"国际合作司"、"国际交流司"机构来专门承担涉中国公民海外安全事务。这样,在中央一级层面上,形成了分工明确、相互配合、周密有致的保护中国公民海外安全的体系。

同样,为了发挥地方政府在维护中国公民海外安全领域的积极性,国内出国出境人员较多的广东、福建、浙江、上海等省市区外事部门,近年来新设了"涉外安全处",专门负责与外交部对口协调工作,并作为本地公民及涉外事件专职机构,主管非传统安全类工作。例如,温州市是浙江省在海外侨胞和"新华侨"[2]最多的地级市,也是中国在海外从事商贸活动的"华商"最多的地方。因此,温州市外办在2005年就设立了"涉外事务管理处",负责与中央和省外事部门协调,专门处理温州籍中国公民的海外领事保护事件。现在,沿海多数省市的外事部门都建立了相应机构,负责本区域内公民海外安全事宜。这样,从中央到地方,从外交部到业务主管部门,我国已经建立起统一领导、分工负责、相互合作的全方位维护海外中国人安全体系,织好

① 中华人民共和国外交部政策规划司:《中国外交2010年版》,世界知识出版社2010年版,第411页。

② 新华侨是指改革开放后走出国门前往海外定居和长期生活的中国公民,大部分人以"绿卡"形式居留在外国,以区别于新中国成立前在海外的老华侨。

了一张保护公民海外安全的无缝隙和全覆盖"安全网",它给海外中国人吃了"定心丸",极大地推动了我国对外开放工作。

(二)领事保护程序的机制化和规范化

公民海外安全事件发生地在国外,每件领事保护案件的性质和情况千差万别,世界各国的行政和法律制度也不同。根据国际法和国际惯例,一国政府的驻外机构对于本国公民的保护并不是无所不能的,领事官的权力不能超越他国的行政和司法权力。即使再强大的超级大国,其合法的正当的领事保护手段也是有限的。有时候,哪怕其公民在他国受到无理的不公正的待遇,大国和强国也无法运用武力或以武力相威胁来达到其保护本国公民安全目的,只能以外交的、国际法的、道义的等方法来保护公民利益。① 因此,要从根本上降低涉中国公民海外安全事件,除了公民自身做到"安全第一,尽量不出事"外,对于政府来讲,就是要做好海外公民风险的预警和危机应对机制建设。经过数年的探索和努力,中国有关部门已经建立了比较完备的海外风险预警和应对机制。这一机制由五方面组成:

一是统一和协调的领导机制

鉴于领事保护的政策性要求比较高,再加上国内公民出国人数众多、派出机构复杂、涉及面广泛、管理难度大等特点。因此,2004 年 11 月,经党中央、国务院批准,由外交部牵头的"境外中国公民和机构安全保护工作部际联席会议制度"成立,这一跨部门和跨行业的联合机构包括了外交部、公安部、商务部、教育部、国家旅游局、运输部、交通部、中国民航局等 26 个相关的部级机构,作为全国性统一指挥和协调机构,负责中国公民海外安全的政策制订和危机应急处理。同时,在外交部办公厅设立了"应急办公室",有专人专职从事日常工作。事实证明,这一运作体制相当有成效,对于加强统一领导,增强权威性,提高领事保护工作效率,起到了十分重要的作用。从

---

① 1979 年 11 月,世界上发生德黑兰大学学生冲进美国驻伊大使馆,强行扣留 53 名美国外交官的外交纠纷事件。美国政府运用了经济制裁、国际孤立、武力营救等手段来解决人质危机,但所有办法都不成功。最后,到 1981 年初,美伊双方经过艰难的秘密谈判,达成释放人质等一揽子协定。

2004年开始，这一协调机制在处置诸如2005年印度洋“海啸”国际大救援、2005年伊拉克战争期间中国工人被绑架事件、2006年从所罗门群岛撤侨、2008年从泰国撤出数千名中国游客、2010年从吉尔吉斯撤侨、2011年年初从埃及和利比亚撤侨等20余起重大事件中发挥了核心作用。这一机制的建立，对于有效地保护中国公民海外安全，统一领导和集中各方面力量，应对紧急的、突发的涉我公民安全事件起到了不可替代的作用。

近年来，相关部门不断地总结这一机制的成功经验，完善了不同情形的反应和应对预案，充实和加强了人员，落实了人员、资金、物资等保障制度，力做一旦有事，就能一呼百应、上下联动、高速有效，这一机制在保护中国公民海外安全中的作用更加明显。

二是及时和多样的预警机制

现在，每年发生在海外的涉中国公民的领事事件有数万件，中国公民的安全事件不管起因如何，是“天灾”还是“人祸”，不论是恐怖分子袭击、歹徒抢劫和意外事件，还是证件和财物丢失等零星小事，问题不管大小，一旦出事，光靠事后应对和处理是相当被动和费劲的，最好能做到“防患于未然”。当然，有些风险是无法预见的，特别是特大自然灾害或意外空难、海难等。因此，为了最大限度地减少海外安全事件的发生，作为政府部门来讲，要提高风险预见性和预警能力，做好“提前量”工作，以尽可能减少问题的出现。为此，外交部参照国际经验并结合中国国情，建立了海外安全信息的预警和预防机制。

1. 利用网站和媒体渠道及时发布海外安全动态。外交部针对世界各地的社会治安和留学、旅游、经商、劳务等安全信息，以提示或告知形式，要求公众关注旅行目的地国的安全状况；跟踪、分析和研判有关涉及中国公民和法人安全的信息；对不同国家和地区的安全状况进行动态评估，并及时在外交部和驻外使领馆网站上发布预警信息。尤其是当某一国家或地区出现突变的政治和社会动荡后，外交部和驻外使领馆网站会不断地发布相关安全提示，以警示中国公民注意自身安全。这些出行信息为中国公民出境提供了便捷和详尽的服务，受到公众和媒体的广泛关注。

外交部网站主页上设有“海外安全动态”栏目，不间断地连续24小时播发领事安全信息。例如，2010年3、4月间，由于冰岛的埃亚菲亚德拉火山突然爆发，引起大量火山灰漂浮，影响到欧洲许多国家的航班飞行，造成欧洲空中交通局部混乱，外交部网站在这一时段内就不断地发布有关信息，告诫旅欧的中国公民注意旅行安全。

在“海外安全动态”栏目下，又设有①出国特别提醒②领事新闻③出国手续④走出国门注意事项等，这些内容基本上覆盖了公民在出国生活和工作中要注意到或想到的所有领域。例如，“走出国门注意事项”栏目发布了赴世界上190多个国家和地区的有关注意事项，明确告诉中国公民到这些地方要注意的各项规定及其当地风土人情，特别是关于入境、卫生防疫、违禁品、住宿、安全检查等方面的规定，连气候、风俗习惯、礼仪等内容，也一并详细列出，内容通俗易懂，一目了然。

2. 急事急办，特事特办。这些年来，一旦国际局势或某个地区安全形势出现突变，外交部就会通过新闻发言人、记者招待会、外交部领导吹风会等形式，告诫中国公民注意国际安全形势的变化，及时提醒相关部门做好安全防范工作。例如，2003年伊拉克战争前后，外交部每天跟踪形势的发展，及时发布安全提示，并根据形势的变化，明确提出“旅行安全警示”，要求中国公民不要前往伊拉克、阿富汗等国家。在随后几年，外交部领事保护中心根据国际形势和地区局势的变化，结合驻外使领馆对所在国政治经济及社会发展的动态研究和判断，不断地发布有关伊拉克、阿富汗和巴基斯坦等国的安全信息。实践证明，这些做法的效果是十分明显的。

前些年，中国驻俄罗斯大使馆和驻俄各地的总领事馆，针对俄罗斯一些地方社会治安条件恶化，俄罗斯“光头党”排外活动活跃的特点，通过互联网、华文报刊、当地电台及领事官员访谈等形式，要求在俄中国公民注意安全，增强自我保护意识。中国驻南非大使馆针对南非刑事犯罪分子活动猖獗，华人华侨财物经常被抢夺的问题，除与南非警方加强联系外，还不定期地举行座谈会或信息通报会，提示在南非华侨或临时来南的中国公民注意安全。这些做法，对于防范涉中国公民海外安全事件的发生，起到很好的作用。

3. 相关部门发布安全预警信息。近年来,商务部、教育部、国家旅游局根据国外安全动态,通过各自的网站和系统行业内部的行政文件等形式,对外发布涉及主管业务范围内的海外安全动态,已经成为一项制度和惯例。例如,教育部作为全国留学生派遣和公民海外留学国外院校资质认定及留学中介机构审批部门,特别重视对留学生安全管理工作。教育部在其网站上不断地公布海外留学国的留学政策变动,设立留学预警栏目,建立中国留学涉外监管网等。同时,教育部相关部门通过会议、座谈会和留学生个人经验介绍等方法,来提示留学生及其家长注意各种风险。教育部不断地发布海外非法的没有资质的"高等院校"名单,以防止家长和学生上当受骗。

4. 合力做好安全保护工作。为了把涉中国公民海外安全风险降低到最低程度,外交部与各部门通力合作,实行信息共享、优势互补的联合预警机制。例如,2005 年起,印度洋索马里海域的国际海盗活动频繁,严重影响到了中国在这一海域远洋捕捞和海上航运的船队安全,也发生过多起中国渔船和货轮被海盗抢劫和敲诈勒索的事件,海盗问题已经严重威胁到中国公民安全。为此,外交部会同商务部、农业部和交通部建立了联合预警机制,共同向中央提出相关对策建议:要求各有关单位谨慎向这一地区外派国际船员;航行在这一地区的中国船只要加强安全工作;建议中国政府根据联合国的决议向这一海域派遣护航编队等。[①] 这些建议,后来大部分得到落实。从 2008 年下半年起,中国政府开始向印度洋索马里海域派遣一支海军特混舰队,执行保护我远洋运输船只和国际船只的海上护航任务,这一行动至今仍没结束。实践证明,这一做法,对于维护中国海外利益,增强人民的民族自豪感,提高公民的爱国主义热情,功不可没。

三是灵敏和快捷的应急机制

为了更好地做好海外中国公民的领事保护工作,中国领事保护部门除

① 《四部委发布今年首个远洋合作渔业预警 要求我企业和渔民切勿到索马里海域作业》,《人民日报》2005 年 10 月 21 日。

了做好“预防第一”工作外,还把落脚点放在如何应对海外危机对中国公民的威胁上,做到一旦出险,就要快速作出反应和应对,力争减少风险和损害。

为此,外交部参照国际经验,结合中国国情,建立了海外危机快速反应机制:第一步,外交部建立了统一协调的中国公民海外事件应急机制,由外交部办公厅、中国领事保护中心、涉外安全司领导和人员组成,一旦获悉出现涉及中国公民或法人财产损失和人员伤亡的重特大事件,即刻启动应急机制。在上报党、中央国务院的同时,一般是先组成应急小组和工作组;确定联络方法,确保信息畅通;向社会各界开通 24 小时热线电话,收集各方资讯;协调国内各相关单位共同开展工作。

第二步,根据平时制订的针对不同情形下的应急预案,确定事件的性质和危险程度,并相应确定危险级别。根据《国家突发公共事件总体应急预案》的原则和要求,外交部根据外交工作的特点及海外涉我公民和法人安全事件的性质,确定了安全预案。一般将事件性质分为特别重大(Ⅰ级)、重大(Ⅱ级)、较大(Ⅲ级)和一般(Ⅳ级),提出相应应对预案。这一应急机制在应对诸如伊拉克人质危机、所罗门群岛和泰国大规模撤侨、索马里海盗抢劫中国船只和海地大地震撤侨等重特大海外安全事件中发生了作用,有效地保护了中国公民安全。例如,2009 年 5 月,墨西哥发生“甲型 H1N1”流感疫情,短期内这一流感快速蔓延到美国、加拿大和欧洲数十个国家。世界卫生组织发出了安全警报,建议世界各国公民尽量不要去墨西哥旅行。为防止疫情向我国传播,中国政府决定取消中国与墨西哥直航航班,结果 70 余名滞留在墨西哥的中国公民焦虑万分,纷纷向中国驻墨西哥大使馆寻求帮助。外交部根据中国驻墨使馆的要求,决定启动海外公民安全应急预案。外交部在第一时间将方案报告党中央和国务院。同时,马上成立工作小组,建立联络办公室,向社会公开热线电话,快速与商务部、国家旅游局和中国驻墨西哥使馆联系,了解在墨西哥中国公民状况和他们的要求。经过研判,认为尽早派包机撤出侨民是首选方案。随后,外交部与中国民航局联系,制定派机接回滞留墨西哥的中国公民方案。经过五天五夜连续工作,在有关部门的通力合作下,70 余名中国公民搭政府包机顺利回国。一名受到救援的年轻人在走下飞机时激动地说:我觉得祖国就在身边。[①] 这句话生动地表达在海外中国人对国家和政府保护自身安全的感激之情。

四是主动和细致的磋商机制

所谓领事磋商机制,就是外交部与相关国家的领事部门就涉及两国公民利益和安全问题进行不定期的交流信息制度,这既是国际领事保护的惯例,也是相关部门创新领事保护手段的尝试。这一机制包括双边磋商、交涉、派特别代表或工作组等方式,以敦促有关国家采取措施,维护中国公民和法人机构合法权益。这是一种工作性质的、对等的和协商性质的外交活动。这一机制也包括中国政府代表团在紧急情况下赶赴事发地进行现场办公,以促使外国政府按照国际法和双边领事协定,公正和合法地处理涉中国公民安全事件。

领事磋商主要是中国政府与外国对口部门进行年度交流和沟通,也包括对重点国家的突出问题专题磋商等。例如,在 2008 年到 2009 年间,俄罗斯发生过多起俄罗斯执法部门强行扣留"华商"在俄罗斯各地商品市场的货物、扣押中国公民的案件,造成"华商"数十亿元财物损失,引起中国公众强烈不满。当然,这一事件的原因是多样的,其中之一是历史上中俄民间贸易中长期存在的"灰色清关"问题所致。[②] 因此,外交部会同商务部派出联合工作组赴俄罗斯,与俄方相关部门进行磋商,要求俄方妥善处理类似问题,最终使此类问题得到较好解决。再如,2004 年前后,南非发生了多起性质严重的在南非经商的中国公民被犯罪分子抢夺财物并致命的恶性刑事犯罪事件。外交部领导对此高度重视,2004 年 9 月 1 日,外交部派出时任领事司司长罗广田作为外长李肇星的特别代表前往南非了解情况,并与南非外交部、警察局、移民局等部门官员进行磋商,要求南非政府高度重视在南

① 张兵、梁宝山:《紧急护侨——中国外交官领事保护纪实》,新华出版社 2010 年版,第 3 页。

② 上世纪 90 年代初苏联解体后,俄罗斯急需进口大量便宜货品,于是大批华商在中俄间做起民间贸易。然而俄海关清关手续繁琐,关税混乱。为了鼓励进口,简化海关手续,俄罗斯海关委员会允许"清关"公司为货主代办进口业务。这些公司与海关官员联手,将整架飞机的货物以包裹托运的关税形式清关。此类清关比正规报关关税通常便宜两三倍。后来,这种清关方式被推广到海运、铁运和汽运,统称为"灰色清关"。

非中国公民安全，尽快破案，并就双方加强警务合作、互派警务官等事宜达成协议。据不完全统计，到2010年底，中国至少已经与43个国家的外交部门领事机构建立了正常性的领事磋商机制，这些做法对有效地防止和减少中国公民在异国他乡的风险起到了独特作用。

五是周详和热情的服务机制

为了体现新时期“外交为民”理念，更好地维护中国公民海外利益，帮助公众做好安全防范工作。进入新世纪后，外交部有关司局编印和出版了许多介绍领事保护工作的书籍和资料。2000年，外交部领事司首次编印了《中国境外领事保护和服务指南》一书，以免费发放形式向出国人员和公众介绍国际领事知识。这是国内第一本由权威机构印发的有关领事保护和协助的资料，对于走出国门的中国公民尽快了解中国领事保护工作有极大作用。2003年、2007年、2008年和2010年四年，中国领事保护中心多次编印和修改了《中国领事协助和保护指南》，调整和补充了新的内容。这本书陈列于各大城市出入境办证大厅、国际机场候机大楼和其他公共场合，供公众索取和阅读，年发行量数十万册。同时，中国公民可以从外交部网站上免费下载领事保护和服务资料。另外，考虑到出国人员文化程度和理解能力不同，2009年后，手册采用“图文版”和“文字版”两种形式，以直观和生动的图文并茂方式向公众展示领事保护基本知识，社会反应良好。

为了把中国公民海外安全保护工作做好做实，外交部相关机构每年选取一、二个领事保护方面专题，进行中国公民海外安全的宣传工作。例如，2009年，外交部确定“树立海外中国公民文明形象宣传月”活动，由外交部牵头，协调各驻外使领馆和各省、自治区、直辖市的外事机构，一同向侨居海外和准备出国的中国公民与企业法人，进行中国公民文明形象和安全常识的宣传活动，促使海外中国公民更好地融入当地社会，帮助公民更有效地规避风险。外交部领事司与浙江、福建、广东、内蒙古等省市区外办和侨联等机构，通过编印宣传手册、搞“活动周”、向公众发放《中国公民领事保护和协助指南》以及《出境旅游安全提示》读物和现场咨询等形式，以进一步提高公民的安全意识。

另外，中国驻外使领馆还根据本地的中国公民侨居和生活特点及安全状况，有针对性地进行领事知识普及和安全保护宣传活动。例如，英国是近年来中国留学生增长最快的国家之一，留学生安全事件经常发生。2011 年 2 月 22 日，中国驻英国大使馆推出的一部名叫《英伦·平安一路行》领事保护专题片，宣传片共 6 部分，涉及入境须知、旅英常识、安全防范和法律协助等内容。这是中国驻外使馆首次以视频的方式来宣传领事保护和安全事项。这部宣传片采用实景拍摄，并选取有代表性的案例，通过"演故事"的方式来强化在英华人和留学生的安全意识。选取的内容具有很强的贴近性，多是中国人来到英国后经常面对的一些问题。譬如，由于留学生不熟悉当地的交通法则，造成驾车超速、闯红灯等一些不必要的麻烦，提示中国公民应如何做好安全事项。这部视频录像很受在英国的华侨欢迎。这些年，中国驻各国的使领事馆领导和外交官们绞尽脑汁，千方百计地做好中国公民的海外安全保护工作，做到"守土有责，不辱使命"。

（三）领事保护手段的科学化和法制化

所谓领事保护手段科学化和法制化，是指负责保护中国公民海外安全的主管部门开始运用科学的、法律的方法，来维护中国公民出国出境的秩序，以规范的形式来推动有关部门在日常管理中将安全问题纳入工作程序中，使各项管理有章可循、有法可依，以减少领事保护的工作量，防止出现不必要的损失。

分工负责，各司其职。鉴于中国公民出国出境的目的不同，外交部建议商务部、教育部、国家旅游局等部门在管理本业务范围的公民出国经商、劳务、留学、旅游等涉外活动时，实现部门安全责任制。例如，在我国，教育部是主管公民出国留学和国际教育交流的部门，在审批留学中介机构的资质和年检验审中，要求各留学中介机构推广和使用统一的规范的留学中介合约。2004 年，教育部会同国家工商行政管理总局联合制定了《自费出国留学中介服务委托合同（示范文本）》，明确留学中介机构在守法、诚信和遵约方面的责任，对有效地防止各类留学欺诈事件的发生，有很好效果。

2007 年，针对一浪高过一浪的中国公民出国出境旅游热，为了防范中国公民在海外旅游中出现危及生命和财产的安全事件，外交部、国家旅游局和国家工商行政管理总局联合制定了“中国公民出境旅游合同”示范文本。这一规范性合同文本已经成为国内从事出境旅游业务的机构统一使用的规范性合约，为中国公民在海外旅游期间依法维护自身正当和合法权益提供了法律依据，也为相关部门在事发后依法处理提供了方便之门。

近年来，针对国内企业在“走出去”战略过程中，出现的海外劳务纠纷不断增多、劳工权益得不到保障等问题，商务部作为主管对外商务活动和劳务中介资质审批及管理机构，也制定了《对外承包工程管理条例》，明确规定了对外工程承包企业是中国海外成建制派出人员安全“第一责任人”。2010 年 8 月 18 日，为贯彻落实党中央、国务院关于做好境外企业和人员安全保护工作的指示精神，指导对外投资合作企业加强境外安全风险防范，商务部会同外交部、发改委、公安部、国资委、安全监管总局和全国工商联等部委联合印发了《境外中资企业机构和人员安全管理规定》，《规定》共 7 章 30 条，包括安全教育和培训、安全风险防范、安全突发事件应急处置、高风险国家和地区的管理、安全责任等内容，涵盖了对外投资合作中境外安全的各个环节。《规定》明确了各相关主管部门和驻外使领馆在对外投资合作企业境外安全管理方面的职责分工，以及境外安全突发事件的应急处置程序，要求对赴高风险国家和地区开展投资合作实行从严管理。《规定》还要求对外投资合作企业加强对派出人员的安全教育和培训，建立境外安全管理制度，履行必要的社会责任。此外，《规定》强调落实境外安全责任制，把企业负责人列为境外安全的第一责任人，并将安全防范和突发事件处置工作作为企业考核的内容。这些规范性文件的出台和推广，对依法保障我海外公民安全，集中各方面力量共同做好海外中国公民安全工作起到了积极作用。

为了从法律上保障中国公民安全，应对不断出现的海外安全新问题新情况，推动公民海外安全保护法制化建设是一个方向。2006 年 3 月，全国人大、政协“两会”期间，全国政协委员、上海市检察院副检察长俞支波联名若干位委员提出了《关于海外中国公民合法权益保护的七条建议案》，这是两会代表中首份专门针对海外中国人保护的立法建议。这一提案从加强领事保护工作角度，提出了海外公民安全对策。俞支波委员认为，要确立“领事保护”是保障海外公民安全的核心。因此，必须把中国公民的海外安全问题，视为中国海外利益的重要组成部分来对待，可建立“领事保护应急机制”，成立专门机构，为走出国门的中国公民“保驾护航”。提案认为，由于华侨华人遍布全世界，有4500万之众，改革开放以后出去的“新华侨”又大量增加，因此，应该考虑适当增加“海外代表”在“两会”中的名额。全国政协委员韩方明等人起草了一份《关于加强保护中国公民在境外的人身安全、经济权益和人权的联署提案》，提出从法律上、资金上和人员上做好中国公民海外安全工作。这说明，随着中国国家利益全球化，从立法上来推动中国公民海外安全保护工作，各项条件已经成熟。

对于上述提案，外交部领导高度重视，批示相关职能部门做好调研和立法起草工作。政策法规司和领事司根据国际经验和我国外交工作的实际，在全国范围内开展了领事立法工作的调研。当前，外交部正汇同人大代表、法律专家和人大专门机构领导在做立法调研工作，准备在条件成熟后，尽快出台全国性通用性法律，以便从法律上保障中国公民海外安全。

综上所述，可以相信，不管今后国际环境发生怎样的变化，只要各级外事部门的领导和工作人员时刻心系人民，满腔热情地关心中国公民海外安全，中国政府一定有信心、有能力和有办法做好新时期公民海外安全工作。

第四章 国际保护公民海外安全的机制与实践

在全球化时代,各国公民的跨国活动像潮水般涌动,势不可挡。这一国际现象和趋势的发展,既反映了人类求和平、谋发展、促合作的历史潮流,又增进了世界人民间友好和共同进步。由于种种原因,公民跨国活动必然会遇到风险和不测,有的灾祸会危及到人身和财产安全。为了保护本国公民和法人的海外安全,各国都会根据国际法、国际公约及双边条约,从自身国情和实际出发,保护其海外公民和法人的安全,其中最主要手段是国际领事保护。一些西方国家已形成的比较完备和成熟的国际领事保护机制,值得国际社会学习和借鉴。这里主要介绍和分析美国、英国和日本三国的海外公民安全保护机制与实践。

第一节 美国保护公民海外安全的机制与实践[①]

美国是当今世界上综合国力最强的国家,也是一个国际化和对外开放程度较高的国家,因而美国是个全球性国家。现在,美国光在海外的军事基地有300多个,分布在140多个国家和地区,海外驻军30多万人。[②] 另一方面,美国也是世界上不安全的国家,美国时刻处于形形色色的安全威胁下。2001年发生的“9·11事件”严重地挫伤了美国人的自信心,美国比世界任

① 本节部分内容是根据美国国务院网站相关资料翻译和整理而成,并参考了部分中文作者的相关文章。个别观点纯属自己认识,不代表任何部门的立场和观点。

② 百度:“美国有多少个海外基地?”条目。

何一个国家更“担忧”其国家安全。因此,“冷战”早已结束,但美国一直是世界上军费开支增长最快的国家,其2011年度的国防预算超过7000亿美元,约占全世界所有国家军费总和的一半以上,它从一个侧面反映了美国的“虚弱”。

由于美国国家利益全球性和安全脆弱性并重,因此,美国一直把维护其海外利益作为国家利益不可分割的一部分。美国强调:保护海外公民安全与法人合法权益是其国家利益一部分。1996年,克林顿总统当政时期,当时的美国传统基金会会长佛纳(Edwin J. Feulner)就提出:保卫美国国家安全,避免其他强国威胁对美国有重大战略利益的地区,坚持自由贸易体系,保护本国公民的安全和利益不受恐怖主义和其他国际犯罪活动之滋扰等是美国“生死攸关的”利益。[①] 布什政府时期,为打击国际恐怖主义对美国利益的攻击,美国推行“先发制人”国家安全战略,先后进行了阿富汗战争和伊拉克战争。美国用广受争议并拖累美国经济的强权政治手法来维护其国家利益,这既反映出美国这一民族性格,更体现出美国政府在保护其公民海外安全上的战略和历史传统。

由于美国拥有强大的经济、政治和军事资源,美国除与联合国192个会员国中的朝鲜、苏丹、伊朗和古巴等少数国家没有外交关系外,美国是世界上邦交国最多的国家之一。美国在世界各地设立了数百个海外领事馆或利益代表处,全方位、无缝隙和高效率地保护着美国海外公民和法人的安全。

应该指出,因种种原因,美国维护其公民海外安全和法人利益的做法也时常引发外交纠纷,但美国人似乎在所不惜。1993年,一位叫费伊的美国玩童因在新加坡逗留期间,无端在他人汽车上“涂鸦”,新加坡法庭决定对其施以鞭刑,抽他屁股六鞭子。其父母向时任美国总统克林顿写信,要求政府出面过问此事,后克林顿总统竟然给新加坡领导人写信求情。新加坡方面不肯给美国人面子,费伊最终还是挨了四鞭,但鞭数从原定“六”个减少

---

① Edwin J. Feulner. “What Are America's Vital Interests?”, Heritage Lecture #557. February 6, 1996。

到“四”个,多少算是新加坡司法机关给美国总统的“照顾”。从这件事上折射出,美国总统和政府是何等重视和关注其公民人身和财产安全。

美国在保护其公民和法人海外利益时,会用尽政治、经济、外交和国际法等手段,甚至不惜动用武力,或以武力威胁来实现其维护海外利益目的。美国的许多做法,引起了世界人民的反对,也对国际领事保护和外交保护发展产生了负面影响。

美国业已形成的颇具特色的维护其公民海外安全的机制和经验,有些是值得中国学习和借鉴的。

一、美国领事保护机制的基本情况

经过18世纪中后期的建国到21世纪前十年共二百多年的发展,美国在借鉴世界先进国家保护公民海外安全经验的基础上,结合其自身制度、法律及意识形态的特点,形成了独特的海外公民安全保护机制。

分工负责,职权清晰是美国领事保护一大特色。一国维护其公民安全的主要手段是国际领事保护,美国也不例外。根据国际法和美国行政法规要求,美国明确规定国务院是负责海外公民保护的“第一”责任部门,各驻外机构要根据国务院制定的规则和条例赋予他们的职责,保护境外的美国公民安全和法人利益。美国国务院强调:保护和协助境外美国公民是驻外领事人员的主要职责。[①] 为此,美国将历史上有关领事保护的法规汇集成册,编写了《外交手册》一书,要求每个外交官及领事官须知和必读。此手册共7卷共19节,非常详尽地规定了美国外交人员应该如何保护海外公民的安全和法人的利益。[②] 我们可以从《外交手册》中了解到美国领事保护的主要内容。

① The U.S. Department of State and our embassies and consulates abroad have no greater responsibility than the protection of U.S. citizens overseas。

② 内容包括一般规定、机构设置、领事登记、双重国籍问题处理、失踪人口、死亡事件处理、个人财产、突发事件中的资金和医疗协助、逮捕、公证和鉴定、对外国人和第三国利益的保护、美国公民身份和国籍的取得与丧失、护照、出生、结婚和离婚、投票权、引渡、儿童问题、危机状况处理、严重刑事犯罪受害人协助等。

(一)领事保护的机构设置

根据《外交手册》和对美国领事保护实践与基本状况的分析,我们可以看到,美国有关领事保护的机构设置是比较完备的,各层级设置和各自分工是明确的。

首先,领事保护机关是美国国务院所属的领事事务局。[①] 该局的主要职责是履行其保护海外美国公民的任务。这一机构的外交官和美国驻外使领馆在国务院领导下开展领事保护工作。国务院行政法令明确要求美国领事人员全程参与涉及美国海外公民安全事务的“善后紧急行动委员会”的工作,以保证在海外活动的美国人安全和利益。同时,拥有美国国籍但长期定居海外的美国公民,也是美国领事保护的天然对象。美国外交官负有不可推辞的责任,来竭力维护美国公民海外利益。

美国在领事事务局内设有海外美国公民服务处,该部门除了负责履行为海外美国公民提供领事保护和领事服务的相关工作外,还承担国内的侨民家庭成员、朋友、议员间联系和咨询工作,起到领事馆与美国海外公民联络的“中枢神经”作用。该处还包括项目开发、信息传递、民事协助等综合性较强的领事服务业务。这些项目和服务要求公民服务处工作人员对国际法律、法规、双边条约要充分了解和熟知。另外,海外美国公民服务处下设三个办公室,即美国公民服务与危机管理办公室、儿童事务办公室及政策审查与机构联络办公室。这些办公室由一个行政总监和副助理国务卿来领导,以具体负责海外公民保护事务。[②]

例如,美国公民服务与危机管理办公室发挥着“美国办公桌”的作用,主要担当起美国国内相关人员与美国海外公民间跨国事务的纽带作用。它协助海外美国人和其在美国国内的亲友,当发生美国公民在海外死亡、被逮捕以及因疾病与伤害的紧急事件时,提供各种协助和帮助。该办公室还负责为美国公民在国外碰到交通事故、自然灾害、政局动荡等紧急情况下,提

---

① Bureau of Consular Affairs: Primary responsibility for protection of U. S. citizens abroad is carried out by the Bureau of Consular Affairs (CA) in the Department of State.

② U. S. Department of State Foreign Affairs Manual Volume 7 - Consular Affairs. www. state. gov.

供经济帮助和救济，当然也负责在危急情形下撤离美国侨民。

例如，2006 年 7 月，中东地区的以色列和黎巴嫩两国发生了武装冲突，以色列军队入侵并包围了黎巴嫩，黎巴嫩首都贝鲁特战火纷飞，数万外国人被围困在黎巴嫩，情形十分危急。据美国国务院估计，美国在黎巴嫩的侨民有 2.5 万人，其中在美国驻黎使馆登记注册的约有 1.5 万人，有 5000 人希望尽快离开。[①] 美国国务院决定实施大规模的撤侨行动。在国务院统一领导下，美国政府动员了包括邮轮、军舰和海军陆战队士兵在内的力量，在很短时间内完成了上万侨民撤侨任务，有效地保护了美国公民的安全。这项工作就是由美国公民服务与危机管理办公室来协调和统一指挥的。

除了紧急事务和危机管理以外，公民服务与危机管理办公室还要承担十分繁杂但又必不可少的领事服务工作，诸如提供协助查证、聘请律师和代理人、开具公证文书等。

儿童事务办公室是美国领事保护工作中的一大特色机构。美国从其社会制度和国情出发，专设了“儿童事务办公室”，负责为国际性的儿童拐骗和收养案件提供援助。儿童问题办公室负责处理国际儿童拐骗和收养问题，执行联合国《国际儿童拐骗事件的民事问题海牙公约》和《跨国收养方面保护儿童及合作公约》[②]两个公约在美国的执行和落实，制定和调整相关政策，为处理国际儿童拐骗事件和国际收养政策提供指导等。

政策审查与机构联络办公室是一个政策设计和咨询机构。其任务是参与制定为海外的美国人以及美国利益集团在紧急或非紧急事件服务中的有关政策。该机构还为由海外美国人服务处人员以及美国领事官员执行的海外服务的有关项目，提供法律和技术指导。其主要职责是负责政策制定、项目分析、计划制定等，为起诉、立法、签订领事保护条约提供法律分析意见，联络相关机构和团体等工作。

另外，美国国务院还有一个海外安全咨询委员会，这是一个不定编的、

---

① 《出动航母租用邮轮 黎巴嫩现二战后最大撤侨潮》，《环球时报》2006 年 7 月 22 日。

② 这是两个由联合国 2000 年颁布并生效的关于保护儿童权益的国际法律。

不固定的和专业性的咨询部门。其宗旨是推进全球范围内美国企业的安全和私营部门的利益，主要职能是为美国企业提供安全信息和对策设计。该安全委员会在美国各地和各部门设有 34 个核心委员会、一个行政办公室、100 多名顾问和 3500 个下属组织。委员会主要通过定期举办论坛或讨论会，紧密关注国际时局发展动向；制定防范措施，以应对不断变化的国际安全挑战；为美国政府解决一些迫在眉睫的涉及美国国家利益的紧急事务提供决策依据。

这样，美国领事保护机构形成了以国务院为最高领导和协调机构，以领事服务局为主要责任单位，以行政总监和副助理国务卿为主要责任人，以三个职能办公室为工作部门，以分布在世界各国的使领馆机构为纽带的全方位的领事保护网络，有效地保护着美国公民的海外安全和法人利益。

（二）领事保护的对象认定

属人管辖，依法保护，这是国际领事保护的基本原则，也是一个国际标准。美国虽是世界上最强大的国家，但美国不是世界"特殊公民"，美国政府只能依法办事。在美国《外交手册》中，美国政府对海外美国人的认定有专门的规定。首先，美国认为国籍是将个人与美国联系起来的重要纽带，因为国际法承认，一国为自己国民及其海外利益提供外交或领事保护是一种国家权利。根据国际法，一国为了保护拥有本国国籍的公民利益，可以提供外交保护和领事保护。根据美国国内法，美国国民的外延比公民大：国民不仅包括所有的公民，还包括宣誓效忠的非公民（这一条款很受争议，常引起国际麻烦）。美国国务院规定，在三种情形下之成为美国国民，而无需出生时就是美国公民：第一种情形是，在美国获得某海外属地之时或者之后在该海外属地出生的人；第二种情形是，在出生前其父母都是美国国民而非美国公民，并已在美国或其海外属地定居；第三种情形是，一个父母不明的人，在 5 岁以前在美国海外属地内被发现，直到其达到 21 岁前未能表明其出生于该海外属地。任何出生于美国境内被接受其管辖的人，一生下来就是美国公民。[1] 凡被美国国籍法认定的美国人，都在美国领事保护的范围之内，而且美国海外的领事与外交机构有责任为其提供领事保护和领事服务。

除了规定对象和范围之外，还有些人群也被纳入到美国领事保护行列。例如海外国民的遗体处理，为海外美国人提供医疗帮助和资金援助，对受他国逮捕的美国人提供领事保护，还有对悬挂美国旗的第三国船舶与海员、在公海遇难及刑事犯罪的受害者善后等事宜。可以说，美国领事保护内容涉及美国在海外人员的方方面面，覆盖面极广。

（三）领事信息计划和实施

一国政府和外交机构实施其海外公民的领事保护前提之一，就是该国外交机构要充分和及时地掌握本国公民海外安全状况，做到"眼明耳聪"，这就要求一国的驻外机构能洞察所在国的安全态势，了解其侨民的安全信息。"领事信息计划"其实是美国政府维护其海外公民安全一个"术语"，它是美国对领事活动的一种行政规范。美国国务院"领事信息计划"（The Consular Information Program）始于克林顿政府时期，它取代了过去美国人惯用的"旅行咨询项目"[2]概念。美国国务院对领事信息项目进行了细化和规范，以便使这些术语的含义和限定，无论公众还是专业人士，都能通俗易懂。

"领事信息计划"包括：国别特殊信息、旅游警示、旅游警告以及世界范围提醒等内容。这个计划将以前的"公共告示"取代为"旅游警示"，将以前的"领事信息表"取代为"国别特别信息"。通过这些有层次性的项目推进，美国国务院提醒旅居海外的美国人注意潜在的健康与安全威胁。另外，领事信息计划还包括由海外领事馆所提供的预警信息，由国务院发布的热点问题和旅游小手册的相关资料等。领事信息计划的发布并不是法定要求，而是美国国务院从其海外利益出发，按照国际形势与海外美国人安全需要出发而定的。

"领事信息计划"不仅仅是提供信息，关键是要进行广泛的传播和让公

---

① U. S. Department of State Foreign Affairs Manual Volume 7 - Consular Affairs. www. state. gov.

② The Consular Information Program, established in late 1992 - 1993 replaced the earlier "Travel Advisory" program.

众知晓安全信息,力争家喻户晓。美国国务院在这方面的主要做法是:建立专门领事事务网页、设立领事事务召集中心、扩大海外安全与咨询委员会网站影响,以及通过公共事务局的媒体宣传等。当然,美国政府进行的“领事信息计划”做法也是有争议的,因为其许多领事信息带有渲染和夸大海外局势之嫌。例如,当海外某国出现危情或一些不确定因素时,当事国政府认为可以控制局势或有能力保护外国侨民安全,而美国政府可能会尽早发布预警消息,建议美国公民结束旅行或劝告不要前往或决定撤侨等。

2010 年 11 月,缅甸进行总统和议会选举。美国政府早在数月前就认定这次选举会因不公平、徇私舞弊现象严重而引发政治骚乱。选举开始前,美国国务院网站就发布预警信息,建议美国公民不要前往该国旅行和商务活动。事实上缅甸大选在平和气氛中完成,没有出现大规模骚乱。这种出于美国安全利益而发布的领事信息计划,当然会引起当事国政府不满和失望。但美国领事部门认为,没有比美国人的安全更重要的责任。因此,对于世界其他国家公民来讲,“情报王国”美国发布的安全信息也只能作参考,不能作为唯一的安全预警信息的依据,更多的应按照本国领事机构的安全提示。

“领事信息计划”为美国公民前往世界各地旅行提供了安全“路线图”,因此,信息定要做到实时和及时更新,并根据当事国的具体情况,定期发布旅行警告。美国官方发布的这些信息的最大特色是体现出美国领事保护的预警功能,可以起到很好的提前预防作用,而且可以根据不同所在地的情况,发布一些因地制宜的信息提示。①

另外,美国外交与领事机构在处理海外美国人遇到安全威胁时的角色和职能是不同的。国务院作为联邦外交机构,拥有全面的准确的情报和信息来源优势,因此,当世界各地出现危及美国海外利益的信息后,美国联邦相关部门和其他政府机构将首先进行安全威胁评估,对信息是否可信、威胁是否具有针对性(针对特定的人或群体、特殊的事件或地点、是否采取恰当

① 何佳:《领事保护基本法律问题探析》,中国政法大学 2009 级硕士学位论文。

措施等）进行认真的科学的分析。国务院如果认为信息是可信的，受威胁的对象或单位是明确的或特定的，美国就要通知相关的美国公民和组织注意威胁和风险。例如，2010 年 1 月 24 日，莫斯科多莫杰多沃机场大厅发生恐怖爆炸事件，造成 35 人死亡，180 人受伤，其中 20 人伤势严重。美国国务院网站和美国驻俄罗斯大使馆就在第一时间发出“旅游警告”，建议美国公民谨慎前往，关注俄罗斯安全形势。

美国驻海外的领事机构和人员是执行美国政府的政策，对于“领事信息供给”中出现的差错或自相矛盾内容，有责任及时和准确地通知美国国务院更改和完善。

二、领事保护的法律依据

国际领事保护是一项十分敏感、容易引发外交纠纷的工作，因此，任何国家在实施领事保护时，都要按照国际法和双边领事条约行事。依法保护是国际社会对本国海外利益进行保护的原则，也是当今国际社会公认的准则之一，美国也受这一原则制约。

（一）国际法与国际条约

1963 年4 月24 日通过并在1967 年3 月19 日开始生效的《维也纳领事关系公约》，是当今世界上最权威最重要的国际领事关系条约。美国是这一公约最早签字国之一，因此，美国政府在处理涉及其海外公民和法人利益的跨国纠纷案件和从事领事保护时，同样受《维也纳领事公约》约束。当然，美国人遵守这一法律并不是很自觉的，有时候表现出一点“傲慢”，因而美国的做法受到了国际社会的反对。例如，1982 年 1 月，在美国定居的德国（联邦德国）公民卡尔·拉格朗和瓦尔特·拉格朗两兄弟因参与抢劫银行未遂和谋杀而被美国司法部门逮捕并判处死刑。美国司法部门在明知两人是德国公民时，并没有按照《维也纳领事关系公约》第 36 条的规定告知：他们有权获得德国领事的帮助，也没有将此案通知给德国领事官员。由于此案案情复杂又涉及外国公民，司法程序久拖不决，直到 1992 年 6 月，拉格朗兄弟从其他渠道得知了《维也纳领事关系公约》的规定，将此案通知了德国驻当地的领事官员。后拉格朗兄弟向美国法院进行上诉，德国政府也介入此案，引发了美国法律与国际法律管辖权和效力之争。后来，此案被德国政府告到联合国国际法院。2001 年 6 月，国际法院裁定美国行为违背了《维也纳领事关系公约》第 36 条规定①。后美国方面表示，愿意就在拉格朗兄弟案中没有遵守通知领事的义务向德国表示道歉。从这一事例中可以看到，美国人是并不情愿但无奈地接受国际领事法律的管辖和限制的。

美国驻外机构进行领事保护活动，其法律依据除了《维也纳领事关系公约》外，主要的是美国与其他国家签订的双边领事协助条约。截止到 2008 年 3 月，美国与包括中国、中国香港特别行政区等 58 个国家和地区签订了双边领事条约。双边条约往往是针对两国国民交往的不同情形和双方关系特点，相应地补充和增加了《维也纳领事关系公约》欠缺的条款和内容，更有针对性和可操作性。可见，从国际公约到国际法再到国际条约，都是美国在行使领事保护权的过程中所遵循的主要法律依据。

(二)国内有关公民权益保护的法律法规

美国是个法制国家，几乎每一件事都讲究依法办理。美国联邦和地方政府的法律条文可细化到一个公民在公共场合"打喷嚏"声音分贝大小的规定。例如，肯塔基州的法律规定，人们每年必须至少洗一次澡，否则将面临处罚。底特律市的法律甚至规定，妻子如果没获得丈夫允许，将不能剪掉她的头发，等等。同样，美国在领事保护领域也有多如牛毛的法律法规。

早在 1792 年，美国国会就通过了关于领事馆和副领事馆设立的一个法案，时至今日，没有确切数字证明美国有多少有关其海外公民安全保护方面的法律和条文。其中主要法律依据有：美国联邦法典第 22 卷第 1731 条《保护海外归化美国公民》规定，"对于海外的归化美国的公民，政府应当对其人身和财产提供与基于出生取得美国国籍的美国公民相同的保护和协助"。美国联邦法典第 22 卷第 2671 条第(b)款《海外公民撤离》规定，"在海外美

---

① 《公约》第 36 条第 1 款第 2 项规定了与派遣国国民的联络和通讯："遇有领馆辖区内有派遣国国民受逮捕或监禁或羁押候审，或受任何其他方式之拘禁之情事。"

国公民人身安全受到战争、局势动荡、自然灾害等威胁时，撤离美国政府官员及其亲属，撤离美国公民及第三国家公民……为此支付的费用不得超过合理限度”。美国联邦行政法典《保护海外美国公民》规定，“外交官员和领事官员应当按照国务院法规规章的规定，对海外美国公民进行保护”。美国联邦行政法典《协助受灾美国公民》规定：“外交官员和领事官员应当尽全力对本辖区内的美国公民提供保护和协助。除海员救助或经过国务院特别授权，其保护和帮助支付的费用不得超出政府的有关规定”。1998 年 2 月 9 日第 13074 号行政命令指出，协调国务院和国防部在海外公民保护和撤离受威胁地区的分工合作，该命令是对第 12656 号行政命令的修正案，主要规定在从海外受威胁地区撤离美国公民时，国防部应提供军事力量支持国务院的保护工作[①]，等等。

从上述条文和行政规定可以看到，美国对于海外公民和法人利益的保护，完全基于法律法规行事。它明确了美国公民和国家利益的范围、领事保护的对象、领事保护的程序和功能、领事保护实施中的各部门责任和分工、政府与公民间的权利和义务、紧急情况下的经费和支出来源等几乎想到的和意想不到的问题，使敏感和复杂的领事保护问题做到按部就班和有条不紊，有效地保护了美国海外利益，也增强了美国公民的海外安全感。这种遵章办事、分工负责、责权清晰的海外公民保护合作机制，值得包括中国在内的发展中国家借鉴和学习。

（三）权力机关的授权与内部协议

除了国际法和美国法律规定及授权外，美国作为世界性大国，美国政府为了体现其国际价值观和承担的国际责任，会按照以往美国政府的惯例和历史案例，参与国际人权保护工作，这样就相应地拓展了美国领事保护的对象和范围。这些行为并没有法律规定或国会立法，但与美国精神并不违背[②]。例如，美国特别关注国际上战乱、冲突地区的孤儿和流离失所儿童的

---

① 李娟娟：《领事保护制度研究》，外交学院 2005 级硕士学位论文。

② “美国精神”的内涵是有争议的。一般认为，独立、自强不息、争强好胜、尊重人权等是美国人基本特征。

安全问题。美国国务院有专门办公室，负责这一群体的“人权”。美国领事部门保护儿童安全的法律依据，主要来自美国总统的授权。对于这一群体的保护，其权限源自：国务院授权领事事务局施行1993年订立的《海牙保护儿童和跨国收养合作公约》和2000年国会通过的《跨国收养法案》；领事事务局授权公民服务和危机管理办公室施行《国际儿童拐骗事件的民事问题海牙公约》和《国际儿童拐骗救济法案》；国务院授权领事事务局以中央权力机关名义施行的《国际儿童拐骗事件的民事问题海牙公约》，这些条文和法律依据基本上来自美国总统的行政命令和政府习惯做法。

为了促进美国相关机构共同做好海外美国公民的安全保护工作，提高行政效率，美国政府以协议安排形式对各部门职责进行了分工。主要行政依据是：1998年7月2日国务院和国防部签署的“关于从海外受威胁地区撤离美国国民、公民及相关人员备忘录”；1997年6月2日国务院和国家运输安全委员会签署的“关于为遭受交通事故美国公民提供协助的备忘录”；2003年3月19日国务院领事事务局和美国司法部犯罪受害者办公室、联邦调查局签署的“关于为国际恐怖事件受害者提供帮助的备忘录”。[①] 这些行政文件作为“准法律”，成为美国相关部门合作处理美国公民海外安全的依据。2006年黎约战争期间，美国从黎巴嫩大规模撤侨，美国国防部就据此协议，采取“先撤侨办事，后算账报销”任务与费用分开的办法，派出军队和舰只参与了撤侨行动，而相关费用和分摊等事后再核算和报销。

三、领事保护机制的特点和经验

作为世界上海外利益最广泛、国际化程度最高的国家，美国有着数百年的海外公民保护历史，它使得美国拥有一整套完备、有效的保护其公民和法人海外利益的机制。从效果来讲，这些做法对于在复杂和多变的国际环境下保护美国国家利益是成功、有效的。

① 李娟娟：《领事保护制度研究》，外交学院2005级硕士学位论文。

(一)安全信息获取渠道多元化

美国公民遍布全世界,其利益触及世界上任何一个角落。由于美国是个高度国际化流动性的社会,因此,美国人需要随时随地无限制地获得世界各地的安全信息,特别是危险地区的安全形势动态,以使个人或组织作出正确判断,保护好自身和法人利益。这里,信息畅通和便利是海外美国人的第一要求,也是美国领事保护机制的一大特色。

首先,官方渠道是美国预警信息第一来源。从美国现行保护公民安全的网络和渠道来讲,美国在这一方面做到了“无懈可击”。一般来讲,在海外的美国公民可以从官方和民间两个层面得到相关安全预警信息。另外,随着现代传媒技术的不断变革,除了通过传统的电话、传真、小册子等获得信息之外,美国公民还可以通过互联网这一当今世界最先进最便利的联络工具来获取信息。当然,不管有多少渠道和方法来获取海外安全信息,美国公民主要还是相信美国国务院的权威消息发布。

美国是世界上情报系统最发达的国家,不但有数十万雇员在诸如国土安全部、联邦调查局和中央情报局等机构从事与情报相关的工作,更有全世界难以匹敌的密布全球的卫星、监测站、监控器和“间谍”网络,因此,美国是世界上最不“缺”情报的国家。美国领事保护领域的信息来源有两个渠道:一是由国家层面向海外美国人提供领事保护信息。信息供给者本身就是负有信息提醒责任的机关和部门,如美国国务院和各驻外使领馆,这些部门由于工作性质与领事保护相关,因此,它们承担着向海外美国人提供信息服务的责任。任何一个美国公民可以从美国国务院网站和驻外使领馆及利益代表处获得相关安全信息。①

其次,美国预警信息的发布方式多样。除了通过国务院网站及驻海外领馆提供安全预警信息外,美国政府还直接为旅居海外或准备到海外的美国人提供一个“领事信息”手册。该手册将世界上每个国家的相关状况,诸

---

① 美国与伊朗、朝鲜、苏丹、古巴等四国至今没有外交关系。因此,美国通过相关领馆代理美国与该国领事事宜。如瑞士驻伊朗大使馆代理美国与伊朗民间事务。

如卫生、治安、货币兑换、入境要求、局势不稳定区域以及距离最近的领事馆地址等各种与安全相关的信息,通过简便实用的手册形式介绍给美国公民。今天,如果上网浏览和跟踪美国国务院和海外使领馆网站,就会发现美国有关安全信息资料是在实时更新和调整的,时效性和针对性较强,并且这些预警信息都可以下载和转载。

另外,“9·11事件”发生后,由于美国在世界范围开展反恐战争,特别是先后发动了阿富汗和伊拉克战争,一段时间内,美国公民的海外安全形势高度紧张。美国政府在这一背景下,对“领事信息”的发布和更新更加重视,栏目和条文进行了调整,分类信息更多和更全面。例如,2003年伊拉克战争后,中东地区和伊拉克国内安全形势十分紧张,美国国务院网站上的安全预警提示,强化了信息时效性和针对性,采取了按公民出国旅游、经商、留学不同群体来设计预警信息,并随着伊拉克和中东地区安全形势的态势,随时调整警示级别,相应地采取安全预防措施。

设置电话预警信息服务。任何一个美国公民,还包括世界上任何对美国感兴趣的人士,都可以从国务院网站上查询到美国领事保护部门和世界各地使领馆的地址、电话、传真、联系人、上班时间等信息,这些信息给海外美国人起到一个简便和实用的帮助作用。美国国内公民拨打上述电话以获得信息咨询,都是免费和不限时,而且开通时间比较长,除了节假日之外,从周一到周五的工作时间都可以。再如,鼓励部门和商业机构参与。美国有一些与海外公民安全保护相关的政府部门,如商务部、贸易代表办公室、劳工部、能源部等机构,也提供安全信息服务。如美国商务部会根据国别经济社会的变化,特别是针对政局出现动荡的国家外交政策变化,及时告诫美国法人注意商业风险。例如,2010年3月,美国商务部就开始提示,中亚地区的吉尔吉斯共和国会出现因选举争议而引发的动荡,建议美国公民在吉国政局不明时,暂时停止前往该国投资和经商活动,已在该国的美国公民要注意自身安全。另外,美国商务部网站上经常刊登一些研究机构的政策研究报告,以及时地提醒美国企业做好避险和应急准备。

最后,民间组织和跨国公司也提供海外领事信息。美国是个情报和资讯相当发达的国家,有成千上万研究机构和大专院校从事国际问题的研究,再加上强大的新闻媒体和互联网,它们通过各种形式向美国公民传递海外安全信息。因此,美国公民获得海外信息的渠道是多样的。例如,世界最大跨国公司之一的通用集团,其公司网站就有各种海外政治经济信息和情报栏目,供公众浏览。美国在世界各地的商会组织,也经常定期或不定期的通过会员联谊会、工作年会或报告会等形式,提示会员和成员注意各种危险。这些做法,有效地弥补政府领事信息的滞后和空白,起到不可替代的作用。

(二)领事保护机制比较规范和健全

依法保护是基本原则,但是,领事保护更需要实际部门在操作过程中有规范的、日常的操作规程,这样,领事官员和公众就能心中有数。无论是在领事保护的预警和快速反应领域,还是在领事服务和领事磋商等方面,美国相关机构力求做到正常化和制度化。例如,建立美国海外公民登记制度,这是一项为保障领事保护工作顺利进行而设计的机制,它要求已在海外或准备前往的美国公民,自觉按要求向美国签证机构或驻外使领馆进行身份登记备案。当然,从公民迁徙自由的立法原则出发,美国对公民登记制度不作强制性规定。但是,在实际生活中,大部分美国人自愿到相关机构进行申报和登记。

美国国务院近年来不断地努力和强化领事保护的机制化工作。为了落实美国联邦法典第22卷第2715条的规定:在影响在海外居住或旅行的美国公民的重大灾难或意外事故出现时,国务院应当提供事件相关信息以及对美国公民及其近亲属的影响。美国领事机构一直在努力做到:建立一种自愿登记制度,使得美国公民一旦有撤离需要时可以立即与政府取得联系,也可以帮助美国政府在需要时,能很快地将处于高度危险地区的美国公民情况与国内亲属进行联系。

再如,关于领区的划分问题,美国也有专门的制度予以规范。按照国际惯例,世界上各个国家都会根据海外侨民分布和领事业务需要在建交国的某些城市设立领事馆,每个领馆都有特定范围的领事业务行政区。例如,美国在中国沈阳设有总领事馆,主要负责中国东北三省的中国公民赴美签证和在华美国人的领事保护。由于美国公民散布在世界上各个地方，而且美国人又是一个喜欢自由行动的民族。因此，美国领事保护机构按照国际惯例，采取领区划分方法来管理美国海外公民。

美国的领区划分也是有法可依的。美国联邦法典第22卷第3925条规定：国务卿应当决定领区范围。第22卷规定：领事职责在于汇报领区内死亡事件、进行公证等活动。在特定情况下，国务院可以在没有美国大使馆、领事馆的地方设立独立的领区。一般情况下，领事官员应当在领区内执行职务，在经过接受国同意后，可以在领区外执行任务。与领区制度相对应，外交官员在进行领事保护时，不需要受到地域限制。美国国务院“外交手册”第2卷第450条规定：在接受国所在地政府部门与领事事务局协商同意后，可以对领区的范围进行调整。这一切都表明，美国政府和领事机构对公民海外安全保护是机制化制度化，这也是世界上所有发达国家的基本特点，很有借鉴意义。

（三）领事保护覆盖面广，部门职责明晰

国际领事保护的对象和领事权限，是由《维也纳领事关系公约》和各国间双边领事协助条约规定的。但是，各国由于国力和对外关系能力不同，对其公民的保护水平也是不一的。美国政府为了保护其海外利益，在领事保护的对象和范围上作出了更加宽泛的规定。美国领事保护的对象不仅是海外美国公民和法人，还包括悬挂美国国旗的第三国船只、处于被外国司法机关依法扣押或被判定有罪的美国人等。因此，美国关于领事保护对象的界定具有覆盖面广、职责明晰的特征。

美国政府规定了美国海外公民、企业法人和不动产等对象的保护责任部门。例如，美国海外船舶和海员的领事保护，主要由海岸警卫队、国土安全部、海事管理局等机构负责。美国法典的许多条文都明确了领事官员在保护美国船员和船只上的责任。

同样，对于在海外犯罪或因故被外国政府扣押的美国公民的保护问题，美国也有相应的法律来加以规范和确认。根据美国法典第22卷第1731条、2715条、3094条，美国联邦行政法典第22卷第71节第1条、6条等的规定，领事官员对身处海外遭受严重罪行的美国受害者和其身处国内的家属提供协助。鉴于受害者及其家属对外国的刑事案件的处理程序可能不了解，领事官员的协助显得十分必要。海外公民服务处制定了“对严重暴力犯罪受害者提供领事协助参考手册”，作为领事官员处理此类问题提供指导。此外，驻各国的领事官员应提供相关信息，解释该国的刑事案件管辖情况，由海外公民服务处公民服务和危机管理办公室收集汇总，编辑成册。该手册内容应包括领事官员能为受害者做些什么、不能做什么。在各领事馆网站上公布该手册，方便需要协助和信息的海外公民。①

总之，美国这一世界上最强大的国家，之所以数百年来充满活力和生机，成为世界上公众最喜欢移民目的地，这同美国政府强有力地维护美国公民的安全，促使美国人民拥有天然的自豪感和优越感是分不开的。

第二节 英国保护公民海外安全的机制与实践

与美国这一资本主义世界中相对年轻但国家行为和国际形象表现出“勇猛、有生机、有时候略显粗鲁”的国家性格比较起来，英国这一老牌的、逐渐没落的西方国家，在保护其公民海外安全方面的做法就显得相对稳重和内敛。英国保护其公民海外安全的手段和途径，体现出比较注意国际法和尊重别国主权的特点，这当然与英国国际影响力逐渐下降分不开。例如，2009 年 12 月，一名 53 岁名叫沙伊克的英国公民，因贩毒被中国新疆乌鲁木齐法院判处死刑并决定在该月执行死刑。英方闻讯后，首相布朗写信给温家宝总理，希望中国政府可以网开一面②，这是英国政府以外交保护形式进行的海外公民国际保护行动。当然，英方这一干涉中国司法独立，公然违背国际公理的做法，理所当然地遭到中国政府和领导人拒绝。

从这一事件中可以看到，任何一个主权国家在保护其公民海外安全时，

① 李娟娟：《领事保护制度研究》，外交学院 2005 级硕士学位论文。

② 详见同期相关报纸报道。

必须坚持主权平等和互不干涉内政原则。各国政府有义务告诫公民，在侨居外国或在外国活动期间，要做到遵纪守法、洁身自好。英国作为历史悠久的世界性大国，其保护本国海外公民安全和利益方面，也有比较成熟的经验和特点，值得学习和借鉴。

一、英国领事保护机制的发展状况

（一）英国领事保护的机构设置

英国是世界上最早实行和推行国际领事保护制度的西方国家，其领事保护机制历史悠久、运作娴熟。英国法律规定，英国外交部及其下属全球范围的海外使领馆是法定的为海外英国国民和法人商务活动提供服务的机构。各领事保护机构有责任保护英国的海外国家利益、公民和法人的合法权益。当英国公民、法人的合法权益在驻在国受到不法侵害时，英国驻外机构应按国际法原则、有关国际公约、双边条约或协定反映各方要求，敦促驻在国当局依法公正、友好和妥善地处理。另外，相关部门要为旅居海外的英国公民提供紧急支援；协助英国商人在海外诉讼中的司法文献支持；为英国边境局提供移民信息和管理事宜等。

英国相关法律还规定，英国外交部应会同英国工业联合会，为英国在海外企业和机构提供国际和地区的安全信息服务。驻外使领馆应有一位称为“安全风险协调员”的人员，负责做好政府与企业、海外侨民间的协调工作。英国外交部经济政策司有一个联络处，专门负责海外英国企业与驻外使领馆之间的联络。英国外交部还建立了由分管副大臣主管的海外公民安全例会制度，定期进行会商，以达到搜集信息、共享信息的目的。[①] 这些做法，就是我们今天所说的“经济外交”的范畴，体现出“外交为经济服务”的功能。

英国外交部作为政府对海外公民和法人安全总负责机构，其所承担的领事保护职责主要体现在：

---

① 夏丽萍：《20世纪90年代以来英国领事保护机制改革：挑战与应对》，《外交评论》2009年第4期。

一是帮助海外英国公民排忧解难。英国曾经是世界上拥有海外殖民地最多的世界强国。从上个世纪50年代开始，随着世界上绝大多数殖民地获得独立，英国的国际影响力已经日薄西山，但英国有大量公民仍留在英联邦国家生活和工作。[①] 按照英国国籍法规定，他们中的大部分仍拥有英国国籍，再加上英国公民前往海外经商、旅游和工作，因而英国仍是个开放性和国际性很强的国度，这决定了英国外交部有繁重的海外公民安全保护任务。英国法律规定，外交部有义务为遇到麻烦和困难的英国公民提供一切可能的帮助。我们可以从一份2005年2月英国外交部向英国议会提交的《领事与外交保护》讨论稿看出端倪。

这份文件主要是针对“英国公民海外犯罪后的领事保护”这一问题提出的。由于种种原因，英国有公民在异国他乡因触犯法律而受到司法限制，这部分人的权利和义务是英国公众特别关注的。因此，这份文件提出：英国政府高度关注在海外遇到司法麻烦或因故触犯他国法律而受到拘禁或监禁的英国公民的待遇问题。英国政府要求领事部门做到：①强调英国政府当国民在国外受到刑事指控时所承担的责任以及在一定范围内采取必要措施的范围；②要求外交部门和驻外机构竭力为处于困境的海外英国公民提供服务；③服务内容有介绍律师、翻译、经济支持、国内家属救助咨询等。[②] 关于海外“英国人罪犯”的保护问题，英国政府外交部门和驻外机构尤其关注，并同样将这部分人列入英国领事保护范畴，这充分地反映出西方国家对其公民“人权”的严格保护，这可以作为我们进一步改进领事保护相关工作的范例。

二是为去海外公民提供“行前须知”。英国人喜欢海外旅游和度假，每年会有成百上千万的英国人前往世界各地观光和旅行，尤其是英国人喜欢

① 英联邦是英国对联邦其他成员国在政治、军事、财政经济和文化上施加影响的组织，由英国和已经独立的前英帝国殖民地国家或附属国组成。第一次世界大战后，英国势力遭到削弱，各殖民地人民纷纷要求独立，便逐渐用英联邦代替英帝国的称号。英联邦没有设立任何权力机构。

② The Protection of British Nationals Detained Abroad. A discussion paper concerning consular and diplomatic protection. February 2005. http://www.redress.org/downloads/publications/DiplomaticProtectionFeb2005.pdf.

探险、野营和猎奇等风险较高的旅游项目，因此，每年发生的旅行安全事件占了英国公民海外安全事件的一大半。为此，英国外交部特别关注旅行者的安全问题。英国外交部通过发布"行前须知"形式，提示英国公民对自己的海外旅行做好充分的行前准备。"行前须知"简单明了，它主要包括：提示出行者在旅行出发前确保获得了正确的旅游保险、采取适当的医疗防护措施、阅读外交部旅游信息等。为使海外旅行生活更加舒适，"行前须知"还将各种旅游建议进行分类，按照国别和地区划分，以使旅行者对目的地安全状况一目了然。

英国"旅游信息"栏目的内容有几个层面：一是国别旅游信息指南。这一信息主要是告诉旅行者所去的国家安全状况和国情，可以通过直接链接方法，详细地告知使用者该国正在发生的资讯。二是告知旅行者如何在异国他乡平安地生活和旅行，要注意那些问题，当地的风土人情如何等，还包括恐怖威胁、旅游保险、健康、货币以及自然灾害等安全防范知识。三是告知英国公民在紧急和突发情况下，如何避险和获得帮助等。特别提示当出现死亡、被逮捕和关押、犯罪侵害、强暴、绑架等危险时的应变方法。为了广而告之，英国政府从 2001 年起，还进行每年一次的公众安全宣传教育活动。发表《海外英国公民行为报告》，分析英国人在海外行为模式和要注意的问题。

英国领事机构的工作还包括为英国公民提供领事服务，为英国海外公民和法人提供公证、签证服务，促进所在国与英国之间的商业贸易往来。通过与所在国的各部门、各机构和社团的联系，尽力发展与这些地区的友好关系。

（二）从事领事保护的其他机构

英国作为有着丰富国际化经验的西方国家，英国政府很清楚，随着自身国力的逐渐衰落，英国政府已经不可能像过去一样采取"治外法权"或"炮艇政策"来维护英国海外利益，进而保护其海外公民的安全。限于财力和人力，英国政府也无法像过去那样通过保持一支庞大的外交官队伍来专职从事领事保护工作。[①] 仅仅依靠外交部一个部门的力量,很难应对领事工作所面临的挑战,于是,外交部采取与其他政府部门、商业机构和非政府组织合作,以分担领事保护的重任。因此,英国外交部牵头成立了与领事保护有关的相关部门。

英国外交部成立了一个"领事服务利益相关部门小组",它由两个政府部门、九个行业协会和六个公司及七个非政府组织共同组成。这一小组采取分工合作、相互配合和沟通的工作机制,合力来做英国海外利益保护工作。两个政府部门是交通部和内政部。九个行业协会有乘客行业协会、英国旅行行业协会、国家旅游办公室代表协会、非洲旅游业和旅行协会,包价旅游承办商联盟、亚太旅游协会、Year Out Croup、空运用户理事会、航空公司集团。六个公司有传奇假日旅行社、维尔京航空公司、英国航空公司、经营与运输安全有关的业务公司、杜尼拉战略咨询公司、孤独星球出版公司。七个非政府组织有英国红十字会、英国穆斯林理事会、英国残疾人委员会、自由职业记者组织、Age Concem、支持在国外遭遇屠杀和谋杀的受害者组织、旅游关注者组织[②],等等。上述所有团体和组织与官方机构一道,共同分享信息,相互通报安全动态,齐心协力地做好海外公民保护工作。另外,英国政府还鼓励公民个人以各种方式参与领事保护。

除了"领事服务利益相关部门小组"外,英国还有两个民间组织参与和从事领事服务工作,即"领事战略委员会"和"旅行建议审查小组"。领事战略委员会包括五个行业协会、四个公司和两个政府机构(种族平等委员会和国际刑警组织与国家犯罪情报服务组织),还有四个非政府组织和专业人士,例如英国最高法院法官等。旅行建议审查小组包括两个政府机构、十一个行业协会、五个公司、两个非政府组织等。上述这些官方和非官方的机构

---

① 2008年美国金融危机后,英国政府因经济困难,开始大幅度削减行政开支,裁减公务员队伍。其中外交部削减24%的经费,在伦敦的外交官人数将减少,外交部的辅助部门也将削减,英国外交部和海外使领馆人员也在裁减之列。中国新闻网2010年10月21日。

② 关于英国相关机构名称的翻译,因译者水平有限,可能并不十分准确。如要引用,请核对英文原稿。

各有所长,发挥自身优势,极大地弥补了英国政府领事保护力量因人力和资金不足所出现的空白,这是一个很有参考价值的做法。

(三)借力非政府组织,保护海外利益

由于领事保护涉及敏感的国际关系,特别是一国政府运用外交资源来维护本国公民利益,往往会引发外交纠纷,甚至导致国家关系紧张,触怒当事国国民的民族感情。因此,在国际领事保护实践中,许多国家一般不会轻易地运用外交保护手段。即使领事保护于法有据,但各国国情和法律制度极不相同,文化差异很大,因此,许多问题并非都可以通过领事保护方法解决。加强与非政府组织和民营机构关系,借助非官方和民间力量来做好领事工作,这是英国政府颇具特色的做法。

英国外交部会在每个财政年度留出一部分经费,用于资助一些非政府组织,以方便这些机构为英国外交部门提供领事协助。例如,英国外交部给一个称为“囚犯在国外”(Prisoners Abroad)这一非政府组织提供资金,以协助在海外服刑的英国公民。从1994年开始,英国外交部领事司与该组织共同为关押在外国监狱中的英国公民提供诸如维生素片、营养剂等补品,以改善他们的营养状况。为经济困难、陷入官司的海外英国人嫌疑犯提供紧急司法和律师援助等。领事司还指派专人指导非政府组织的工作。领事司指定一位从事人权和死刑方面的协调员,每星期去“囚犯在国外”组织上半天班,为该组织处理涉外英国囚犯的事宜提供法律指导。另外,分布世界各地的英国使领馆也积极地与当地的非政府组织加强合作。例如,英国驻葡萄牙大使馆与当地为犯罪受害人提供协助的非政府组织建立起非正式联系,请他们帮助处理涉及英国公民犯罪的领事保护案件。

实行名誉领事制度是英国领事保护的一大特色。名誉领事制度本是英国的发明,由于一国在海外开设领事馆,派驻职业领事,又要租房,又要雇人,更要活动经费,这对于不少国家特别是小国而言,是一笔不菲的开销。许多人口稀少、国土很小的国家更没有众多的外交官和领事官去海外工作,所以一些国家就采取委派一些当地人或本国海外人士来担任“名誉领事”,由其负责签证、公证等领事业务。英国人现仍保留着这一传统。一般情况下，一国政府的海外领事保护工作要求领事官员能够在事发后立即赶往现场，这就需要领事机构有覆盖面和财力，而现在英国政府的财力和经费严重不足，因此，为在现有条件下有效开展领事工作，英国外交部就在所在国聘请名誉领事，以实现在外国偏僻地区能及时为本国公民服务和领事协助目的。另外，为解决在每年的国际旅游旺季，因游客剧增，领事工作人手不够的矛盾，英国使领馆还会在一些英国人海外旅游度假最热门国家，临时增加一些当地雇员，做一些辅助性领事工作，以提高领事保护的效率。

二、领事保护的法律依据

英国作为当代国际法的主要创设和实践国，在近代以来数百年世界历史上，为当代国际关系留下了丰富的外交遗产。其中之一就是推动和促进《维也纳领事关系条约》的签署和生效。英国是当代国际社会中以法律和双边条约来开展领事保护比较成熟的一个西方国家。

(一)国际法和国际公约

这是英国政府开展领事保护的主要国际法律。英国政府是《维也纳领事关系条约》和《关于强制性解决争端的任择议定书》国际公约的成员国。因此，英国政府要求外交部和领事官员在国际条约指导下开展领事保护工作。同时，英国是欧盟成员国，欧盟作为一个集体安全机构，英国政府也扮演着为欧盟成员国的国民，尤其是在所在国没有领事保护机构的欧盟公民，提供联合领事保护的责任。

(二)国内立法为领事服务提供依据

为规范领事部门和海外领事机构在海外做好英国公民利益保护工作，使各项事务尽可能地按序运转，1998 年，英国政府发布《未来的公共服务：现代化、改革与责任》白皮书，第一次提出了衡量政府公共服务质量的标准。同年，英国议会通过了《1998 年人权法》，将《欧洲保护人权和基本自由公约》的内容纳入国内法，结束了两个世纪以来英国没有成文宪法或人权文书对公民权利进行积极保障的历史。该法对公民应受到保护的权利进行了详细罗列，将过去没有写入的诸如生命权、禁止酷刑、公正审判等权利作为公民的基本权利。2006 年,外交部公布了《协助海外英国公民指南》,第一次向英国公众全面介绍外交部以及驻外使领馆能够为公民提供的帮助和不能提供的帮助,并在外交部网站和其他网络上广泛地传播,使公民尽可能地了解领事协助和保护的内容和要求。

三、领事保护机制的特点和经验

(一)预防为主,规范应急管理

英国是个国际化世界性的大国,也是海外利益遍布全世界的国家。因此,英国公民在海外遇到麻烦和风险是十分常见的。伊拉克战争后很长一段时期内,由于英国政府是世界上少有的几个"死心塌地"跟随美国"单边主义"政策的西方大国,因此,阿富汗和伊拉克等地的国际恐怖势力把英国海外利益作为重点攻击目标,经常搞绑架、爆炸、暗杀等针对英国人的恐怖活动,对英国海外利益构成严重威胁。因此,英国政府在不断地强化安全防范措施的同时,为了尽可能地减少英国公民海外安全事件,外交部强化了"预防第一"的理念。

首先,政府对公民进行旅行前安全警示教育。英国外交部门相关机构通过网络、传真、电话、出版物或大规模的公众教育活动来发布旅游建议和安全提示信息,以引起人们对安全问题的关注,从而达到预防和减少领事保护事件的目的。

进入新世纪以来,由于国际安全形势和世界恐怖主义问题出现新变化,在英国公民传统的旅游热门地区,例如,地中海沿岸国家和东南亚地区、英联邦国家等,危及英国人的安全事件不断发生。特别是印尼巴厘岛大爆炸和印度洋"海啸"两次灾难,造成了英国公民的重大伤亡。为了防范类似安全事件重演,英国外交部强化了旅行信息的发布工作,警示信息数量不断增加,预警的内容更加细化,覆盖的范围不断拓展,发布的渠道更加多样。今天,如果打开英国外交部和驻外使领馆网站,有关安全出行信息可谓一目了然。

其次,提高信息发布规范性和时效性。为了保证各部门发布的旅行信息的一致性和时效性，外交部还提供一个标准模板，以规范发布格式，不断更新内容。外交部要求各大旅行社、航空公司和跨国公司建立海外安全预案，配备专门人员从事安全信息的收集、整理、筛选和发布工作，形成了全国性的较为完备的信息发布体系。

最后，外交部建立了应急管理机制，以强化应对能力。外交部在原先成立的应急处基础上，设立了危机处理小组，后来又变成领事应急小组，提高其行政级别和规格，以应对诸如恐怖爆炸、海难、空难、地震、火山爆发等安全事件。设立 24 小时值班电话，专人接听和落实。与英国国防部、英军联合总部保持联系，一旦遇事就可以及时与军方联系，获得军方的支持与援助。同时还在外交部内部成立快速部署小组，轮流值班、等候派遣，以随时执行外交部交办的应急事件。除领事司负责日常应急管理以外，在出现针对英国公民的国际恐怖事件后，反恐怖政策司负责处理突发事件，领事司负责协助。英国政府还明确要求警方负责协助外交部处理领事保护事宜。

（二）全方位信息安全提示

英国外交部除了为海外公民提供"行前须知"之外，还通过其他信息渠道向公民普及安全防范知识。

首先，外交部网站上的旅行安全建议，将一些安全形势不明，对英国人安全构成威胁的国家列为危险国家，并把这些国家分为两大类，按照危急程度设定级别：一类是最危险国家，英国政府严格禁止本国公民前往。外交机构不发签证和旅行证件。另一类是有限条件下放行的国家，英国政府建议公民万不得已，最好也不要前往。非要去，则一定要做好万全之策。例如，在 2010 年 1 月 10 日的英国外交部网站上，英国政府在"国家旅游忠告"栏目下，认定"科特迪瓦、索马里"两国是全境禁止英国公民前往国家；认定"阿富汗、阿尔巴尼亚、阿塞拜疆、伊朗、伊拉克、朝鲜、也门"等 31 个国家为部分限制国家，建议英国公民谨慎出行。还有一些国家列入"有条件准允"行列等。[①] 这些做法，对于维护本国公民的海外安全起到预警和提示作用。

① 详见 2010 年 1 月 10 日的英国外交部网站内容。

其次,英国外交部还分门别类地根据不同安全问题,出版一些书刊,以帮助旅居海外的英国国民。例如,《帮助海外英国公民》一书就囊括了诸如如何办理出入境签证、旅行安全常识、各国海关规定、国际法律等内容。《海外英国囚犯》、《在国外的监狱中》和《安全旅行简明指导》等出版物还可以在英国外交部的网站下载。这些书籍所涉及的内容包括恐怖与犯罪活动、不同方式的旅行安全、世界各地风土人情、自然灾害应对、信用卡与自动取款机的使用等日常生活和安全常识,以方便出国旅行者。

再次,英国外交部还提供关于各国安全和政治风险的信息。这些信息包括恐怖威胁、政变、法律状况、人权保护、国民感情等,特别是提醒英国公司法人如到政局动荡的国家投资和从事经济活动,一定要根据政局变化状况安排好自己的业务。

最后,英国外交部设立的与企业联系的领事协调员也可以为国外的英国企业提供信息服务。一些英国企业和法人如认为需要更进一步的领事服务,则可以通过外交部出面来协调全球的领事馆,以了解海外详细情况。

(三)外交保护与领事保护相结合

外交保护和领事保护是两种不同的维护公民和法人海外利益的方式。2007 年的英国外交部《领事战略报告》中指出:历史上,领事工作在外交部一直不受重视,人员和经费投入不多,海外英国人多有抱怨和不满。现在情况发生了变化,领事工作被列为外交部工作重点之一。领事服务的效果成为衡量外交部领导人和英国驻外使领馆工作成绩的主要考核指标。领事服务好坏很大程度上决定着议会、民众和媒体对外交部工作的评价。这表明,英国的领事工作从过去与外交分离、不受重视发展到受高度关注,并进而将领事工作作为外交部工作重点,体现了外交工作与领事保护的结合。不过领事保护与外交保护仍存在某些区别,而且管理依据与渠道都有差异。

外交保护包括三个基本条件,即:国籍、国家的国际不法行为、用尽当地司法救济。而领事保护却不需要前置条件,只要是具有本国国籍的公民,派遣国就可以在接受国境内提供领事保护和服务。也就是说,当本国国民在领区内遇到困难、麻烦,或出现被逮捕、拘留或监禁等情况时,领事官员可以会见该国民,而不需要国民用尽接受国的司法救济,也不需要证明该国民遇到的困难或者麻烦是由接受国的国际不法行为造成的。因此,领事保护更有灵活性和可操作性,可以作为外交保护的有效补充。从国际法角度分析,外交保护是由国家提起和行使,因而国家是外交保护的权利主体。而领事保护则发生在侨民所在国,是外国人所享有的一项个人权利,在国际法容许的限度内,本国公民有权根据本国国内法的规定,要求本国领事提供必要的协助和帮助;领事保护是国家的一项权利,而不是国家的责任和义务。虽然外交保护与领事保护存在种种差别,但是保护本国国民在所在国的合法权益就成为二者的共同目的。英国通过政策调整将领事保护作为外交部的核心工作之一,本身就是外交工作在某些层面服务于领事工作,从而实现了外交与领事工作的有机结合。

(四)民间组织与社会公众参与领事保护

英国是个商业活动发达、社会组织发育健全的国家。例如,英国的慈善机构和部门遍布全国,渗透到每个角落。光在英格兰和威尔士地区注册的慈善团体就超过 18.6 万,另有约 2.5 万个团体在苏格兰地区注册。雇员超过 50 万人,每年另有约 150 万名志愿者[①],民间组织可以承担政府行政部门和官方不方便做的事。目前,英国外交部已经利用私人机构来提供旅行建议咨询服务,“将来可能会考虑利用私人公司或非政府组织来完成部分探监和探望病人的活动”[②]。为了共同做好公民海外安全工作,英国各商业机构、海外企业和法人也在参与保护英国公民工作。例如,英国保险业协会就提出,保险机构应将政府发出的旅行警告作为风险评估的重要参考。如果当事人执意要去政府“明确反对前往”的国家,由此造成的人身伤害和财产损失,保险公司将不负责赔偿。这种规定和考虑,可提高公民的安全意识,也可以促使英国公民对政府的领事政策有进一步了解。而且,一旦出险或

① 张立:《英国人为什么最信任慈善组织?》,《检察日报》2010 年 12 月 21 日。

② The British Foreign & Commonwealth Office, In Partnership: Delivering High Quality Consular Service - Strategy、2004 - 2007, http://www.fco.gov.uk/Files/Kfile/ConsularStrategy0804.pdf, p. 21, 2007 - 8 - 17.

发生意外，由于有保险公司提供的损失保险，也相应减轻了政府处理领事保护案件的经济负担。另外，领事部门也加强了与普通民众之间的联系。例如，倡议成立志愿者律师小组，专门为领事保护案件的当事人提供免费法律咨询服务等。这些外交亲民政策不仅缓解了领事部门的压力，密切了与公众之间的联系，也为外交部门赢得了比较广泛的国内民众支持，提升了领事部门在整体外交中的地位。

英国曾经是个世界强国，但是，由于不断变化的国际环境和英国国际影响力所限，英国政府认为自己在做好海外利益保护方面，仍有诸如领事预警信息不充分、领事保护手段不足等问题，需要外交部相关机构不断地改进工作，以更好地服务于英国民众。

第三节 日本保护公民海外安全的机制与实践

在亚洲国家中，日本是对外开放最早的国家，也是国际化程度较高的国家之一。据历史记录，早在 1869 年 7 月，日本就有了专门负责对外关系的外务省。第二年，外务省又设置了大、中、小办务使职位，开始仿效西方国家开展近代对外关系。日本向英、法、德、美等主要西方国家派驻了小办务使。1872 年 4 月，外务省委派大办务使去英国，提高了驻外外交官的行政级别。以后，日本又将办务使改称为特命全权公使，并建立了领事机构，开始向海外各国派遣领事官，领事保护也逐渐展开。早期的日本驻外领事都是“名誉领事”，既不是官方外交代表，更无外交授权，只是有名无实权。当然，之所以设立名誉领事，主要是没有多少领事事务可做，名誉领事往往委托当地人或本国普通公民，也不给薪俸。

第二次世界大战后，随着日本成为战败国，日本的国际影响力受到严重影响，日本的外交空间受到限制，因此，相当长一个时期内，日本在国际关系中的影响力较弱，外交政策上奉行与美国一致“一边倒”外交。只是到了上个世纪 70 年代后，随着日本一跃成为世界上第二位经济大国，日本的海外利益开始全球化和国际化。从此，日本的外交活动和领事保护开始活跃起来,日本逐渐形成具有本国特点的公民海外安全保护制度。

一、日本领事保护机制的发展和特点

(一)日本领事保护制度的发展

日本领事保护制度有一个建立与完善的过程,至今已经形成一套比较完善的领事保护法律体系。但上推到20世纪前半个世纪,日本虽然也制定了许多法律,但专门的领事法律法规很少,有关领事事务的规定散布在很多法律条文中。1983年,日本加入了《维也纳领事关系条约》,认定该公约为日本国履行国际领事义务,处理与其他国家领事关系的法律,这样,日本有了比较正规的实施领事保护的法律依据。

进入21世纪以后,日本公民海外经商、留学、旅游和国际活动的人数剧增。例如,2004年,日本人出国总人次已达到1683万,比上一年的1329万上升了25%以上。[①] 这样,日本人在海外安全事件也同步增长。特别是2003年伊拉克战争后,由于日本支持美国的伊拉克政策,派兵参加伊拉克战后维和工作,日本被伊拉克、阿富汗两国的恐怖分子和反政府武装视为“敌对国家”,接连发生了多起日本人被绑架和杀害的安全事件。例如,2004年10月,一名日本人在伊拉克被歹徒绑架。2005年5月,一名叫齐藤昭彦(音译)受雇于一家总部设在塞浦路斯的安全公司的日本男子被恐怖分子绑架。2008年8月,一名日本人被阿富汗武装分子绑架并杀害。据不完全统计,从2002年到2010年间,至少有多达十来个日本人在伊拉克和阿富汗两国被不明身份人员绑架,个别甚至被杀害。至于日本人在海外意外死亡的恶性事件也经常发生。例如,2004年12月,印度洋海啸造成35名日本人死亡。这些事件在日本国内引起轩然大波,也促使日本政府不断地完善和强化各项保护公民的安全之策。

经过多年的努力,日本政府对领事保护的重视程度逐步提高。在1994年,日本将保护海外日本人安全作为外务省的工作之一,无论在人员配备和

---

① 日本法务省:《出入国统计年报》(2004年)。http://www.moj.go.jp/.

资金保障上，都没有特别重视和强调。2002 年，日本外务省开始将领事保护的职责定义为直接与民众打交道，并且是密切与百姓生活关系问题。2004 年，随着日本走向政治大国的国家战略实施，日本的国际影响力不断上升，日本人在海外安全问题开始突出，日本外务省进一步提出：日本人在海外的安全是外交工作优先目标。这表明，日本对领事工作重要性的认识在不断深化。

（二）日本领事保护制度的特点

1. 以预防为核心，强化公民海外安全意识

公民出国活动是经济全球化的必然要求，日本作为一个世界经济大国，其外向度和对外依赖性很强。例如，日本经济发展的 95% 以上的原油、煤炭、铁矿和各种有色金属基本上都要依靠海外市场。日本工业产品的绝大部分是供应出口，因此，日本国民跨国活动是相当频繁的。面对快速增长的公民海外安全事件，仅靠事后补救和应对是被动的。因此，外务省认为，确立“预防为主”的理念是一种主动和积极的维护公民安全方法。为此，日本外务省出版了关于海外安全信息指导的辅导材料《海外安全手册》，该书详细地向日本公民介绍了海外安全状况、如何避险、领事保护工作的范畴、个人和法人如何应对不同的威胁、日本海外使领馆联系方法和电话等内容，以指导日本民众安全出行。

另外，日本还建立了多渠道的海外安全信息传播制度，强化公民海外安全意识，以防止安全事件的发生。日本政府于 1993 年开始为日本国民提供海外安全信息服务；举办“海外安全措施周”活动；发布海外旅行安全提示，采用分级警告，对旅行者提出建议，等等。[①] 例如，2010 年 9 月，日本与中国就钓鱼岛主权问题发生争执，两国关系趋于紧张，中国民间反日活动也有所抬头。[②] 因此，日本驻广州总领事馆就发布了领事预警消息，建议在中国的

---

① 夏丽萍：《日本领事保护机制的发展及对中国的启示——基于日本外交蓝皮书的分析》，《日本问题研究》2008 年第 2 期。

② 2010 年 9 月间，在北京、西安、广州等城市都出现了学生与市民游行、示威和抗议日本政府抓捕中国渔民的反日活动，中日关系急剧降温。

日本人注意自身安全,不要到中国人较多场所,尤其要注意不要在中国公众休假日外出。要求欲赴中国的日本人暂停行程。领事提示活动是现在日本领事部门日常工作之一。

日本是个岛国,国民进出境以飞机为主要交通工具,这对于日本领事部门发布安全提示信息是有利的。日本外务省在各大机场出入境大厅设置了海外安全信息查询触摸屏,方便国民查阅海外信息。日本还每年两次举行"海外安全宣传周"。日本外务省与日本广播协会合作,制作《海外安全情报》栏目,通过电视和广播形式,给日本国民传送各种安全动态和信息,特别是当出现日本公民在海外遇险,公众对事件进展高度关注的时刻,日本外务省与相关媒体会借机进行密集的安全知识宣传活动,以增强国民的安全意识。

2. 应急与协调实现层次化

为对领事保护紧急事件及时有效地作出反应,日本外务省建立了危机处理协调办公室,同时将该国的领事部升格为领事局,增加人员和编制,并成立专门的服务机构—领事服务部,以协调内部各相关部门,调动各方力量支持领事局的工作,促进外务省对紧急事件作出有效反应,提供快捷服务。

2004 年 1 月以前,有关危机管理方面的事情,都是由外务省综合外交政策局负责管理。外务省综合外交政策局的主要任务包含两方面内容:一是从综合的中长期的角度来进行政策规划。二是应对重大紧急事态。2004 年 1 月,"危机管理官"诞生——外务省官房长官下设了官房危机管理调整室。该室直接隶属于外务省事务次官管辖,主要负责危机情况下各相关部门之间的协调工作。该调整室自设立以来,当领事保护事件发生后,迅速将工作状态由平时向紧急事态转变,在完善危机应对体制上发挥了相当重要的作用。① 此外,外务省领事局还设立了海外国民安全科,专门负责海外日本人的安全保护以及相关政策和措施的制定。

除此以外,外务省还设有海外国民恐怖主义对策室,负责制定政策以及

① 日本外务省编:《外交基础》,《2004 年外交蓝皮书》第 6 章,东京财务省印刷局 2004 年版。

保护与恐怖事件相关的海外日本国民的安全。[①] 目前,日本已经形成了内阁府、外务省和领事局三级领事危机事件处理机制。这种多层次的危机应急机制,有效地保证了日本政府对涉及海外日本国民的领事紧急事件作出及时和有效的反应,最大程度地减少了损失。

3. 领事保护实行官民结合

日本外务省十分重视与民众和企业界的沟通与合作,通过政府与民间互动,做好领事保护工作。1992 年,为加大外务省与海外日本企业、团体之间的联系与信息交流,日本外务省考虑到海外日本人大多定居在亚洲的中国、韩国和中国香港、中国台湾,中南美洲的秘鲁和巴西,北美的美国、加拿大等国的现状,开始建立日本人安全顾问小组,以方便日本驻外使馆官员与当地日本人的联络。2003 年,外务省又成立领事事务顾问体系,请一些来自私人企业的公民担任领事顾问。这些公民比较熟悉海外某个地方的情况,凭借他们的人脉与社会资源,可以帮助日本外务机构处理一些涉及日本公民的领事保护事件。此外,日本外务省还定期召开由日本侨民参加的安全咨询和联络会议,对于日本侨民团体在领事保护中所发挥的特殊作用予以充分肯定。[②] 这种建立在政府外务部门与海外日本人之间的固定联系,不仅联络了官民感情,巩固了与海外日本人关系,而且推动了领事保护工作的顺利展开。官方与民间合作,共同促进领事保护工作的模式长期而有效,缓解了因公民出国人数不断增加所带来的领事保护任务繁重与人手不足的矛盾。

二、领事保护的运作机制

日本的领事保护机制经过几十年的发展,特别是历经伊拉克战争后至今的日本海外人员被绑架和杀害的数次重大领事事件的考验,已经形成了一套有效的危机管理机制。这一机制主要包括法律保障、运行手段、预警机

① 颜志雄:《日本领事制度研究》,外交学院 2007 级硕士学位论文。
② 颜志雄:《日本领事制度研究》,外交学院 2007 级硕士学位论文。

制和保障机制等，当然，这些机制的核心和中枢神经是日本外务省。

首先，法律保障是日本领事保护机制的运行基础。海外领事工作涉及国内和国际两个方面，实施领事保护要动用大量的人力、物力和财力，如果碰到大规模海外撤侨或营救人质等紧急和突发事件，还有可能征用海外企业和民间的不动产，更需要各部门的配合。因此，领事保护工作一定要做到有法可依、依法保护。为保障领事保护活动的顺利推进，日本政府在领事保护方面的立法从无到有再到逐步完善，经历了一个渐进的发展过程。

2003 年 6 月，日本有三部与领事业务相关的法律即《确保武力攻击事态中我国国家和平独立以及我国国民的安全之相关法律》（简称《武力攻击事态应对法》）、《安全保障会议设置法部分修改法》、《自卫队法等部分修改法》得到日本国会通过并生效。2004 年 9 月 17 日，日本开始施行《国民保护法》，该法律就如何保护国民的生命、财产安全，将灾害对国民生活的影响减至最低，国家、地方公共团体应负哪些责任、如何采取避难、救援措施等事项作了具体规定。日本外务省根据《国民保护法》第 33 条第一款以及第 182 条第二款的规定，制定了《外务省国民保护计划》[①]。《外务省国民保护计划》中对国民保护措施实施的有关体制、国民保护措施实施的内容及方法、国民保护措施实施过程中各相关部门机构之间的协调合作以及其他有关注意事项都作了详细的规定。2004 年 12 月 7 日，日本政府又发表了《关于贩卖妇女儿童犯罪行为对策的行动计划》，该计划对“如何保护受害者安全”、“如何协助被害者回国”等方面都作了明确的规定。

这些相关领事保护法规的出台，为领事保护提供了法律依据，为开展领事保护，切实维护日本国民在海外的合法权益提供了法律保障，也为领事保护机制的运行提供了规范。

其次，制度和机制建立是首要工作。领事法律保障是实施领事保护的基础，行之有效且运作灵活的机制和手段则是主要的保障抓手。为切实将

① 详细内容参见日本外务省网站《国民保护法》第 33 条第一款以及第 182 条第二款。http://www.mofa.go.jp/mofaj/annai/shocho/hogo/keikaku.html

领事保护落到实处，日本政府面对不同危机状况制定了各种预案和机制。

第一，当日本人在海外遇到恐怖伤害、爆炸死亡、空难等危及人身安全事件时，如果驻外领事机构和领事官不能自行处理或力量不足，就要及时通报外务省，并向事故有关的家属通知情况；如果遇到日本公民海外死亡等重大事故，领事人员要即刻核实信息，通过外务省向受害人的亲属或好友及时通报。除对死难者进行必要的援助之外，还负责将死难者遗体运送回国。

第二，当日本人在海外有法律纠纷时，领事部门负责与有关当局联系，而且还可以为其提供法律援助。例如，代理聘请律师和翻译、提请当事国司法部门公正执法等。

第三，当领事机构或官员确认日本国民在海外身陷窘境时，领事馆为需要帮助的日本国民直接或通过外务省和其亲属或好友取得联系后，将需要为其提供机票和钱物支持的要求告知其亲属或好友；当日本人在海外失踪时，有关海外日本人的行踪调查，除了其亲属自身努力外，如果六个月以上仍无音讯，领事馆则根据其亲属的要求，在外务省的指示下对其行踪展开调查。另外日本政府还动员海外非政府组织参与到领事保护中来，使得海外领事保护有了新的资源支撑。

再次，建立领事保护预警机制，为海外日本人及时提供准确信息咨询。情报信息工作是领事保护二作顺利开展的关键因素，因此，通过预警机制的建立，完善信息搜集系统显得极为重要，为此日本政府在危机预警方面投入了大量工作。

一是建立有效便捷的信息平台。他们建立“海外安全网页”，实行信息公开，随时随地向日本国民提供相关信息。向国民公布日本驻海外机构的电话和传真号码，以及有关海外安全情报信息的手指触摸式荧屏录像设备，向日本国民提供便捷的海外动态资讯。

二是提供各种不同的海外旅行建议。外务省网站每天以醒目的文字和图表向公众进行海外安全警示，为人们提供不同的安全建议。警告形式包括“特别注意”、“请认真考虑海外出行的必要性”、“建议出行延期”、“劝告退避，请延期出行”等措词。该警告形式在网页上依次以“浅黄色”、“深黄色”、“橙色”、“红色”表示，危险程度依次由低到高。并且针对各地区不同的“色彩”警告，外务省在网页上直接给出了相应的安全对策建议。

三是日本在各使领馆为国民提供可免费索取的有关海外出行安全的宣传手册及书籍，这些手册及书籍都有网络版，人们可以直接上网查阅并下载。这些预警机制和信息的提供，为国民出行海外提供了比较可靠的资讯参考，大大方便了国民。

最后，领事保护的后勤保障机制，使得领事保护有效、更有力。领事保护的保障机制主要包括人员、经费以及各有关部门的协调配合等。在人员配备方面，每年大量的出国人员要求领事保护人员配备充足，专业素质要求也不断提高。日本外务省为切实做好领事保护工作，非常重视领事人员的培训和遴选工作。领事官员培训工作主要由外务省研修所负责。领事局下设领事体制强化室，也开展一些研修活动，其目的在于通过开展研修活动，让领事官员彻底了解有关领事保护的相关法律、措施，从而使其在执行公务上更加合乎工作要求。为了加强职员的使命感及服务意识，外务省要求各职员必须严格遵守《公务员伦理法》，并制定了“外务省职员行动规范”，切实保证领事人员的业务素质和职业道德水平，以保证领事保护工作有效、有力。在经费保证方面，财政预算中有关领事保护的费用占很大份额，以2003和2004财政年度为例，日本领事保护费用的支出比例占到外交经费的3.4%和4.1%，而且正在逐年提高。[①]

除了政府财政支持以外，日本各大财团、民间组织和社会力量还积极提供赞助资金，以减轻政府财政负担。例如，在部门协调层面，日本侨民在海外的子女教育问题上，日本外务省经常与文部省联系，要求他们提供师资和教材等。在医疗保障上，外务省特别注意与国内外的一些医疗机构积极配合。可以说，在领事保护上，日本外务省得到了各方面的大力支持。另外，外务省还积极与大专院校、智囊机构、民间社团加强信息交流和对策研讨，让社会力量来参与点多、面大和事杂的海外公民安全工作，这种官民结合、

① 颜志雄:《日本领事制度研究》，外交学院2007级硕士学位论文。

海内外联动的保护机制是很有成效的。

三、领事保护机制的走向和影响

综合考察日本近些年来的海外公民保护工作，尤其是仔细地观察日本领事保护制度的发展，不难发现，日本有关部门对海外日本人的利益保护，可谓“煞费心机”。领事保护的“民本”走向很明显。“民本”就是一切为了国民，国民的需要是领事保护改革的方向。日本领事保护的出发点和落脚点是日本的海外公民，体现了日本外交的宗旨。

1994 年，当时日本政府发表的《外交蓝皮书》，在提到“领事保护”时，只是笼统地讲保护海外日本人安全是日本政府的一项重要责任。时隔十年后，日本《外交蓝皮书》已将保护海外日本人的安全列为外务省的优先任务，这体现了日本外务省开展海外领事保护工作的认识得到了深化和提升，体现了外交改革的“民本”走向和宗旨。2002 年，作为日本外交咨询和议事机构的日本海外移民理事会，在改组成员时，就提到了领事服务措施要“以人为本”的理念。这一理事会在 2003 年推出的《关于领事事务改革的初步报告》和 2004 年推出的《在变化的世界中进行领事事务改革和处理外国人问题的新方法》两份报告中，就清晰地将海外日本人的需要、方便他们获得与当地人同样的便利作为领事保护的目标，而且该报告得到了日本政府的认可、吸收和采纳。

“服务”导向是日本领事制度改革一个特色。为了有效地改善外务省在日本国民中的形象，外务省在提高服务上动脑筋。通过领事服务时间延长、领馆工作休息时间的电话接待服务、接待室内放置消费物品的改善等细节，体现出周到和亲切的服务风格，以赢得日本国民的满意。我们还可以从另一个细节来认识日本“民本”理念。例如，2004 年，外务省将原来的“帮人保护课”改为“帮人安全课”。这一“词”之改，表明日本领事保护的理念已经发生重大变化，从过去消极的领事案件事后补救变成积极的事前预防，这样，可以有效地减少事件发生率。“帮人安全课”下设“海外安全中心”，专门负责向公众提供海外安全信息。该中心通过各种途径广泛传播海外安全信息，强化公民海外安全意识。具体包括：编印宣传手册，以图文并茂形式介绍海外各类日常和突发事件；开设海外安全栏，通过互联网和传统媒介传播海外信息，实行不间断地滚动播出；通过举办各种形式的公众活动，提升日本人的安全意识；设立24小时咨询电话，解答公民海外安全问题。从服务部门的设立到服务部门工作范围和职能，我们不难发现，日本人在海外领事保护服务指向上是十分明确的，这似乎也从一个层面反映出日本外交的"民本"理念。

日本的领事保护制度建立与不断完善，为在海外的日本公民提供了一个安全的值得信赖的保障网络。同样，领事保护制度的改革也为日本其他行政部门的变革提供了一些经验和思路。

日本领事保护制度的发展与完善经历了较长的过程，其发展方向越来越理性化和民本化，这对日本和世界各国的领事保护改革都具有一定的参考价值。

综上所述，随着中国国家利益国际化程度的不断地提高，中国领事保护部门和相关机构人员要时刻把人民的安危和利益放在第一位，学习和借鉴发达国家开展海外公民保护的经验，结合中国自身的特点，积极地创新领事保护手段，为走出国门参与全球化进程的海外中国公民，做好"保驾护航"工作。

第五章 中国保护公民海外安全的建设方向

从2006年到2011年2月间，中国政府先后组织过十二次海外撤侨护民行动。光2006年一年中，相关部门就实施了四次。外交部中国领事保护中心负责人称2006年为"中国公民撤侨年"①，这从一个侧面反映出当前及今后较长时期内，中国公民海外安全的形势是不容乐观的。

2011年是中国第十二个五个规划的开局之年，也是中国全面建设小康社会的关键一年。年初，从埃及和利比亚两国大规模撤出我公民的海外安全事件警示我们，在21世纪第二个十年开始之机，随着中国国家利益国际化程度的不断提高，如何维护中国的海外利益，保护中国公民的海外安全，是中国相关部门面临的一大挑战。总结过去十年的经验，展望未来的海外安全态势，中国要站在新的历史高度，从新安全观、对外战略、国家形象和领事保护能力诸多方面，来认识公民海外安全工作。相关部门要总结以往领事保护的成功经验，借鉴发达国家保护其公民海外安全上的好做法，以"预防性保护"为中心，创新领事保护手段，以提高保护中国公民海外安全的能力。

这一章，我们以中国政府组织的历次撤侨护民事件为线索，重点以2011年1月份中国政府协调各方从埃及接回中国游客事件为样本，剖析现行的中国保护公民海外安全的机制，并从中国公民海外安全环境的营造和

① 中国领事保护中心副主任赱海涵与《国际先驱导报》记者梁辉谈话。《国际先驱导报》2010年9月17日，第557期。

领事保护能力建设两个层面,提出进一步提高公民海外安全保护水平的若干建议。

第一节 现行的保护公民海外安全机制剖析

根据国际法和相关国际条约及国际惯例,一国保护本国公民的海外安全和法人利益的主要途径是外交保护与领事保护。其中,领事保护是最合法的、最常用的途径。领事保护的方法是多种多样的,撤侨是领事保护手段中最后和最有效的方法,但也是一种非常态的保护手段。新世纪第一个十年,相关部门至少实施过十六次海外撤侨护民行动,中国公民海外安全保护机制经过实践的考验,更加成熟和有效。进入21世纪第二个十年,随着国际格局和中国国际地位的变化,中国保护公民海外安全的机制也面临着诸多的挑战。

一、历次撤侨护民行动的起因和特点

1990年8月,由于伊拉克军队入侵并占领邻国科威特,引发以美国为首的多国部队数十万大军大规模集结海湾地区,海湾战争一触即发。[①] 突如其来的中东地区的紧张局势,促使世界各国纷纷从这一地区紧急撤侨。党和国家领导人高度重视在伊拉克、科威特两国的近万名海外劳务人员与侨民的安全,明确指示有关方面“不惜一切代价接运我劳务人员和侨民平安回国”。[②] 外交部相关司局和驻伊、科两国大使馆领导与工作人员,根据中央领导和外交部负责人指示,动用一切资源和手段,克服重重困难,不分昼

① 海湾战争:1991年1月17日到2月28日,以美国为首的多国部队在联合国安理会授权下,为恢复科威特领土完整而对伊拉克进行的局部战争。主要战斗包括历时42天的空袭,在伊拉克、科威特和沙特阿拉伯边境地带展开的历时100小时的陆战。伊拉克最终接受联合国660号决议从科威特撤军。

② 张兵、梁宝山:《紧急护侨——中国外交官领事保护纪实》,新华出版社2010年版,第138页。

夜地开展“撤侨”工作，终于在很短时间内将全部中国公民接回国内。[①] 这是改革开放后到上个世纪末，中国政府进行的最大规模的海外撤侨行动，也使中国人明白了“外面的世界并不精彩”。

进入新世纪后，“撤侨”这种非常态的保护公民海外安全的方式，似乎成了相关部门的“家常便饭”。据不完全统计，在本世纪头十年间，中国政府组织过至少十六次海外撤侨护民行动（部分见下表），既有一次包机接回数十人的小规模撤侨活动，更有动用多架包机不间断地从海外接回上千甚至数千中国公民的跨国救援行动。规模最大、一次性撤出人数最多的是2011 年2 月底3 月初进行的利比亚撤回中国公民行动，这次撤回我公民行动历时十来天，受救援人数三万多人。从所列海外撤侨护民行动来看，中国政府为保护公民海外安全而实施的跨国救援行动，事件的起因和背景有许多共性，中国撤侨护民活动也有一些特点。

一是事发地均属发展中国家，且多数是欠发达国家和地区

过去五年，因侨民居住国或公民活动所在国出现危及中国公民人身和财产安全的情形，促使中国政府实施撤侨护民行动的国家和地区，全都是发展中国家，亚洲、非洲、拉丁美洲和大洋洲都有。美国、日本、英国、法国等发达国家一个都没有。而且绝大部分国家属于联合国划定的世界低收入国家，其中海地、乍得、所罗门群岛是世界上最不发达国家[②]，这不是巧合和偶然。今天，众多发展中国家仍处于从传统社会向现代社会的转型期间，一些国家长期存在的宗教、民族、部族之争得不到公正和合理的解决。部分非洲和大洋洲地区的国家，因地理位置和自然环境条件相对较差，经济单一结构长期存在，人民的生活水平提高缓慢，人口增长和经济发展缓慢的矛盾十分突出。当种种不稳定诱因相结合，社会矛盾累积到一定程度时，一些国家会瞬间爆发危机，危及外国侨民安全。

---

① 张兵、梁宝山：《紧急护侨——中国外交官领事保护纪实》，新华出版社 2010 年版，第 152 页。

② 截至 2002 年，经联合国确认的最不发达国家是 49 个，绝大多数是非洲国家，尤其是撒哈拉沙漠以南的非洲国家。

海外撤侨护民事件一览表(2006 年起)①

	时间	事发地	事由	经过
一	2011 年 2 月 22 日	利比亚	利比亚安全形势发生重大变化,一些中资公司项目营地遭到暴徒袭击,一些人员受伤。	国务院成立应急指挥部,调派包机、船只,租用邮轮等全力撤侨,最终将 35860 人撤离利比亚回国。
二	2011 年 1 月 31 日	埃及	开罗及部分地区局势紧张,实行宵禁,上千名中国游客滞留埃及各地。	中国政府协调派出 8 架商业包机接回 1848 位公民。
三	2010 年 6 月 12 日	吉尔吉斯斯坦	吉尔吉斯斯坦南部多个地方发生骚乱,危及中国侨民安全。	中国政府派出 9 架次包机撤出 1300 名侨民。
四	2010 年 1 月 27 日	海地	海地发生大地震,社会秩序失控。	中国政府派包机接回 48 名滞留海地的公民。
五	2009 年 5 月 3 日	墨西哥	甲型 H1N1 疫情大爆发,“世界卫生组织”发出旅行安全警告。	中国政府派出包机接回 97 名公民。
六	2008 年 11 月 29 日	泰国	曼谷发生反政府活动,国际机场被迫关闭,社会秩序失控。	中国派出 4 批 12 架次包机接回 3346 名游客。
七	2008 年 2 月 2 日	乍得	首都恩贾梅纳反政府武装与政府军展开激烈巷战,危及侨胞安全。	近 300 名中方人员通过陆路撤到乍得邻国喀麦隆。
八	2006 年 11 月 21 日	汤加王国	首都努库阿洛法发生骚乱,华侨华人的店铺被烧、抢,损失严重。	中国派包机撤出 193 位华侨华人。
九	2006 年 7 月 19 日	黎巴嫩	黎巴嫩与以色列两国发生武装冲突,危及在黎中国公民的安全。	中国政府组织撤侨,167 位中国公民撤出黎巴嫩。
十	2006 年 5 月 29 日	东帝汶	首都帝力发生骚乱,局势动荡。	中国政府派出 2 架包机撤出 243 名侨胞。

例如,大洋洲中的汤加王国是一个只有十万人口的岛国,至今仍保留着君主制。经济上以农业为主,工业不发达,生产力水平低,经济发展落后,严重依赖外援。2006 年 11 月 16 日,因宪政改革分歧引发社会骚乱,首都努库阿洛法的政府机构和商业场所遭到上千名暴徒的冲击,市中心大部分建

① 根据外交部网站和相关报道整理而成,个别时间和细节略有出入。

筑被毁坏，约30家华人店铺被烧、被抢，侨居该国的华侨华人的生命和财产安全受到严重威胁。11月20日，中国政府紧急派出包机前往该国"撤侨"，有关方面克服重重困难，历尽千辛万苦，终于将近200位同胞安全接回国内。同样，像吉尔吉斯斯坦、东帝汶、黎巴嫩等国也是各地区的经济不发达国家。

二是起因多半是战乱、政局动荡和社会秩序失控

从中国历次海外撤侨护民起因来看，除了中国政府从海地和巴基斯坦撤侨护民行动，是因两国发生地震和特大水灾等自然灾害外，其余都是因一国政治经济和社会危机所致。事实上，如果一国政府控制和应对自然灾害能力不强，"天灾"会转化为"人祸"。例如，2010年1月，海地发生特大地震，地震造成包括8名中国联合国维和警察在内的数十万人伤亡，更多的人无家可归。由于海地是世界上最贫穷国家之一，基础设施、医疗卫生条件和抗震救灾能力极差，海地灾后全国陷入混乱之中。考虑到滞留海地的中国公民的安全，中国政府派包机将48位中国公民接回国内。

从以往海外撤侨护民行动的起因来看，大多是因侨民所在国发生了政局动荡，安全局势的发展威胁到中国公民人身和财产的安全，它有几种情形：一是一国因外国入侵或卷入国际冲突，处于战争状态，如中国从伊拉克、科威特、黎巴嫩等国撤侨行动。二是一国发生内战或无序政权更迭，引发政治危机，严重威胁到外国人的安全，如中国从乍得、也门、吉尔吉斯、利比亚、埃及等国撤侨。三是该国发生社会骚乱，法纪秩序失控，刑事犯罪活动猖獗，殃及无辜人员，如中国从泰国、所罗门、东帝汶、埃及等国撤侨行动。当然，现实中上述不同的情形更多的是叠加和相互转化的。例如，2010年6月，吉尔吉斯斯坦因选举纷争而引发全国性骚乱，局部地区处于无政府状态，刑事犯罪活动猖獗，严重危及到在该国的中国公民安全，情形相当危险，"中国政府撤侨工作组抵达吉国奥什机场后立刻着手开展侨胞的组织工作，但危险也伴随在他们身边。在赴中国侨民集中的北京饭店途中，两名中国

外交官乘坐的大巴遭到不明枪手袭击，车窗玻璃被子弹击碎”。[①] 从这段话描述中，反映出当时吉尔吉斯斯坦国家的紧张和危险的安全形势。

当前，中国公民正像潮水般涌向世界各地，中国“走出去”战略在部分国家和地区已经“生根开花”，中国在许多发展中国家有较大的经济利益。但世界上一些国家和地区因种种原因，正在成为“是非之地”，孕育着各种危机。2011 年年初，中东和北非地区的也门、巴林、伊朗、苏丹、突尼斯、埃及、叙利亚、利比亚等国先后发生了政治动荡或重大的政权变故。上述国家都有大量的中国公民在从事商务和劳务活动，更有中资企业海外公司在从事工程承包等跨国经济活动，因此，这些国家一旦出现重大政局变动，势力给中国公民的安全和法人利益带来损害。例如，利比亚政局变动导致中国撤回所有劳务人员和中资机构的行动，中国企业的直接经济损失就达数十亿。光中石油一家潜在的损失就达 12 亿元。[②] 因此，相关部门要研究在战乱环境下的中国公民和法人利益保护的规律，创新领事保护手段，提高保护能力。

三是撤侨护民行动十分频繁，任务日益繁重

海外撤侨护民是主权国家保护其海外公民安全的最有效手段，也是对一国综合国力的检验，更是国家形象的展示。新世纪第一个十年，中国政府实施的历次撤侨护民行动呈现出几个特点：

一是行动频繁，间隔较短。过去十年，中国政府和相关部门先后实施过十六次的海外撤侨护民行动，有些年份全年有四次。2006 年，因南太平洋岛国所罗门群岛、东帝汶、汤加王国和中东的黎巴嫩等四国发生危及中国侨民和公民的动乱及战争，中国政府进行了撤侨行动。十年中十六次，平均间隔为七个半月，最短的两次撤侨行动，前后间隔不到一个月。2011 年年初，从埃及撤出中国游客和从利比亚接回劳务人员的两次跨国救援行动，相差只有二十多天。

---

① 《5 日 5 夜——中国政府吉尔吉斯斯坦撤侨行动纪实》，中央政府门户网站 2010 年 6 月 17 日。

② 《中国石油利比亚项目潜在最大损失约 12 亿元人民币》，经济观察网 2011 年 3 月 4 日。

二是撤侨护民的原因多样。撤侨护民行动是一种迫不得已的救急救难行为，其起因既有发生地震、水灾等自然灾害，导致中国公民困滞外国，促使中国政府实施人道主义救援。但大多数撤侨行动的原因是外国政局动荡甚至内战，危及到中国公民的生命安全。例如，2008 年 11 月和 2011 年 1 月，世界上两个著名旅游胜地埃及、泰国发生了政局动荡和社会骚乱，导致包括中国公民在内的大量外国游客滞留，中国政府启动应急预案，调派商业航班进行跨国救援，从泰国和埃及撤出了 3346 名和 1848 名中国公民，有效地保护了中国人的安全。2008 年 11 月和 2010 年 6 月，非洲国家的乍得和中亚地区的吉尔吉斯斯坦发生了内战，在这两个国家的中国公民人身安全受到了威胁，中国政府实施了撤侨行动，通过派包机撤回和暂时到第三国避难等方式，保护了中国公民的安全。

三是受保范围更广，受益人数剧增。历次海外撤侨行动中，受保对象不但有中国公民（含台港澳同胞和华侨华人），有时候还有外国公民。例如，利比亚撤侨行动，除接回全部愿意回国的中国公民外，中国还履行国际人道主义义务，在力所能及的情况下帮助 12 个国家撤出了约 2100 名外籍公民。从历次撤侨规模来讲，已从成百上千发展到数千人，甚至达到数万人。十六次行动中，受援人员最少的是 2010 年从海地接回 48 名中国公民。最多的一次是 2011 年 2 月底到 3 月初，从利比亚撤出中国公民，人数达到 35860 人。从 2 月 22 日至 3 月 5 日，中国政府协调派出 91 架次民航包机、12 架次军机，5 艘货轮、1 艘护卫舰，租用 35 架次外国包机、11 艘次外籍邮轮和 100 余班次客车，海、陆、空联动，开展了建国以来最大规模的有组织撤离海外中国公民行动。

四是撤侨护民方式一体化立体化。海外撤侨护民行动，由于事发地在外国，安全事态的发展往往变化多端，捉摸不定，必须做到果断、快速，因此，飞机是最快的交通运输工具。中国政府组织的十六次撤侨行动，多数撤侨手段是动用包机。例如，2008 年从泰国接回游客跨国救援行动，中国政府派出 4 批 12 架次包机。2011 年 2 月份，中国政府从利比亚撤出中国公民的行动，这是第一次海陆空立体化救援行动，撤离行动在中国海外撤侨史上有

"四个创新":一是第一次采用海、陆、空联动的立体运输方式。二是第一次大规模动用国内外民航包机,租用外国邮轮。三是第一次采用"摆渡"方式,边撤出、边转运,第三国"中转",在外国边境上现场办理人员身份登记。四是第一次设计使用中国公民应急旅行证件。[①] 这些领事保护方法的创新,不仅保障了利比亚撤离行动取得成功,也为今后的领事保护工作提供了经验。

二、现行的领事保护运作机制剖析

从历次撤侨护民行动可以看出,为了应对危及中国海外利益的种种威胁,做好中国公民安全保护工作,相关部门经过长期的实践,已经建立了行之有效的保护中国公民海外安全的机制。这里,我们以 2011 年 1 月中国政府协调商业包机从埃及接回游客事件为样本,剖析现行的中国保护公民海外安全的机制。

领事保护是一国主权不可或缺部分,实施领事保护是中国政府保护海外公民安全的主要手段,撤侨护民行动是十分罕见的非常态的领事保护手段。它是当侨民居住国发生了严重的社会和政治危机背景下,由于外国政府无力保证外国侨民的安全,或侨民国籍国的政府认为该国发生的危机已威胁到本国公民的人身与财产安全,一国政府根据国际领事保护的"属人优先"原则采取的特殊领事保护措施。中国政府相关部门经过长期的领事保护实践和海外撤侨护民行动的考验,形成了完整的领事保护机制,这一机制在 2011 年 1 月份埃及政局危机时,救援因故滞留埃及境内的中国游客行动中发挥了出色的作用。

2011 年 1 月 28 日,在中国人民准备欢度传统佳节农历春节前夕,埃及首都开罗爆发了大规模反政府示威活动,游行民众与警方发生暴力冲突并造成一定人员伤亡。接着,埃及政府决定实行宵禁,出动军队进行强制性行动,埃及对外通讯和联系暂时中断。埃及航空公司出于安全考虑,取消了大

① 《中国撤离在利比亚人员行动专题吹风会在外交部举行》,外交部网站 2011 年 3 月 6 日。

部分国际航班,造成成千上万外国人滞留该国。突如其来的埃及政局变故,导致事发时正在埃及的数百位中国游客因故滞留开罗国际机场,游客们生理上处于饥寒交迫,心理上陷入恐惧和害怕。面对这一危局,中国政府启动领事保护紧急程序,中国领事保护中心和相关部门全力以赴地投入工作,最终决定以中国政府名义协调派出商业包机,前往埃及救援并接回游客。从1月31日至2月3日,中国政府协调中国国际航空公司、海南航空公司、东方航空公司、南方航空公司先后派出八架飞机,共接回包括台港澳同胞在内的中国公民共1848人①。它以实际行动再次向国人表明:中国是强大的,祖国是人民最大的"靠山"。

1. 预警机制

预警机制是以提示和劝告性的信息发布形式,对中国公民进行海外危机的风险提示。预警信息主要是由权威发布机构根据事态的性质和程度,考虑到这一危机对中国公民和海外利益可能产生的影响,及时提出海外旅行建议。埃及政局出现动荡后,外交部在第一时间通过其官方网站和中国驻埃及使领馆网站发布了埃及局势预警信息,提示正在埃及或准备出行的中国公民关注。在整个救援行动的短短6天内,外交部网站主页的"海外安全动态"栏目就发布安全提示信息14条,平均每天2条多。在"出国特别提醒"栏目下,外交部分别用"请在埃及中国公民注意安全"、"再次提醒赴埃中国公民和团组慎重考虑出行计划"、"请中国团组暂勿赴埃及"警示级别逐渐提升方式,要求相关单位和个人关注埃及局势。安全预警的建议"措词"是根据危机程度而逐级提升的,这有利于社会各界和相关人员做好防范和应对的准备。

同样,国家旅游局根据外交部提供的领事警示信息,也不间断地在其官方网站上,以醒目的字体和方式进行旅游安全提示,有时一天内连发三次旅游警示,并于2月1日将旅行安全预警级别由"劝告"升级为"劝止",即要求中国游客暂勿赴埃及旅游,各团组春节前不要组团前往。因此,全国各大

① 更多的内容见这一时期的相关新闻报道。

旅行社根据旅游主管部门的要求,取消了全部的赴埃及旅游团组,并允许游客办理转退团手续,这样,防止了埃及政局动荡对中国公民影响的进一步扩大。

作为预警机制一部分,外交部领事司和中国驻埃及使领馆及时地向中国公民公布了24小时热线电话,后又增加热线电话门数以保证线路畅通,并有专人负责接听和回答。据不完全统计,光1月28日夜,中国驻埃及大使馆的热线电话就回答了上百个中国公民的求助或咨询电话。由于埃及首都开罗和部分地区处于宵禁状态,埃及与外界的民用电话和互联网联络处于中断状态,不少游客请求外交部热线电话和中国驻埃及使馆代为向其亲朋好友转达信息,各方均尽量予以满足。

2. 应急机制

应急机制是中国政府相关部门根据国际危机对海外公民的影响程度,从危机管理的基本要求和原则出发,制订危机应对预案,这一机制是以危机的级别来启动相应的干预对策。埃及政局出现动荡后,外交部综合各方反馈的信息,经过认真的研究,确定了本次事件性质和应对方案。外交部成立了应急领导小组,负责领导本次海外涉中国公民安全事件的处理,决定以中国政府名义协调商业航班赴埃及接回中国游客。接着,应急领导小组派出由外交部、公安部、国家旅游局和中国民航局相关人员组成的联合工作组,赶赴埃及现场指挥和处理相关事宜,协助中国驻埃及大使馆开展各项工作。民航局协调各大航空公司派出救援包机,有关部门通过外交渠道办妥了飞机过境国际航空许可。国家旅游局做好在埃及团组和游客身份登记与登机秩序组织工作。同时,联合工作组现场处理可能出现的意外和不测。例如,在埃及滞留的台港澳游客看到中国政府撤侨工作小组到来后,纷纷地提出协助撤离的要求,工作组经请示后加派了飞机,因此,第六架商业包机搭载了222名滞留埃及中国游客(大部分是香港游客),经停香港后飞回广州。本次埃及接回游客的商业航班数量从最早派出的两架后增加到八架,人数从最先估计的五、六百人最后达到1848人,大大出乎预料。这说明,为了更好地应对类似的海外危机,派工作组靠前现场领导和指挥,这是十分重要的经验。

3. 协调机制

海外撤侨护民行动往往关联到外交部、财政部、公安部、商务部、交通部、国家旅游局、中国民航局、侨办、国资委等部门，由于事发地在外国，又会涉及国际关系和国际法。因此，统一领导和强有力的协调机制十分重要。所谓协调机制，就是外交部作为主管海外中国公民安全保护的部门，按照其职责和分工，当海外出现危及到中国公民安全的紧急事态时，根据“谁派出、谁负责”原则，以“境外中国公民和机构安全保护工作部际联席会议制度”办公室名义，进行统一领导和协调工作。鉴于本次事件受影响的中国公民主要是赴埃及旅游的游客，外交部会同公安部、国家旅游局、中国民航局在30日召开了部际协调会，决定由中国政府出面组织商业航班，费用原则上由游客和企业按照商业原则自费和分摊。中国政府在协调组织商业航班实施从埃及接回中国游客的过程中，由于在埃及的更多的中国公民要求提前回国，再加上台港澳游客的强烈要求，相关部门又协调国内航空公司增派多架飞机，紧急赶赴埃及接运中国公民。外交部还通过中央电视台、新华社和国内其他媒体进行了广而告之。外交部发言人在记者招待会及时公布了相关情况，让公众知晓中国政府的行动和相关计划。各省市区的外事部门和滞留埃及的公民派出单位也提供了后勤服务和配合工作，因此，协调机制在本次领事保护行动中起到了很大作用。

4. 服务机制

领事保护工作包括许多内容，除去平时的维护在国外的中国公民合法和正当权益外，还要通过各种形式让公民了解领事业务，帮助海外公民排忧解难。在紧急情形下，领事官员还要尽可能地给中国公民以物质和经济上的帮助。当埃及出现大批游客因故滞留，埃及政局前景未卜的危情后，中国驻埃及大使馆领导和工作人员冒着生命危险，在第一时间赶到开罗机场，开展慰问游客和领事业务工作。在开罗国际机场候机大厅一侧，“中国驻埃及使馆工作组”一块牌子特别醒目，中国工作组夜以继日地开展各项工作，向中国公民发放食品和饮用水，耐心地解答提问。对于许多中国公民提出的特殊要求,凡能满足的尽量予以解决。当滞留机场多日的中国公民踏上回国的包机时,很多人自发地拿出一面面五星红旗,表达出共同的心愿:稳定、强大的祖国真正是人民可靠、温暖的家园。

当然,中国领事保护机制还有其他内容,在不同的情形下发生各自的作用,以有效地保护中国公民的海外安全。

三、中国领事保护机制的特色

在全球化时代,人类面临着多种威胁和挑战,一国政府保护其海外公民安全的能力和水平,事关一国国际形象和国际地位。中国历次海外撤侨护民行动向国人表明,中国政府不断地实践着"以人为本"的执政理念,中国倡导的保护人权和尊重人权精神,正在得到很好的落实。现阶段的中国领事保护机制体现出几个特点。

一是"外交为民"色彩浓重

近年来,外交部落实党中央提出的"以人为本"、"执政为民"思想,"坚持'外交为民',时刻把祖国人民的利益置于心中最高位置,切实维护海外中国公民和法人的合法权益"。[①] 所谓"外交为民",从领事保护角度来讲,就是人民群众是领事保护的服务对象和力量之源,把"群众利益无小事"切实贯彻到领事保护的每一项具体工作中,在细节上做到无微不至,中国公民的生命权和合法权益才能得到更大范围的尊重与保护。"外交为民"就是一切为侨胞服务,为中国公民服务。

从海外撤侨护民行动中看到,中国政府和相关部门时刻把中国公民的安危放在第一位,不惜任何代价来保护中国公民的海外安全。中国政府进行的历次撤侨护民行动,胡锦涛总书记都批示和过问。这次中国政府协调派出商业航班赴埃及接回游客行动,中共中央总书记、国家主席胡锦涛曾作出重要批示:要求外交部协调有关部门,做好接回部署。[②] 外交部相关司局

---

① 《亮点突出,成果显著——外交部部长杨洁篪谈2009年中国外交》,《人民日报》2009年12月14日。

② 任怀:《胡锦涛指示包机撤侨 港报刊广告:港人真有福》,《人民日报》2011年2月11日。

和中国驻外使领馆工作人员总在第一时间内出现在碰到危难的中国公民前，带去中国领导人和中国政府的关怀。为了侨胞和人民的安全，外交官们有时明知有生命危险，也在所不惜。救援行动中，中国驻埃及大使馆领导和外交官们时刻惦挂着中国游客安危。埃及军事管制和宵禁时间一结束，就有一名参赞赶赴机场处理领事保护事宜。不但现场办理领事业务，还带去大量食品、饮用水等生活物资。中国驻埃及宋爱国大使专程赴机场，看望并慰问中国游客。

跨国撤侨护民行动往往要投入巨大的人力和物力，付出巨大的经济代价，为了维护海外中国人的利益，再大的代价，中国政府也要支付①；再难的问题，相关部门都会去克服。海外撤侨护民行动，除了由中国政府协调商业航班接回中国公民行动，其国际旅行费用根据商业原则由个人或相关组团社承担外，其他跨国撤侨活动的所有费用都是由中国政府支付的，这与欧美国家进行类似行动往往要由个人承担，形成鲜明的对照。这一做法，既是中国社会主义制度性质所决定的，也是中国政府尊重人权，以人民利益作为一切工作出发点和落脚点的体现。

二是反应快捷和注重时效

涉及外国公民安危的国际危机往往具有极大的不确定性和灾难性，发生地又远在海外，侨民国籍国的行政权力和国家力量很难直接起作用，因此，提前介入和快速反应在减轻海外危机危害本国公民利益中起到重要的作用。从中国历次海外撤侨护民行动来讲，有人认为“以往的撤侨活动，往往是在事件发生已造成一定的伤害时才开展撤侨行动，如2006年从所罗门撤侨”，②事实上，这一认识是不真实和简单判断。

从埃及救援游客事件来看，中国政府保护中国公民海外安全的跨国救援的速度和应对措施是值得一树的。这次接回游客的行动，困难之大，出乎

① 2011年2月份从利比亚撤出3万多名中国公民，仅2月28日至3月5日，每天连续派出20多架飞机从数千公里的马耳他、希腊、突尼斯等国接回中国公民的国际航班费用，保守估计也要数亿元。

② 黎海波：《撤离滞泰游客与中国的人本性领事保护机制分析》，《风险管理》2010年第2期。

意料。一是实际要求回国的人数大大超出预期的估计，埃及又远在中国数千公里之外，中国与该国的正常国际航班十分少，临时调派飞机跨越15个国家，需要申请临时过境权。二是时逢中国传统佳节春节，国内航空公司运输业务十分繁重。三是时间紧迫，埃及政局动荡前景不明。由于中国政府高度重视，各项准备提前安排。当主管部门作出派商业包机接回滞留游客决定后，相应工作就有条不紊地展开。当中国政府派出的第一批飞机接回滞留埃及的中国游客后，法国、英国、美国等国的撤侨行动才刚刚开始。国外媒体评论，中国是所有自埃及接返国民的国家中相关工作启动最早、速度最快、效率最高、规模最大的国家之一①。埃及政局后来的局势发展表明，幸亏中国政府反应及时，及时撤回游客。因为该国政局后来急剧恶化，更多的国家开展了撤侨工作，局势一度失控。利比亚局势发展更是凶险，中国政府撤出公民后，利比亚爆发全国性内战。3月份，以法国为首的国际力量武力干预利比亚政局，利比亚局势更加动荡、复杂。因此，快速反应是应对国际危机的基本要求，也是保证海外撤侨护民行动成功的前提。

三是步调一致和齐心协力

类似战争、突发公共危机等“天灾人祸”的发生是不以人的意志为转移的，一旦错失救援时机，就会出现不可控制的局面。对于侨民国籍国政府来讲，会损害国家形象和政府在人民心目中的威望。因此，海外撤侨行动重在落实和协调。现阶段，中国公民出国的方式有因公和因私之别，即使是同一出国目的，其出行方式也不同。例如，这次在埃及的中国公民，既有团组集体行动的游客，也有个人“自由行”观光者。游客中有大陆出去的，更有大量台港澳同胞。因此，公民海外活动存在着人数众多、目的不一、分布极广等特点，一旦发生紧急事件，加强统一领导和协调相当重要。

埃及接回中国游客行动，相应地要涉及外交部、公安部、国家旅游局、中国民航局等部门，以及香港和澳门特别行政区相关机构，但各方在中央应急领导小组统一指挥下，各司其职，分工负责，以中国公民安全为第一职责，勇

① 任怀：《胡锦涛指示包机撤侨 港报刊广告：港人真有福》，《人民日报》2011年2月11日。

于承担责任,全力完成任务。特别是像中国国际航空公司、东方航空公司、南方航空公司、海南航空公司等各大民航企业,马上调用最好的飞机,配备技术力量最强的机组和服务水平最高的空乘人员,无条件地执行任务。当中国政府决定加派飞机赶赴埃及执行接回游客决定后,相关航空公司紧急地调度飞机和机组,在最短的时间内完成了包机赴埃及接回游客的任务。因此,没有各部门通力合作,中国政府要在45个小时内接连派出8架飞机,跨越15个国家,千里迢迢地接回1800余名滞留埃及的中国公民,这里不可想象的。

第二节 中国保护公民海外安全的建设方向

一个国家能够从千里迢迢的异国他乡,在很短时间内快速地撤出处于困境中的成千上万的本国公民,这是一国综合国力的象征,也是其国际地位的展示,这固然是件好事。但海外撤侨毕竟是领事保护中特例,是"没有办法的办法"的应急之举,何况大规模的撤侨行动会有许多后遗症。例如,从利比亚撤回中国公民,光产生的直接费用数亿元。间接的潜在的损失,诸如相关企业海外合同中止、市场份额丢失、财物丢失等经济损失,更无法估量,还有数万劳务人员的突然回国,需要重新就业和生活等问题。公民海外出事,即使中国领事保护机构实施领事保护乃至外交保护手段来维护其合法与正当的利益,也只是一种补救性行为,当事人的损失往往已经产生。因此,它给我们一个启示,在当前及今后较长时期,面对不确定、不稳定的国际局势,中国如何在复杂多变的国际环境下,有效地保护中国公民的海外安全,使中国国际地位的提高与公民海外安全程度的上升同步,尽可能减少海外安全事件的发生。或者当危险情形出现后,最大限度地保护中国的利益。相关部门如何准确地预报和把握地区安全态势,尽力地减少海外安全风险对中国公民的影响。我们认为,倡导新安全观,坚持"和平发展"对外战略,提升国家形象,增强领事保护能力,这是新时期中国保护公民海外安全的建设方向。

一、倡导新安全观，营造公民海外安全的舆论环境

"人命关天"，安全是人生的第一需要，也是公民一切社会活动的基础和前提。同样，从公民海外安全角度来讲，没有世界的和平，就没有中国发展的外部环境，也没有中国公民的海外安全。当前，世界格局正处于大变革、大调整、大发展的过程中，世界总体和平、稳定、发展的大方向没有变化，但恐怖主义、核扩散、气候变化、经济危机等非传统威胁问题，时刻地影响着世界和平与发展大业，它通过各种方式影响着中国公民的海外安全。中国作为一个正在不断地崛起的大国，不但要旗帜鲜明地高举"和平、发展、合作"的旗帜，更要以身作则，为建设持久的和平国际环境作出应有的贡献。

所谓观念决定思路，思路决定出路。中国改革开放30多年，之所以能取得令世人刮目相看的成就，很重要的一条，就是不断地解放思想。解放思想就是要冲破各种旧观念、旧思维的束缚，勇于创新，大胆变革。同样，面对新的国际安全形势，中国领导人和政府也顺应历史潮流，在思维方式和认识问题的思路上，积极地超越各种旧观念、旧思维的束缚。早在上个世纪90年代后期，中国领导人就提出了"新安全观"。中国认为：以军事政治安全为中心，通过建立军事集团，搞军事上的拉帮结派，以谋求绝对优势的军事力量，来达到自身安全的旧安全观，是一种陈旧的、不合时宜的观念，已经不符合变化了的国际安全形势。这种旧安全观已经难以解决全球化时代人类面临的多元化的威胁，"冷战结束后特别是迈入21世纪以来国际安全环境比冷战时期更为复杂，安全威胁更加多样，安全威胁的性质和特点也不同以往，国内安全与国际安全密切互动，应对和消除安全威胁的途径与方式也呈现新的趋势。这一切促使人们不能不重新思考和界定国家安全和国际安全，安全观也随之发生变化"①。因此，中国领导人根据变化了的国际形势，提出了适应世界发展，顺应人民呼声的新安全观，并把它作为中国在新世纪指导对外政策的基本原则之一。

① 陆忠伟：《非传统安全论》，时事出版社2003年版，第10页。

中国新安全观的核心内容是:互信、互利、平等、合作。新安全观认为,一国的安全是一种"双赢"而不是"零和游戏",要以互利合作寻求共同安全。这种安全观之所以是"新",体现在它超越传统的"冷战"思维,不谋求单方面安全和绝对优势,不以建立军事集团或者搞武力威慑来达到政治目的,更不是以社会制度和意识形态来划分"敌、我、友",而是认为人类社会是相互联系、相互依存的共同体,各国要谋求的是合理的利益。新安全观主张全世界各国要团结一致来共同应对诸如金融危机、国际恐怖主义、极端宗教势力威胁、环境生态恶化、跨国犯罪等全球性问题。2009 年 9 月,国家主席胡锦涛在 64 届联大一般性辩论发言中再一次重申了中国政府早已提出并身体力行的新安全观。

新安全观不仅仅主张用和平的、对话的、协商的办法来解决各国间的矛盾和冲突,更重要在于寻求"共赢互利",实现共同发展,这样,就可以降低利益之争的国际冲突这一本源。例如,在应对国际环境问题上,中国深知自己的责任。2007 年,国务院发布了《中国应对气候变化国家方案》,明确承诺到 2010 年,实现单位国内生产总值能源消耗比 2005 年降低 20% 左右,相应减缓二氧化碳排放。这充分表明中国在承担对保护环境,应对气候变暖这一全球问题上的责任,现在,这一目标已经提前完成。同样,在应对 2008 年开始的国际金融危机上,中国政府明确表示,倡导国际合作,精诚团结,共同应对这一世界经济危机。无论是中国领导人积极参加有关应对国际金融危机的世界"二十国集团"峰会,还是中国政府采取刺激经济的宏观调控措施,都体现出新安全观的基本要求。一味强调自身安全或者将风险转移出去的消极被动的应对方法,最终只会损害自身利益。因为"跨国问题,包括经济的、环境的、恐怖主义的、文化的、犯罪的和其他对国家安全威胁无法只通过一国的努力而解决"①。中国倡导的新安全观,得到了越来越多国家的支持,形成了有利于世界和平的舆论环境,它从根本上保障了中国公民在海外的总体安全。

---

① [美]约瑟夫·奈:《全球化世界的治理》,世界知识出版社 2003 年版,第 69 页。

二、坚持“和平发展”战略，创造公民海外安全的国际环境

像中国这样一个年均经济增长速度持续30多年位居世界第一，经济总量已经达到世界第二位，人口总量占世界总人口五分之一，又是联合国常任理事国中最大发展中国家，必须给世界一个清晰的准确的国家对外战略，这是十分合理和经常的要求，也是可以理解的。

“看看中国在过去30年中的经济增长，并据此来推断，中国的GDP似乎定会在今后10到20年的时间内超过美国……。中国打算成为世界头号强国。中国会成为友好、和平、遵守国际法和国际公约规定的国家，还是会利用其影响一意孤行?”[①]新加坡前总理李光耀关于中国发展和前途的看法，代表了欧美地区多数政治家和民众对于中国崛起后的一种“双重心态”。一方面，欧美国家分享了中国快速发展给各国带来的诸如贸易增长、商品低廉、留学生外汇收入增加等经济利益。另一方面，许多国家也担忧中国未来的发展方向，在西方国家盛行的所谓的“中国威胁论”和少数人搞“排华、妒华、挤华”活动，也同这一背景有关。因此，中国要明确无误地向世界表明自己的国家对外战略。2007年10月，在党的十七大报告中，胡锦涛总书记郑重宣布：“中国将始终不渝走和平发展道路”，这里，中国领导人已经向世界表明了中国走什么路，举什么旗，选择什么样的发展道路。

“和平发展”战略，是指“既通过维护世界和平发展自己、又通过自身发展维护世界和平”，它强调的和平与发展的辩证统一，即和平是发展之基，发展是和平之本。当今世界，各国相互依存日益加深，各国人民的命运更加紧密地联系在一起。从中国与世界的互动关系看，世界的和平给中国发展带来了机遇，中国的发展离不开世界的和平稳定。只有在和平稳定的国际环境下，中国才能继续充分利用国内国际两个市场、两种资源，才能更好更快地发展自己。没有和平稳定与平等互利的国际环境，中国难以全面协调

① 李光耀：《中国日益增强的实力及其带来的影响》，美国《福布斯》双周刊网站2011年3月9日。

可持续发展。同时,中国的开放和发展也会使世界局势更加稳定,使世界和平更有保障。

中国坚持"和平发展"对外战略,不时即兴之作,也不是宣传口号,而是中国的文化传统、社会制度和中国人民的共同选择决定的。中国人历来奉行"和为贵"、"己所不欲,毋施于人"的文化传统。改革开放30多年来,中国在和平的国际环境下发展起来,成为世界上第二大经济大国。中国人无比珍惜这一来之不易的持久的"和平"的国内政治环境和国际安全环境。因此,在人类进入21世纪第二个十年之机,中国领导人和中国政府再一次庄严地向世界承诺:我们要继续奉行独立自主的和平外交政策,坚持走和平发展道路,坚持互利共赢的开放战略,坚持在和平共处五项原则的基础上同所有国家发展友好合作,积极参与应对全球性和区域性问题的国际合作,同各国人民一道努力,促进世界和平、稳定、繁荣。①

中国不仅仅坚持"和平发展"对外战略,更以自身的实际行动,向世界证明,中国是"和平发展"对外战略的先行者和实践者。例如,中国在处理同周边国家的相互关系上,中国奉行"睦邻、安邻、富邻"的周边外交政策。在处理同邻国的边界、海洋划界等敏感的主权问题上,中国坚持"友好协商、互谅互让、先易后难"的态度,逐一解决问题。即使一时因两国立场差距太大,无法达成有关领土和海洋权益划分的协议,中国希望"搁置争议、共同开发",大家把争议放一放,共同努力来优先发展经贸、科技、教育、人文等领域合作,以共同发展来促进和平,以和平的周边安全环境来推动地区一体化,共享世界经济全球化的便利,实现互利共赢。

今天,中国同东盟、中亚国家和亚洲邻国,实现了"好朋友、好邻居、好伙伴"睦邻关系,它证明中国的"和平发展"战略已经取得巨大成功,有了和平的国际环境和良好的周边安全环境,它就从根本上保证了中国公民的海外安全和法人利益。

---

① 《胡锦涛在全国政协新年茶话会上的讲话》,中国政府网2011年1月1日。

三、提升国家形象，构建公民海外安全的社会环境

2011 年 1 月 17 日，美国纽约时报广场的电子显示屏开始播出由国务院新闻办筹拍的《中国国家形象片——人物篇》视频，包括郎朗、袁隆平、杨利伟、姚明、邓亚萍等中国各领域杰出代表和普通百姓在片中逐一亮相，让美国观众了解一个更直观、更立体的中国国家新形象。这是中国首次动用巨资在美国进行的国家形象宣传活动，旨在让世界人民更好地了解中国，向国际社会展示中国人民团结、向上、勤劳、友善、文明的民族性格，宣示中国改革开放 30 多年所取得的成就及其成功的奥秘。

国家形象是一国在国际交往中的名声和品质，也是一个国家公民海外安全的重要“护身符”。有些国家拥有强大的军事实力，光其一国的年度军费支出就占全世界总军费的一半还多，其一艘“尼米兹”级航空母舰年均耗资 20 多亿美元，其费用远远超出许多最不发达国家的年度政府支出，例如，阿富汗这一人口 2890 万的国家，2006/2007 年度的政府财政预算只有 22 亿美元。但美国无可匹敌的军事能力并不能保证其公民在海外的安全。有时候，美国的公民还成为世界恐怖主义活动的主要“受害者”。当然，一国公民是无辜的，恐怖主义分子攻击平民目标也是惨无人道的。但是，一国搞强权政治，动辄使用武力或以武力相威胁，推行“双重标准”的外交政策，其“暴力帝国”的国家形象，间接地影响了一国国民的海外安全。因此，国家形象会给一国公民的海外安全带来影响。

从对外政策来讲，中国国家形象必须给世界一个交代，中国不是一个见利忘义、以强凌弱的帝国，而是世界民主、人权、平等、正义的典范。中国现在不当头、不争霸、不称霸，将来发展起来了，同样要这样做，这是中国的基本国策和战略选择。中国始终坚持和平共处五项原则，尊重各国人民自主选择发展道路的权力，绝不做称王称霸的事，也不寻求主导世界。这一切都要通过对外关系的发展，落实在行动上，事实证明，中国一直是这样做，而且做得越来越好。例如，中国是当代国际体系的积极参与者和维护者，我们参加了 100 多个国际组织和近 300 个国际条约，有关涉及世界和平、发展、经

济、人权、科技、人文等几乎所有的国际条约，中国差不多是全部参加。

国家形象的提升不取决于谁说得最好听、最响亮，这只是面子，是花架子，更重要的是体现在“里子”上，也就是要通过一国公民的日常言行表现出来。国家形象是一项潜移默化的永久性工程，它与每一个中国公民有关。要使每一位公民，特别是到海外生活和活动的中国公民懂得，自己的言行举止、所作所为，往往都同国家形象密切相关。近年来，外交部和商务部、国家旅游局先后制定了《中国公民海外安全常识》、《中国公民出境旅游文明行为指南》、《海外中国公民文明指南》等宣传资料，通过各种渠道向中国公民发送，目的在于提高中国公民的思想道德素质和科学文化水平，形成良好社会风尚，向世界展示“友善、合作、文明、开放”的国家形象。无论是中国公民还是企业法人，当你走出国门前往世界的时候，随时随地都要记住，你的一举一动都代表着“中国”，你对国家形象增添一份“光彩”，世界各国和人民就会更加尊重中国，亲近中国。有了中国与世界和谐相处、共同发展的国际社会环境，中国人在海外就有更多的朋友，中国公民在海外也就会更加安全。

第三节　以“预防性”保护为中心，提高领事保护能力

从国际法和国际惯例来讲，一国无论是用领事保护手段来维护其海外公民和侨民的利益，还有凭借其雄厚和强大的国力来实行海外撤侨或跨国救援，都是属于事后的补救方法。从安全角度来讲，这是一种被动安全，只是降低和减轻损害，因而是一种实属无奈和最后的方法。因此，要从根本上消除国际安全环境对中国公民和法人利益的影响，相关部门要确立“预防性保护”意识，以提高公民的安全意识和防范能力为首要，以强化相关机构的预警和反应能力为重点，从科学预报、及时预警、高效反制等方面着手，以进一步完善中国公民海外安全保护机制。

一、加强统一领导，设立权威机构

公民的海外安全保护是一项政治性、政策性很高的任务，事关中国国际地位和政府形象。进行大规模的海外撤侨护行动，会涉及复杂的双边关系和敏感的国际关系，因此，加强领导和统一协调，是开展“预防性保护”的政治保障。

现在，中国已经建立起由外交部（及驻外使领馆）、各部委办和地方政府相结合的三级联动的中国公民海外安全保护体系。“境外中国公民和机构安全保护工作部际联席会议制度”是这一体系的指挥中枢与领导机构，并在外交部设立了应急办公室，作为日常协调机构，全权负责和处理中国公民海外安全重特大事件。利比亚大规模撤回中国公民的海外安全事件告诉我们，考虑到今后中国领事保护工作的任务会更加艰巨，可能会经常出现一次性需要撤回数千甚至数万名在海外的中国公民的前景。实际上，近年来的撤侨护民行动表明，中国政府撤侨护民的规模已经从百人上升到数千人甚至数万人。例如，2011 年 2 月下旬开始的从利比亚撤出中国公民行动，这是中国历次撤侨行动中涉及人数最多（三万多人）、时间跨度最长（从 2 月 23 日至 3 月 5 日）、参加部门最多（光外交部系统就有中国驻利比亚、埃及、突尼斯、马耳他、希腊、保加利亚、土耳其、俄罗斯等十几个国家的大使馆直接和间接参与）、难度最大（数万人的衣食住行和安全、海陆空立体救援协调等）跨国行动。这里，党中央、国务院的高度重视和统一领导起了十分重要作用。中国政府成立了以张德江副总理挂帅，戴秉国国务委员协助的应急指挥部，统一领导和协调从利比亚撤回中国公民行动。实践证明，这一组织领导体制是十分有效的。因此，现有的“境外中国公民和机构安全保护工作部际联席会议制度”这一协调机制，应该提高其权威性，可考虑升格为“中国公民和机构海外安全领导小组”，作为常设机构，负责人由主管外交、外经和外事的副总理或国务委员兼任，机构层级在副总理级，在外交部设立常设办公室，这样，从领导体制上保证这一机构的层级和权威，也符合国际反危机领导体制实行自上而下的等级协调机制的要求。至于常规性的领事保护事务仍由外交部主管和协调，教育部、商务部、侨办、国家旅游局、国资委等部委分工负责，实行“谁主管、谁负责、谁派出、谁管理”的领导体制，以全方位地落实中国公民海外安全保护责任制。

二、完善危机处置预案，建立风险评估制度

2011年年初接连发生的中国从埃及和利比亚撤侨事件，明确地告诉我们，在21世纪第二个十年开始之机，相关部门必须以“作最坏的打算，争取最好的结果”思路来考虑中长期的中国公民海外安全问题，特别以最不可能的危机发生（假如数万人需要同时撤离，或在战争环境下等）来设想种种海外危机情形，做好海外危机的预案调整和充实工作。要不断地总结历次反危机的经验，建立危机分级对策预案。要把可能出现的危机想得复杂一些、会碰到的困难考虑多一点，有条件的话，进行类似“兵棋推演”的模拟活动，必要时进行现场演习，以提高相关机构和人员的反危机能力。

相关部门要建立海外安全风险评估机制。国内主管公民海外旅游、劳务、留学、商务、公务等业务的部门要有相应的安全评估制度，以各种形式发布短期或中长期评估报告。国资委系统的大型国企必须有相应机构和研究人员进行海外投资的风险评估工作。要充分发挥高等院校、社会科学院、部队系统各智库的作用，以合作、招标、委托等形式，进行海外安全风险跟踪研究，以便提高风险的预见性，减少海外危机对中国公民和法人利益的影响。

三、配备精干人员，强化信息发布制度

鉴于未来的中国领事保护工作的需要，我国现有的领事保护队伍建设相对滞后，人员数量严重不足问题明显。据统计，截止2007年3月，中国外交部有员工共计4800多名①。其中专职从事领事工作的干部员工，不足1000人，包括领事司300人（含干部180，雇员120）②，驻外使领馆的领事官

① 《李肇星说中国开始研究分阶段推动领事保护立法》，新华网2007年3月6日。2007年后数字不详。

② 根据领事司司长黄屏2010年11月23日在《人民网》与网民交谈测算。

员 600 人左右[①](2007 年数字)。领事官员的数量与受保对象配比率,远远不及欧美国家之最低限度。例如,日本是 1∶3500、美国是 1∶7300,中国高达 1∶57000[②],也就是说,一名中国领事官要承担的工作量相当于美国领事官的近 8 倍,这严重地制约了中国领事保护工作水平。2011 年 2 月下旬,新西兰地震和中国从利比亚撤侨两件重大领事保护事件几乎同时发生,中国领事保护中心处于"超负荷"工作状态,工作人员完全是"精疲力竭"了。因此,外交部要从工作和实际出发,充实和调整领事业务官员。可考虑将领事司的中国领事保护中心升格为独立的司局级机构,将领事服务业务与领事保护业务分离,领事保护司专职从事中国公民的领事保护。考虑到外交工作的特殊性和公务员编制的限制,现阶段可考虑从其他部委选调一批政治觉悟高、有外事工作经验、懂外语、年富力强的公务员充实到领事保护队伍中。

根据国际法和国际惯例,相关部门开展领事保护工作是有许多条件限制的,无论是为个人主张合法权利还是进行海外撤侨行动,对当事人来讲,往往问题已发生或伤害已经存在。因此,为了防止和减少境外中国公民的领事保护案件,相关部门要立足于"预防为主,尽量少出事。国外出事、国内预防"方针,创新领事保护方法。当前,要特别重视领事预警信息的收集、整理和发布工作,提高预警信息的准确性和送达率。

一是扭转重事后处理、轻事前预防的观念。相关部门要充分利用现代媒体手段,完善安全信息公告网络,更加及时地向公众发布海外预警信息。二是提高预警信息的准确率。要发挥中国驻外使领馆和驻外机构遍布全世界的优势,广泛收集和分析海外安全信息。要借助我国人员和机构遍布海外的特点,调动各方人士从事安全信息供应和反馈的积极性。要支持国际问题研究部门进行中长期国际和地区安全形势研判工作,以形成多渠道、广覆盖、无缝隙的海外安全信息网络。

---

① 2006 年数字。《外交部官员介绍中国的领事保护情况》,新华网 2006 年 4 月 28 日。

② 按 2010 年中国领事官员 1000 人(领事司和驻外使领馆)假设,与 2010 年全年出境总人次 5700 万之比,得出的结论,仅供参考。

三是增加信息送达方式。根据我国公民获取信息的渠道和关注热点问题的特点，要综合运用各种现代传媒手段。课题组在对1152位有海外生活经历的中国公民问卷调查中发现(见图)，当前，我国公民获取海外安全信息的主渠道前三位依次是①互联网②中央电视台“新闻联播”③其他报纸杂志。其中互联网是受众最多的信息传播工具。据统计，到2010年底，中国网民规模已扩大到4.5亿，约占全国总人口的30%。移动互联网数量达到2.77亿，互联网普及率上升大33%。[①] 因此，相关部门除了采取传统的诸如编印小册子、发放领事知识书籍、搞专题活动月等方式，进行领事保护知识宣传外，更要充分运用现代互联网、移动电视和手机短信等途径来送达预警信息，以提高信息送达率。

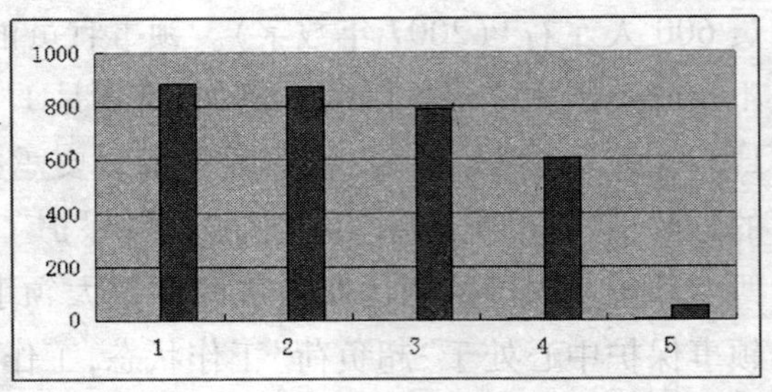

四是扩大预警信息受众面。当前，海外安全预警信息发布的平台，主要是外交部和驻外使领馆网站，这是远远不够的。相关部门要规定，在公民海外安全形势危急情形下，领事预警信息应由权威部门发布，国内各大媒体义务播放，以提高领事预警信息的受众面，力争做到家喻户晓。

四、应对多种威胁，合力防范各种风险

实行预防性保护，主要是确立“预防第一”思想，尽量做到不出事、少出事、出小事，因此，作为中国公民和企业法人，都要有安全意识，提高其安全防范能力。

首先，落实出国人员安全教育制。现阶段，根据中国公民海外活动的规律，按纵向和横向层级来划分安全责任区。外交部、侨办、商务部、教育部、国家旅游局等部委分别负责公务、华侨华人、中资法人和劳务人员、留学生、

① 胡启恒：《2010年底中国移动互联网人数2.77亿》，腾讯科技网2011年1月18日。

出境旅游等不同群体的中国公民海外安全教育工作。相关部门可通过发放行前须知、安全教育培训、媒体宣传等形式，提高公民的安全意识。出入境管理部门可以在护照申领、签证和通行证换发时，鼓励公民参加免费的安全教育活动。外派人员较多的企事业单位要对人员进行规避风险的教育和防范危机的培训。要借鉴欧美国家的经验，试行公民和机构出境出国向所在地使领馆强制登记备案制。

其次，鼓励社会力量参与。鉴于公民和法人海外风险一旦发生，领事保护的事后补救作用有限。因此，应汲取国际经验，鼓励保险公司开展公民和法人海外的人身损害和财产保险。国资委系统的中资海外企业要强化安全措施，自觉地承担安全责任。

最后，探索威慑性保护的途径。2005 年，外交部向南非派出警务联络官，以协助南非警方保护在当地的华侨华人安全。2008 年下半年，中国开始向印度洋海域派出护航编队，以保护中国商船和国际航行安全。2011 年 2 月底，中国派出军舰为相关部门实施的从利比亚撤侨行动提供海上护航，这些手段和方法，有效地保护了中国公民的海外安全。

维护海外公民和侨民的安全，是全球各国共同的责任。相关部门要解放思想，探索多样化的保护手段。中国要积极参加联合国组织下的诸如国际护航、打击国际恐怖主义、遏制跨国犯罪和非法移民的活动。中国人民解放军应探索以军事力量保护公民海外安全的可行性，参与海上护航、协助撤离、人道主义救援等非战争类任务，以共同维护中国公民的海外安全。

五、建立保障基金，发挥社会力量作用

从传统的领事工作来讲，过去的领事保护工作主要是签发护照、进行公证、与侨界进行联谊等，这既是国际惯例，当然也有领事活动经费不足诸多限制。外交部领事司前司长罗广田曾坦言："由于财力有限，我驻外使领馆提供领事服务的资金不足"。[①] 至于开展大规模的海外撤侨和护侨行动，更

① 《中国领事服务走向法制化》，《人民日报海外版》2004 年 9 月 28 日。

没有固定和预备的财力,这样,制约了中国政府的领事保护能力。

2005 年 12 月,财政部和外交部设立了"领事保护专项经费",这是新中国成立以来首次为保护海外公民而设立的经费。但经费的规模与不断增加的领事保护任务对经费要求相去较大,筹资渠道单一。因此,考虑到现阶段海外公民安全保护的实际,在完善专项经费制度基础上,设立领事保障基金。

首先,确保专项经费规模与使用安全。"领事保护专项经费"是救急和保命的钱,非特殊需要不能动用。因此,必须规定资金使用和开支的条件、额度和审批权限等。当前,考虑到海外领事保护任务日益繁重和撤侨工作的紧迫性特点,中央财政应确保此项经费的增长不影响领事保护工作的开展。同时,要建立严格的审计制度,确保专款专用。

其次,明确专项经费的使用范围。要区分紧急撤侨和护民行动的界限。凡是由中国政府从安全需要出发而实施的海外撤侨,所有费用应由中央财政承担。由政府协调商业包机进行的类似从埃及、泰国接回游客的行动,国际航班的费用应按"谁受益谁支付"原则分担。当然,紧急情况下可由"领事保护专项经费"垫付,事后结算,其目的在于提高公民和法人的海外安全意识,强化自我保护能力。

最后,设立领事保障基金。鉴于"领事保护专项经费"性质的特殊性和经费的有限性,可借鉴国际社会的惯例,设立"领事保障基金",用于支付人道主义性质的费用。例如,对海外中国公民的犯罪人员的法律援助和在监救济、生活无着落人员的遣返费等开支。英国有一个称"囚犯在国外"的非政府组织,该组织宗旨是向在海外服刑的英国公民提供人道主义帮助,如为关押在外国监狱中的英国公民提供生活必需品、进行医疗服务、代理探监,为经济困难和陷入官司的英国人嫌疑犯提供紧急司法和律师援助等。"领事保障基金"可以由热心公益事业的公民、机构法人、台港澳同胞、海外侨胞、受益者自愿捐赠,也可以根据捐助者的意愿设立。基金应依法成立,合规运行,接受社会各界监督。国资委、商务部直接管理的大型中资企业的海外公司,更要设立海外安全保护专项经费和救助基金,以备应急之需。

综上所述,面对21世纪第二个十年更加复杂和多变的国际形势,各级涉外部门和从事外事工作的干部要时刻牢记:祖国永恒、人民至上,爱国、爱民、爱人类进步事业是有机结合的,外交为民是执政为民的一部分,中国的领事保护事业必将得到党和人民的全力支持。

第六章 公民海外商务活动的风险及应对

今天，在每天成千上万出国出境的中国公民中，有相当一部分是前往世界各地从事商贸活动的人员。他们在世界范围内从事开拓海外市场、商品买卖、投资办厂等经济活动，对于推动和促进我国对外开放战略从“引进来”向“引进来与走出去”相结合转变，提高中国产品和企业的国际竞争力，加深中国人民与世界人民相互了解，起到了积极作用。

由于商务人员海外活动频率高，涉足国别地域广，接触人员多而杂，因而比起中国海外公民其他群体来，更容易遇到种种威胁。研究中国公民和法人海外商务活动规律，认清其面临的风险特征和形式，提出防范和应对之策，对于在复杂多变的国际经济环境下，保护中国公民和法人的海外利益，具有十分重要意义。

第一节 非商业风险的含义和特征

案例一:2010 年 4 月，吉尔吉斯共和国发生持续性的全国范围政治骚乱，各地打、砸、抢、烧、夺等刑事犯罪的活动频发，严重地危及到在该国居住和活动的“华商”安全。为保护中国公民海外安全和商业利益，从 6 月初开始，中国政府动用了 9 架包机，将 1317 名中国公民接运回国。

案例二:2009 年 7 月 25 日，数百位俄罗斯警察和海关执法人员封锁了莫斯科切尔基佐夫商品市场，将在该市场经营商品的数千名“华商”货物强行扣押和查封，并扣留了数百名“华商”，进行所谓“偷漏税”检查。后虽经中方相关部门交涉和协调，“华商”的部分货物得到发还，人员获得自由。但俄方最终强行关闭了该市场，造成“华商”直接经济损失达数十亿人民币。

案例三：2005 年 6 月，中海油公司在收购美国尤尼科石油公司的商业活动中，在出价和收购条件都优于竞争对手的情况下，因美国少数议员以影响“国家安全”为由提出，并得到国会通过的决议阻挠而告终。这是近年来无数个中国企业在海外商业并购行动中因政治风险而失败的事例之一。

案例四：2004 年 9 月 17 日，西班牙埃尔切市，数百名当地人放火焚烧了一只装满中国温州商人准备在当地销售的商品集装箱和数个货物仓库，导致“华商”[①]约 800 万元人民币的经济损失。

上述四例涉及中国公民和法人海外商业活动中遇到的非经营性风险，是公民在海外开拓市场、参与经济全球化过程中出现的新问题，也是企业“走出去”战略中碰到的风险。这些问题的存在，影响到中国公民开拓海外市场的积极性，损害了中国海外利益，是我国对外开放过程中需要重视和关注的问题。

一、公民和法人商务活动的含义

这里的“公民”，是指出国群体中从事跨国商业活动的中国人。实际上，就是狭义上“华商”。“华商”是指持有中国护照的主要从事跨国经贸活动的中国公民。为研究方便起见，我们在行文中有时会使用“华商”一词。华商与留学生、劳务人员、旅游观光人士等出国人员不同的是，他们的工作场所主要在国外，出国目的是经商活动。

华商由几部分人组成：一部分是以个体和私营企业主为主体的海外商贸人士。这部分人在世界各国经营店铺、摊位和商贸市场，从事进出口贸易和其他经营活动，究竟有多少中国公民长年在海外经商，现无官方确切数

① 广义的“华商”，包括了香港、澳门、台湾地区及世界各地的中国国籍的华侨或祖籍华人的商业人士。

据。据浙江省侨办的统计数据，到2009年止，在世界上的浙江籍华人华侨约为145万，分布在全世界近129个国家。其中欧洲约50万人，美加地区约30万人，其他地区约65万人。[①] 当然，并不是所有华侨华人都是“华商”，但是，至少数十万“浙商”在海外是基本可信的数字。2009年7月前，光在莫斯科切尔基佐夫市场这一俄罗斯最大的中国商品批发中心就有上万名华商。据估计，在俄罗斯从事商贸活动的华商有数万人。[②] 这些人因工作性质和经营需要，会频繁地进出中国边境口岸。另一部分是指受国内公司或企业委派，在海外从事企业管理、市场开拓、售后服务等工作的商贸人员。这些人因工作需要会长期留居海外或经常性地出国，主要活动场所在国外。

“法人”是指在海外的由中国公民或资本投资兴办的独资和合资企业。自从2002年党的“十六大”提出我国对外开放战略向“走出去”转变，国家出台了一系列政策和配套措施来鼓励我国企业搞国际化经营，中国企业在海外投资的数量和规模不断扩大。据商务部统计，到2010年底，中国在海外企业13000家左右，分布在世界上174个国家。另据2010年7月22日联合国贸发会议发布的《2010年度世界投资报告》显示，2009年中国对外投资520亿美元，从2008年的全球第10名跃升至第5名，位居美国、法国、日本和德国之后。未来三年中国对外投资额将位居世界第二，仅次于美国，这一切表明，中国经济和企业国际化时代已经到来。

华商群体活动范围广大，足迹遍布世界上每一个角落。由于商业竞争的需要，华商们会到世界上任何一个地方寻找商业机会。因此，无论是在恐怖、绑架活动盛行的伊拉克、阿富汗等国，还是在经济极不发达、刑事犯罪猖獗的非洲一些国家的穷乡僻壤，到处都有华商们身影。华商们除了会遇到

① 方臻子、冯菲菲、罗凰凤：《海外浙江人安全调查：145万游子你在异乡还好吗?》，浙江在线2009年3月20日。

② 因各种原因，无法获得准确的数字。一般认为，中国人在俄罗斯大约有20万左右。《法制晚报》报道：到2007年6月为止，在俄罗斯的中国劳动移民数量为21万，其中40%在莫斯科，23%在远东。其中46%以上是从事贸易。参见2007年6月7日的《法制晚报》。

像其他中国公民相同的海外风险外，还有与商务活动性质相关的一些风险。例如，因一国经济排外主义而引起的华商店铺被查封、人身被关押的风险等。因此，非商业性风险是影响华商海外经营活动和人身安全的主要问题，是我国公民海外商务活动和法人跨国经营的一大障碍。

二、非商业风险的概念和特征

为了把握中国公民和法人海外商业活动过程中遇到的人身和财产安全的风险，我们将影响其经营成败、危及其生命和财产安全的风险分为商业性风险和非商业风险两大类。凡是由市场经济规则决定的或经营者个人商业经验不足而引发的问题，诸如合同诈骗、汇率损失、商标纠纷、保险骗保等问题，均属于商业风险范围，不在本课题研究之列。而将非个人因素、不可抗拒的，属于外力作用的风险，通称“非商业风险”。这类风险主要是战争、社会动荡、恐怖袭击、刑事犯罪、自然灾害和意外伤害事件等。下列是 2004 年以来涉及中国公民海外商务活动中的“非商业风险”的十个典型案例（见下图），我们以此为样本进行分析。

从发生在世界各地的华商经营活动中的安全事件看出，非商业性风险种类和形式较多，事发地以发展中国家和转型国家为主[①]。事件造成的后果，重则华商们人财两空，轻则其货物被没收，企业陷入经营困难。由于非商业风险发生在海外，侨民国籍国领事机构和领事官员借助领事保护来解决这类问题，程序和时间较长，见效也很慢。所以，对于非商业风险，华商们要立足“预防”为主，注意风险自控。

非商业风险有许多种类和形式，既有一国行政权力乱作为而造成的风险，例如，特别商业和行政限制。也有非国家行为体的行为引发的，例如，国际恐怖主义活动。更有一些是个人所为，例如，刑事犯罪分子对华商们的人身伤害。非商业风险具有不同于商业风险的一些特征。

---

① 国际上按照不同标准来划分“转型国家”，这里按经济体制的标准来区别。主要是指 20 世纪 90 年代后从原来的计划经济向市场经济的转型国家。当今世界上进行这种经济转型的国家较多，主要是前社会主义国家，比如俄罗斯、东欧各国和乌克兰、白俄罗斯等前苏联的加盟共和国。

“华商”海外非商业风险事件选(2004 至 2010 年)

	时间	地点	事由	人身安全	财物损失
1	2004 年 9 月 17 日	西班牙埃尔切市	西班牙当地人放火烧毁了装满中国温州商人在当地销售的商品集装箱和数个仓库		温州鞋商遭受约 800 万元人民币的经济损失
2	2005 年 3 月 27 日	非洲马里	首都巴马科发生因“球迷”对比赛不满而引发的街头骚乱	9 名中国商人受伤	约 15 家华商店铺被抢、砸、烧。
3	2006 年 12 月 16 日	乌干达首都坎帕拉	华商陈某等 4 人在回家途中遭到多名不明身份持枪匪徒抢劫	华商陈某被枪杀	
4	2007 年 4 月 3 日	圣保罗 25 街购物中心	巴西司法部门在军警配合下查抄华商商店		华商现金、支票、账本等贵重物品丢失
5	2008 年 1 月 17 日	乌克兰基辅“七公里”市场	乌克兰警方对“七公里”商品市场进行了大规模的查验证件行动,涉及 300 多名华商		华商数十人被罚款。部分无合法证件者被遣返。
6	2009 年 7 月 25 日	莫斯科切尔基佐夫市场	俄罗斯警察、海关、商检人员强行对华商货物采取扣押、销毁,强行关闭市场	扣押了数百人,经交涉释放	遭受损失的企业约 2 万家,直接经济损失 400 多亿元
7	2009 年 8 月 3 日	阿尔及尔	上百名阿尔及尔当地人看到中国人就打,烧中国人店铺		部分华商财产损失
8	2009 年 11 月	塞尔维亚	当地法院判华商合法收购的土地和房产合同无效,没收财产		数百华商集资的 3000 万美元损失
9	2009 年 11 月 24 日	罗马尼亚尼罗市场	罗马尼亚警察对华商集中的尼罗市场进行检查和封锁		300 多个华商商铺遭查封,财产损失巨大
10	2010 年 4 至 6 月	吉尔吉斯共和国	吉国南部骚乱,导致逾千人伤亡。许多外国人商铺被焚烧,情形十分危急	多名华商受轻伤	一些中国商城遭砸烧,华人店铺被抢劫

一是风险突发性和后果严重性并重

常见的多发的商业风险(汇率损失、商业诈骗、债务纠纷、技术和专利泄密等)一般是经营者和企业主个人意志或经验可以控制的,风险的产生有一定预兆和应对时间。即使因个人一时大意或判断失误而出现经济损失,其后果也不至于“倾家荡产”。无论是从事跨国经营活动的中国公民,还有去异国他乡从事投资办厂的企业家,因华商们往往有丰富的商业经验,对商业风险是有心理准备的。例如,国内去海外从事跨国投资和经营的企业,大多是大型国有企业和竞争力较强的民营企业。如中国石油、中国石化、海尔集团、华为公司、中国远洋、吉利集团、万向集团等企业都是世界性大企业,资本实力雄厚,跨国经营人才云集,即使遇到了商业风险也不可怕,至多是企业受到一些经济损失,最坏的结果就是企业倒闭、法人退出某个国家的市场。

而非商业风险往往是瞬间发生的,一般没有预兆或很少能事前预测,这种风险不但个人不能估计和判断,有些拥有强大海外资讯和情报研究力量的跨国公司,也不可能完全预料到,有时候连一个国家的情报和安全部门都不太可能预测准确。像美国这样的世界情报"超级强国",对国际恐怖主义分子发动的"9.11事件"也是一点没有预警。[①] 这说明非商业风险是非常规的、无规律可循的。捉摸不定的风险往往最难预计,没有预兆就难以预防,非商业风险往往会造成"人财两空"的严重后果。非商业风险如果是个人或某些极端团体有组织的所为,则往往是以极端的非常人能想象的方法来实施。例如,恐怖分子以"肉体炸弹"、"汽车炸弹"、"飞机撞楼"等残暴方式来攻击平民和公共目标,往往会造成严重的人员伤亡和财产损失。

二是威胁源传递速度快且扩散猛

非商业风险另一特征是跨国性和全球性。商业活动中出现的风险,往往受害者是特定个人或某一企业,不会形成连锁效应。非商业风险尽管问题源头发生在某一国家或特定地区,但危险源传播速度和涉及面广且扩散快,有的在短期内引发全球性危机。2009年4月初,发生在墨西哥的"甲型H1N1"流感在短短一个月内就扩散到欧洲、亚洲、北美洲、非洲国家,到11月27日,世界卫生组织发表的疫情公报称,"甲型H1N1"流感病毒在全球已造成至少7826人死亡,一周之内死亡病例数增加了1076例。[②] 同样,诸如国际恐怖活动、种族冲突、因选举舞弊引发政治骚乱等威胁外国人安全的

---

① 美国总统布什强调,他在"9·11事件"前并没有得到足够情报,因此无法阻止这场恐怖袭击的发生。中国日报网站2004年7月22日。

② 《世界卫生组织:全球甲流死亡人数超过7800人》,新华网2009年11月29日。

非商业风险,其发展速度和产生的影响都是全面性的。例如,1998 年发生在印度尼西亚的大规模排华事件,造成上千华人财产被抢夺、焚烧甚至没收,更有无数中国华侨因暴徒罪恶行径而付出生命。2008 年和 2009 年发生在泰国曼谷的持续街头动乱活动,导致多个华侨华人店铺和营业场所损失惨重,华商们数年积累的财富在一夜间消失,给经营者造成巨大损失。

三是表现形式多样性和复杂性

海外经营投资中的纯商业风险,诸如经营亏损、担保失误、价格欺诈等市场经济风险,由于经过几百年资本主义成熟的商业环境运作和发展,商业风险的类型和特征基本上是有先例的和可以预计的,无论是经营者个人还是企业法人,完全可以采取诸如商业投保、市场调查、国际法保护、国际经济调节等手段来减少或避免风险。即使因现代通信技术和互联网发达而出现新型的前所未有的商业犯罪方式,如"跨境热钱"、"互联网诈骗"等犯罪方式,但只要从事商业活动的个人和法人谨慎行事,就不太容易陷入绝境。

非商业风险往往是防不胜防,个人和企业法人凭自身力量难以抗衡和应对。近年内,国际上非商业风险种类和形态不断变化,方法和形式往往超出常人想象。例如,国际恐怖主义这一 21 世纪国际社会的"公害",虽经过国际社会全力围剿后,其组织体系和运作渠道四分五裂,活动范围和破坏力得到遏制,但这几年恐怖活动出现新的"变异",高科技型的恐怖主义就是一例:它利用先进的高科技手段,通过互联网制造"网络病毒"来攻击目标,以制造恐怖气氛来达到政治目的,主要包括经济恐怖主义和电脑恐怖主义等。更有恐怖组织与国际犯罪集团和贩毒等势力相结合,互相响应,导致某些地区政局长期处于动荡和危险之中,祸及无辜平民。

在一项"在你第一印象中,下列哪些国家或地区最不安全(请依次选择前三项)"调查中,我们发现,华商们对当前国际商业环境最恶劣或风险系数最高的国家认同空前一致。阿富汗、伊拉克、南非被公认前三个最不安全国家,中东则是最危险最不安全的地区(见图)。因此,非商业风险对国际商业活动的影响越来越大,对世界经济发展和全球化不利,也同样是华商们开拓海外市场,参与国际经济合作,提高中国产品和企业国际竞争力的外在障碍。

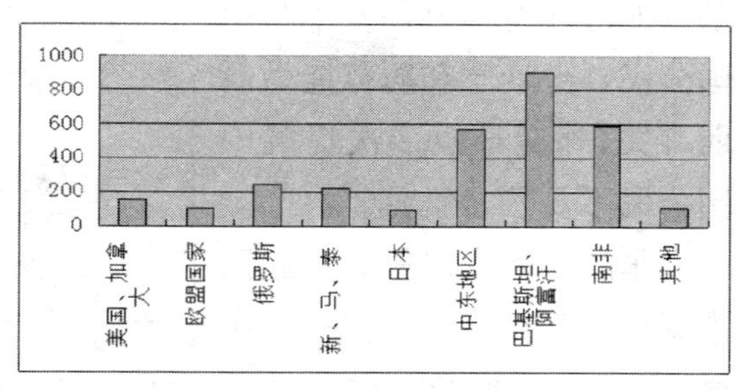

当然,非商业风险并不是针对特定的群体,例如华商们或其他国家公民,它是一个全球性跨国性问题,但由于华商们和中国法人去海外开拓国际市场,参与国际投资的历史较短,无论是个人还是法人应对风险的经验和防范能力有限,再加上事发地在国外,涉及面广,解决问题难度很大。因此,非商业风险是一种长期存在并不断伴随华商们海外商贸活动的风险。

第二节 海外非商业风险的类型和特点

由于各国公民海外商业活动的规律和分布状况不同,不同国家公民和法人遇到的海外非商业风险、受威胁的程度和形式也是不尽相同的。例如,美国公民和法人在海外受到的非商业风险主要是国际恐怖主义袭击。《美国商业评论》杂志 2002 年一篇文章认为:在过去 30 年中,针对美国的恐怖袭击中有 80% 是对准了美国商业。① 中国公民海外非商业风险中,既有因国际恐怖主义滥杀无辜而连累的案件,"城门失火,殃及池鱼",在一个高度国际化的世界,这是难免的。也有华商们从事商务活动自身特点所带来的特点。例如,大部分华商在海外从事小商品买卖活动时,仍喜欢像在国内一样使用现金与客户交易,这种交易方式在西方发达国家是罕见的,这样,无形中增加了不安全系数,招来了歹徒尾随"抢劫"或"偷窃"风险。在一项"你认为下列哪些习惯最会引起麻烦"的多项回答中(见图),有多达 50% 以上受访者认为是"不尊重当地习俗"和"带大额现金露财",这也说明了大

---

① 王巍、张金杰:《国家风险——中国企业的国际化黑洞》,江苏人民出版社 2007 年版,第 7 页。

部分的海外伤害事件发生与中国公民自身素质和防范能力薄弱有关，外交部也多次提醒中国公民不要带大额现金。①

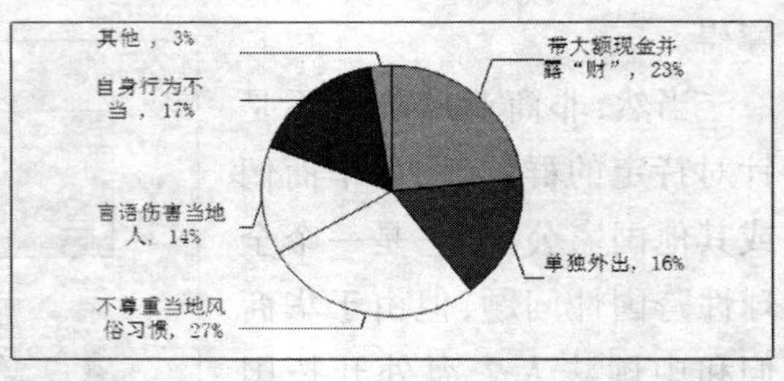

非商业风险按形式和起因来划分，主要有“国家主权信用风险、刑事犯罪类风险和意外伤害类风险”三大类。其中，国家主权信用风险是“华商”们非商业风险中威胁最大、最难防范的风险。

一、国家主权信用风险和表现形式

所谓“国家主权信用风险”，也可称“国家信用风险”、“政治风险”、“国家风险”等。② 关于“国家主权信用风险”，现在仍没有统一的标准和定义。例如，加拿大学者纳吉提出了相近的国家风险的概念：跨边界贷款中导致损失的风险，这种损失是由某个特定国家发生的事件而引起的，与企业或个人无关。③ 中国学者王巍认为：国家风险是基于国家主权行为及一切不受当事人控制的全球经济因素导致国际商务契约无法完成的风险。④ 总之，国家主权信用风险是与通常所说的商业风险相对应的概念。

国家主权信用风险主要是指因主权国家的行为或意志引发的对于外国侨民和法人利益的损害。包括主权国家卷入局部战争和地区冲突；所在国政治生态环境突变而引发的军事政变、街头暴力抗议、骚乱活动等风险；也包括外国人所在国外资政策变动所带来的商业损失。这类风险往往具有极

① 中国驻法国、俄罗斯等国使领馆曾多次提醒在法国、俄罗斯经商的中国公民切记不要显财露富。见外交部网站。

② 相关定义参见：谷广朝《中国企业“走出去”面临的风险及防范》，《国际经济合作》2007年第2期。陈永钊《国际投资中的政治风险的防范》、《法制与经济》2008年第8期。

③ 王巍、张金杰：《国家风险——中国企业的国际化黑洞》，江苏人民出版社2007年版，第24页。

④ 王巍、张金杰：《国家风险——中国企业的国际化黑洞》，江苏人民出版社2007年版，第28页。

大的破坏力和杀伤性,一旦殃及或者受连累,后果不堪设想。这种风险往往是个人和企业法人无法控制的,最好的避险方法是"避而远之",主动早日离开"是非之地"。例如,2003 年伊拉克战争后若干年,伊拉克、约旦、也门等国和中亚地区的阿富汗、巴基斯坦两国,恐怖、爆炸、绑架和暗杀事件接连不断,"汽车炸弹"、"人体炸弹"造成的血腥事件接连出现。世界各国高度重视和关注这一地区的安全形势,各国都采取了一系列特别措施以保护本国公民的海外安全。中国外交部也不断地以最高级别安全警示,告诫中国公民和商人不要去伊拉克。但仍有中国人一意孤行,贸然地前往像伊拉克、阿富汗等地区,最终酿成严重后果①,给国家和个人增添不必要的麻烦和损失。

国家主权信用风险的形式多种多样,细分可以有政治风险、经济风险、社会风险和文化风险等。按照其对商业活动和华商产生的影响和后果来分,又可以分为低度威胁、中等威胁和高风险威胁(见表),其中政治风险是国家主权信用风险中最重要的一类风险。下面,我们把国家主权信用风险分为几种形式,分别考察其特点。

危险级别	表现形式	主要国家
低度威胁	①"国有化"征收②"间谍"罪陷害③非法扣押等	美国、印度、德国、委内瑞拉等国
中等威胁	①政府行政限制②政治骚乱③海盗抢劫等	俄罗斯、东欧地区、泰国、南非等国或地区
高风险威胁	①战争冲突②军事政变③恐怖袭击④武装绑架等	阿富汗、巴基斯坦、伊拉克、巴勒斯坦等国

(一)战乱和恐怖袭击引发的风险

公民和法人在海外从事商业活动,主要目的是获得市场份额和商业利润。因此,人身和财产安全是决定其商业成败的最大因素。在影响华商和

① 2005 年 1 月 19 日,8 名非法入境到伊拉克的中国工人被伊拉克武装分子劫持。后经中国政府全力营救,平安脱险回国。当时,中国外交部和驻外机构多次警示:我公民未经批准不要前往伊拉克。

法人海外经营活动的非商业风险中,战争和恐怖活动是最大的威胁。美国“9·11事件”发生至今,“汽车炸弹”、“人体炸弹”等形式的国际恐怖活动没有得到有效遏制,变异性恐怖形式又显现。2010年,意大利、希腊、瑞典等国发生过“邮包炸弹”、“乳房炸弹”[①]等恐怖事件。

当前,由于种种原因,世界上仍有许多国家仍处于不安全不稳定中,个别国家和部分地区的战争、局部冲突时常发生。少数国家频繁地出现军事政变和内部动乱,给在该国从事经济活动的外国人带来极大风险。战乱和恐怖活动会对外国侨民造成人身伤亡和财物损失,华商们同样遇到了此类威胁。近十来年内,像阿富汗、巴基斯坦和中东地区,非洲的索马里、埃塞俄比亚、刚果(金)、苏丹等国,一直是世界上政局动荡和战乱最多的地方。2004年起,在伊拉克、阿富汗、巴基斯坦、尼日利亚、苏丹等国先后发生过恐怖分子绑架和杀害中国公民的极端案件。例如,2004年5月3日,在中国援建的巴基斯坦瓜达尔港建设工地,12名中国监理工程师遭到一辆遥控汽车炸弹袭击,3名中国工程师在爆炸中遇害,9人受伤,事件震惊国人,引发中国人对国际恐怖主义问题的高度关注。

这几年,华商们在海外经商活动中虽没有发生过因恐怖爆炸丧命的恶性案件,但也不太平。2010年5月23日,三名中国公民在尼日利亚阿比亚州被歹徒绑架,后经中国相关部门全力营救,终于平安获释。在也门、苏丹、斯里兰卡、南非等国,发生过华商们被绑架和因恐怖爆炸误伤错杀事件。因此,在安全状况不明的一些国家从事商贸活动的华商,定要注意此类风险。

(二)“国家利益”名义下商业限制的风险

当前,有越来越多的民营和国有企业开始走出国门,参与经济全球化,实施跨国化战略。财经类杂志《财富》发布的“2010年《财富》世界500强企业”排名中,中国有多达54家企业榜上有名,数量超过了2009年43家的纪录。在前100位像中石油、中石化、中国工商银行、宝钢等世界500强中

---

① 英国军情六处(MI6)称,“基地”恐怖组织正图谋以前所未闻的“乳房炸弹”发动恐怖袭击。即通过隆胸手术将炸药植入女人的乳房内,使之成为威力强劲的“乳房炸弹”。由于这种“乳房炸弹”极其隐蔽,即便是目前世界最先进的机场安检扫描仪都对其束手无策。

的中国企业,全部都有海外分支机构和子公司,这说明中国企业已经成为跨国公司中的新生力量。我国企业"走出去"战略的推进,一方面,增强了世界经济的活力,有利于提高中国在世界经济中的地位;另一方面,企业法人也遇到了形形色色的政治性风险。其中之一就是"国家利益"名义下的商业限制和国有化征收。

2009 年 2 月 12 日,中国铝业集团公司与澳大利亚的力拓公司签署过中铝集团以 195 亿美元注资力拓公司的协议。这是中国企业在海外最大的一次性投资参股最多的商业并购活动。但时隔不到半年,中铝公司宣布,力拓集团已撤销了双方战略合作交易,并愿意向中方支付 1.95 亿美元的"分手费",中铝集团跨国并购活动以失败告终。同样,首钢试图收购一澳大利亚公司铁矿石 19.9% 的股权,被澳当局否决,也是一例。虽然中、澳合作没有成功的原因是多样的,但政治因素介入商业活动是明显的。因为,按照澳大利亚的法律规定,涉澳企业的跨国商业并购方案须得到澳大利亚外国投资审查委员会(下称"FIRB")的审批。澳大利亚"FIRB"在审查中国企业投资案时,有委员认为:中国的大部分资源企业都是受中国计划体制影响的,他们对外直接投资,会给外界感觉是把计划体制的脚伸到了国外市场经济的地界里。[①] 这里,所谓中铝"国有企业"背景影响其海外并购活动,就是典型的外国政府以"国家利益"为幌子进行的商业限制。

近年来,在美国、印度、澳大利亚、加拿大等国,一些国家的议会或少数利益集团以"环境保护"、"产业空洞化"、"劳工权益"等缘由,对中资机构同该国企业进行的商业并购和合作项目进行干预,已经数不胜数。也有的以"国企背景"或"非市场经济国家"为由对中国企业的海外商业活动进行限制和阻挠。例如,深圳华为技术有限公司是一家全球领先的通讯公司,产品和技术都是世界一流的,对许多世界著名的跨国公司构成了挑战。因此,这些年,在英国、印度、美国等国,华为公司的纯粹商业活动,经常被外国政府和议会以所谓"国家安全"理由干预,导致经营活动失败。2011 年 2 月,

---

① 《中铝收购力拓受阻,国有背景成为最大障碍》,《时代周报》2009 年 6 月 8 日。

英国媒体报道:华为公司有意向伦敦地铁提供价值5000万英镑的地下网络信号,作为2012年伦敦奥运会大礼,但遭到了英国方面的拒绝。伦敦是世界上第一个开通地铁的城市,是伦敦大多数市民出行的最主要交通工具。然而大部分地铁线路并没有手机网络信号。中国华为主动提出,愿意出资5000万英镑,即超过5亿人民币为伦敦地铁铺设手机网络,一来,奥运会承办国之间互赠礼品是国际惯例;二来,华为也希望借此为其公司赢得更多的在英国的业务订单。英国政府的拒绝理由主要是出于"国家安全",英国联合情报委员会向英国政府发出了警告,要警惕中国公司。[①]

从"中海油收购美国尤尼科失败案"到"上汽收购韩国双龙汽车案"等不成功的海外投资事件表明,华商们在考虑诸如商标收购、资产重组和股权置换等跨国商业活动中,一定要注意到所在国的政治制度、法律规定、人权保护、人文环境等非商业风险,谨慎行事,避免功亏一篑。

(三)"间谍门"名目下的司法风险

随着我国公民在海外商业活动的人数不断增多,地域不断扩大,市场竞争力也相应提高,这客观上对当地人和外国法人的经济利益构成压力。许多商业同行除通过商业规则进行竞争外,有些利益集团或行业组织会采取阴谋手法来排挤华商们。其中之一就是对中国商人以"间谍罪"或"窃取商业机密罪"名目下的司法和行政限制。

自从1999年美国政府以所谓"间谍罪"对华裔美籍科学家李文和进行司法逮捕和审判,制造一起所谓"中国间谍"窃取美国机密情报,损害美国安全利益的"李文和案"。[②] 后来,事实证明这是一起错案,但美国政府部门拒不认错。近些年来,在美国、德国、法国、印度等国时不时的出现涉及中国公民的所谓间谍案、窃取商业机密案等"间谍门"事件,尽管此类案件大多

---

① 《华为5亿元奥运大礼遭英国拒绝》,《中国经营报》2011年2月28日。

② 华裔美籍科学家李文和因被怀疑"向中国泄露核机密",于1999年被捕,遭到严格审讯,还被单独关押了9个月,但联邦调查局没有找到他从事"间谍"活动的任何证据,"间谍"案不得不草草收场,李文和被当庭释放。主审法官都承认被美国政府误导,并称这个案子"让美国蒙羞"。2006年6月,美国联邦政府和5家新闻单位向李文和支付164.5万美元的补偿金。

数是捕风捉影的,有些案件在中国政府严正交涉下得到了解决,有些通过法律诉讼后得到和解,也有的是不了了之。但是,个人或法人一旦涉及此类案件,不但费时间、耗财钱,更主要的是其商业信誉和个人财产受到损害。例如,2011年1月26日,美国波士顿地方法院以"阴谋出口敏感军事产品到中国"的罪名判处一名叫吴振洲的中国商人有期徒刑8年,这是1个月内,美国法院判处的第三起所谓"中国军事间谍"案。吴振洲是中国深圳驰创电子公司董事长兼总经理,该公司在美国马萨诸塞州沃尔瑟姆市有一家子公司。法院判决书称:从2004年到2007年,吴振洲14次"非法采购美国敏感军用产品",向美国商务部提交假的船运单据,然后通过香港的一家皮包公司,将军用产品最终转递至"数个中国兵工厂和军工科研院所",此事曾引起轩然大波,至今仍没平息[①]。对于此类带有明显政治背景的涉我公民安全事件,中国现代国际关系研究院反恐研究中心主任李伟认为:美国总有一些人不愿意看到中美关系向好,"间谍案"是他们最常用的工具之一[②]。

(四)国有化征收和没收的风险

中国法人跨国投资和企业并购,它是国际直接投资行为,也是企业跨国经营战略的主要途径。但是,由于跨国投资周期长,海外政治经济与社会环境复杂,因此,企业法人的海外活动要慎重。"国有化"征收是要重视和提防的一种非商业风险。

早在上个世纪五六十年代,亚非拉国家在实现民族独立和政治自立后,为了建立自己的民族工业,提高老百姓的生活水平,通过没收或收购外国资本方法来解决跨国公司对本国经济的控制,这是一种带有反对民族压迫,争取经济独立的国有化运动,有其正当性合理性要求。众所周知,新中国建立后,我国政府也对外国资本控制的企业进行了国有化,旨在提高新生的社会主义国家经济独立能力。

但是,到了全球化时代,当全世界都在采取各种优惠政策来鼓励外资进

① 详见2011年1月份《环球时报》相关报道。

② 《美国1周内判处3中国军事间谍,传提供隐形机信息》,《环球时报》2011年1月29日。

入本国，提高一国经济发展水平，再搞所谓“国有化”，显然已不合时宜，也不符合世界贸易组织的相关规定。但近年来，南美洲少数国家在“左”翼势力执政后，像委内瑞拉、玻利维亚等国政府开始限制外资甚至没收外国资本，搞国有化运动。2008 年 4 月，委内瑞拉政府突然宣布在已经完成对石油、电力和电信行业的国有化基础上，对在该国经营的 3 家外国水泥公司和一家由外国公司控股的钢铁公司实行国有化，以收回国家对水泥和钢铁行业的控制权。这种由国家行政权力来实施的国有化风险是个人或者外国企业法人无法抗拒的。另外，一些国家采取单方面提高外资税收或外资政策调整，导致外国人投资风险增大，也是其中的一种形式。

例如，2005 年，委内瑞拉政府规定，日产量达 1 亿立方英尺天然气田的所得税率由原来的 18% 猛增到 82%。2006 年 3 月，委内瑞拉政府宣布，将新设合资企业所得税大幅度提高，从原先 30% 提高到 50%。这些国家招商引资政策的重大调整，影响到外国企业在该国的经营活动。同样，前些年，拉美国家中的厄瓜多尔、玻利维亚新政府上台后，也采取过类似强制性限制外资行动，对部分外国公司的经济利益造成极大影响。

从拉美国家国有化政策来看，征收和没收行业往往集中在矿产资源和能源两个行业。这两个领域也是战后国有化浪潮中被认为最容易没收或征用行业。令人忧心的是，这些年，中资机构海外投资和收购的企业和行业，大多集中在这两个行业和有“国有化”传统的国家。从 2008 年到 2010 年三年来，中国企业海外并购前 20 大案例中，矿产和能源行业的并购达到 16 起。在中国海外投资较多国家中，智利、秘鲁和坦桑尼亚等国，战后曾“没收”过外国人财产 26 至 35 次。印度尼西亚、赞比亚和苏丹分别“没收”过 15 至 25 次。阿根廷、委内瑞拉、尼日利亚等分别没收过 5 至 10 次。[①] 虽到现在为止，没有发生过我企业在海外被外国政府的国有化政策而“没收”事件，但华商们要注意此类问题，尤其是当一些国家极“左”力量选举上台，持

① 王巍、张金杰：《国家风险——中国企业的国际化黑洞》，江苏人民出版社 2007 年版，第 7 页。

极"左"政见的候选人成为某个国家首脑时，更要密切关注该国政局动向。

（五）特别行政保护的风险

特别行政保护是指外国政府行政和执法部门，从保护本国公民的商业利益出发，以行政命令和强制手段，对外国人从事的行业和领域进行限制，以变相剥夺其财产，削弱企业竞争力。苏联东欧解体以后，有成千上万的华商涌入俄罗斯从事经贸活动，主要搞日用小商品的跨国交易活动，丰富了俄罗斯消费市场。但随着俄罗斯经济状况好转，该国市场竞争趋于激烈。为保护俄罗斯当地人利益，俄方相关机构就想方设法地限制华商经济活动。俄罗斯经济部门规定，自2007年1月起，从事零售工作的外国劳务人员经营主体比例不得高于40%。外籍人员不得在商亭里、自由市场内以及商店以外地点从事零售活动。[①] 这一政策的出台曾使数万华商措手不及，至少有5000多华商因这项政策而被迫退出俄罗斯市场，财物损失难以估算。

再举一例，2009年，在匈牙利，华商们最为集中的"四虎市场"及邻近地区经常受到匈牙利警察、海关、劳务、财政和税务等部门的检查。匈牙利税务和金融稽查局全年对此地进行了400多次检查，罚款数额达2500万福林（约合14万美元），多家商铺被停业整改。[②]

研究表明，从2008年的美国金融危机至今，至少有包括俄罗斯、罗马尼亚、波兰、印度、西班牙等十来个国家先后出台过限制中国人经商和实行行政许可的法令，背景明显带有保护本国居民商业利益的目的。中国现代国际关系研究院研究员宿景祥认为：华商们在东欧国家经济转型期间，将廉价的中国商品销售到那些国家，解了当地燃眉之急。今天，这些国家从政府层面开始调整和纠正过去一些不规范的做法，想重新规划经济。但他们比较生硬的做法对华商造成了很大冲击。另外，由于经济危机爆发，加剧了排挤外国经商者的现象，大量华商难以躲避这次冲击。[③]

---

① 沈胡：《俄罗斯"逐客"，十万华商大撤退》，《经理人日报》2007年2月11日。

② 《2009年世界华商发展报告》，中国新闻网2010年5月20日。

③ 《2009年世界华商发展报告》，中国新闻网2010年5月20日。

二、刑事犯罪类风险和表现形式

这类非商业风险主要是指华商投资或经营活动所在国和地区,因当地社会矛盾激化,行政当局权威削弱,社会法律秩序松弛,进而出现大规模的政治骚乱;或政局因选举舞弊、党派倾轧等陷入混乱无序;个别国家甚至长期处于无政府状态,社会治安状况恶化,犯罪活动严重。例如,印度洋海域的索马里海盗活动猖狂,同该国中央政府权威下降,社会长期动荡是分不开的。也有个别国家某些政治势力,为转移国内民众对当局腐败和专制现象的注意力,通过有意识的引导和误导公众情绪,将本国经济困难归咎于外国人,导致当地人对外国人的仇恨,引发骚乱和抗议活动,最终使外国人的合法利益和生命安全处于危险之中。这类因刑事犯罪活动而导致华商们人身和财产受到威胁的事件,在华商们海外安全事件中占多数。一旦出现或被殃及,个人要维权和寻求当地政府保护都很困难,需特别加以关注。

众所周知,改革开放后走出国门前往海外从事经贸活动的华商,主要是搞小商品批发业务居多,以经营服装、轻工、玩具、日用品为主。为此,华商们在世界各地建立了大量中国商品城,把大量价廉物美的中国日用品带到所在国市场。特别是在俄罗斯、原东欧国家和非洲,有无数命名为"中国商品城"、"中国城"、"唐人街"的商品市场遍布在各国城乡,这充分说明中国商品物美价廉,深受外国中低收入阶层欢迎。

但是,在全球化背景下,西方一些国家的劳动密集型行业竞争不过中国、印度、巴西等新兴国家同行,许多人经营活动日益败落,于是一些人就很自然地把气撒到华商们身上。再加上少数政客纵容和媒体挑唆,一些人会寻机攻击中国人店铺,造成华商财物损失甚至人员伤害。据统计,2001 年以来,中国政府已经开展过所罗门群岛、汤加王国、东帝汶、黎巴嫩、苏里内、吉尔吉斯等国十来起"撤侨"行动,这些事件的起因多数是华侨华人所在国发生严重社会骚乱,危及我侨民安全。

刑事犯罪活动性质的恶性事件在一部分非洲国家也特别多。在南非就发生过一年内数十起中国公民包括华商受到犯罪分子侵害,甚至导致华商死亡的恶性刑事案件。中国驻南非大使馆在2006年全年,曾经8次发布“特别安全警示”,告诫在南非中国的公民做好安全防范工作,劝告准备去南非的中国公民暂时不要前往南非。这些年,发生在尼日利亚、索马里、阿富汗等国的针对中国公民的绑架事件,大多属于刑事犯罪性质,许多都同这些国家治安形势分不开的。因此,防范一些国家的刑事犯罪活动对我海外商务人员的安全,是中国领事保护工作的一大课题。

通过对近十年来发生的中国公民海外安全事件观察,世界上发生的涉及中国公民和法人的刑事犯罪类风险较为严重的国家和地区主要集中在伊拉克、巴基斯坦、阿富汗、俄罗斯、南非、苏丹、尼日利亚、菲律宾等国。上述国家是外交部“海外安全警示”中提到次数最多的国家。其中,非洲若干个国家成为华商们非商业风险发生几率最大的地方。这里,我们以华商中的“浙商”群体在非洲的经营活动和非商业风险为例。

2006年10月,“中非合作论坛”北京峰会后,中国政府加快了对非洲地区的经济合作和财政援助步伐。截至2009年底,中国对非直接投资总量已大幅增长到93.3亿美元,分布在49个非洲国家。在非洲新签承包劳务合同184亿美元,完成营业额79亿美元。[①] 另据浙江省经贸厅统计,浙江的企业家至2009年底在非洲创办的贸易和生产型的企业,总数超过200家,遍及30多个国家。涉及纺织、服装、鞋类、机电、塑料制品、纤维制品以及矿产开采及冶炼等行业。2008年,浙商在非洲的投资额达到近6000万美元。[②] 浙商是在非洲投资的华商中的最大群体。以喀麦隆为例,在当地2000多名华人当中,浙江人就占到四分之一以上。当然,华商在获得投资赚钱机会同时,也遇到了各种非商业风险。过去十来年中,非洲各地经常传来浙商被抢劫和谋杀消息。光2006年一年,在南非就发生了十几起中国人受到抢夺的恶性案件,其中有5名浙江籍侨胞因受到当地人攻击、抢劫、绑架而失去财物,甚至有两名华商付出生命代价。

① 参见国务院新闻办公室2010年12月23日发表的《中国与非洲的经贸合作》白皮书。

② 《浙江中小企业在非洲投资创业情况的调查》,TT91知识产品采购中心网2009年12月7日。

这种刑事犯罪类或带有排外性质的非商业风险，对华商个体来讲，财物损失是小事，保全生命最重要。华商们不但要提高自身安全防范意识，更要强化安全措施。

三、意外伤害类风险和表现形式

意外伤害和突发自然灾害风险虽不常见，但一旦碰到，危害很大。这类风险是指华商们在海外经商过程中，受到诸如地震、海啸、火山爆发、沙尘暴、空难、火灾等自然灾害和意外交通事故而造成的伤害。近年内，由于全球气候环境的变化，世界各地特大自然灾害十分频繁，尤其是各种灾难性自然灾害增多。像 2003 年发生的印度洋海啸，它造成包括 14 名中国公民在内的世界上几十个国家近 16 万人死亡。“海啸”重灾区的印度尼西亚、泰国、斯里兰卡、马尔代夫等国的财产损失更是难以估算。

再举一例，2005 年 8 月 31 日，特大飓风“卡娜琳那”袭击美国的新奥尔良市，这是美洲加勒比海地区数十年一遇的热带风暴，由于美国气象部门预报不准，对风暴危害程度估计不足，最终造成数百人死亡，数万人无家可归。许多世代侨居在新奥尔良的华侨为此失去家园，有些人一夜间破产。因此，对于类似地震、海啸、洪水泛滥等特大自然灾难，华商们在海外生活过程中要加以警觉。当然，华商们在海外遇到的非商业风险还有许多形式，不胜枚举。

综上所述，面对当前复杂多变的国际安全环境，华商们需提高安全意识，强化安全防范措施。相关部门要高度重视，社会各方要齐心合力，力争将非商业风险降低到最小程度。

第三节 非商业风险的防范及应对

非商业风险是一种不可抗拒的外力行为，具有意外、突发和后果严重等特点，因此，应对非商业风险必须多管齐下，综合治理。

一、从政府层面上来讲

随着中国对外开放步伐的不断加大，中国公民在海外遇袭的几率也将加大。华商们身居国外，远离祖国和亲人，海外打拼十分不容易，因此，他们更加渴望国家的强大和得到祖国的关怀。从我们调查的情况来看，华商们是十分希望能得到政府的安全指导和帮助的（见下图）。在一项"你希望政府在安全问题上做些什么"的多项问卷调查中，绝大多数的受访者优选项目是："加强出国人员安全警示"、"强化出国人员信息登记制度"和"提高相关部门应对危机能力"等，这说明，在提高公民海外商务活动的安全系数，推动企业"走出去"战略上，政府和主管部门有义不容辞的责任。

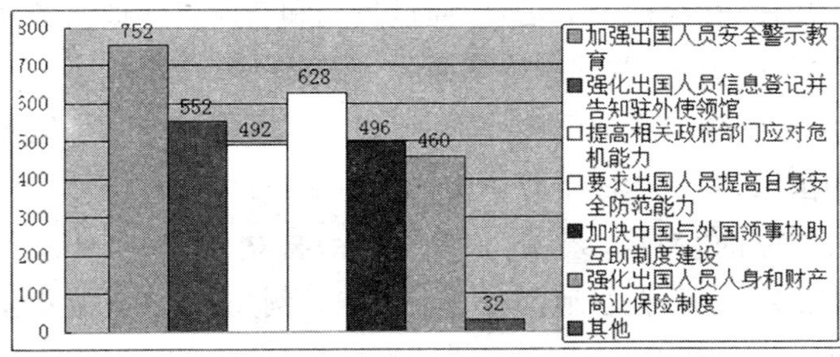

首先，健全和完善危机处置和应急反应机制。2005 年 3 月，外交部牵头和领导的，由公安部、商务部、教育部、交通部等部门组成的"境外机构安全和公民保护工作部级联席会议制度"建立，并在外交部设立了应急办公室，统一协调和处理公民海外安全事件。这一机制在应对多起中国公民海外安全的重特大事件中发挥了重要作用。当前，鉴于 2010 年年初从利比亚撤回中国商务人员和劳务人员的经验，中国相关部门要专门进行海外安全环境评估工作，对世界上商务活动中出现了新情况、新问题，及时地向社会发布，以指导境外投资和劳务派出活动，以提高安全的预警期。商务部要考虑建立针对华商和法人海外非商业风险的对策专案，以提高反危机的针对性和可靠性。

其次，相关部门要做好法人海外投资的宏观指导和服务工作。商务部要加快海外投资的立法调研工作，尽快与中资机构投资较多的外国政府签署双边投资保护协定。各级商务机构要加强与海外华商的沟通和联系，关注其海外经营和生存状况，采取各种手段来改进服务。例如，2010 年，浙江省商务厅采取聘请“商务代表”来扩大与海外浙商联系。商务厅会选择一部分海外从业时间长、人脉关系多、社会威望高的浙商人士担任“商务代表”，聘期 1 年，派驻在包括美国、日本、俄罗斯、新加坡、泰国、尼日利亚、博茨瓦纳等海外国家和地区。商务代表的主要作用是协助浙江企业在当地解决贸易纠纷，掌握经营动态，开展工程承包和劳务合作，反馈当地的最新商务信息等。这是政府与民间相结合的一项创新，有利于政府部门及时了解海外华商安全状况。另外，国内相关研究机构要收集华商活动较多国家的政治、经济、法律、社会治安等信息，通过报刊和新闻媒体披露各种风险。同时，广泛动员社会力量，共同做好华商和法人海外安全工作。

最后，驻外使领馆借助侨领社团资源，化解风险。中国是世界上在海外侨民最多的国家，有多达四千万华侨华人生活在世界一百多个国家和地区。华侨华人有浓厚的“乡缘、亲缘、血缘”观念，喜欢抱团和合伙，且华侨华人生活聚集地相对集中，在当地都有一定影响。例如，浙江省温州籍的华侨华人在海外有 43 万，其中 33.7 万人侨居在欧洲，其中的 92.68% 又集中在意大利、法国、荷兰、德国和西班牙等五国①，这是十分有用的资源。

由于官方性质领事保护存在限制较多、人手不足、经费有限、过程复杂等特点，因此，驻外机构要发挥华侨华人爱国爱乡的积极性，遇事多与他们协商。尤其是多依靠华侨同乡会、同胞会、联谊会等组织，共同应对各种非商业风险。“侨领”们一般在当地有较高威望和社会知名度，与当地政府或者社会各界有千丝万缕的联系，许多人精通当地法律和人文习惯。

总之，只要上上下下各个方面齐心协力地共同来关心中国商务人士的海外安全，做好海外公民的保护工作，中国“走出去”对外开放战略必将取得显著的进步和发展。

① 《经济参考报》2010 年 12 月 13 日。

二、从企业法人层面上来讲

当前,国内许多企业都雄心勃勃地实施跨国化战略。今后,随着中国经济竞争力的提高,这一势头会更加猛烈,这是可喜的。为了推进企业跨国经营战略,防范各种非商业风险,企业法人要注意做好几方面工作。

一是加强调查研究,做好风险评估工作

"2011 年 3 月 2 日,中国铁建公司发布利比亚项目情况公告,称公司在利比亚工程合同总额为 42.37 亿美元(约 278 亿人民币),目前所有项目全部停工,未完成合同额为 35.51 亿美元。目前人员撤离接近尾声,但由于利比亚局势的不确定,项目现场设备、材料的保全情况以及后续进展还将存在不确定性,而撤离本身也将发生一定费用,经济损失正在统计中",[①]这是中国一家大型海外工程承包公司在中国政府因利比亚政局突变,被迫实施撤侨行动后,其利比亚项目所遭受的经济损失。利比亚事件充分说明,中国企业在"走出去"路上,定要十分谨慎,特别要重视海外政治性风险问题。

企业海外投资和并购,会涉及复杂的敏感的外交和法律关系,再加上各国社会制度和意识形态不同,多数国家的百姓和企业对中国人和中国企业并不了解。因此,企业法人在进行海外直接投资行动中,一定要全面地彻底地了解这一国家和地区的商业环境,关注其政治和安全状况等非商业风险。前些年,外交部和商务部针对中资企业海外经营中出现的风险,制定了《海外中资企业机构文明指南》,第一条中就强调"树立风险意识",要求我企业和法人做到全面了解所在国政治、经济、文化、法制、社会和治安环境,正确评估企业和人员面临的日常安全风险,建立有效的风险防控机制,警钟长鸣,确保生产和经营顺利,机构和人员安全。因此,提高风险意识是企业海外经营中的"第一课"。

从事海外拓展的中国法人可以通过邀请专业的国际问题研究机构进行海外投资环境分析,也可以委托评估机构进行调查研究,写出评估报告。现

---

① 《统计中企利比亚损失 中国对外承包工程商会筹划索赔》,21 世纪网 2011 年 3 月 3 日。

在，国内已经有一些权威的信用评估机构从事国家风险评估。例如，从2002年起至今，中国出口信用保险公司根据国际惯例和通行风险评级标准，开始进行主权国家信用评估和评级制度，每年发表"国家信用风险评估报告"，供我国企业和社会公众参考。报告建议中国企业在海外投资中尽量选择安全风险级别、投资回报率高的国家。实践证明，这一标准和评级是科学和合理，基本符合现实，有很大的参考价值，得到像中石油、中建、中铁等大型国企的认可。因此，无论是国有企业还是民营公司，在海外投资和并购前，最好进行一次必要和科学的风险评估活动，以达到事半功倍的效果。

二是谨慎地选择投资国别和合作伙伴

中国企业和个人为了商业利益"走出去"的历史，比西方发达国家晚了数百年，中国企业国际化跨国化发展的时间更短，商业经验和海外开拓市场能力并不强。因此，对中国企业来讲，海外合作的方式和对象选择是十分重要的。为了防止发生非商业性风险，国内企业在选择投资合作对象时，尽量避免到政局不稳、法制和社会治安较差、排外性倾向较强的，或是国际社会公认的高风险性的国家，进行企业投资和长期商业活动。非要在某些国家进行投资和开设分公司等经营活动，应尽量选择合资或合作形式，与所在国的国民或企业进行合资。当然，股权结构和投资比例要做到控股或拥有主导权。在选择合作伙伴时，要与有官方背景的或拥有广泛社会人脉的个人和组织进行合作，最好与有官方背景的财团进行联合。在雇用企业职工时，要多雇用当地人，特别是社会地位和层次较高的管理人士，尽早实行"当地化"经营战略。在投资金额和期限上，尽可能采取长期规划、小步实施的渐进方式，投资于收效快、非敏感、回收周期短的项目，再逐渐增加投资额和扩大规模，防止一旦出现国有化征收或战争等非商业风险而遭受"倾家荡产"的致命打击。

近年来，我国"走出去"战略上比较成功的一例是浙江吉利集团收购世界级品牌"沃尔沃"，这一持续时间很长、合作双方都比较满意的跨国并购项目之所以成功，原因之一，就是吉利集团领导对这一跨国收购商业活动进行了相当谨慎的论证和评估活动，邀请世界著名的通晓国际商业并购的国际法律人才、商界谋士进行详细的周密的风险考量，因此，这次跨国化经营和开拓活动，没有遇到非商业因素的干扰和阻挡。今后，中国企业和法人要更多地做好市场调研工作，稳定地走好海外经营战略的每一步。

三是企业注意自身形象，担当起社会责任

中国企业海外发展的历史都很短，特别是民营企业在海外并购和拓展的时间更短，企业家对外部世界及投资国的经济、政治、社会各个方面的了解很肤浅，因而遇到种种困难是难免的。对此，中国对外经贸大学卢进勇研究员认为：中国企业到海外应做到五个“熟悉”，一是熟悉当地的法律和文化；二是在和政府保持好关系的同时，一定要熟悉反对党；三是熟悉工会；四是熟悉大量非政府组织；五是熟悉宗教团体，[①]这其实都是企业的社会形象问题，也就是企业社会责任。

例如，由于历史和传统的原因，中国在非洲国家中的形象相当长一个时期内是比较好的。非洲人民对中国人民的友谊是真诚的和无私的。这既同中国与非洲在历史上有相似的经历，在民族独立和解放后有共同的经济自强任务，相互间团结和支持分不开，也同中国政府长期来对非洲国家无私的国际主义援助相关。

自从改革开放后，中国开始走社会主义市场经济道路，中国与非洲国家的经济关系发生了变化。同时，由于部分非洲国家长期陷入政治动乱和经济低迷中，随着中国企业大举按照市场经济规律参与国际竞争，进入非洲国家投资、办公司、搞贸易，加上西方国家媒体对中国企业在非洲的经贸活动进行“妖魔化”宣传，中国国家形象受到污辱。当然，也同部分中资企业在非洲经济活动中趋利性、商业化和“不择手段”有关系。因此，对中资企业来讲，要特别重视自身企业形象建设，不但要经济效益更要社会效益。

这些年来，中国政府和企业开始重视企业社会责任，包括中石油、中石化、中信集团等中资企业加强了企业形象建设。例如，中石油在苏丹的项目公司每年拿出数千万美元搞公益事业，建设了一批学校、医院和公路等公共

① 《学者称中企未很好“走出去”企业要做五个“熟悉”》，中国新闻网 2011 年 1 月 9 日。

设施，使当地200多万人受益。中石油在尼日利亚捐建的中尼友好小学则缓解了当地300多个村庄的基础教育压力。中国在赞比亚开发矿产企业，不仅投资建设冶炼厂，提高了当地铜资源的利用效率，还在国际金融危机发生后承诺，“不减少一吨产量、不裁减一名员工、不减少一分投资”，成为该国7家外资矿山企业中唯一没有减产、裁员的企业。这些做法，对于减少企业非商业风险是大有益处的。

三、从商务人员层面上来讲

海外商务活动中的风险并不可怕，怕的是个人“无知”，存在“侥幸”心理。对于从事海外商务活动的中国公民来讲，由于其长期在海外工作和生活，活动场所在国外，流动性大，这一群体比起其他中国公民来要更加重视海外风险，时刻把安全放在第一位，特别要认清非商业风险的特点和规律，提高自我防范能力。

首先，华商们要提高海外安全意识

出门在外，安全第一。从2003年开始，为了更好地落实党中央和国务院领导提出的“以人为本”、“外交为民”的执政理念，外交部和驻外使领馆网站的“海外安全动态”、“出国旅行须知”等栏目，会不间断地发布领事安全预警信息，提醒和警示中国公民在海外生活和活动中，要时刻提防各种风险。同时，外交部中国领事保护中心针对商务人士的活动特点，与商务部共同起草和印发了《海外中资企业机构文明指南》、《中国公民海外安全常识》等宣传资料，并且以免费发放形式送给各大型国有企业和民营外向型企业。这些图书和资料大多通俗易懂、图文并茂，每年印刷量在数十万册以上，外交部网站也可以下载这些资料。但是，持续的宣传活动在实际中的收效似乎不大。调查表明，我国公民的整体安全意识仍十分淡薄，华商们同样如此。在一项“你出国前有没

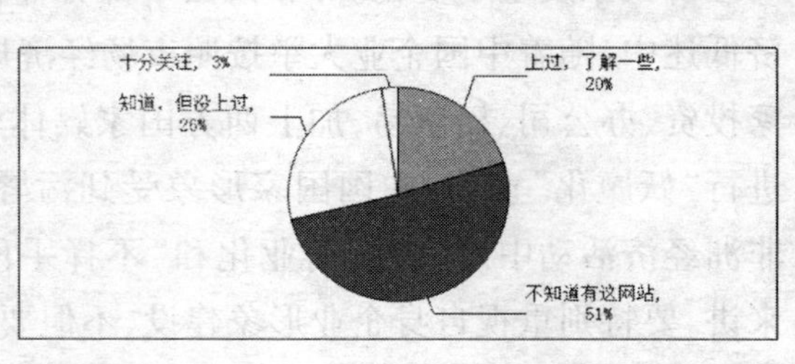

有上过外交部网站，了解‘海外安全动态’”调查中（见图），竟然有高达77%的受访者回答“不知道有这网站”或“知道，但没上过”，由此可见，加强公民海外安全教育是当务之急。

因此，华商们要自觉提高自我安全意识，克服麻痹大意思想。华商们要随时随地上外交部网站，注意其“海外安全动态”栏目的安全提示。同时，经常性收看国际新闻和关注当地时政，特别是当经商所在地的政局出现变化，局势发生动荡或前景不明时，更要随时跟踪事态动向，以便早作准备和打算，防患于未然。

其次，要提高自身文明素质

华商们在海外经商和生活期间，身处异国他乡，人生地不熟，各国的政治制度、文化传统、宗教和生活习惯等各不相同。由于商业竞争的需要，华商们的经营活动势必招致当地人和同行的排斥，商业生存环境比起国内来肯定会更加不易。因此，更要注意自身修养和文明素质的提高。华商们要遵纪守法，守信用，讲商业道德。做到诚心做生意，自觉规范经营行为。坚持按质论价，决不竞相压价，自相残杀。依法纳税，决不偷税漏税。经营活动中要有知识产权意识，既要保护他国著名商标和品牌，更要做好自身商标在境外工商注册的工作，避免因无商标而遭封杀。在赚钱的同时，善待外籍员工，尊重当地的风俗习惯。华商们要“入乡随俗”，尊重当地风俗习惯。不加入外国政治社团和卷入所在国政党、门派、政见之争。更不在宗教、政治、种族、国际关系等敏感问题发表不当观点。在欧美国家经营和生活期间，尤其要注意不发表过激和极“左”的言论，特别是带有同情或包庇“恐怖分子”嫌疑的言论。在国外经营活动和生活期间，及时与我国驻该国使领馆联系，并与亲朋好友保持畅通的信息联络。

再次，要强化风险应对能力

非商业风险不是个人意志可以控制的，但也不是没有规律可循，同样可以防范。例如，国际恐怖活动往往有突发性、即时性特点，而且是无法提前预料和事前防范的，华商们想免于受到恐怖活动的伤害，就尽量不去恐怖活动多发国家和地方，这是个人可以控制和做到的，毕竟生命比生意重要。同样，对于财产被国有化"没收"或"间谍罪"等形式出现的政治性风险，只要事先多做些调查研究功课，也是可以避免或至少减轻损失。当前，国内的清华大学、商务部的国际贸易经济合作研究院、中国社会科学院世界经济与政治研究所、浙江师范大学非洲研究院等一些国际问题研究机构和单位，都有专家和学者研究并关注世界各地投资环境，每年会发表风险评估报告，建议华商们关注相关研究成果，多听取专家学者的建议，自觉地提高判别风险和防范风险能力。

另外，为了防范可能出现的非商业风险对自己的经营活动带来损失，华商们要有风险分担和避险方法。如果一定要在风险较大和安全因素复杂的国家从事商贸活动，则应该通过风险分解来减轻损失。例如，积极地投保各类人身和意外伤害的商业保险，以减少和降低损失；增添安全设备和增加保安人员；经常性阅读介绍安全防范知识的书籍和音像资料；参加各种有关防范意外伤害的培训班；了解同事和周围朋友在海外避险经验等。只要华商们自己有了安全保护能力，非商业风险同样可以避免和减轻。

最后，学会团结和抱团，融入当地生活中

海外经营活动，出现各种风险是难免的，关键是少发生"硬伤"或无谓的损失。华商们可通过商会、老乡会和联谊会的形式，有组织进行维权行动。对于一些不确定性大、难以把握的政策和做法，要通过集体商议形式来决定。华商们要多与当地政府、警方和商会进行沟通，特别与中国驻所在国的使领馆加强联系，多听取中国外交官的建议和意见。

华商在海外经营和生活期间，如果居留时间长，当地有数量众多的中国人，则要加强团结，尽量改善与当地人的关系，多参加公益性社会性活动。华商们要做一些善事，热心支持当地各项社会事业。有可能的话，要广交朋友，尤其是加强与行政当局、党派社团领袖的关系。总之，身处异乡，时刻把当地视作"第二故乡"，以增进中国人民与世界各国人民的友谊和交往。

第七章 公民海外留学活动的风险及应对

“以西方之学术，灌输于中国，使中国日趋文明富强之境”，这是中国留学“第一人”容闳曾表达的留学志向，也同样是当代中国青少年学生远涉重洋，前往海外留学的目的之一。随着中国经济的发展和国民收入的提高，海外留学正从富裕家庭子女“专享”向大众平民阶层发展，中国已是世界上最大的留学生生源地国。因此，留学安全已经成为影响学生和家长选择海外留学的因素之一。在公民海外安全事件中，留学生已经成为最容易“出事”的群体。因此，关注留学风险，研究留学风险的形式和特征，是家长、社会各界和政府职能部门的共同需要。

第一节 公民海外留学的发展及特点

一国公民海外留学是世界范围各民族相互学习、相互交流的主要形式；也是经济社会相对落后的国家通过国际教育交流，达到向先进国家学习科学技术，以尽快提高本国经济发展水平的重要途径；更是青年人开拓眼界，丰富人生阅历的重要环节。中国是世界上在海外留学生最多的国家。从国际教育交流史看，过去中国曾是世界留学生的主要目的地国。唐、明朝时期,中国是世界教育最发达和接受留学生最多国家。① 反过来,中国人去海外留学的历史倒并不长,但后来发展速度和规模可以说是相当“惊人”。

一、近代以来公民海外留学的历程

(一)鸦片战争后的公民海外留学

中国公民之所以去海外留学,与中国这一古老又悠久的世界文明大国在1840年鸦片战争中被西方殖民主义者“炮坚船利”强权打败,逐渐沦为半殖民地半封建的“国运”分不开的。此后,一批批有远大抱负的青年志士,为寻求救国救难之道,开始漂泊异国他乡,走上向西方国家学习科技和文化之路,留学目的带有“师夷长技以制夷”的爱国情怀,由此,揭开了近代史上公民去海外留学的序幕。

中国公民海外留学最早可以从清朝政府时期的1872年算起。当时,来中国从事传教活动的西方教会人士带领一些幼童到欧美国家学习,产生了中国历史上第一批留学生,这可算作最早的留学生。真正意义上的公民海外留学,一般认为是从“中国留学第一人”广东香山县南屏乡(今珠海市香洲区南屏镇)的容闳开始。容闳于1847年1月前往美国学习,首开了中国人前往海外留学的纪录。1854年,他从耶鲁大学毕业,成为第一个在美国毕业的中国留学生。容闳以其海外求学经历和对美国政治、经济、文化制度的认识,不停地上书当时清政府“洋务派”代表人物曾国藩、李鸿章等人,要求政府派遣留学生去欧美国家学习先进科技和商业科目。1872年8月,清政府派遣了第一批幼童(年龄在12至14岁间)共30人去美国学习,前后共3批120人。这批学生通过官费渠道到美国读书,成为中国历史上第一批海外留学生。1875年到1900年间,清政府也向英国、法国、德国三国派出过官费留学生约60名,这样,中国向海外派出留学生的国别已经增加到数

① 公元7世纪,中国相邻的吐蕃、新罗、高丽、日本等国纷纷派遣官员学者来中国唐朝的长安(今西安)求学,最多时竟达上万人,一时盛况空前。贞观年间开始,日本先后派遣了13次“遣唐使”。留学生和留学僧都是跟随使团到达中国,但遣唐使返回时,这些学生仍继续留在中国学习,被称为“留学生”,这一词从此沿用至今。

国。

1895年,中国在甲午战争战败后,国内的青年学子和社会志士认识到中国与近邻日本之国力差距,许多人怀着了解日本"明治维新"以后快速崛起之"谜"的兴趣,开始到日本国留学,形成清政府晚期中国人到日本"留学"的一次高潮,总计人数达到上万人。① 在这批留学生中,涌现出了一大批中国近代史上杰出的科学家,后被称为"中国铁路之父"的詹天佑②就是其中的佼佼者。

20世纪初,处于摇摇欲坠、国力衰败的清朝政府接受美国政府的建议,加大向海外派遣留学生的规模。但限于财政吃紧,心有余而力不足,就同意美国政府提出的"庚子赔款返华"③计划,设立"清华学堂"作为中国赴美学生预备学校,用于大规模选拔留学生和提高预备生的质量。据统计,从1911年设立"清华学堂"到1929年间,共有1279人被派往美国留学,形成近代中国海外留学史上第一次高潮。

(二)民国时期的公民海外留学

从1911年到1949年的国民党政府时期,由于中国连年处于军阀混战和日本军国主义对中国的侵略战争中,中华民族生死存亡已经成为中国社会的主要矛盾。这一国情,促使青年学生们认识到,海外留学的目的已经不是单一的学习外国的先进科学技术和文化知识,通过"科技救国"、"产业报国"来改变落后和腐败的中国社会,而是寻求救国救难的变革社会之道。这样,以周恩来、邓小平、李富春为代表的一大批青年学生,通过各种渠道去法国和其他欧洲国家留学。更有以刘少奇、陈云、张太雷、张闻天等中国共产党第一代革命家受党组织委派,前去世界上第一个社会主义国家苏联留学,形成中国近代史上又一次出国留学潮。这批人中有许多后来成为中国共产

---

① 王辉耀、苗丹国等:《中国留学人才发展报告2009》,机械工业出版社2009年版,第2页。

② 詹天佑(1861—1919)。汉族,广东南海人,居住在湖南省,原籍安徽婺源(今属江西)。他是中国首位杰出的爱国铁路工程师,负责修建了京张铁路等铁路工程,有"中国铁路之父"之称。

③ 1900年6月,八国联军发动了侵略中国的战争,清政府战败,被迫同英、法、美等国签订了《辛丑条约》。1900年是旧历庚子年,因此近代史上把这次赔款叫作"庚子赔款"。1909年,美国政府宣布将庚子赔款的一部分作为中国留美学生的费用,以吸引中国学生留美。

党的第一代无产阶级革命家、新中国的缔造者和领导人。

二、新中国公民海外留学的发展

(一)1978 年改革开放前的留学生史

这一时期,囿于国内外形势和经济条件等所限,中国政府在留学生政策上几番变动,新中国留学生事业可谓一波三折,不断反复。

新中国成立后,毛泽东主席和党中央高度重视派遣留学生工作。中国领导人深深体会到:要把"一穷二白"的旧中国建设成繁荣、昌盛、富强的社会主义国家,急需的是大量经济建设人才和科技工作者。因此,从 1950 到 1965 年,中国政府先后向苏联、波兰、捷克斯洛伐克、民主德国、保加利亚等国派遣了上万名留学生。大致数字如下:1950 年至 1965 年期间,中国共向苏联和东欧各国派遣公费留学生、进修生 10698 人,同期回国 8013 人;派出人员中大学生即留学本科生 6834 人,占 63.88%;研究生 2526 人,占 23.61%;进修生 1116 人,占 10.43%。[①] 这批留学生中的大部分是到"老大哥"[②]苏联的大专院校、科研机构学习和进修,其中许多留苏学生后来成为中国第三代领导集体的主要成员[③],更有许多人成为新中国社会主义建设事业各条战线的杰出人物。但由于当时国际形势和国力所限,这一时期中国公民海外留学国家的国别范围和院校选择相对较窄,派出数量有限,留学专业的学科也相对集中。

这一时期,中国也向一些已经与中国建交的西方国家派出少量留学生,但主要是学习语言。如从 1957 年起至 1965 年,中国向意大利、比利时、瑞士、挪威等国共计派出 200 余人,其中多半是去学习外语,少量学习自然科学。60 年代,由于中国与苏联及东欧其他社会主义国家的政治关系发生破

---

① 欧美同学会等:《留学与中国社会的发展》,珠海出版社 2009 年版,第 137 页。

② 20 世纪 50 年代盛行"苏联热",因苏联率先搞社会主义社会,那时中国在许多方面都向苏联学习,就称"苏联"为"老大哥"。

③ 中国第三代领导集体中的江泽民、李鹏、李岚清、尉健行等人都曾经在苏联留学和进修过,期限长短不一。

裂，再加上国内搞持续不断的类似“文化大革命”的政治运动，正常工作受到严重干扰，新中国向海外派出留学生工作也随之中断。

70 年代初期开始，随着国内政治运动暂时平稳，中国政府恢复了派遣留学生工作。但受当时的观念和国家财力及国际环境多方面因素制约，中国外派留学生规模仍是比较小的，影响更是不大。从 1972 年到 1978 年间，中国共向外派出 1977 名留学生，平均每年不到 300 人[①]，而且以政府交流渠道及进修语言为主，留学生工作处于缓慢甚至停滞发展过程中。

（二）1978 年至今，新时期的海外留学

1978 年，随着中国社会进入轰轰烈烈的改革开放时代，各项工作走上正规化、现代化的道路，中国公民海外留学事业也获得了蓬勃发展的大好时机。尤其是 2001 年中国加入“WTO”后，随着经济社会的快速发展，人民生活水平从温饱向小康社会迈进，公民海外“留学热”像潮水般高涨，一浪高过一浪，成为中国发展一道亮丽的“风景线”。

1978 年 6 月 23 日，在粉碎“四人帮”、结束“文化大革命”及开展平反冤假错案之后不久，邓小平同志就提出：“我赞成留学生的数量增大，主要是搞自然科学。这是五年快见成效，提高我国科技水平的重要方法之一。要成千上万地派，不止只派十个八个。”[②]这一讲话奠定了新时期中国向国外派遣留学生的政策基础。同年 7 月 11 日，教育部在给邓小平同志提交的《关于加大选派留学生数量的报告》中提出：“初步考虑每年派出三千人，大学生占 60% 至 70%，进修生占 15% 至 20%，研究生占 15% 至 20%。”[③]这些原则和方针的确立，为中国留学生工作指明了方向。1978 年 10 月，以著名科学家周培源教授为团长的中国教育代表团赴美访问，他们同美国政府代表团进行了艰苦的谈判，最终达成双方互派留学生的协议。1978 年 12 月 26 日，经过全国范围层层筛选的第一批 52 人公派留学生启程前往美国，由

---

① 王辉耀、苗丹国等：《中国留学人才发展报告 2009》，机械工业出版社 2009 年版，第 4 页。

② 中共中央文献研究室编：《邓小平思想年谱（1975——1997）》，上册，中央文献出版社 2004 年版，第 330—331 页。

③ 李滔：《中华留学教育史录——1949 年以后》，高等教育出版社 2000 年版，第 366—369 页。

此揭开了新时期中国大规模向海外派遣留学生的序幕。据统计,1978 年至 1985 年 7 月,全国范围共选派出 3 万名优秀青年学生去海外留学,主要去向是欧、美、日等发达国家和地区。这部分留学生从资金渠道来讲,同样分国家和单位公派两种,自费留学几乎一个没有。

1984 年 12 月,国务院出台了《关于自费出国留学的暂行规定》,规定我国公民个人凡通过合法正当手续获得资助或者国外奖学金,且已经办好入学许可者,可不受学历、年龄和工作年限的限制,均可自费留学,由此,开启了中国公民自费出国留学的大门。自此以后,中国公民海外自费留学的人数以几何级数增长,仅 1990 年一年就已经达到 56000 人,新中国的留学事业也进入了突飞猛进的新阶段。

上个世纪 90 年代后,公民海外留学进入新的发展时期。尤其 2000 年以后,公民海外留学的人数出现"井喷"。据教育部统计,改革开放 30 年间,我国各类出国留学人员总数达 162.07 万人,其中 2000 年以后出去的留学生占到总量的 70% 以上,[①]这一势头至今仍方兴未艾。

我国公民海外留学规模突飞猛进的发展,与党和国家对留学生事业的重视分不开。2003 年 9 月 30 日,胡锦涛总书记在接见全国留学人员先进个人和先进单位代表时提出:各级党委和政府,要把吸引和用好留学人员作为实施人才战略的一项重要任务抓紧抓好。要适应新形势,研究新情况,解决新问题,不断完善政策措施,不断提高服务水平,积极营造留学人员回国工作创业发展的良好环境。这一讲话精神为新时期留学工作指明了方向,表明了党中央和国务院对留学生工作的高度重视,也推动了我国留学生事业的大发展。这一时期,教育部提出的留学生政策口号是:"支持留学,鼓励回国,来去自由,"这有力地推动了我国留学生事业的发展。当前,中国公民海外留学正出现以下几个特点:

一是留学人员的规模和数量大幅度增加

从 1978 年到 2009 年间,我国各类出国留学人员总数 162.07 万。各类

---

① 王辉耀、苗丹国等:《中国留学人才发展报告 2009》,机械工业出版社 2009 年版,第 6 页。

留学人员回国总数49.74万,至今以留学生身份仍在国外的人员有111.34万人[①]。我国在海外留学生规模呈现连年猛增的特点,仅2009年一年出国留学的公派和自费出国人员就达22.93万人,相当于改革开放前30年新中国外派留学生总规模的两倍多。其中国家和单位公派1.92万人,自费留学的21.01万。总量比上年度增长27.5%,比2000年的3.9万人增长5倍多,中国一跃成为世界上最大的留学生生源地国家。

2005年到2009年中国公民海外留学增长表[②]

年份	2005年	2006年	2007年	2008年	2009年
总人数(万人)	11.85	13.38	14.4	17.98	22.93
比上年增长率	3%	18%	7.8%	24.8%	27.5%
公费生(万人)	1.2057	1.3122	1.581	1.82	1.92
自费生(万人)	10.65	12.07	12.9	16.16	21.01
自费生所占比例(%)	92.8%	90.2%	89.6%	89.9%	91.6%

二是自费留学生成为留学生大军中的主力

自费留学是世界上大多数国家公民海外留学的主要方式。中国公民海外自费留学作为公民接受国际教育的方式之一,出现在上个世纪90年代中后期,这一现象的出现同中国政府留学生政策的变动和老百姓生活水平的提高及留学生接受国签证制度的宽松等相关。据教育部统计,在1978年至1999年21年间,中国公民自费出国留学的总人数约为16.5万人。从2000年开始的十年间,每年自费出国留学人数以10%以上速度递增。2000年时,中国出国留学总人数为3.9万人,其中公派人数是7000人,自费生3.2万,约占77%;而到2008年,自费留学已经达到16.16万人,约占当年出国

① 《教育部公布2009年度各类留学人员情况统计结果》,教育部网站2010年6月28日。

② 根据相关资料整理。

留学总人数17.98万中的92%[①]。在2009年22.9万出国留学生中，自费留学出国人员达到21万，同北增长30%。按照这样发展趋势，到2020年，中国留学生中的95%以上将是自费生，数量上会达到35万之多。

三是留学目的地国分布更广

公民去海外留学的目的是接受国际先进教育和获得学历文凭。因此，以往中国公民去海外留学的目的地国多半是发达国家和教育质量较高的国外大专院校，美国、英国、澳大利亚、日本、加拿大是中国公民海外留学的主要传统目的地国。据统计，约有80%以上的中国留学生集中在上述5个国家，其中美国一国约占中国海外留学生总数的45%以上。现在，已有越来越多其他发达国家甚至部分发展中国家成为中国留学生的目的地国，如荷兰、俄罗斯、新加坡、韩国、意大利、瑞士、南非、印度等国。个中原因十分复杂，既有一些国家学费低廉、签证方便等优势，如俄罗斯、波兰、韩国，也有部分国家专业特色鲜明、打工限制少、容易移民等优势，如澳大利亚、新西兰等。据统计，现世界上约100多个国家有中国留学生和进修人员，可以说中国学生遍布全世界。

四是学习专业科目囊括几乎所有学科

中国公民海外求学的动因在不同的历史时期是不尽相同的。19世纪后期，由于中国积贫积弱，深受帝国主义的侵略和欺侮，有志的中国青年纷纷走出国门，前往海外寻求报国救国道路，爱国主义和实现社会变革的“政治性”动机十分明显，这也就产生了一大批像孙中山、鲁迅、周恩来等中华民族的历史人物。上个世纪二三十年代，更多的知识分子是抱着“科技救国”思想去海外留学，因此，新中国刚刚成立，就有包括钱学森、钱伟长、李四光、邓稼先、费孝通等一大批海外科技精英响应新中国号召，放弃优厚待遇，克服重重困难，纷纷回国参加新中国社会主义建设事业。据不完全统计，从新中国成立到1955年间，约有2500名旧中国时期出去而滞留在欧美发达国家的留学生通过各种途径最终回国，成为新中国科学技术战线和各

① 王辉耀、苗丹国等：《中国留学人才发展报告2009》，机械工业出版社2009年版，第6页。

行各业的功勋人物①。

改革开放初期，中国的科学技术和各项事业所需要的专业人才正处于十年“文化大革命”劫难后的青黄不接阶段。因此，这一时期公派出国的留学人员大部分是学习自然科学。但今天的公民海外留学学习科目和专业已经五花八门，包罗万象，几乎涵盖了所有学科和门类。当然，留学科目主要仍是以自然科学、工程技术、医学和农林牧学科为主，人文、艺术、经济、管理科学略少。中国公民海外留学的目的已经从过去单一的获得文凭和学历，接受国外优质教育，变成以学历教育为主，兼顾语言学习、职业技能培训、短期进修等多种留学目的，这也反映出经济全球化时代的到来对于中国公民自身素质发展的要求。

三、新时期的公民海外留学趋势分析

我国公民海外留学的发展历程和特点，既有同世界留学史相似的特点，如留学生总是从发展中国家流向发达国家，学习专业和科目一般是一国自身教育水平中薄弱项目，留学生的数量增长同留学生派出国的经济发展水平及留学生接受国的签证政策相关等。但是，中国留学生的发展也有其自身特点和规律，这在客观上促使中国很快变成了世界上海外留学生人数增长最快的国家。中国海外留学生的规模在2009年已经突破22万，约占当年中国高等院校毕业生总数的3%左右。展望未来，中国公民海外留学将会出现以下几个新特点：

一是数量剧增，规模扩大，低龄化趋势出现。2009年11月中旬，美国总统奥巴马访问中国，中美两国签署了《中美联合声明》。美国方面承诺：美国将大幅度放宽对于中国学生赴美留学签证，增加美国的中国留学生数量，使中国留美留学生总人数超过10万人。过去，美国作为中国留学生首选留学目的地国，因其签证制度十分苛刻，限制了中国留学生赴美留学规

① 如荣获“两弹一星功勋奖章”的23位科技专家中，有21位是从国外留学归来的。1955年中国科学院首届学部委员的172人中，有158人是留学归来的。引自任贵祥：《海外华侨华人与中国改革开放》，中共党史出版社2009年版，第328页。

模,现在这一协议的签署,将促进中国去美留学人数大幅度增长。同样,加拿大、澳大利亚、新西兰等国近年来也纷纷调整国际留学生政策,准备大量增加中国留学生的数量,扩大外国学生规模,以解决各国因经济危机所带来的经济增长低迷,政府和大学经费紧张的困境。"吸引中国留学生,实在是一本万利的生意",英国《卫报》2009 年 11 月 20 日为此作过专题报道。连一向对外国留学生采取严格签证制度的英国政府也把鼓励外国学生到英国学习,作为英国政府增加外汇收入的一大途径,这将进一步推动中国留学生前往英国等发达国家。同样,日本政府也实施了外国留学生到日本留学的鼓励政策。据日本文部科学省和日本学生支援机构的一份调查报告显示,自 2000 年开始,中国赴日留学生人数逐年提高,2009 年达到 79082 人,2010 年底,在日留学生中,中国留学生为 86173 人,居各国及地区之首,留学人数比上年增加了 7091 人①。

可以相信,随着中国经济继续保持快速的发展,中国又是世界上外汇储备最多的国家,沿海发达地区和大中城市中会有数千万家庭进入生活宽裕的"中产阶层"行列,出国留学成为许多家庭对其子女培养的一种选择。中国传统文化历来有尊师重教的传统,再加上国内教育和高考制度存在的种种问题,会促使更多的有经济条件的家庭将子女送往海外留学,从而引发新一轮中国留学生高潮。

值得注意的是,近年来,公民出国"留学潮"中出现一个新的现象,即留学的低龄化倾向。有相当比例的"小留学生"出现在美国、英国、澳大利亚、加拿大等中小学校课堂上,接受国外初级或初中级教育。他们年龄很小时接受海外教育,直接参加所在国的高考和高等院校录取,以便获得自己理想的高等院校就学机会,这在新中国留学史是从来没有过的"新生事物"。例如,在美国加尼福尼亚州的部分私立高中学校中,有比例不低的中国小留学生。有的学校甚至 10% 的学生竟然是来自中国大陆的年龄 15 到 18 岁的未成年人。上海华申留学虹桥分部在 2009 年办理中介留学委托中,在该公司

① 《日本六成留学生是中国人》,《广州日报》2010 年 12 月 2 日。

办理留学业务的人中有15%是赴海外读高中的“低龄留学生”。[①] 留学生低龄化既与留学生输入国的学生签证宽松政策和吸收国外优秀人才做法有关，更与中国国内严峻的大学生就业形势和竞争压力分不开，也与中国高等教育“大扩招”后教育质量下降诸因素有关，因此，可以肯定的是，今后仍会有更多数量的低龄留学生加入留学大军，成为中国海外留学生中一支新生队伍。

二是留学归国人数明显增长，质量提高。一国向海外派遣留学生的目的是希望留学生学到知识和本领后能回国归队，为经济发展出力。但是，由于各种原因，自改革开放以来，前往国外求学的绝大部分留学生在毕业后长期留滞国外，成为“绿卡”族，这是中国留学生事业中一大“憾事”。据统计，改革开放30多年中出去留学的130万留学生大军，除公费出国的大部分人员已经按时学成回国，大部分的自费出国的留学生仍留在国外，其中许多人已经拥有外国长期“居留证”即所谓“绿卡”。

可喜的是，近五年来，学成回国人员的规模和质量出现“提速”，越来越多的中国留学生开始回到国内，在我国经济社会发展的各行各业发挥其独特作用。这一现象的出现，一方面同党中央国务院和各级人才主管部门高度重视吸引海外中国留学生，鼓励留学生回国发展的政策分不开。更是中国经济社会发展到一定程度，国内的生活条件和工作环境与世界先进国家的差距进一步缩小有关。据中国人民大学“中国大学校长素质研究”课题组于2006年对1792所高等院校时任校长基本情况调研显示：36所进入“986工程”高校校长中具有海外学习经历的占85.7%；101所进入“211工程”高校校长中具有海外学习经历的占73.2%。[②] 这说明，中国政府和各级人才管理部门不断推进的大量吸引海外高级留学人员回国计划正在产生极大的效果。从未来较长时期来讲，海外留学生回国的人数会进一步增长，这

① 张骞：《低龄留学生显著增长 小留学生遭遇价值观考验》，解放网2008年12月30日。这一比例和数字是可靠的、可信的。据作者与新通国际浙江留学机构负责人访谈，在该公司中介完成的留学生中，确有留学低龄化趋势。

② 《中国教育报》2007年8月17日。

是一个必然的趋势。

中国公民海外留学大发展,对中国高等教育国际交流活动带有了前所未有的机遇和挑战。同时,留学生海外安全也就成为一个新的问题,摆在各级教育主管部门和社会面前,留学生安全成为留学生事业发展的一部分。

第二节 海外留学风险的形式和成因

留学生的海外安全属于中国公民海外安全范畴。留学生海外安全状况关系到我国留学生事业的长远发展,关系到政府在人民心目中的形象,更是新时期中国共产党人“执政为民”理念的现实体现。当然,留学生海外安全既与整个国际安全环境和所在国安全形势有关,更与留学生自身安全意识和防范与应对能力相关联。当前,随着中国成为世界上最大的留学生生源地国,留学生的安全问题也越来越突出,留学生安全已经进入“风险期”。

案例一:2011 年 2 月 22 日,南太平洋地区的新西兰克赖斯特彻奇市发生 6.3 级强地震,造成大量人员伤亡。有 23 名中国人遇难,大部分是在一所语言学校学习的中国留学生,这是十年来中国留学生在海外一次性死伤最多的事件。

案例二:2009 年 1 月 21 日,美国弗吉尼亚理工学院中国博士生王民(化名)在学生生活中心一层餐厅内持刀将另一中国女生杨某杀死,引发一起血案。这是 2009 年发生在海外的无数起中国留学生因故致死案例之一①。

案例三:2005 年 12 月 6 日,两名中国留学生在渥太华唐人街一酒吧内与当地白人青年发生争执,后遭枪击,其中一人当场遇难,另外一人被送往医院后不治身亡。这两名中国留学生均为男性,年龄 20 多岁,分别来自青海和内蒙古。据了解,他们分别就读于加拿大亚冈昆学院和卡尔顿大学。

案例四:2003 年 11 月 24 日,位于莫斯科西南部的人民友谊大学学生

① 根据外交部网站、新华社、《人民日报》相关报道整理而成,详情可参照同期报刊相关报道。

宿舍楼发生火灾，大火造成包括11名中国学生在内的38名留学生死亡，156人受伤，这是进入新世纪初发生在中国海外留学生身上一次性死亡人数较多的特大安全事件。

上面选取的四个事例只是2000年后发生的涉及中国留学生的不计其数的各种安全事件的一部分。中国公民海外留学安全已经引起社会各界特别是留学生家长的高度关注，留学安全成为影响中国家长和学生考虑海外留学的因素之一。2010年1月，国内留学中介机构国际启德教育集团发布《2010年中国学生留学意向调查报告》提出，在一项“您在选择留学国家时会考虑什么因素”的问卷调查中，有26.8%的受访者选择了“教学质量”，比例最高；其次是“文化氛围”；再次，13.7%的受访者选择了“留学费用”，而选择“安全因素”的比例也达到8%，这在过去的调查中是从来没有过的。[①]这表明留学安全已经成为留学生关注的热点之一。

近年来，海外留学安全问题已经在各个方面得到反应。例如，澳大利亚是中国学生海外留学首选国家之一。目前，中国在澳大利亚的留学生数量仅次于美国，但澳大利亚也是近年来留学生安全事件最多的国家。中国驻澳大利亚悉尼总领馆提供的数据，至2009年7月3日，光在澳大利亚新南威尔士州的中国留学生已达5.8万人。2007年至2009年7月两年多时间内，新南威尔士州确认的中国留学生非正常自然死亡人数是8人，其中溺水死亡4人、车祸死亡2人、被杀1人、遭入室抢劫坠楼死亡1人，另有2人失踪。[②] 澳大利亚政府在一次联邦议会举行的座谈会上承认：在2007年2月至2008年2月间，澳大利亚各地共发生过50多起外国留学生死亡案例，但这些案件大多被澳大利亚当局隐瞒了。[③] 原因在于澳大利亚政府怕影响国家形象及“留学生经济”给澳大利亚带来的丰厚收益。[④] 在这50多起留学

① 《中国留学大军2010年将突破22万美国仍然最受欢迎》，新华网2010年1月25日。

② 《学好语言增强防范意识 赴澳留学安全防范很重要》，北青网2009年7月10日。

③ 王辉耀、苗丹国等：《中国留学人才发展报告2009》，机械工业出版社2009年版，第443页。

④ 到2008年底，在澳大利亚就读的外国留学生总数已达20万余人，占高校学生总数的20%，这个比例居世界首位；外国留学生每年给该国带来70多亿澳元的学费收入，成为该国第四大财政收入和第二大服务产业。

生死亡案中，有大约一半的受害者为印度人，第二大受害群体则为来自中国留学生。[①] 大洋洲另一中国留学生最多国家新西兰，有关中国留学生的安全事件报道这些年也很多。新西兰媒体曾报道：仅2002年，因各类事故导致死亡的中国留学生达20多人。由此可见，留学生海外安全已经是中国留学生事业发展的新问题、新情况，应引起各方高度重视。

一、留学风险的形式和特点

所谓留学风险，是指留学生在海外留学和生活期间，因遇到危及其财产及人身安全的自然和人为原因造成的损害。这种风险既有突发性自然灾害，也有意外事件，如车祸、空难等，还有是刑事犯罪分子加害等。留学生在留学期间发生的不测和风险会给留学生学业顺利进行或财物安全带来损害，严重的则会危及留学生生命。因此，留学风险是留学过程中必须预防的问题。

从近年来发生的涉及留学生财产和生命安全的案件来看，当前中国留学生安全现状总特点是：发生安全事件的数量不断增加，事件起因十分复杂，造成后果千差万别，涉及国别众多广泛，留学生群死群伤恶性案件也有发生。在统计的百余起涉及留学生安全案件中，抢劫、意外伤害、诈骗、车祸是中国公民海外留学风险中的主要种类，约占总案件的70%以上。如把中国留学生海外安全风险按产生的原因、伤害程度来划分，则可分为几种类别。这主要是：

（一）政治性风险

所谓政治性风险是指导致留学生财产损失和人身安全事件的起因有政治因素，它与受害者本人无关。受害者是不知情的、无辜的、受连累的或是被冤枉的。侵害实施者攻击留学生往往有政治图谋，并不是一般的常见的刑事犯罪活动。这种情形主要是：

一是留学生所在国因故陷入社会矛盾激化、政治性动乱或内战中，导致

① 《澳大利亚隐瞒50多起留学生死亡案，34人死因不明》，中国广播网2009年8月12日。

留学生被无辜的误伤错杀。特别是一些国家长期有反政府武装活动,如斯里兰卡、尼泊尔、哥伦比亚、菲律宾、土耳其等国,这些国家经常发生政府军与武装分子的军事冲突,因而对留学生安全构成威胁。另外有些国家因故处于国际恐怖主义活动的“重灾区”、多发地,随时可能发生恐怖事件,加大了外国人安全风险,中国留学生也不例外。

自“9.11 事件”后,美国、英国、西班牙等国相继发生过“火车爆炸”、“肉体炸弹”等恐怖事件,更多的恐怖未遂事件也经常见之报端。中东地区是世界上恐怖活动最活跃的地区,因此,恐怖爆炸是危害在这一地区的留学生安全的一大风险源。中国留学生在中东地区虽数量不多,但一旦碰到此类事件,后果不堪设想。因此,在上述国家和地区留学的中国学生要关注当地安全形势,重视官方发布的有关安全提示。留学生如有可能,就尽量不要去中东地区的国家留学和进修,毕竟生命大于一切。

二是中国留学生因所在国政治动荡和社会骚乱,或者出现军事政变,或者是无序的政权更迭而引发的政治危机造成的伤害。中国留学生遍布世界上各大洲的100 多个国家。留学生海外学习时间较长,并且在学校相对封闭的环境中生活,对校外情况了解较少,政治敏感性不强,因此,一旦该国出现政治性冲突和社会动荡,极易危及留学生。近年来,亚洲的泰国、马来西亚、韩国、日本等中国留学生较多的国家,由于经济发展速度相对较慢,失业率增加,再加上各国政局不稳,执政党的民众信任度较低,导致这些国家经常出现“街头政治”,引发局部地区的政治骚动。有些极端分子可能寻机滋事,搞“打、砸、抢、烧”活动,最终造成对无辜人员的伤害。

例如,2011 年年初,非洲的埃及、利比亚等国发生了社会骚乱和政局动荡,导致许多留学该国的中国学生被迫中断学业,暂时回国避“祸”。同期,像突尼斯、也门、阿尔及利亚、约旦、巴林、伊朗等国也程度不同地发生了政局动荡,对外国侨民和留学生增添了危险因素。在上述国家的中国留学生虽数量不多,但政治性风险的影响较大,因此,在海外的中国留学生必须关注此类风险,做好安全防范工作。

政治性风险之一包括中国留学生被外国安全机构以“间谍罪”、“偷窃商业机密罪"、"涉恐罪"等名义受到拘留、起诉等，这类案件虽不多见，但对于留学生来讲，一旦遇上，后果难以控制。2010 年 4 月 15 日，一名叫翟田田的就读于美国盖新泽西 Stevens Institute of Technology 大学系统和企业学院的博士生，因与校方发生言语冲突，被美方警察逮捕并移送至监狱关押，美方指控其"恐怖威胁"罪。经调查，起因十分简单，是翟田田对老师"言语过激"引发的误会。但是，由于"恐怖威胁"罪名在美国是重罪，虽经各方努力，翟田田最终没被判刑和收押，但他仍被美国国土安全部官员强行驱赶回国，其身心和经济都受到严重伤害。[①] 美国《侨报》称：中国驻纽约总领馆侨务领事罗刚说以前也处理过类似的案子，中国留学生因为有不恰当的言行或文字表达，引起了冲突[②]。因此，对中国学生来讲，要特别注意所在国的风俗习惯，不要信口开河，随意发表不合事宜的言论。

（二）刑事犯罪类风险

这是留学生海外安全事件中发生几率最多的安全问题，这类事件的起因和形式多样、复杂，造成的后果各不相同。有些案件会造成留学生伤亡的恶性后果。刑事犯罪类事件在留学生海外留学的所有国家都有可能发生，而在中国留学生较集中的美国、澳大利亚和非洲的南非、亚洲的马来西亚、日本、新加坡及欧洲的俄罗斯、波兰等国家更多些。刑事犯罪类安全事件主要有几种表现形式：

一类是抢劫、偷窃、诈骗、谋杀等针对留学生的刑事犯罪活动，如果受害者是女性学生，则有可能受到性侵害。作案者既有青年学生，也有社会上职业犯罪分子。既有当地居民作案的，也有留学生同学犯罪的。犯罪分子以占有"钱财"为目的，侵害者无明确对象，留学生稍不小心，就会出现财物损失，甚至付出生命代价。2007 年 10 月 8 日，从湖南长沙去澳大利亚留学仅 1 年，就读于柏斯考文大学会计专业的 22 岁女留学生陈丹（化名），在结束了在柏斯 Leederville 运动与休闲中心的勤工俭学清洁工作后，像往常一样

① 详见这一时期相关报道。

② 华商网 2010 年 5 月 23 日。

乘火车回家并在柏斯西北的 Stirling 站下车。不过，陈丹当晚最终没能走完最后的 1 公里路。第二天早上 6 点，两名开车路过的工人在 Toward 街一处房屋外的草地上发现了陈丹的尸体，这里距离陈丹的住处不到 50 米。警方发现她的头部曾遭受重击，身上多处严重瘀伤，腰部以下赤裸，生前曾遭受性侵犯。她随身携带的包和里面的一双鞋以及一条叠得整齐的牛仔裤散落在她身旁。随着调查的深入，案情最终大白。陈丹当晚在回家途中遭遇歹徒殴打并强奸，然后再遭扼死并弃尸。警方后来抓住了犯罪嫌疑人并定罪，这一案件被西澳警方称为近年来“澳洲最残忍的谋杀案”①。这类严重伤害留学生的人身安全事件近年来在澳大利亚经常发生，这类刑事犯罪案件还包括敲诈勒索、绑架、入室抢劫、杀人等危及留学生生命财物的安全事件，成为公民海外留学中的一大风险。

二是留学生本人因感情纠纷、经济拮据、心理失常等原因而导致的相互间侵害甚至残杀的恶性案件，也出现高发、多发的势头，务必加以高度重视。2005 年 2 月，挪威首都奥斯陆发生一起中国留学生吴某及其女友被杀的恶性案件，事后警方宣布犯罪嫌疑人为死者堂兄。2009 年 9 月 14 日，留学日本的 23 岁中国留学生王福州在租住的公寓中掐死其同室好友许金莲，制造了一起轰动日本的中国留学生谋杀同学案件。② 另外，中国留学生因不堪生活和学习压力，或者是个人心理素质脆弱等缘由，选择自杀而出现的悲剧也常有所闻。

三是因留学中介诈骗或留学生就读院校因财务危机倒闭导致留学生财物损失案件。这是一种侵财型犯罪活动，主要是对留学生造成经济损害。这些年来，随着留学生“出国潮”的出现，国内也出现许多资质差、信誉低的留学中介机构，它们与国外的“野鸡学校”相勾结，采取坑蒙拐骗的手法来欺骗学生和家长。也有些学生和家长迷信国外文凭，认为只要能出国留学就行，导致受骗上当。2009 年 11 月 5 日，澳大利亚一家叫“全球校园管理

① 王雪：《盘点澳洲中国留学生身亡案：很多悲剧或可避免》，中新网 2009 年 7 月 5 日。

② 见同期的外交部网站。

集团"宣布进入自动破产管理程序。根据澳大利亚联邦教育部通告，该集团拥有GCM时装设计学院、Meridian国际学校、Meridian国际酒店管理学校、国际设计学校和Meridian学院等五个学校。该机构提供包括高中、英语语言以及职业教育与培训在内的课程，在校学生都是外国人，学生年纪普遍较小，大多在16至20岁之间。学校倒闭导致在校的3400名外国留学生无学可上，有近千名中国学生也被卷入这一事件中。尽管澳大利亚主管部门和中国驻澳使领馆出面做好各方面工作，事情得到妥善解决，但这些留学生的经济损失已在所难免了。另外，因中介欺骗性宣传或者外国学校管理不善而引发的对留学生经济利益损害案件在法国、新西兰、俄罗斯等国时有发生，这也是留学生近年来海外留学风险中一个比较集中的问题。

其他对于留学生人身伤害的事件包括强奸、吸毒、嫖娼、卖淫等危害留学生的安全问题。当然，这里主要指受害者是留学生的犯罪活动，也有留学生本身就是犯罪分子或加害者，这类问题就不是留学生安全范畴。

(三)意外伤害类风险

留学生在海外学习和生活期间，因在外国停留时间较长，尤其是一些从低年龄开始就在国外接受初高中阶段到大学甚至研究生阶段教育的留学生，逗留异国他乡的时间数年甚至长达七八年之久，因此，偶遇一些突发性自然灾害和公共安全事件也是难免的。留学生遍布世界各大洲，各国的气候、地理、环境条件各不相同，再加上各国经济发展水平和抗灾救灾能力不一，因此，每年发生的涉及中国留学生人身和财产的安全事件不胜枚举。

2003年11月24日，莫斯科友谊大学学生宿舍发生大火，最后造成数十位留学生伤亡，其中有11名中国学生死亡，数十人受伤，这是近年来中国留学生在海外一次性伤亡人数较多的特大事件。另外，像澳大利亚、新西兰、加拿大、英国等中国留学生较多的国家，由于多面环海，海滩、岛礁众多，学生往往有浓厚的大海情结和野外宿营旅游的爱好，特别是来自内地非沿海省份的大学生，大多不习水性，缺少安全防范意识，这样，就会经常发生留学生溺水死亡事件。

2009年5月24日，两名分别就读于加拿大卡尔顿大学和亚冈昆学院的中国留学生来到渥太华河畔的布列塔尼亚公园举办野外生日聚会。晚6时多,两人乘无动力充气皮划艇下水游玩,后与朋友失去联系。当晚渥太华警方接到报警后立即展开搜救行动,直至凌晨3时找到了两名学生的皮划艇。事后打捞出尸体发现原因是溺水身亡,这一教训是十分深刻的。意外事件中最多的是交通事故,有些恶性事件出现群死群伤的后果,给留学生本人和学生家长带来极大伤害。2009年4月24日,三名在新西兰的中国留学生驾车外出时在1号国道上发生车祸,坐在汽车后座的一名女生被摔出车外,不幸遇难。据了解,这名学生当时没有系安全带。同行的另两名中国留学生分别受重伤和轻伤,经抢救脱离生命危险。中国驻新西兰大使馆教育处官员特别提醒在新西兰的中国留学生注意自身安全,严格遵守当地交通规则,乘车时一定要系好安全带。[①] 2007年3月9日,美国发生过一起中国留学生三人同时死于交通事故的恶性事件。3名来自中国大连市和沈阳市在美国俄亥俄州厄巴纳大学攻读工商管理硕士学位的中国留学生,在当地发生的一起多辆汽车连环相撞事故中不幸身亡。这是发生在美国的一次性造成中国留学生死亡最严重的交通事故,它对受害人家庭带来了痛苦。另外,由于各种意外而导致的空难、海难对中国留学生造成的伤亡案件时有发生,也是中国留学生海外安全中一大的"隐患"。

自然灾害是留学生人身安全的另一种常见的风险。留学生身处异国他乡,世界各国地理环境和气候等条件不同,经济社会发展水平相差极大,各种自然灾害的发生也是十分经常的,自然灾害不以人的意志为转移,作为留学生能做到的是如何减少或减轻自然灾害或意外所带来的损失和伤害。

中国留学生所在的国家,有些易发生特定的自然灾害。如:日本、伊朗、土耳其、智利是世界地震多发地区,地震、火山爆发是危害性较大的自然灾害;澳大利亚、新西兰、东南亚国家最大可能是"热带风暴"和"海啸"及由此引起的次生灾害;非洲的许多国家因经济落后和公共卫生条件差,容易爆发大规模的流行疾病如霍乱等。这些问题都要引起在这些国家留学的中国留

① 《悲剧或可避免09年留学生海外车祸致死达十余人》,中国新闻网2009年4月25日。

学生的注意。例如，日本是个地震和火山爆发灾害多发国家，而日本又是中国在亚洲留学生最多的国家，因此，地震这种自然灾害就成为中国留日学生的一大威胁。1995 年 1 月 17 日，日本发生“阪神”大地震，一瞬间摧毁了 24 万多栋房屋，造成 6393 人死亡，4 万人受伤，受灾户数达到 43.7 万户。在这场浩劫中，有不少外国人遇难，包括 13 名中国留学生在内的 45 名中国人死亡。尽管像地震、海啸一类灾害是不可抗拒的自然现象，但同样也是有教训的。由于中国留学生安全意识差和防范能力低，因此，在海外发生的许多突发和意外伤害中，中国公民往往是伤亡率最高的外国侨民群体。因此，要积极地防范和应对各种自然灾害和意外事故，只要留学生增强安全意识，强化防范能力，是可以达到减少风险危害程度的目的。

二、留学风险的内生性成因

留学生不远万里前往海外求学，其在海外碰到风险的概率远远高于其他像旅游、探亲、经商等出国群体，原因在于留学生因学业需要在外国停留较长时间，少则一年半载，主要是访学、进修以及语言和技术培训；多则可能四年、六年甚至八年，主要是本科和研究生阶段学习。再加上绝大多数留学生的年龄在 18 岁到 26 岁间，有些甚至更低。特别是随着留学生低龄化现象的出现，这部分留学生大多是未成年人，社会经验很少，生理和心理都处于成长过程中，需要有监护人保护。另外，绝大部分中国留学生是从一个校门到另一个校门，社会阅历几乎没有。留学生都是青年人，其世界观和人生观在不断变化中，容易感情用事，考虑问题不太周全和细致，因此，常会引发意外并给自己带来风险。留学生海外风险的内生性成因主要有：

一是留学生安全意识普遍淡薄

进入 21 世纪后，随着大规模留学“潮”出去的中国留学生，他们是在改革开放 30 多年稳定的社会环境下度过成长的，他们没有经历过战乱、动荡和无序的社会环境。中国又是世界上社会治安相对较好的国家，因此，无论是学生还是家长都很少有忧患意识和风险经验，再加上我国对外开放的时期并不长，国际化全球化程度不高，无论学生还是家长对外界的情况不太了解,这就淡化了中国人在出国中的安全意识,留学生更是如此。

众所周知,我国青少年在学习阶段中,一般很少接受除文化知识以外的公共安全防范教育。长期以来,我国教育制度一直以升学率作为小学、初中直到高中阶段教学目标和学校优劣的唯一评价标准,这导致学生"一心只读手中书,两耳不闻窗外事"。再加上留学生大多来自经济条件较好的富裕家庭,且多数是独生子女,许多学生从来没有独立生活的经历,低龄化学生更是如此,结果是多数留学生没有安全意识,对危险和风险的认识是肤浅的甚至是错误的。中国人生性谦和,遇事喜欢忍气吞声,不愿坚持原则或用法律手段处理问题。这些认识和想法日积月累,使得中国留学生对外部风险掉以轻心,以致最终招来灾祸。因此,当中国人走出国门的时候,首先要正确地认识变化的复杂的国际形势,提高警惕,把"安全"意识放在首位。

二是留学生言行不当

中国是个有数千年文化传统的国家,人们世代相传形成了许多民族生活习惯和约定俗成的规矩。有一些国人认作"小节"、"小事"的习惯和行为,如果在国内时,最多可能被看作个人素质和道德品质问题而已,人们往往习以为常,见怪不怪。但是,这些做法和习惯一旦形成,到了国外就会自然而然地表现出来,很可能给自己带来麻烦,甚至招来"杀身之祸"。这些年,中国学生在海外发生交通事故是危害留学生安全的第一大"杀手"。每年在世界各地,因车祸而伤亡的中国留学生在十几人以上,给留学生和家庭带来难以弥补的损失。2005 年 3 月 17 日,一名来自上海的 29 岁留英女生王某在西蒙拉夫堡大学穿越马路时,遇车祸不幸身亡。2009 年 4 月 13 日,一位来自辽宁的中国留学生在法国 28 省德勒(DREUX)市郊横穿国家公路时,被撞身亡。据当地警方介绍,在出事地点附近一家中餐馆打工的这位刘姓中国留学生,当晚餐馆打烊后,在横穿 12 号国家公路(N12)时,被一对夫妇驾驶的车辆撞上,当场死亡。警方称,肇事车辆当时时速 90 公里,属正常行驶,而造成这场惨剧的主因是由于该生违规横穿马路。[①]

① 中国新闻网 2009 年 4 月 21 日。

同样,留学生在留学期间,因不尊重他国的民风乡俗,造成误会,引发留学生无辜受伤害或者财产损失的案件时有发生。例如,有些留学生喜欢"炫富"或"露富",这样,极易引来犯罪分子的注目,稍不小心就会招来"杀身之祸"。还有中国学生在异国他乡不太注意尊重别国风土人情和宗教、文化习俗等,这些细节如不当心,也会引来不必要的麻烦。因此,中国留学生一定要做到入乡随俗,尤其是注意处理好与同学、邻居、老师的关系,积极主动地融入当地社会。

三是留学生自我防范和自救能力差

在人类现实社会生活中,许多"天灾人祸"都是在瞬间爆发和产生的,多属外力和不可控制,特别是特大自然灾害和火灾、空难等。但是,如果个人或团体有强烈的防范意识,并能做到正确应对和自救、互救,减少风险所带来的痛苦程度或财产损失是可能的,而这恰恰是中国人的"弱项"。

中国学生在中小学学习阶段中,一般很少接受过强制性系统性的风险防范和危机应对教育,更没有如何在自然灾害和意外事件发生时进行逃生和自救等能力培训,造成中国学生存在侥幸心理。人们在飞机上经常看到:当飞机起飞后,空姐开始介绍航空安全知识并进行示范时,多数中国旅客处于漠不关心的状态。反之,欧美国家旅客相对安静,仔细听讲。同样,为了保证乘客的安全,国内公共汽车和长途班车上,许多车辆配备了诸如铁锤等逃生安全工具,但是,要不了多久,就会被一些人拿走①,留下安全隐患。还有,中国人都有"侥幸"心理,认为不会那么"巧"的,一旦出事或者遇到危险,就认为是"运气差",不是从提高防范意识和应对能力着手。

中国留学生与日本、韩国等亚洲国家的留学生比较起来,普遍存在遇危险手忙脚乱和处置不当等问题,导致损害进一步扩大。总之,留学生远在国外,父母和家人万分牵挂子女和亲人,留学生一定要牢固确立"安全第一"观念,强化自我保护安全能力。一旦出事,就要尽可能将损失和伤害降到最

① 2009年6月5日,四川成都9路公交车发生燃烧,造成27人遇难、74人受伤,后交通部门为公交车强制配备安全锤,并放在醒目位置。本人从H市公交公司负责人处得知,丢失率在60%以上。无奈之下,许多司机干脆将安全锤用铁丝捆死,这样,一旦出事,根本不可能发挥作用。

小程度。

第三节 海外留学风险的防范及应对

当今世界是一个流动性、开放性的世界。经济全球化推动世界各国进入相互依赖、相互联系的“你中有我、我中有你”的“地球村”时代。因此,成千上万的中国公民前往海外留学,是中国与世界相融合的必然结果,也是中国缩短与世界先进国家的科学技术差距的途径之一。做好留学生安全工作,光靠中国政府的领事保护是远远不够的,需要留学生、社会各界和家长的共同努力。当然,最主要的是留学生自己要提高风险意识,强化安全应对能力。

一、留学生要提高安全和风险意识

意识是人脑对客观事物间接的和概括的主观反映,是人的机能。意识是物质世界在人脑中的反映,物质决定意识。但是,意识具有能动性,它建立在物质基础上,没有物质就没有意识。但是,反过来,一旦人们正确地认识了客观世界,人的意识就有能动性,可以正确地认识事物性质,并通过改造客观世界,为人类进步服务。这是马克思主义哲学的基本观点,也是人们在处理各种风险和问题时,应该持有的态度。在人们生活过程中,各种风险和不确定因素存在并不可怕,怕的是人们在危险面前,一些愚蠢的机械的错误认识和对策,往往会造成更大危害。因此,要从根本上减少海外安全事件发生,留学生就要力求做到:

首先,提高留学生安全意识。留学生家长和学生必须有风险和危机意识,平时头脑中要有“安全”这根弦,无论身处何时何地,都把安全放在第一位。提高安全意识,首要的是有安全常识,可以通过书本和媒体报道来掌握常识性基本性的安全理论,从直观的、形象的音像资料中了解各种风险特征和安全防范要求,做到心中有数。

其次,善于判断各种风险。无论是大自然或者社会生活中的各种风险,不管是人为的还是意外性的,有些危险和风险是有一些预兆的。风险的形成有一定的过程,是有时间准备和应对的。即使突发性自然灾害和意外性事故,个人如有自救互救能力,至少可以降低损失程度。俗话说:害人之心不可有,防人之心不可无。留学生身处海外,异国他乡的人文、风俗、法律等与国内极不相同,因此,留学生首先要把人身和财物安全放在第一位。

再次,海外留学要遵纪守法,入乡随俗。留学生在出国留学前应广泛了解目的地国的社会治安和人文环境知识,基本了解该国的法律,尤其是了解有关外国人入境、就学、居留、婚姻及工作的法律规定。在外国留学期间,要随时关注当地的社会动态,尤其是有关外国人管理的信息。学习和生活期间,一定要遵守该国的法律法规及其各项外国人管理制度。牢记当地移民、警察、急救、学校国际学生管理机构、同学室友等常用和特殊用途的电话号码、地址、信息资料等,以便在紧急和危险时刻求助。

最后,加强与中国使领馆联系。留学生应将自身的基本资料通报给中国驻该国使领馆,经常与他们保持联系。学生身处海外,远离祖国和父母,中国驻外大使馆和领事馆是留学生的"亲人",学生要自觉养成习惯,经常主动地与使领馆保持沟通,有条件的多参加各种联谊活动。同时,留学生要将个人住宿、外出旅行、打工等事项通知家人、朋友和同学。不要将个人家庭、财产、电话等信息告诉非自己亲近的外人。

二、强化避险和自救互助能力

留学生长期生活在国外,各国的经济发展水平和社会治安环境各不相同,千差万别。因此,留学生在海外学习期间,除了加强安全意识外,更重要的是提高自身安全防范能力,特别是掌握应急方法和求救知识。

首先,做到洁身自好,谨慎交友。留学生千万不要出入色情、赌场、性酒吧等情况复杂的公共场所。遇到紧急事情或者危险时,例如火灾、踩踏、爆炸等危险情形,千方不要惊慌,要弄清危险的性质、状况、自己所处位置,尤其是要保持头脑清醒,积极寻找避险方法。出险后要尽快与学校、同学和警方取得联系,以获得救援。

其次,不要参与政治组织和承担过多社会事务。不在涉及宗教、民族、种族和政治立场等问题上乱发评论。在国外留学期间,最好不要对所在国的政治和社会问题发表议论,尤其是不要加入任何有政治倾向的党派、团体和社团等。遇到所在国出现政治动荡和社会混乱的政局时,要密切关注其动向,与中国驻该国使领馆保持联系,听取他们的建议和意见。对于所在国与中国双边关系中涉及"台湾"、"西藏"、"法轮功"等敏感政治问题引发的外交风波,一般不要刻意介入,毕竟对留学生来讲,读书和学业是第一位。在公共场合活动期间,如遇到"东突"、"藏独"、"法轮功"等狂热分子的纠缠,最好不要与这些人员发生"口角",要注意保护好自身安全。在遇到海关、警察、移民局等外国安全官员例行安检时,要主动积极配合。

最后,参加安全培训。留学生在国外期间,最好能经常上网了解所在国的安全动态,更要经常性上中国外交部和驻外使领馆网站,了解有关信息。例如,2010 年 10 月间,中国驻美国芝加哥总领馆领区密歇根州连续发生涉及中国留学生的交通事故。10 月 9 日,4 名中国留学人员在密歇根州北部发生交通事故,造成多人伤亡。10 月 16 日,16 名中国留学生结伴出游时在密歇根州萨吉诺市发生交通事故,造成多人伤亡。[①] 这些事件发生后,中国驻美国芝加哥总领馆迅速反应,积极开展救助工作。针对中国留学生恶性交通事故多发的情况,总领馆向领区内各大学的中国学生学者联谊会通报情况,强调交通安全,并要求学生会告诉所有留学生。因此,主动与使领馆保持联系,是有利于学生留学安全的。

留学生如果有条件的话,可以参加一些有助于提高生存能力的培训班,如溺水救助、火灾逃生、地震自救、野外生存等能力培训。在遇到犯罪分子或有不测时,要头脑冷静,把生命安全放在第一位。经常关注当地警方和学校的安全提示。要针对所在国社会治安和安全领域的特点,做好预防性工作。如美国是世界上民用枪支管理最宽松的国家,每年发生的校园枪杀案

《近期留学生恶性交通事故频发,外交部发安全警示》,中国新闻网 2010 年 10 月 19 日。

件数百件，最严重的是一次性死亡达数十人的特大案件[①]，震惊了美国社会。西方国家枪支泛滥问题也同样威胁到留学生安全，因此，留学生要增加枪支管理和防护知识。另外，在日本、中亚国家的留学生要多了解地震预防和应急避难的知识，关注当地相关部门的安全提示。在南非留学的留学生要留意抢劫、偷窃等犯罪分子的侵害活动，尽量不要在夜间或单个人行动，不要随便搭陌生人的汽车等。只要留学生自身能谨慎行事，是可以防止和减少风险的。

三、规范中介行为，提高留学生安全水平

做好公民海外留学风险的防范和应对工作，同样要充分发挥各方面的积极性，特别是留学中介机构的优势。从现阶段我国公民出国留学的渠道来讲，专业性的留学和移民机构已经成为留学生出国留学的主要途径。在一项"你去海外留学主要是通过什么方法实现的"问卷调查中[②]，有高达65%以上人员是通过留学中介公司而实现出国留学的，今后这一比例将随着中介机构的专业化和规范化程度提高会更高。留学中介机构在公民留学办理上有专业性强、海外院校渠道稳定、资质有保障等优势，而且，经过十几年的大浪淘沙般竞争，国内已经形成一大批社会信誉度高、运作规范、留学资源多、服务全方位的中介企业，他们在做好出国留学中介业务的同时，也开始把关注留学生安全放在自身业务中，有些已经取得一套行之有效的运作经验，深受学生和家长的欢迎，值得总结和扩大。

例如，国内著名的留学中介机构新通国际浙江公司已经建立比较规范的行业领先的留学生安全教育和预警机制。主要做法是：一是把留学生安全知识培训和教育列入公司客户服务业务中，主动承担起企业的社会责任。

① 2007年4月17日，美国弗吉尼亚理工大学发生校园枪击案，一名叫赵承熙韩国裔大学生开枪杀害了32名同学并自杀。据美联社报道，这次校园屠杀尤其血腥，是美国建国以来最严重的校园枪击案。

② 2010年5月，课题组与新通国际浙江公司联合进行了留学生安全状况调查，共回收有效答卷168份。

公司通过开设客户和学生家长安全课堂,不定期约请外事、公安、边检、海关等领域的专家作安全讲座,以增加留学生及家长的安全意识,并通过海外留学生回国时介绍经验等形式,对新通客户进行安全知识培训。二是通过编印和发放“行前安全注意事项”、“日韩行前手册”、“安全小帖子”等宣传册子,详细介绍留学生海外学习和生活中涉及学习、生活、交友、居住、交通、医疗等领域的安全常识,使留学生对安全问题做到心中有数。三是通过在新通客户海外留学生集中的院校建立“QQ 群”、“电子邮箱”等方式,随时随地向留学生发出各种安全警示,传送各种安全资讯。四是对在海外的新通留学生反映和遇到的问题,积极主动地帮助。一旦发现安全隐患和苗头,及时向相关部门和学生家长报告。因此,建议政府留学生主管部门在对留学生中介机构的审批、年检等行政监管中,应该把“安全”责任制列入中介机构考核的必备条件,以督促相关部门重视留学生安全工作,共同协力做好留学生工作。

四、相关机构重视和关心留学生的安全

“人才是国家第一资源”,留学生是宝中之宝。当前,中国经济增长方式正在向产业升级和提高自主创新能力方向转变,祖国需要大量的海外学生回国投身于中华民族复兴事业。能否吸引更多的青年学子回国,关键在于政府和单位要用心爱护留学生。中国驻外使领馆是留学生海外安全最有效和最后的靠山,是留学生身处异国他乡的“保护神”。近年来,中国驻外使领馆时刻把中国公民海外安全和维护国家利益放在第一位,认真地落实党中央国务院领导提出的“以人为本”、“外交为民”方针,积极做好留学生安全工作。

一是不定期地向留学生社团通报所在国安全方面的资讯,随时提醒留学生注意各种风险。这包括经常走访留学生社团、利用节假日邀请留学生代表来使领馆座谈,以了解学生各方面动态。例如,2010 年 6 月 19 日,为进一步做好在美留学人员人身、心理和学习生活安全工作,提高安全意识,防患于未然。中国驻美大使馆教育处召开了留学人员安全教育工作会议。

教育处负责人向学生代表通报了当前中国留学人员面临的安全形势，分析了留学人员中发生的车祸等人身意外事故案例及特点，并介绍了教育处做好留学人员安全教育工作的工作计划。同样，驻英国、澳大利亚、日本、韩国等中国留学生较多国家的使领馆也开展了多种形式的留学安全教育活动。

二是对留学生进行安全知识和自救应急能力培训。针对留学生安全薄弱环节，留学生较集中国家的中国驻外使领馆强化了安全预防和自救能力提高工作。例如，中国驻澳大利亚悉尼领事馆根据留学生在澳大利亚人数大增、安全事件迭出的实际，编印了安全小册子供留学生索取。教育处根据掌握的安全情况，及时向留学生发布各种安全提示。中国驻法使领馆提出"平安留学"口号，并在法国各地中国留学生集中的地方召开座谈会，要求留学生加强自我保护，遵守所在地法律法规。中国驻俄罗斯使领馆在每批留学生赴俄后，就安排组织讲座，教他们如何识别和防范俄罗斯臭名昭著的"光头党"。中国驻加拿大的使馆教育处工作人员经常与当地警方沟通，加强相互联系，并经常向在加中国留学生发出安全警示。

三是教育主管部门和中国驻外使领馆要建立留学安全预警机制。近年来，教育部建立了"教育涉外监管信息网"，通过留学预警、投诉举报、中介名单公布等栏目，告诉留学生及家长各种留学生政策和安全事项，效果很好。海外留学生相对集中的美国、澳大利亚、英国、加拿大等中国驻外使馆，满腔热情地做好中国留学生工作。中国驻外使领馆处理了一大批涉及中国留学生的重特大案件，不但维护了中国公民的海外利益，更让中国留学生在海外有"背靠强大祖国"的安全感。国内相应的各级留学生行政主管部门近年来也重视留学生安全工作。通过建立留学生安全网站，及时向留学生提供安全资讯和世界国别安全动态。各级教育主管部门都有相应的留学生安全预案，一旦遇到紧急情况，可以随时响应和启动。

实践证明，只要留学生家长、留学生和社会各界高度重视留学安全，相关部门更加关心海外留学生，留学生安全工作是完全可以做得更好的。

第八章 公民海外旅游活动的风险及应对

公民跨国旅游是一国经济社会发展到一定阶段后出现的社会现象，也是世界和平与发展的象征，更是世界各族人民相互学习和交流的有效途径。

中国人历来喜好云游四方，广交朋友，亲近大自然。中国公民去海外旅游虽时间较晚，但发展势头很快。现在，每年有数千万人次的中国人出国出境旅游、观光和休闲。今天，中国已是国际旅游业发展速度最快的国家。

旅游安全是公民海外安全的一部分，直接影响到中国国际旅游业的发展。因此，重视海外旅游风险，关心游客人身和财产安全，这是政府和旅游主管部门及行业相关者的责任之一。

第一节 公民海外旅游的规律和特点

一、公民海外旅游的兴起和发展

现在，无论是在法国巴黎的埃菲尔铁塔景区、南非开普敦的珠宝店还是美国的“拉斯维加斯”娱乐城、柬埔寨的吴哥窟旅游景点，人们总能见到成群结队的中国人在旅游、观光和购物，这几乎也是世界上各大风景名胜点一道相似的“风景线”。每逢春节、中秋和国庆等传统佳节，北京、上海、广州、杭州等各大城市的机场国际候机厅，都会有成千上万的游客在等候坐飞机去国外旅游，出境出国旅游已成为许多中国人日常生活的一部分。

关于“旅游”，世界旅游组织的定义为：“旅游是人们出自非获取报酬以外的任何目的而向其日常环境以外的地方旅行并在该地停留不超过一年的活动。"[①]换句话说,出国旅游是人们离开常驻地到异国他乡的旅行和暂时居留所引起的一切现象和关系的总和,是一国公民跨越国界进行的以观光和欣赏风景为主要目的的社会活动。

中国人生性喜欢旅游和休闲。史书上记载中国人旅游最早可上溯到公元前22世纪。较早有代表性的要算"大禹"了,他为了疏浚九江十八河,兴修水利,造福子孙后代,曾游遍了祖国的大好河山。之后,有春秋战国时期的老子、孔子两位先哲,有记载称:老子传道,骑青牛西去。孔子讲学周游列国,既云游四方也传播知识。汉时张骞出使西域,长途跋涉,不畏艰难,其足迹远至波斯(今伊朗),就是今天意义上的国际旅游活动了。还有唐朝玄奘和尚取经到印度,明时郑和七下西洋、数万人长达多年周游亚洲和非洲,大旅行家徐霞客遍游祖国名山大川,写出传世之作《徐霞客游记》等。这些历史记录充分说明,中国人是喜爱旅游,向往自然和热爱生活的。

但是,"旅游"毕竟是人类需求中高层次的欲望和需求,是普通人在解决日常生活中的"衣、食、住、行"等生活基本必需品后才会追求的更高享受。因此,一国的经济状况和国民收入水平是决定该国旅游业发展的前提。当然,快捷和经济的交通工具、舒适和多样的食宿条件、安全和舒心的旅游环境也是主要影响因素。公民跨国旅游更要受到旅游者自身的经济状况和收入水平影响,国际旅游是一种享受性消费产品,有一定的物质条件和客观环境限制。

改革开放后,随着人民生活水平逐渐提高,中国人在进行国内旅游观光活动的同时,开始尝试走出国门前往世界各地参观和旅游。但从旅游业发展的规律来看,一国公民参加国际旅游活动,其限制和影响因素比起国内旅游来更多。国际旅游既要受到旅游者收入水平和旅游交通、住宿等物质条件的限制,更要受出入境管理制度、国际关系和国际旅游安全环境制约。再加上相当长一个时期内,中国绝大多数老百姓连"温饱"问题都没有解决,

---

① WTO. Document SEC/2/94/EM,1994。

就谈不上“国际旅游”了。因此，中国公民出境出国旅游，在时间上要远远迟于国内旅游。

上个世纪90年代起，开始有中国公民去境外旅游了，这主要是一些公民参加在边境地区的“一日游”活动。例如，香港在没有回归中国之前，大陆居民通过到深圳出差之便，以沙头角“一日游”形式进行跨境活动①，这可算最初国人“出境”旅游活动。但是，无论是从出境旅游的总人数还是旅游目的地国家的数量来讲，这一时期的公民出境旅游活动只是极少数人的“特权”，而且这部分人多是因公务需要的外派人员。有些是参加国际双边和多边官方活动人员，有些是从事学术交流和经贸合作考察的人士。这一时期的中国公民海外旅游活动，往往是国际公务活动之余附带和顺道而已，专门出国去旅游的人是不多的。

我国公民大规模地涌出国门去国外进行旅游和海外观光活动，是进入21世纪后才出现的社会现象。经过1978年改革开放以后的连续几十年经济高速发展，中国沿海地区和大中城市中一部分“先富裕起来”的人们，开始考虑到国外去“开眼界”，见识一下外面的世界。他们把出国旅游视为个人生活中不可缺少的一部分，许多人开始了以旅游为目的的出国活动。中国国际旅游业也从长期的以吸引外国人入境游、港澳游为主向入境游与出境游并重转变，中国逐渐迈入世界旅游大国行列。

据统计，在上个世纪1999年，全国公安机关出入境管理部门共批准公民因私出国出境的总人次是430万，主要是广东、上海和北京大城市居民为主。进入新世纪后，中国公民出国出境总人次增长几乎每年在10%以上。2004年，中国公民出境总人数已达2850万人次，比1999年增长6倍，比2003年和2002年分别增长41%和72%。2007年，我国公民出境人数已经达到4095万人次，比上年增长18.6%。其中：因公出境603.00万人次，比上年增长5.3%；因私出境3492万人次，比上年增长21.3%。2009年，中

① 深圳市沙头角镇在1997年中国政府收回香港主权之前，有一条驰名中外的中英街，两旁店铺林立，东边属中方，西边属港英当局管辖，中国人喜欢到这条街观光和购物。

国有近5000万人次公民出国出境，2010年出境人数5739万人次，增长20.4%[①]。当然，中国公民去境外的并不是都以旅游为目的，但由于大部分人或多或少地会进行观光和参观活动，因此，一般可以把出境人员视为"国际旅游"范畴。

在今后较长一个时期内，由于中国经济在国际金融危机背景下仍保持着"一枝独秀"发展势头，2010年的国民生产总值增长率达到10.3%，位居世界第一位，更由于人民币对国际主要货币的比值保持着一个不断升值趋势[②]，人民币兑换成美元在国外消费更"值钱"，国际旅游产品的价格也就保持相对稳定甚至有所下降，这极大地促进了中国国际旅游业的发展，中国公民海外旅游的热情将会进一步高涨，国际旅游将进入平民化阶段。

二、公民海外旅游的特点和趋势

从国际旅游业发展规律来讲，当一国人均国民生产总值超过3000美元后，公民旅游活动就会爆发性增长。当个人收入超过8000美元后，国际旅游将成为这部分人的生活必需品。按国家统计局2005年1月对中国"中等收入阶层"的界定，凡家庭年总收入在6万元至50万元人民币的，可称为"中等收入"阶层或中产阶级。按这一标准，到2020年，中国中等收入群体的规模将由2005年的5.04%扩大到45%。[③] 这表明，国际旅游将进入寻常百姓家庭，成为中国人民生活水平提高的一大象征。因此，世界旅游组织估计：到2020年，中国出境出国旅游的人数将达到1亿人次。中国公民海外旅游的发展，已经呈现出几个特征和规律：

一是旅游目的地国的数量和出境旅游人数大幅度增长。改革开放之前，由于中国经济发展水平极其低下，受国家严格的外汇管制和公民出入境

① 《邵琪伟在2011年全国旅游工作会议上的讲话》，国家旅游局网站2011年1月18日。

② 据统计，自从2005年7月中国实行人民币汇改以来，人民币对美元汇率保持了持续升值的态势，到2010年9月，人民币对美元已经升值23%。

③ 中国官方不认可"中产阶级'一说，一般喜欢用"中产阶层"、"中等收入阶层"概念，由于中国地区和个体差别太大，要确定一个标准确实太难。

管理制度限制，政府不允许和不支持公民因私出国旅游，当然，那时的中国人普遍较穷，不可能有多余的闲钱去旅游。因此，“出国”对于绝大多数中国人来讲是“梦想”，更何况到外国去旅游，更是“天方夜谭”了。上个世纪90年代前，也有一定数量的中国公民出国旅游，但主要群体是因公务出国人士。这些人在商务考察、参加国际学术会议、经贸洽谈等之余，顺道并适当地进行一些带观光性质的国际旅游活动。

中国公民真正的纯粹以旅游为目的的跨国活动，应该从上个世纪90年代后半期算起。1997年7月，经国务院批复，由国家旅游局和公安部颁布并实施的《中国公民自费出国旅游管理暂行办法》正式生效，这标志着我国公民出境旅游开始起步。中国公民从此走出国门，前往与中国毗邻的边境地区、港澳地区和世界各地观光旅游，海外旅游渐渐成为中国人民生活中的一部分。

公民出国出境旅游活动的初期，主要是以边境游和港澳游为主，这同中国公民到这些地方旅游，出境手续相对简便，地理上相邻交通方便，食宿费用低廉等有很大关系。1998年，东南亚地区国家受到“金融危机”重创后，各国货币纷纷贬值。因此，到泰国、新加坡、马来西亚、菲律宾等东南亚家旅游的价格总体上大幅度地下降，“东南亚游”成为这一时期公民出国旅游首选目的地。东南亚旅游占这一时期公民出国旅游总人数三分之二以上。

进入新世纪后，得益于中国经济持续的和快速的增长，我国国民的生活水平已经从小康社会向比较宽裕的更高阶段发展，这促使更多的国人前往旅游价格较高的欧、美和日本等地旅游。2004年9月1日，根据中国与欧盟国家达成的协议，中国游客可以通过旅行团组团形式前往欧洲25个国家旅游。欧洲游的开放，极大地满足了国人寻求新奇、开阔眼界、增长见识的国际旅游心理和愿望。从此，在欧盟各国的大街小巷，到处可以见到中国人的身影。

中国公民海外旅游热情的高涨，促使世界上更多国家将开拓中国旅游市场，吸引中国人去旅游放在重要位置。许多国家派代表团来中国或邀请中国相关方面与他们进行商谈，中国与有关各方签署的旅游合作协议大幅增加,向中国公民开放旅游的国家数量也成倍提高。2010 年 6 月 24 日,经过较长时间谈判,中国与加拿大终于签署了"旅游目的地国协议",加拿大成为第 138 个中国公民旅游目的地国家。到 2010 年底,中国公民出境旅游目的地国家和地区,目前已达 140 个、已开始组团并实施 110 个。这样,到 2010 年底,包括美国、加拿大、欧盟、日本、韩国、东南亚地区、埃及、南非等世界上旅游资源最丰富、国际旅游业最为发达的几乎所有国家和地区,都成为了中国公民旅游目的地。也可以说,今天的中国公民基本上可以到世界上任何一个国家去旅游和观光,这极大地促进了中国国际旅游业的发展。

二是旅游方式从团组集体活动到以组团为主与个人自由行相结合。从国际旅游业发展的基本规律来看,由于出入境管理制度和跨国旅游存在的语言、法律和风俗习惯等差异,国际旅游业主要组织方式是团组集体旅游,由旅行社统一组织和负责。中国公民出境出国旅游开始也是实行集体签证,由拥有国际旅游组团资质的旅行社负责揽客、签证、出游,实行"团出团进"的管理方式,这一管理方式也是中国开展公民出国游最主要的方式。

近年来,随着有越来越多的国家放宽对中国公民旅游签证的限制,再加上国内有更多的公民收入水平极大提高,中国公民出国旅游的方式也出现变化。许多人已不愿意参加旅行社组织的团体旅游,搞"走马观花"式的旅游,而是通过"自由行"、"半自助行"或个人办理签证的形式前往港澳和国外观光、旅游,这一群体的数量在不断增多。还有一些国家对中国公民实行"免签证"、"落地签证"。另外,像日本、美国等一些过去对中国公民前去旅游有较多限制的国家,也开始作出很大的政策松动,放宽了经济担保和签证限制条件,客观上促使更多的中国公民前往国外旅游。

三是公民国际旅游目的从单纯观光、购物向休闲和度假方向发展。国际旅游开放之初,中国人去海外旅游目的主要是观赏异国风光,接触他国风土人情,更多地了解外部世界。同时,旅游购物也是许多国人参加国际旅游的任务之一。由于中国经济发展水平与发达国家尤其是日本、法国、美国等国尚有较大差距,再加上国内进口商品关税和货物管制等原因,许多国际名牌、大牌商品在国内商场上的价格远远高于国际市场,因此,许多人把购买国际商品作为出国旅游的目的之一。像法国的香水、瑞士的钟表、日本的电器、美国的电子产品往往成了中国公民的“最爱”。

近年来，随着中国人民生活水平的提高，再加上部分中国公民已经不是初次出国，二次以上的出国出境旅游人士不断增多。休闲和度假性质的旅游活动开始出现，更多的青年人将海外度“蜜月”作为爱情和浪漫生活的一部分。国内许多企业将海外旅游项目作为一种激励员工积极性的手段。因此，许多人去海外旅游已经不再是传统的“走马观花”式旅游，而是像欧美国家人士一样晒日光、泡酒吧、玩冲浪等，这在马尔代夫、印尼的巴厘岛、泰国的普吉岛和美国的夏威夷海滩随处可见。这种现象表明，中国公民海外旅游正朝着国际潮流方向变化。中国公民出境旅游已经不是简单的购物游、观光游，虽然这种传统的旅游产品还是很受人欢迎，但是随着市场的需求和消费者行为变化，中国公民海外旅游的选择开始注重旅游过程的趣味性、娱乐性、参与性，像休闲度假旅游、游轮游、商务旅游、生态旅游等特色旅游产品将会越来越受到游客的关注。

展望未来，中国公民出境出国旅游活动规模将越来越大，中国游客海外涉足的国家和地区不断增多。同样，中国公民海外旅游也带来了“副产品”，这就是中国公民海外旅游的人身和财产安全问题日益突出，成为影响国民海外旅游因素之一。

第二节　公民海外旅游的风险和成因

案例一：2011 年 1 月 29 日，埃及政局发生严重动荡，首都开罗和部分地区实行宵禁，埃及航空公司取消了大部分国际航班，导致数百中国游客滞留该国国际机场，游客安全牵动全国人民。中国政府随即开展紧急救援行动，商定由中国政府协调国内航班，开展跨国接回游客行动。经过 48 小时争分夺秒的工作，有关方面共派出 8 架飞机从千里迢迢的埃及接回 1848 名中国公民（含台港澳同胞），这是继 2008 年从泰国撤出三千多名中国游客的旅游安全事件后的第二次上千规模的从海外撤出中国游客事件。

案例二:2010 年 10 月 21 日,因受台风“鲇鱼”带来的暴风雨影响,中国台湾地区苏花公路发生严重大坍方,结果造成从中国大陆珠海来的一个 20 人旅游团连车带人一起落入大海后失踪,后虽经台湾有关方面全力寻找,仍无下落,20 人全部被确认死亡。这是自开放大陆居民赴台湾旅游以来,在台湾地区发生的大陆游客死亡人数最多的一次旅游安全事件,也是近年来大陆公民出国出境旅游中发生的最严重的伤亡事件。

案例三:2009 年 1 月 30 日,一个来自上海的中国公民旅游团在美国亚利桑那州发生车祸,结果造成 7 名中国旅客丧生,15 人受伤。这是一起在美国发生的涉及中国大陆游客伤亡最严重的旅游安全事件。

案例四:2006 年 1 月 31 日,来自中国香港特别行政区的一个旅行团在埃及南部发生严重车祸,造成至少 14 人死亡,30 人受伤,这是香港游客在海外一次性伤亡人数最多的事件。

上述四例只是各地发生的涉及中国公民海外旅游中伤亡和财物损失的安全事件的一部分。这表明,随着中国公民海外旅游“热”的兴起,旅游安全已经是中国国际旅游业发展中一个新问题,中国公民海外旅游安全已是公民海外安全中的重要组成部分。

一、海外旅游风险的概念和范围

海外旅游风险是指公民在旅游过程中因目的地国或途经地出现诸如洪水、飓风、火山爆发等突发自然灾害,或旅游目的地国发生影响旅游心理的诸如政治动荡、意外事件、刑事犯罪、疾病流行等可能造成游客人身和财产损害等不测和意外。由于国际旅游活动具有跨国性,一旦发生外国人旅游安全事件,必将涉及复杂的国际关系,其风险控制和应对的方法,与一国国内旅游安全事件处理不完全相同,处置和善后工作十分复杂和艰难,因此,旅游安全对国际旅游业发展影响是十分巨大的。例如,2002 年起,美国开始对阿富汗、伊拉克进行所谓“反恐”战争,美国大举增兵中东地区,伊拉克周边的沙特阿拉伯、阿联酋、土耳其等国局势紧张。这一战争情形导致中东国家的国际旅游业一落千丈,美国、加拿大、澳大利亚和欧盟国家政府都向其公民发出了"安全警示",许多国家明令不准本国公民前往上述敏感地区,国际旅游业受到严重影响。例如,2003 年发生在中国多个省市的"非典"流行性疾病事件,也严重地损害了中国经济,对中国国际旅游业的打击更大。2003 年 3 月 15 日,世界卫生组织向全球发出旅游安全警示,结果有 127 个国家发布了针对中国的旅游警告,要求本国国民不要来华旅游,已经预订的来华各国旅游团队因故绝大部分取消了行程。结果,北京、上海、西安、杭州等旅游一线城市较长时间罕见外国游客。与旅游业相关的餐饮、航空、宾馆等行业经营额不断下降,许多企业被迫倒闭或消减支出。因此,旅游安全是国际旅游业发展的基本前提,也是影响游客心理的主要因素。

二、海外旅游风险的形式和特点

根据国际旅游业的发展规律,结合近年来中国公民在海外旅游过程中遇到的旅游安全问题,总结起来,当前中国公民海外旅游过程中遇到的最主要旅游风险形式和特点是:

(一)自然灾害类风险

像地震、山洪暴发、火山喷发、海啸、热带飓风等自然灾害,是一种不可抗拒的外力和"天灾",属于自然现象,它对人类生命和财产安全会造成不可估量的损失,重则导致成千上万人员死伤,轻则造成财产损失。此类自然灾害尽管发生的概率比较低,属于偶然性安全事件,但是,此类灾害一旦发生,往往会造成灾难性后果,对国际旅游业冲击较大。2004 年 12 月 26 日,印度洋海域发生了里氏 9 级左右的特大地震[①],并由此引发了强烈的"海啸"。这场"海啸"波及到斯里兰卡、泰国、马尔代夫、孟加拉国等印度洋周边国家,最终造成高达 16 万至 25 万的人员死亡。在泰国的普吉岛、印度尼西亚的巴厘岛和马尔代夫等国际著名旅游度假胜地,有数千名国际游客因"海啸"事发突然,来不及防范和躲避不及遇难,光泰国一地就有上千名外

① 地震震级是根据地震仪记录的地震波振幅来测定的,一般采用里氏震级标准。地震震级分为九级,震级数字越大,造成破坏性越强,九级是最高级。

国游客遇难。2003 年 11 月 3 日，印度尼西亚的北苏门答腊发生了特大山洪暴发，结果造成上百人遇难，其中有外国游客五名，包括两名中国游客。

因自然灾害引发的对国际游客的伤害，许多与旅游景点的特点有关。因为，世界各国吸引外国人前来旅游观光的景点和名胜古迹，大多是自然风光优美、地形地貌保护较好的较原始地方，如埃及金字塔、中国四川九寨沟、肯尼亚野生动物园等，这些景点因旅游需要而很少进行大规模的周边环境人工整治，地形地貌改变较少，许多景点地理环境复杂，道路条件和交通设施会存在隐患。因此，包括中国公民在内的国际游客难免会遇到诸如山洪暴发、火山喷发、泥石流等自然灾害侵袭。尤其是随着国际旅游活动向个性化、自由行方向发展，许多国际游客喜欢到人烟罕见的偏僻地方，搞野外宿营、漂流和探险活动，这样，就增加了遇到各种自然灾害风险的几率。

现阶段，公民在参加海外旅游过程中，多数是以团队集体同进共出形式活动。按照旅游主管部门关于组织中国公民前往海外旅游的各项规定，国内游客去海外旅游，一般由领队和当地导游带领，旅游线路和活动场所、景点，大多是旅游设施较完备、安全程度高的地方，遇到自然灾害袭击的可能性较小。但是，即使如此，也仍不可能做到万无一失。例如，2010 年 10 月 21 日，中国台湾地区受到特大台风“鲇鱼”侵害，造成部分风景名胜所在地公路和桥梁严重破坏，有数百名大陆游客因交通中断而遇到危险，台湾当局进行积极抢险和营救活动，最后，绝大多数大陆游客安然无恙，但仍造成 20 名大陆游客失踪，后证实已经死亡，这是开放大陆游客赴台湾旅游后，大陆游客一次性集体死伤最多的悲剧。

公民参加国际旅游，属于跨国性活动，一旦出现因自然灾害而造成的人身和财产损失，无论是死亡后的善后问题处理还是受伤后的经济赔偿等问题，都会涉及复杂的国际领事合作和民事、经济、法律等事务，往往耗时、费钱更费精力。因此，公民参加海外旅游活动，尤其要注意气候、季节变化可能带来的自然灾害。如到东南亚地区旅游，要特别关注台风、海啸和山洪暴发、泥石流等热带地区常见灾害的信息。到非洲的埃及、突尼斯、阿尔及尔、肯尼亚等国旅游，就要注意风沙和炎热天气对身体的影响。到日本、伊朗、土耳其、意大利等世界闻名的地震多发国度旅游，就要做好防范和应对地震的准备，提高快速反应和自救能力。这样，可以减少因自然灾害而带来的不必要损失。

（二）战乱和恐怖活动等引发的风险

俗话说：出门在外，安全第一。公民参加国际旅游活动，是一种享受性的跨国生活方式，它对于提高自身阅历，更好地了解世界各国风土人情，开阔个人视野，都有重要意义。但由于各国经济社会发展水平不同，每个国家和地区的社会治安和国际安全环境不一。因此，对于国际旅游者来讲，战争、动乱和恐怖活动造成的风险是威胁旅游安全的最大问题。

自从1991年苏联解体和东欧剧变后，虽然世界“冷战”已经结束，国际安全形势总体上朝着和平、稳定、缓和的方向发展。地区和局部性战争在不断减少，世界绝大部分地区的安全状况总体是平安和太平的。但局部战争、地区冲突、军事政变、恐怖袭击等严重危害人民生命安全的国际危机从未停止过，当然，由于战争和地区冲突有一个酝酿和预兆的特点。一般来讲，世界各国政府都会根据不断变化的某个地区或国家安全状况，发布旅游安全提示，或限制公民出国出境活动，以最大程度地保护本国国民的安全。因此，在现实生活中，因战争或两国关系冲突而陷国际游客于危险中的情形是十分罕见的。

例如，2006年7月，由于黎巴嫩真主党与以色列发生武装冲突，危及在黎巴嫩的外国侨民安全。中国外交部和驻黎巴嫩、叙利亚大使馆紧急行动起来，在十分危险的战争环境下，将上百位在黎巴嫩的中国侨民通过陆路和水路撤出，到达叙利亚和塞浦路斯两国，再转送回国，有效地保护了我侨民安全，这是一起典型的因战争而引发的公民海外安全事件。再如，2003年年初，美国开始准备对伊拉克动武，美国军队大规模地在伊拉克周边地区集结，伊拉克战争一触即发。因此，包括中国在内的各国政府都发布了“旅行安全警示”，国内出国出境旅游机构也停止了组团前往敏感地区的旅游业务。因此，从近年来中国公民海外活动的历史来讲，还没有出现过一起因战争而引起的中国公民海外旅游安全严重事件。

恐怖活动是危害国际旅游业和游客安全的一大新风险。2001 年，“9·11 事件”发生后，国际安全形势出现许多新的不确定因素。国际恐怖分子在西班牙、英国、俄罗斯等十几个国家，特别是印度尼西亚、阿富汗、巴基斯坦、以色列和也门等国，先后发动了无数次恐怖袭击。尤其是发生在印度尼西亚旅游胜地巴厘岛的恐怖爆炸事件①，沉重地打击了这个国家的旅游业。由于恐怖分子滥杀无辜人员，采取的手段极其残忍，因此，一旦发生恐怖袭击，总会造成血腥的后果。在过去的十年间，中国游客在海外因遇到恐怖活动而被误伤错杀的事件不多，但并不是没有。例如，2010 年 9 月 19 日，一辆旅游巴士在印度德里贾玛清真寺附近遇 2 名不明身份人员开枪袭击，车上 2 名台湾同胞受伤。后警方调查表明，这是一伙恐怖分子所为。显然，国际恐怖主义是世界各国人民的共同敌人。今后，在世界一些国际恐怖主义分子活动较为频繁的地区，仍会出现形形色色的恐怖事件。因此，对中国去海外旅游的公民来讲，必须有较强的“敌情”观念，尽可能不要去安全形势仍没有好转、民众排外情绪较强烈的国家和地区旅游和观光，特别是不要去一些不安全国家的危险地区旅游和活动，这是最好的保护自身安全方法。

战争、恐怖活动和动乱类风险的主要表现形式，是一国发生军事政变或内乱，尤其是大规模的游行示威，或因旅游目的地国发生因宗教、部族、民族和政见不同等原因而引发的抗议活动，并进而演变成街头暴力活动，影响到正常的社会秩序并危害外国人的人身安全。这类危险往往事先预兆较少，给各国旅游管理部门预警和反应时间不多。此类风险如果发生在国内政局过去长期比较稳定的国家，则更会造成对国际游客的心理伤害。因为，像欧美等地一直被认为是世界上最安全的国家。

中国公民开始参加国际旅游活动时间不长，但遇到此类危险的经历是不少的。这几年，中国政府进行过泰国、埃及等国的大规模撤出中国游客行动，起因都与这些国家政局发生突变，国内社会秩序暂时失控，行政当局无

① 巴厘岛是印度尼西亚下属的一座岛屿，是全球最受欢迎的旅游目的地之一。2002 年 10 月 12 日，“汽车炸弹”袭击印尼旅游胜地巴厘岛上的两家俱乐部，造成 202 人死亡，其中包括 88 名澳大利亚人和 38 名印尼人。

法平息骚乱,治安和安全形势危及外国游客有关。例如,2008 年,泰国政局一直处于反复动荡中,反政府组织时不时地进行街头抗议活动,对国际旅游业为支柱产业之一的泰国经济造成极大损害,严重破坏了泰国国家形象。尤其是 2008 年 12 月,反政府势力组织了数万人占领泰国国际机场,导致包括数千名中国游客在内的数万名外国人被迫滞留在泰国各地,泰国政局严重失控。中国政府审时度势,决定启动"护侨"行动,派出多架包机紧急从泰国撤出中国游客。经过相关方面紧张和有序的组织工作,中国政府总共派出 12 架次民航客机飞赴泰国,撤离滞留泰国的中国游客 3346 人。这次从泰国撤出中国游客事件,是中国政府建国后最大规模的海外撤出游客行动。类似行动,在今后公民海外旅游过程中也会再次发生,中国政府仍会不惜代价来维护公民海外旅行安全。

(三)刑事犯罪类风险

所谓刑事犯罪类风险主要是指旅游目的地国和旅游途经地区,一国社会治安状况较差,或者某些地区公共秩序混乱,造成国际旅游人士意外的财物损失和生命安全受到威胁。现在,中国公民海外旅游目的地国已经上百个,国内旅行社组团的常规性旅游目的国也在数十个以上,世界上不同国家的经济社会条件相差很大,许多国家的国情和民俗及习惯不尽相同,一些国家还有极端排外势力,再加一些国家媒体渲染性的宣传,造成许多民众对中国人有偏见或者说不信任,这些都会对中国公民在海外旅游期间的财物和人身安全带来一些副作用。刑事犯罪类风险主要集中在游客的财物失窃和被抢,或者旅游购物过程中的上当受骗事件,这类旅游安全事件的后果并不是很大,但一旦发生,也会对旅游者造成心理上的伤害和经济上的损失。

近年来,中国公民在海外旅游过程中,财物损失是最多的旅游不快事件。在一项"在过去的出国经历中,你是否遇到过以下意外伤害或财物损失",回答"有"过的占受访者的约"5%"(见下图),也就是说,在每百名出国出境人士中,有五位曾经遇到过一些"不愉快"事件。其中,遇到"失窃和被盗"的人最多,占到各类事件三分之一以上,这基本反映出中国公民在海外旅游中安全现状。当然,在世界旅游秩序和社会治安相对较好的发达国

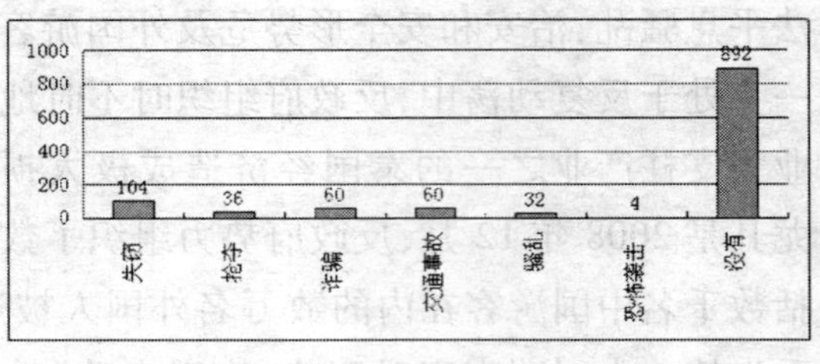

家，如瑞典、挪威、芬兰等北欧国家和日本、韩国等亚洲国家，刑事犯罪类事件相对较少。在拉美和非洲地区，出现此类风险的概率就高。2010 年南非世界杯足球比赛期间，南非这一世界上公认的犯罪率较高的国家，就不断地发生外国游客和球迷财物被盗窃的报道。[①]

刑事犯罪活动对公民海外旅游安全而言，主要是游客财物损失，特别是旅行过程中财物被偷窃、抢夺事件。中国公民参加海外旅游活动时间并不长，国际旅行经验大多不足。由于我国旅游者生活在中国这一相对安定和稳定的国度，大多数游客没有安全防范意识。再加上国人海外消费习惯和行为举止问题，因此，中国旅游者在海外财物被窃、被偷事件发生率是较高的。当然，这一问题的出现，从主观上讲，同国人喜欢用现金消费、身上带有大额现金，或中国人喜欢"炫耀"财富分不开的。例如，2010 年 4 月 20 日晚 11 时许，3 名中国游客来到中国驻意大利使馆求助，称由中国内地和香港居民组成的旅行团一行 30 人，在米兰参观国际家具博览会后来罗马旅游期间，乘坐的旅游大巴车遭盗窃，车前门玻璃被打破，游客中 16 人放在车上的总价值约 100 万元人民币的贵重钱物和许多重要资料被洗劫一空。受害者回国护照和行李都丢失。中国驻意大利使馆接到求助后，马上派出使馆领事部主任、警务联络官驱车赶往事发地点。在充分了解案情后，使馆官员请游客保持冷静，表示会尽全力维护中国公民合法权益。同时，联系警方到饭店再次说明案情，强调此案受害人数多、涉案金额大、情节恶劣，促请其重视此案的办理。[②]

再如，2010 年 10 月国庆节，在瑞典旅游的一个中国旅行团租用的大巴

① 参见同一时期香港媒体报道。

② 引自同期中国驻意大利大使馆网站消息。

车,被犯罪分子将玻璃砸破,行李和财物被洗劫,共报失的人民币损失约150万,创中国旅行团在海外一次失窃最多的记录。[①] 当地媒体评论称,中国游客购物能力强大,普遍喜欢携带现金,已经成为当地犯罪团伙关注的新目标。中国驻瑞典使馆的领事代表为此向瑞典警方交涉,要求尽快破案,并向来瑞典访问和旅游的中国公民发出了安全提醒。

刑事犯罪活动是一个国际现象,对于参加国际旅游的中国公民来讲,必须确立安全第一、遵纪守法观念。当然,一旦出现问题,就要积极采取各种措施补救,以最大程度地降低损失。

(四)突发公共安全类风险

所谓突发公共安全风险是指中国公民在海外旅游过程中,因目的地国或旅游停留地出现突发性的、危害旅游者身心安全的事件。这类事件包括公共场所的火灾、踩踏事件和海难、车祸等交通事故,当然,对于游客来讲,这类事件的发生概率比较低,但一旦碰上,后果往往很严重。例如,2009年1月30日,一辆载有从上海来美国旅游的游客大巴车在亚利桑那州高速公路上翻车,发生了严重交通事故,这次车祸造成7名中国游客死亡,另外还有至少16人受伤,这是发生在美国的一次性中国游客海外死亡最多的旅游安全事件。后经调查,这次交通事件与大巴车车况差、司机处置不当和游客不系安全带等种种偶然因素共同作用有关。同样,在美国、英国、澳大利亚等中国公民海外旅游主要目的地国,有关中国游客发生车祸的报道也是经常出现。

另外,游客不听安全劝告或无视警告而导致的意外伤亡,也是影响公民海外旅游安全的一大"杀手"。2010年11月13日,据澳大利亚新快网报道,"一名中国游客周六晚间在黄金海岸 Surfers Paradise 溺水身亡,他是在游泳时被卷入海中无法上岸后溺水的"[②]。因此,国内旅游主管部门和旅游组团社应该把旅游安全放在第一位,强化对游客的安全防范意识教育,以尽

① 详见同期报纸的相关报道。

② 引自中国新闻网2010年11月14日。

可能地减少安全事件的发生。

突发公共安全风险危害中国游客安全的还包括空难和公共卫生事件。例如,从空难和车祸来讲,国际旅游活动的交通工具主要是飞机。从交通工具安全性系数角度来讲,坐飞机是世界公认的最安全的交通出行方式,每万人死亡率远远低于坐汽车、轮船或其他交通工具出行的人。但是,空难一旦发生,往往机毁人亡,幸存的概率是极低的,对受害者的家属会造成难以弥补的损失。类似空难和海难事件,旅游者个人是无法防范和控制的,因此,对于旅游者来讲,最好的方法是尽量选择大型的安全口碑比较好的航空公司和运输单位的交通工具。尽可能购买人身和财产保险,以便出险后能得到补偿或者最大限度地减少损失。

总之,公民参加海外旅游,定要不断地提高自己的安全意识,积极防范和应对风险,以实现快乐旅游、安全旅游。

第三节 海外旅游风险的防范及应对

公民海外旅游安全问题的产生,既有旅游目的地国客观条件所致,如一国出现社会动乱或军事政变等,这些问题光靠旅游组织者和游客是无法克服和预防的;也有外部环境的因素,如国际恐怖分子制造的恐怖事件所累。国际恐怖活动与一般刑事犯罪的最大区别之一是恐怖分子往往滥杀无辜平民,采取的手段极端残忍,主要搞“汽车炸弹”、“肉体炸弹”等,而且特别喜欢到人员密集的公共场所进行破坏活动,一旦得逞,会造成众多民众死伤的严重后果。例如,2004 年 9 月 9 日,位于印度尼西亚首都雅加达市中心的澳大利亚驻印尼大使馆门前发生一起自杀式炸弹爆炸事件。爆炸造成 9 人死亡,近 100 人受伤,其中包括 4 名中国人。

除此之外,国际旅游的安全事件更多是因旅游者个人和活动组织者不谨慎引起的。因此,对从事国际旅游活动的管理者和组团单位,应该从预防和应对两个方面来做好中国公民海外旅游安全工作。对公民个人来讲,则要从提高旅游安全意识和强化事后应对能力两个方面来维护自身安全。

一、职能部门要完善旅游预警机制

"天灾人祸"是现实世界中的自然现象和社会问题,世界上没有绝对安全的地方。对于参加海外旅游活动的公民来讲,要从根本上杜绝国际旅游安全事件发生是不可能的。但是,任何事情都"事在人为",只要旅游主管部门、组团社和旅游者本人共同正视和对待国际旅游安全问题,国际旅游是完全可以做到不出事、少出事、出小事,即使出现问题,也能及时和积极应对,以降低事件的损失程度。

从旅游管理部门角度来讲,政府部门应确立"安全第一,生命大于一切"观念,不断完善以"预警"为重点的海外旅游安全防范机制,提高应急和快速反应能力,为我国公民参加海外旅游活动织起一张"安全网"。

所谓"预警"机制,就是根据公共危机发生的机理,在科学和合理的安全评估基础上,利用先行指标和发展趋势,预测未来的发展状况,度量未来的风险强弱程度及某种状态偏离预警线的强弱程度,并通知决策人员及时采取应对措施以规避风险,减少损失。"预警"是预防各种风险和危机的一种有效手段,它可以最大限度地降低风险带来的损失,对于参加国际旅游活动的中国游客来讲,由于国际旅游活动具有跨国性的特点,一旦危机产生,消除和应对危机的途径和方法与在国内处理同类问题相比,往往更难、更费时和费钱。特别是一些因特殊政治问题引发的旅游安全事件,更要引起特别重视。如极端势力通过绑架中国游客来要挟所在国政府,或"台独"、"藏独"、"疆独"、"法轮功"等势力在国外的极端分子,通过对中国游客制造绑架或暗杀等行为来达到其不可告人的目的。也有可能是某些国际犯罪分子通过挟持中国游客作人质,目的在于向当事国政府施压,这类旅游安全事件一旦发生,中国政府往往要通过外交或特别渠道来处理,过程是十分劳神、费周折,结果也不一定理想。因此,做好旅游安全预警工作,是减少中国公民海外旅游安全最直接和有效的方法。

从国际经验来讲,美国、日本和欧盟等外交部和旅游主管部门会根据各自安全评估标准和指标,以定期或不定期的形式,通过媒体公开地向社会发布安全预警信息。安全预警信息主要是通过外交部、驻外使领馆和旅游主管部门的门户网站向外发布，采取公开的、无偿的、不间断的形式。比较后发现，各国的预警等级和相应应对标准并不统一，但是，一般都以“旅游忠告”形式出现，体现出自愿、好意和非强制原则，由旅游者本人作出国际旅行活动判断。例如，英国政府通过外交部及联邦事务部网站发布“旅游忠告”，目的在于“帮助英国的旅行者获取多方信息以确定海外旅行”选择，其特点是针对性较强，往往是对一些特定环境下重点国家作出“旅游忠告”[①]。2001 年“9·11 事件”发生后，美国相继发动了阿富汗战争和伊拉克战争，国际恐怖主义分子发起了一波针对西方国家利益和目标的袭击活动，英国政府根据这一情形，明确要求公民尽量减少去中东地区、阿富汗和巴基斯坦等恐怖活动重点区旅游。更多的时候，“旅游忠告”是明确针对某一特定国家，信息准确和十分详尽。例如，针对阿富汗的“旅游忠告”，英国政府就明确提出公民到阿富汗的不同区域，要采取怎样的安全防范措施，其旅行告示的内容十分详细和具体，提出了在种种不测环境下应对和防范的建议。英国政府对于公民海外旅行的“忠告”做法，值得我国旅游主管部门学习和借鉴。

建立旅游安全评估制度，这是防止和减少海外旅游风险，提高海外旅游安全水平的一个措施。近年来，国际社会为了防止国际旅游业因一国内战或武装冲突而引发旅游安全事件，实行世界旅游目的地安全环境评估制度。这项制度是根据旅游目的地国的外交状况、社会治安、法律制度、政府效率、警力和反应能力等要素，对一些国家的安全状况进行评估，对业界有一定参考意义。

下列表格汇集十年来（2001 至 2010 年）世界媒体报道和普遍认为“最不安全的国家”名单。建议中国公民无论是去下列国家经商还是旅游，都要十分重视中国外交部、国家旅游局等相关部门的安全警示，以防止出现悲剧性的后果。

---

① 详见本书第五章第二节。

国内也有一些国际问题研究机构在参照国际相应评级标准基础上，根据中国海外旅游市场和公民旅游行为特点，设计出带有中国特色的旅游安全评估指标体系。例如，2006 年，清华大学国际问题研究所建立了“旅游安全指标体系”，该指标体系从中外政治关系、宗教和文化、安全形势、交通状况和自然灾害（包括医疗条件）五个方面对世界国别旅游安全作出评估，并以“星”级形式反映出一国旅游安全状况。其中五星级为最高，依次为级别较低，一星级为最低。二星级和一星级属于建议限制或禁止前往的国家，或者暂时不要前往。这个评估体系每年会抽出若干个国家进行重点评级，并公开发表评估结果，供社会各界参考。当然，对不同国家的安全评估是一个动态过程，由于内外环境和条件的变化，各国星级状况会随时发生变化。例如，2006 年，这一评估小组发表报告认为，泰国被列入五星级最安全国家。2008 年起，泰国国内连续发生政治动荡，相应评估等级降为三星级安全国家。因此，建立科学的合理的安全预警机制是一项严肃的工作。经过许多年的探索，中国公民海外旅游安全预警机制已经基本建立。

媒体报道和评估的最危险的十个国家（2001 年以来）①

最危险旅游目的地 / 国别	媒体报道次数	风险指数*
伊拉克	101	4.9
阿富汗	387	4.7
巴基斯坦	352	3.94
以色列和巴勒斯坦	57	3.77
津巴布韦	53	3.72
苏丹	10	3.68
伊朗	95	3.34
哥伦比亚	37	3.37
尼日利亚	26	3.36
所罗门群岛	59	3.20

*5 最危险，1 最不危险

① 谷慧敏：《旅游危机管理研究》，南开大学出版社 2007 年版，第 108 页。

国际旅游预警机制是旅游主管部门国家旅游局会同外交部，根据对国际安全形势的总体判断，依据国际安全评估的基本标准，针对特定地区和国别发出的旅游安全警示。它的功能是给中国公民（无论是准备出国或预备出境旅游）和旅行社必要的境外安全信息提示。旅游安全预警必须是在获得准确无误的信息基础上，通过科学的和可靠的评估标准来发布。旅游警示强调信息的前瞻性和可靠性，使旅行社和旅游者个人在决定旅游目的地、旅游时间、旅游线路等时，作出相应判断。旅游预警可以根据旅游目的地国的安全状况和未来发展趋势，设置相应的级别。根据国际惯例和参考世界旅游组织的标准，2005 年 4 月 25 日，国家旅游局和外交部发布了《中国公民出境旅游突发事件应急预案》，将旅游安全提示分为：提示（最低级）——提示中国公民前往某国旅游应注意事项。劝告（较高级）——劝告中国公民不要前往某国旅游。警告（最高级、最有风险）——警告中国公民一定时期内在任何情况下都不要去某国旅游。其中旅游警告是风险级别最高的，一般应该禁止旅行社组团或中止前往，个人旅游活动也相应停止。国家旅游局网站也开设了旅游提示栏目，不定期的随时根据研究结论和世界各国安全形势的变化，向公众发布旅游安全提示。据统计，光 2007 年 1 月至 12 月，就发布过涉及越南、马尔代夫、缅甸、西班牙、尼日利亚、德国、阿富汗等 12 个国家的安全提示。特别是对中国公民重点旅游国家，如泰国、日本、韩国、澳大利亚、美国和欧盟地区的旅游安全提示，不但数量多，而且及时更新，内容有较强的针对性，效果良好。

作为主管中国公民海外安全的机构，外交部中国领事保护中心针对中国境外游客安全事件日益增多，领事保护任务日益繁重的形势，在强化中国公民海外安全保护机制建设的同时，近年来，开始用分门别类的方法，进行有针对性的安全提示。例如，2010 年 10 月是中国传统的国庆大假，外交部根据近年来中国人出国旅游人数大幅度增加的趋势，提前通过媒体和外交部网站发布了安全提示。这里列举几条：①近期，在中国游客较多的一些国家频繁发生针对中国游客的偷盗抢活动，请长假期间拟赴海外旅游的中国公民提高警惕，加强自我防范意识，注意人身和财物安全。②尽可能使用信用卡在当地消费，尽量减少携带现金。③遇到突发事件时保持冷静，并及时与当地警方和中国使领馆联系等。这些提示，条条实在和针对性强，对于准备去海外旅游的公民很有帮助。

当前，国家旅游主管部门应该加强信息收集和分析能力，特别要重视主要旅游危险地区的信息收集、筛选、整理和发布工作。可以借鉴国际经验，在中国公民海外旅游重点国家或地区建立旅游办事处，或在中国驻外使领馆设立旅游专员，以便实地调研和分析所在国政治经济尤其是安全形势，在第一时间向国内发送安全信息。

旅游预警是预防国际旅游安全事件发生的预防性措施。但是，这一预警机制在预报问题上存在一些问题。如果发布时间太早，则往往因预报与实际不同，针对性不强，或导致公众恐慌，结果影响到中国公民出国旅游的选择，最后影响到旅行社组团经济效益。预警级别与实际状况不同，尤其是将低级别预警提高到高级别预警，就会影响到预警系统的信誉。反之，如将高级别风险预警成低级别，则会危害到中国公民海外旅游安全。因此，要及时地准确地进行旅游安全预警。

首先，发挥遍布全世界的中国驻外使领馆的作用，这是最权威的最有效的渠道。外交部和驻外使领馆已经建立了门户网站，外交官们身处异国他乡，对当地的实际和形势判别比较准确，得出的结论和信息相对切合实际。因此，组织中国公民海外旅游的各大机构应该有专人定时地阅读和分析这些网站信息。

其次，广泛收集世界各国的资讯，特别是有专人研判世界各大情报机构和通讯社公开发布的信息。从国际传媒资讯的发达程度来讲，限于种种原因，中国各大媒体获得信息及对信息的分析预测能力和手段相对西方发达国家落后一些，时效性较差。因此，建议相关单位通过购买、交换、免费等方式与外国资讯机构建立联系，以掌握尽可能准确的全面的信息。

最后，各省市区政府的旅游管理部门的负责政策研究和安全生产监管的处室，应有专人从事国际旅游安全环境的分析和研究工作。公民出国出境人数较多的北京、上海、广东、浙江等省市旅游部门，可以建立旅游情报和对策反应的类似机构，或把出境出国旅游安全的预防、跟踪和事后快速反应的职能部门人员整合在一起，以提高职能部门应对公民境外旅游安全保护工作的能力。

二、企业应强化旅游安全责任制

现阶段，中国公民参加海外旅游活动，一般是通过到有出境出国组团旅游资质的旅行社报名，以团队形式进行旅游活动。为了规范国际旅游秩序，保护中国公民海外人身安全和消费权益。国家旅游主管部门对从事海外旅游业务的旅行社实行市场准入的审批制度。从旅行社的资本金、从业人员、办公场所和经营状况等方面规定了旅行社的经营范围，并制定了一系列有关规范经营和违规惩治的考核机制。但是，调查发现，在国内对旅行社的各项考核和评比制度中，有关旅行社保证游客安全的条文和要求相对欠缺，旅行社的安全责任并没有很好落实。即使部分旅行社有比较规范的要求，认真落实和做到的并不多。因此，根据国际经验和中国公民海外旅游的特点，我们认为，必须明确"组团社是安全第一责任人"制度。作为国内组织公民出国旅游的主渠道，为了切实维护中国公民海外安全，行业主管部门应该要求旅游组织者从几个方面来做好旅游安全工作。

一是旅行社要建立专门机构，配备必要的人员，加强旅行社安全责任。当前，中国国际旅游业正处于快速发展的良好时机，中国公民出国出境旅游作为旅行社国际旅游业务的一部分，其业务总量和营业额增长十分惊人。展望今后，随着世界经济因美国金融危机出现低速发展，欧、美等国际游客来中国旅游的人数增长会是缓慢的甚至下降过程。反过来，由于人民币升值和中国经济强劲增长，特别是中等收入水平以上的家庭数量增长，我国公民出境出国观光和旅游的数量会有一个快速提高过程。因此，各大旅行社应根据国际旅游市场动态，及时增加出境部门的人员配备和市场营销工作。考虑到旅游安全事关旅行社的声誉和经济利益，鉴于国际社会的经验，旅行社必须把安全责任制度放在第一位。各大旅行社作为中国公民出国出境的组团社，要坚持"经济效益与安全"并重经营方针。2006 年 4 月，国家旅游局出台了《中国公民出境旅游突发事件应急预案》，规定“旅行机构要进行中国公民出境旅游安全保护和保险意识的教育，组织开展对部门、企业和从业人员的应急业务培训和游客演练。要面向广大游客做好出境前的安全教育，加强安全防范意识，提供有关境外目的地国（地区）的驻外外交机构电话、旅游救援电话、报警电话等应急信息。”但是，在实际执行过程中，落实和做到这一条的并不多。据课题组对曾经参加出国出境旅游的200位游客问卷调查，在一项：“在本次出国前，你是否得到过‘海外安全旅行防范’知识教育或提醒”时，竟然有高达47%人士表示“没有”或“有些提示”①，这说明，旅行社安全教育工作仍要加强。因此，各级旅游主管部门要将这一规定落实和执行好。

第二，旅行社要对领队和导游进行安全防范和应急反应培训。当前，中国公民海外旅游一般采取团进团出的集体旅游方式，各组团社都指派有领队或导游，进行全程陪同，协调与地接社的关系。国际旅游在异国他乡进行，因语言、习俗、时差、气候等因素影响，中国公民在海外旅游中遇到种种困难和问题是经常的，中国游客也比较信任领队和导游。在一项“在国外出现意外伤害或者处于困境时，你首先会求助什么人”的问卷调查时（见图），“领队和导游”是仅于“中国使领馆”之后受海外公民依赖的组织和个人。对于参加团体旅游的中国游客来讲，领队和导游是信任与依赖的主要对象。领队和导游的素质及能力会直接影响到游客的安全水平，尤其是万一碰到紧急情形下的临场处置结果。据调查，参加旅游的中国公民中，只有14.5%接受过急救护理

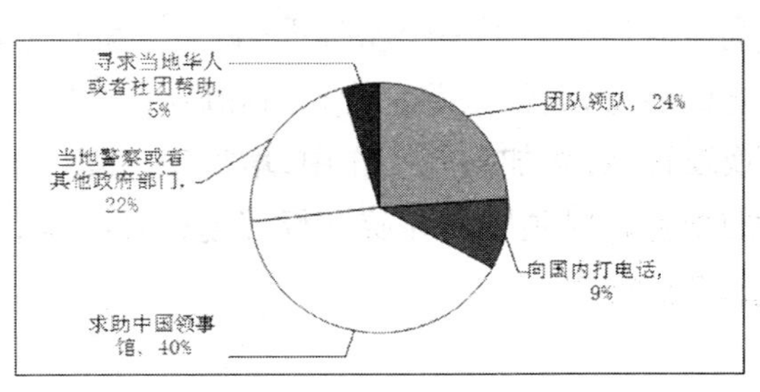

① 作者为了获得第一手资料，曾经在2010年10月进行过一次国际旅游体验，并与游客和导游进行过交谈，总体感觉，“旅游安全”问题并没有得到旅行社、导游和旅游者重视。

或处理危机及突发情况的培训。85.5%的人没有任何一点急救知识。[①] 这一比例警示我们，一旦海外旅游中出现安全事件，游客更多的是依靠旅行社导游和领队。因此，旅行社要经常的定期的对领队和导游进行安全知识教育，特别是应急反应和自我救助培训。旅游安全教育可以通过邀请专家讲课，观看相关音像资料，参加消防、警察、医疗、卫生防疫、海关等部门举办的安全培训，以了解交通事故急救、火灾自救、卫生防疫等方面知识，提高导游和领队的安全预防和危险处置能力。

2010年8月23日，一辆载有22名中国香港游客的旅游车在菲律宾马尼拉市中心基里诺大看台附近被一名菲律宾歹徒劫持。这一事件因菲律宾警方处置危机失当而造成8名香港游客遇害，成为一个悲剧。但是，其中有个细节值得大家回味，在人质被劫持的第一时间内，香港带团领队谢廷俊冒死悄悄致电回港，向旅行社报告危情。旅行社随即联络旅游业议会和保安局，要求菲律宾警方拯救人质。谢廷俊领队临危不惧的快速反应表现，给香港旅游界树立了一个榜样[②]。因此，为了提高国内领队和导游应对各种危险的能力，建议旅游主管部门和旅行社在年度导游和领队业务考核、升级和换发证、加级加薪等工作中，增加安全知识培训和应急能力的考核。有条件的企业应对领队和导游进行现场模拟示范，以不断地提高领队和导游的应急应变能力。

三、游客需提高安全意识和防范能力

出门在外，安全最为重要。因此，从中国公民个人角度来讲，当前，主要做好以下几个方面工作：

一是游客提高海外旅游安全意识

这几年，中国人开始关心起安全问题，主要同经常听到海外发生的恐怖事件、车祸、空难和自然灾害等危及到中国人安全分不开。公民要提高安全

---

① 吴必虎、王晓、李眯眯：《中国大学生对旅游安全的感知评价研究》，《桂林旅游高等专科学校学报》2001年第12期，第62—68页。

② 详见同期相关报道。

意识,首要的任务是学习和了解各种安全常识,知道风险的形成和特点。准备出国出境旅游的中国公民,要经常上网了解海外安全动态,掌握出险后快速应对和避险的知识。旅游过程中,要关心目的地国的政治经济环境,了解外国的风土人情和习惯,做到"入乡随俗",尊重世界上其他民族的生活习惯。不要以民族、宗教、风俗、经济、信仰、性别和政治倾向等不同,而作国别优劣或制度好坏评判。特别是不卷入任何国家的内部政治势力纷争,对政策敏感性较强的宗教、政治等问题,不在外国人面前发表言论。同时,公民须自觉地克服一些粗俗的低级的甚至是无礼的个人习惯,如在公共场合大声喧闹、不排队、随地吐痰、不修边幅等。还有许多人对公共场所的管理规定明知故犯,如在旅游汽车上吃食物、在旅游车上抽烟、浪费食物、过马路乱闯红灯等。由于国人在国内生活中受到旧习惯的影响,在国外旅游过程中会无意识地把坏习惯表现出来。有些行为会给自己带来麻烦,甚至不安全。如在饭店和旅游景点大声喧闹,就可能引发周围客人的蔑视,也会引得其他游客群起攻之,惹来麻烦。在景点参观、机场候机、商场购物等公共场合活动时,要养成按秩序排队和守规矩的习惯。这样既可以提高国家形象,也对自己带来便利。公民在海外旅游中,一定要遵纪守法,听从导游和领队的善意劝告。中国公民前往海外旅游前,要了解有关旅行安全的相关规定,特别是有关海关边检、卫生防疫、航空保险等方面要求,阅读中央文明委和国家旅游局联合颁布的《中国公民出境旅游文明行为指南》资料。总之,每个中国人都有责任,把"礼仪之邦"的中国民族形象传播到世界各地。

二是游客要提高旅游风险防范能力

总的来讲,中国老百姓的忧患意识十分淡薄,这也许同传统文化中的"听天由命",或长期形成的"中国地大物博,取之不尽,用之不竭"教育有关。因此,中国人对于现实社会中存在的各种风险,大多抱着"船到桥头自然直"的观念,或者是"碰运气",这种认识和态度导致中国人喜欢到公共场所"凑热闹",不太注意"安全"问题。在国内,每当节假日,大商场搞商品促销活动,总有成千上万的人同一时间内涌向同一商场,最终酿成一次次拥挤踩踏死伤事件。[①] 当然,许多事件是与不良商家和企业主不合格的安全消防环境有关。但是,中国人喜欢"扎堆"、"凑热闹"习惯,也是造成安全事件频发的一大动因。

在海外旅游过程中,中国公民很少愿意在第一时间内了解所在国的安全信息。结果,一些本可避免的旅游安全事件也就发生了。例如,中国游客在海外旅游中最容易发生的事件就是财物被窃、偷和抢,这同中国人喜欢用现金支付和购物习惯分不开的。还有国人不太喜欢按秩序排队,相互间拥挤和推搡,一旦公共场所发生火灾或爆炸等意外事故,国人大多手忙脚乱,不知所措。更多的人往往是因处置不当而受伤,甚至致命的。同样,对于一些常识性的安全知识,如防火、防盗等方面的知识,多数人的认识也比较肤浅。因此,对于国人来讲,要防止出现旅途安全事件,就要提高警惕,注意改变一些不良习惯。例如,为了防止财物被窃,就要养成使用信用卡的习惯,不要在公共场所或周围人员较多的环境下露出钱物,将大额现金分散放在多处地方。为了防止出现财物被骗或旅游购物欺诈,就要增加对商品和价格的辨别能力,尽量向商家索取财物凭证等。尤其要注意的是,出门在外,千万不要帮助陌生人携带行李,在过海关和安检时,更要十分谨慎,以免上当受骗,给自己带来不测。另外,对游客来讲,最好在出国前购买航空和旅游意外伤害险,以便万一出事,可以减轻经济负担。

三是提高风险处置和应急反应水平

出门在外,碰到意外或突发事件是难免的。但是,中国游客要注意相互团结和齐心协力。由于国际旅游活动往往是由分散的个人临时拼凑组团,团员间相互不了解不认识,一旦出事,许多人往往是措手不及,情绪紧张。因此,建议中国公民在参加海外旅游活动中,加强相互沟通,最好在途中相互通报个人基本信息,活动中相互关照。一旦出现意外,不要慌张,要冷静处理。要根据不同情形,寻找解决问题的方法。例如,发生车祸时,要在第

---

① 例如,2007 年 11 月 10 日,重庆市沙坪坝区"家乐福"超市发生踩踏事故,造成 3 人死亡、31 人受伤,其中有 7 人重伤。事件起因就是商场搞优惠促销活动,由于一时涌入人太多,发生踩踏所致。

一时间报警和抢救伤员，开展积极和有效的互救自救工作。遇到火灾，千万不要惊慌，要头脑冷静，正确逃生，尽快脱险并报警。

总之，只要社会各界和旅游者共同努力，我国公民无论是在国内旅游还是去国外观光，实现安心旅游、尽情享受、快乐生活的美好境界是完全可能的。

第九章 公民海外劳务活动的风险及应对

今天，无论是在北非荒漠里的筑路工地上，还是在南亚远离城镇的采矿场所中，或是在俄罗斯人烟稀少的远东林区农场里，都可以看到一群群黄皮肤、黑眼睛、腰板硬朗、身着粗布衣服的亚洲人。若有人走近问：哪里人啊？十有八九人回答是：中国人。这就是成千上万个在海外生活和工作的中国公民中一个群体，即中国劳务人员。

海外“劳务”活动，又称“劳务输出”，是指一国劳动力以合法和正当的途径去国外从事劳务工作。劳务输出是劳动力空间国际流动的一种形式，是一国对外经济关系的重要内容。国际劳务合作对于输入国来讲，可以弥补一国劳动力不足，实现经济稳定增长。对于输出国来讲，则可缓解劳动力就业压力，增加外汇收入，提高劳务人员经济收入，国际劳务合作是经济全球化的必然要求。

中国是世界上人口最多的国家，也是劳动力资源最丰富的国家之一，更是世界上劳务输出最有潜力的国家。[①] 据商务部统计，2010 年全年，中国累计派出各类劳务人员 41.1 万人，同比增长 4%，年末在外各类劳务人员 84.7 万人，较上年同期增加 6.9 万人。截至 2010 年底，我国对外劳务合作累计完成营业额 736 亿美元，签订合同额 760 亿美元，累计派出各类劳务人员 543 万人，[②]中国劳务输出已进入新的发展时期。

---

① 印度、巴基斯坦、菲律宾、埃及、约旦是世界上主要劳务输出国家。中国按世界劳务人员总数比例计算，只占世界劳务市场的 1.3%，大有潜力和发展空间。

② 《2010 年我国对外劳务合作业务简明统计》，商务部网站 2011 年 1 月 19 日。

海外劳务活动是公民跨国活动和生活方式之一。同样，劳务人员安全问题也是中国公民海外安全的一部分，而且是最值得关心的群体。① 研究劳务人员海外安全，关注其国外生存状态，有利于提高党和政府在人民中的威望，促进国际经济合作，也是新时期各级政府"以人为本"执政理念在对外经济关系领域中的反映和落实。

第一节 公民海外劳务活动的发展和特点

一、近代以来公民海外劳务活动的历程

（一）旧中国公民海外劳务活动的回顾

中国人到海外劳务和谋生，可谓"源远流长"。早在唐宋时期就有一定数量的国民去海外从事跨国经济活动，这可算作最早的海外劳务输出。到明朝时，海外移民已形成一定的规模，当时的海外劳务输出形式主要是沿海地区农民成群结伙"下南洋、闯世界"，是一种自愿性质的以谋生为目的的移民活动。清朝时期，清政府因种种原因实行了"海禁"②政策，将老百姓自发进行的海外移民、海外务工和对外经济贸易活动都视同"叛逆"行为而勒令禁止。例如，顺治十二年（1655 年）六月，清政府下令沿海省份"无许片帆入海，违者立置重典"。顺治十八年（1661 年），更强行将江、浙、闽、粤、鲁等省沿海居民分别内迁三十至五十里，设界防守，严禁逾越。因此，这一时期的沿海省份百姓到世界各地，特别是到东南亚地区务工的潮流，受到长时间的压制，劳工去海外人数大幅度下降。

清朝中后期，国内出现了以"契约华工"形式出国的劳务人员，这是有

① 劳务人员由于文化知识水平低，自我保护能力差，生活和工作环境较恶劣，在海外很容易遇到种种人身和财产安全风险。劳务人员是中国公民出国经商、留学、旅游和劳务等四大群体中最需要关注的人群。

② 中国旧政府为了整顿沿海治安，清理走私，保障社会安定起见，采取一种禁阻民间人士非经过官方许可，私自出洋从事海外贸易的政策，又称"洋禁"。

组织的带合法性质的劳务输出。当时，法国、英国、荷兰等西方殖民者在大量侵略和占领世界殖民地后，因开挖矿山、种植经济作物、采掘黄金等急需大量劳工，殖民主义者就委托所谓"招工中介"在广东、福建、浙江等沿海通商口岸招揽劳工，以订立契约形式，通过欺骗、强迫甚至绑架形式招募华工①，前往美洲大陆和东南亚地区务工，这样，沿海地区出现了一波规模不小的海外劳务潮。

1840 年中英鸦片战争后，随着中国沦为半殖民地半封建社会，中国社会陷入了民不聊生的悲惨境地。因国内连年战乱和饥荒，人多地少的社会现实迫使人们四处奔走，寻找求生之路，这样，出现了近代史上一轮海外移民热。1860 年，清政府同英、法两国签订了《北京条约》，条款之一是中国政府允许殖民主义者在华任意招募华工，由中英、中法双方制订招工章程，在相关口岸设立招工馆。这样，中国劳工前往海外工作已经合法化。这一时期的华工主要是去美国、加拿大等国修建铁路、挖掘金矿和搞种植业。"华工"多数是以"赊单"②苦力形式出去和谋生，饱受压迫和剥削，许多人积劳成疾，含恨而死。

第二次鸦片战争后，拉丁美洲的古巴、秘鲁、圭亚那、巴拿马等地的西方殖民主义者也先后到中国沿海地区，征招和贩运"契约"苦力③。这些劳工被载上贩卖华工的船只运到美洲殖民地后，像奴隶一样在市场上被公开拍卖。有些去橡胶种植园做农民，有些去开矿山、造铁路、做苦力，开始过着奴隶般的生活。据估计，从 1847 到 1874 年间，约有 50 万中国劳工以"契约"苦力形式到达拉美地区，这些人就是今天秘鲁、巴西、阿根廷等南美华侨华人的祖先。南非发现黄金和钻石后，有一部分华工远赴非洲，从事采金矿、

---

① 吴国存:《劳务输出理论与实践》，中国对外经济贸易出版社 1993 年版，第 163 页。

② "赊单"是粤语，赊欠船票之意，脱胎于"猪仔"制，但自有特点。这些劳工主要来自珠江三角洲各县。政府说劳工是"自由移民"，实为押身抵债的契约劳工。1849 年，上海英商祥盛洋行租英国船"亚玛三"号运 200 名苦力到旧金山。苦力都签了偿债契约，每人欠船资、伙食、安家费 125 元。这是最早去美的赊单苦力。

③ "苦力"一词源于南印泰米尔语 Koli，英文译为 coolie，实为契约工的代词，所以贩卖契约工称为苦力贸易。

挖钻石工作。到上个世纪初,中国劳工已经遍布全世界了。

国民党政府时期,因各种原因,华工自发前往世界务工和移民势头有所减弱,但成建制的由政府派遣和鼓励的劳务活动开始出现。例如,因抗日战争的军事需要,国民党政府为修建“滇缅公路”和“中印公路”,出面组织过大规模华工出国筑路铺桥活动。据史书记载,1937 年“7·7 事变”后,因抗战需要开辟一条国际运输通道“滇缅公路”,这是一条从东南亚地区的缅甸到中国昆明的战备公路。1937 年 10 月,国民党政府下令征调云南民工 20 万人抢建这条公路。经过数万中国劳工艰苦的连续劳动,终于用短短 8 个月抢通了“滇缅公路”,它为抗日战争事业作出重大贡献,也反映出中国劳工吃苦耐劳和不怕牺牲的精神,这也可以说是官方性质的最早劳务输出活动。

上个世纪 30 年代后,由于中国政治经济环境发生了重大变化,华工出国活动逐渐接近尾声。

(二)建国后公民海外劳务活动的历程

新中国建立后,受当时中国领导人的观念和国际环境影响,中国政府不再允许公民因私前往世界务工,出卖劳动力。再加上西方国家对华实行经济封锁和国际孤立,中国与外部世界经济往来十分简单,贸易合作对象主要是苏联、东欧等社会主义国家,因此,中国国际劳务合作几乎是空白。这一时期,因发展与第三世界国家关系的需要,中国曾派遣过医疗队、建筑工人、教师等政府援外人员去非洲、亚洲等国。这些人员都由政府派出,属于官方援助项目,他们是去执行光荣的国际主义义务,派出人员一般享受国家干部出国待遇,其国外活动纳入因公出国管理范畴,因而这些人不算作经济学意义上的对外劳务输出。

1972 年后,随着美国尼克松总统访华和中美关系的改善,中国开始有限地参与世界经济的活动,对外劳务输出得到发展。1978 年改革开放后,随着中国对外经济关系的开展,中国开始向许多国家派遣技术人员、工人和医务人员,到 70 年代末期,中国帮助亚、非、拉的 70 多个国家建成了 1000 多个涉及公路、铁路、港口、医院、学校等成套项目,先后派遣过 18 万人次的劳务人员。尽管这一时期的对外劳务输出仍是政治性质的对外援助，但它为我国发展对外承包工程和劳务合作事业奠定了基础。

1992 年，党的“十四大”提出，中国走社会主义市场经济道路，决心按世界经济规则参与国际经济活动。在认识上，中国开始把劳务输出视为对外经济关系重要一部分，它是发挥我国劳动力比较优势的重要领域，也是出口创汇、缓解国内劳动力就业压力的途径，更是学习先进国家经济管理经验的有效途径。我国大规模、有组织、多形式的对外劳务输出工作开始方兴未艾。

经过 30 多年的对外劳务输出活动，中国形成了“平等互利、讲求实效、形式多样、共同发展”的对外劳务合作原则，对外劳务合作企业确立了“守约、保质、薄利、重义”的劳务方针，中国劳务企业的国际竞争力极大地提高，中国逐渐成为世界外派劳务大国之一，对外劳务合作已经成为对外经济关系中不可或缺的一部分。

二、劳务输出的作用和发展趋势

（一）劳务输出对经济社会的积极作用

从国际劳务输出的规律来看，发展中国家的对外劳务输出往往是在本国企业承包海外工程和项目基础上发展起来的，中国也不例外。改革开放 30 多年来，我国对外承包工程和劳务合作从无到有，从小到大，走过了艰苦创业的历程，取得了斐然成绩，对推动我国对外开放“走出去”发展战略，促进国民经济的发展起到明显的作用。劳务输出对我国社会经济的发展体现在两个方面：

1. 从经济效益上讲。中国是发展中国家，在 1978 年刚刚对外开放初期，中国与世界先进国家在经济和技术上的差距巨大。发展国际劳务输出，既可增加国家外汇收入，改善我国国际收支状况，又可减轻劳动力就业压力。我国作为发展中国家，为了发展经济，需要大量进口外国的设备和技术，但由于过去的外贸出口产品档次低、市场竞争力弱等原因，我国通过贸易形式获得的外汇收入有限，利用劳务输出或多或少地弥补了国家外汇收入的不足。当然,今天的中国已经是世界上外汇储备最多的国家,劳务外汇收入每年数十亿创汇额已微不足道了,但对外劳务输出在中国对外经济关系中的作用是功不可没的。

2. 从社会效益上来讲。首先,劳务输出可缓解国内就业压力。就业是民生之本,我国是世界上劳动力资源最丰富,也是世界上劳动力就业压力最大的国家之一。我国农村劳动力居多,现在又处于从农业社会向工业化、城镇化、现代化转型阶段。就业问题时刻困扰着政府和社会各界,事关经济社会稳定和人民生活水平提高。据统计,2009 年末,我国城镇登记失业人数为 921 万人,城镇登记失业率为 4.3%,失业率略高于前几年的水平。[①] 因此,增加劳务输出有利于缓解人口就业压力。

其次,劳务输出可提高劳务人员收入。据国内专家测算,目前中国外派劳务人员每年汇回或带回的外汇收入约 20 亿美元,这使得相关的 300 多万劳务输出人员的家庭经济状况得到一定程度改善。例如,河南省新县人民政府将外派劳工作为一项利民产业,2007 年外派劳务人员创汇 1.1 亿美元,约占该县农民纯收入的五分之三。[②]

最后,对外劳务输出有利于增进我国人民与世界各国人民间的相互了解和友谊,促进中外文化交流。在亚、非、拉各大洲的许多国家,我国劳务人员良好的服务精神和高质量的劳动成果,在不少国家赢得了较高的声誉,对于改善和加强中国与这些国家的相互关系,为我国营造良好的国际环境起到了独特的作用。

(二)中国劳务输出的发展趋势

综观近年来国际劳务市场的发展,对中国来讲,仍是一个难得的发展机遇。经济全球化和国际人口分布不平衡,决定了国际劳动力流动仍会不断进行。当前,国际人口流动总态势仍是发展中国家向发达国际输出劳务人员。美、欧、日等发达国家因发展水平较高,社会福利好,许多劳动密集型岗

① 《2009 年度人力资源和社会保障事业发展统计公报》,国家统计局网站。

② 商务部研究院编:《中国对外经济合作 30 年》,中国商务出版社 2008 年版,第 199 页。

位和脏、累、差工种,需要外来劳务人员来做。发达国家在国际经济竞争中,随着劳动力成本的不断提高,一些产业不得不雇佣外籍廉价劳动力,以维持企业的竞争力。相反,广大的发展中国家,由于经济落后,人口增长较快,劳动力严重过剩,许多国家将对外输出劳务作为一项国策大力推行,这既解决了国内的就业问题,又为国家赚取了外汇收入。

中国是世界上劳动力资源最为丰富的国家之一,在劳务输出领域大有潜力。当前,中国大批企业正在走出国门前往世界各地投资、办企业、设公司,参与国际工程承包,这些经济活动必然会带动中国劳工出国。同时,欧美国家对初、中级技术工人的需求不断增多。例如,英国和美国大量需求护士、汽车修理、园艺等技术人员,而中国又是当今世界上最大的人才资源国家,2007 年我国城镇专业技术人员已达到 3314 万人,每百万人口中拥有的科学家、工程师和技术人员也高于印度、墨西哥等发展中国家。中国各类人才较为齐全,结构较为完备,从普通型劳务到技术型劳务、从制造业到农业、从服务业到高科技行业,各个层次都有相当数量的劳务储备,这是我国劳动力对外输出的又一优势所在。技术性劳务人员的输出,一方面可以减轻国内就业压力;另一方面又可以通过学习先进国家的经验,更好地为我国现代化和全面建设小康社会服务。

因此,中国对外劳务输出将进入一个稳定增长的发展时期。同样,海外劳务人员安全问题将是一个需要重视和关注的新问题显现,成为影响中国劳务输出的一个因素。

第二节 公民海外劳务活动的风险和成因

案例一:2011 年 2 月 23 日,北非国家利比亚发生了全国范围的政局动荡,部分中资企业的工地被歹徒抢夺和破坏,一些工人受伤。鉴于利比亚安全形势突变,中国政府决定从利比亚撤出中方人员。中国相关方面紧急行动,使用了包括派出包机,租用邮轮和汽车,派出军舰护航等手段,从利比亚撤出了 35860 位中国公民,其中绝大部分是在利比亚的中方劳务人员。这次撤离行动是建国以来中国政府最大规模的有组织撤离海外中国公民行动,受救援者绝大部分是在利比亚从事劳务活动的中国劳工。

案例二:2010 年 5 月 6 日,中国“泰源 227”渔船的 7 名船员在执行捕捞任务时被索马里海盗劫持,后被多次转移,受到了折磨。中国相关方面尽力营救,2011 年 2 月 1 日,绑匪终于释放了这 7 人。

案例三:2008 年 3 月 26 日,在非洲赤道几内亚承建工程项目的大连某公司近百名劳务人员不顾当地法律进行罢工,并与维持秩序的警察发生冲突,事件造成中方人员 2 死 4 伤的严重后果。

案例四:2007 年 4 月 24 日,一家中资石油公司设在埃塞俄比亚东南部地区的项目组遭到一伙身份不明的武装人员偷袭和抢劫。事件造成中方 9 人死亡,多人轻伤,还有 7 名人员被绑架。后经中国有关方面全力营救,这 7 人脱险并回国。

上述四则发生在海外劳务人员身上的安全事件,只是每年发生的数千件涉及中国海外劳务的人身和财产安全事件的缩影。

一、海外劳务风险的表现形式

劳务人员在海外遇到的危害其人身和财产安全的风险,既有与其他中国公民一样的威胁。例如,中国公民因国际恐怖分子发动的恐怖袭击错杀误伤,劳务人员也不例外。也有劳务人员群体自身特点所带来的风险,例如,因劳务人员文化水平普遍较低,容易被不法劳务中介机构合同欺诈而蒙受的经济损失。这里,我们按人身和财产安全两方面来进行分析。

(一)危害劳务人员人身安全的风险

俗话说:儿行千里母担忧。中国人见面第一句话,往往是问声:你好吗?这类俗话和口头禅,反映出父母和同胞对亲人的祝福和祈祷,也说明安全在人生中的重要地位。

危害海外劳务人员人身安全的风险往往是由某一势力或犯罪分子侵害而引发的,造成的后果十分严重,属于重特大安全事件。分析近年来中国海外劳务人员发生的人身安全事件,大致有这么几种情形:

1. 动乱和恐怖活动对劳务人员的威胁

2010 年 12 月初，非洲的科特迪瓦国因总统选举结果发生争议，导致不同总统候选人支持者间的武装械斗，造成人员伤亡。军方随后宣布关闭边界，禁止海、陆、空运输活动，该国动乱局势引起中国政府对在该国的华侨和劳务人员安全的担忧。考虑到在科特迪瓦有三、四千的中国公民安全，外交部领事司和中国驻科特迪瓦大使馆通过各种形式，提醒在科中国公民和机构关注当地局势，谨慎行事。建议准备赴科特迪瓦的人员和中资机构暂缓前往。这种因一国发生骚乱、冲突、军事政变乃至武装冲突，影响到中国劳务人员和法人安全的事件，在非洲一些国家是司空见惯的。这类事件起因往往是一国内部矛盾，但结果经常是政治动荡引发局部乃至全国性骚乱，演变为打、砸、抢、烧犯罪活动，危及外国侨民人身安全。

因种种原因，中国劳务人员的工作场所大多集中在亚洲、非洲、拉丁美洲等经济社会相对落后、政治和社会秩序不稳定、犯罪现象较严重的国家和地区，这无形中增加了中国劳务人员受到人身侵害的概率。例如，在亚洲地区，我海外劳务人员主要集中在中亚、中东这两个局势动荡、战乱较多的国家。像伊拉克、阿富汗、巴基斯坦、巴勒斯坦、以色列等国是世界公认的恐怖分子活动最活跃最频繁的地方，形形色色的类似“人体炸弹”、“汽车炸弹”的恐怖活动，经常连累到无辜外国人包括中国工人。例如，2003 年 1 月 5 日，以色列特拉维夫老车站附近街区发生自杀性爆炸袭击，包括两名中国劳工在内的 22 人丧生，这是 2002 年到 2003 年两年不到时间内，在以色列发生的中国劳工受恐怖爆炸连累而死亡的第三起安全事件，共有 6 名在以色列的中国劳务人员死亡。2007 年 7 月 8 日，3 名中国工人在巴基斯坦西北部城市白沙瓦遭不明身份武装分子袭击身亡，另有 1 名工人伤势严重[①]，而这只是该国经常发生的恐怖事件一例。

在非洲一些国家，尤其是苏丹、埃塞俄比亚、尼日利亚、卢旺达、索马里、津巴布韦等国家，内部政治派别斗争激烈，社会和公共秩序失控。这些国家

① 人民网 2010 年 6 月 15 日。

有一个共同特征:中央政府丧失对领土的实际控制,或者无法完全掌握合法动用武力的权力。合法权力机构的集体决策能力遭到削弱,无法提供适度的公共服务,不能作为国际社会的正式成员与其他国家交往。社会严重腐败、犯罪行为猖獗、无法征税或获取公众支持、大批人口被迫背井离乡、经济急剧衰退、群体间的不平等、有组织的迫害或歧视行为等,这些被西方国家称之为"失败国家"[①]。当然,这样用词和表达方式并不十分准确,有言过其实之处,但是,它基本上反映出这类国家相似的地方。这些年,中国许多国际工程承包公司在上述国家有较多经济活动。一方面,它带动了大量中国劳务人员到这些国家务工。另一方面,恐怖活动和战乱等风险对劳务人员的威胁也随之而来。例如,2007 年 1 月,5 名四川通讯建设工程公司的员工在尼日利亚被绑架;同月 25 日,中石油员工在尼日利亚南部遭武装人员袭击,9 人被绑架;3 月,两名在尼日利亚工作的一浙江公司人员被当地武装分子绑架。这是一年内中国公民三次在当地遭遇绑架。[②] 再如,2008 年年底,在苏丹的南科尔多瓦省,中石油员工遭到不明身份武装人员袭击,最终导致 5 人死亡。2010 年 5 月 23 日,3 名服务于尼日利亚 Nifex 公司的中国劳务人员在阿比亚州被歹徒绑架,我驻拉各斯总领馆立即启动应急机制,先后与尼联邦警察副总监、阿州警察局长和州政府进行紧急交涉,要求对方务必确保人员安全,并全力解救,后 3 人被成功营救并送回国内。

据统计,自从 2003 年至 2010 年底,至少有阿富汗、巴基斯坦、尼日利亚、埃塞俄比亚、也门、伊拉克等十几个发展中国家发生过中国劳务人员被绑架事件,虽然大部分事件在中国相关部门强有力的营救下得到解决,人质安全得到保证,但仍有一些事件导致我劳务人员死伤,劳务人员家属在精神上和经济上都受到损害。因此,鉴于近年来发生在海外的危及劳工的人身

---

① 美国《外交政策》2010 年双月刊 7/8 月号发布了由该杂志和美国和平基金会共同编制的《全球 2009 年失败国家指数》报告,评估 12 项社会、经济、政治和军事指标,为全球 177 个国家进行"稳定程度"排名。排名靠前的几乎全是非洲国家,索马里继去年之后再度位居世界"失败国家"榜首。这个排名方法在指标体系上并不十分科学,更受西方价值观影响,但仍有一定参考和分析意义。

② 《中国工人在尼日利亚遭绑架》,搜狐网 2010 年 6 月 15 日。

安全事件特点，有关方面应重点关注“高风险国家”的中国劳工安全状况，及时作出政策调整并采取相应领事保护措施。

2. 刑事犯罪活动对劳务人员的威胁

除了战乱和恐怖袭击对海外劳工安全威胁外，在海外工作的中国劳工比起国内劳务人员来，还有一个更容易碰到的风险，就是一些国家的严重刑事犯罪活动，特别是针对外国人的有组织犯罪活动。由于中国工人吃苦耐劳、不怕困难、忍耐心特别强等缘故，这些年来，在中国企业参与的海外工程项目中，中资企业喜欢从国内带出劳务人员。结果，导致在许多发展中国家，凡中国企业投资和承包的工程，主要工人大多是中国人。例如，2011 年 2 月下旬，中国政府因利比亚政局突变，有关方面克服重重困难，通过种种途径撤出的 3 万多名中国公民中，其中 95% 以上是在该国从事建筑、修路、油田维护和搞农业生产的劳务人员。商务部官员说：利比亚是中国企业走出去的一个重要国家，企业多达 75 家，人员 3. 6 万余人[①]。光利比亚一国就有数万人，由此可推测出中国人在非洲的规模。因此，在非洲许多国家的城乡各地，甚至在一些偏僻的山区和小村落，到处都有中国劳务人员，而非洲一些国家，恰恰是抢劫、偷盗、绑架、敲诈勒索等刑事犯罪活动猖獗的地方，这严重危害我劳务人员的安全。

非洲是中国对外劳务输出仅次于亚洲的第二大市场。中国与非洲地区国家经济合作较早。早在 20 世纪 60 年代，中国政府就已经以经济援助的方式向多个非洲国家派出医疗、农业、铁路建设等人员，由此积累了对非合作的经验。2006 年 10 月“中非合作论坛”北京会议后，中国政府加快了对非洲的经济技术合作，更多的中国企业参加到对非洲国家的经济合作中。据不完全统计，到 2007 年，在非洲的劳务营业额和劳务人员总数约占中国整个劳务额和劳务人员总数 32% 和 15. 4% 。中国在非洲的主要劳务市场国家是毛里求斯、利比亚、阿尔及利亚、利比利亚、苏丹、尼日利亚等。[②]

---

① 《我国公民分四路撤离利比亚 450 人乘包机抵北京》，新华网 2011 年 2 月 26 日。

② 商务部研究院编：《中国对外经济合作 30 年》，中国商务出版社 2008 年版，第 190 页。

随着大量中国劳务人员涌入非洲国家,引起了中国劳务人员与当地人关系的变化。一些当地人认为是"中国工人抢走了他们的饭碗"、"中国工人干活不怕死,光赚钱不要命,抬高了工资"等[①],因而针对我海外劳务人员的刑事犯罪频发。例如,南非是世界上犯罪率最高的国家之一。据统计,光2004年至2005年两年间,共有31名中国人在南非被害。[②] 2005年10月17日,两名中国劳工遭南非当地人持枪抢劫并被杀害。这几年,中国企业在尼日利亚、阿尔及尔两国的合作项目特别多,相应地劳务人员也大量增加。但是,这些劳务人员的生存环境十分担忧。《人民日报海外版》曾经有一篇报道:"在尼的中国企业有300多家,投资范围涉及石油、港口、家电、手机等领域……。在拉各斯等大城市,由于道路状况不好,经常停电,晚上基本没有路灯,同时也没有多少适合中国人去消费的娱乐场所,加之不时发生的抢劫案件,使得大部分中国工人晚上都选择闭门不出,独自'享受孤独'。很多中国人集中居住的地方都是高墙大院铁丝网,外加持枪的警察日夜把守,不少人说像'高级监狱'。"[③]这种描述说明,劳务人员在异国他乡工作环境和生活条件是极其恶劣的,也容易发生各种安全事件。

同样,在俄罗斯的中国劳务人员经常受到带有种族歧视性质的犯罪分子滋扰,特别是臭名昭著的俄罗斯"光头党"的威胁。2004年4月7日,温州籍劳工杨某收工后,在俄罗斯一个地铁口惨遭"光头党"群殴,最终被打得昏死过去。2005年5月11日,在俄伊尔库茨克市发生了当地警察殴打中国工人的事件,有100多名中国民工遭到殴打,其中20多人重伤。[④] 上述类似报道这几年屡见不鲜,说明我海外劳工生存环境是艰难和危险的。因此,如何更好地关注我海外劳务人员生活,这是一个需要全社会共同重视的问题。

---

① 《400万中国劳工全球打工》,《凤凰周刊》2010年3月1日。

② 王昭、张涵:《华人为何在南非屡屡被劫?》,《人民日报海外版》2006年2月10日。

③ 《约375万中国劳工在世界各地打工 遍尝危险与艰辛》,侨网2007年1月18日。

④ 人民网2010年6月26日。

3. 意外事件和自然灾害的威胁

意外事件主要是指海难、空难和沉船事故等,这类风险往往来得突然,个人无能力应对,极易引起劳务人员人身伤亡。从劳务人员工作条件环境来讲,外派海员和船员最容易遇到此类危险。这些年来,由于国内海洋捕捞业逐渐萎缩,大量渔民失业上岸。许多人因生活所迫,通过国内劳务中介企业牵线搭桥去外籍渔船和轮船公司从事劳务活动。由于海上作业危险系数高,再加上一些外籍船只老板只顾"赚钱",不顾船工死活,劳工们的工作和生活环境十分恶劣。因此,中国渔民和船员伤亡事件屡见不鲜。据不完全统计,从2008年至2010年三年间,有据可查的涉及中国船员死伤的国际性海难事件约有上百起。光2010年11月到12月两个月间,国内公开报道的涉及中国船员遇险的报道就有五起,造成约30名中国劳务人员失去生命。例如,2010年12月3日,一艘搭载24名中国船员的巴拿马货轮在菲律宾以北海域沉没,虽经有关方面全力营救,但最终仍有10人下落不明。12月13日,一艘载有42人的韩国远洋渔轮在南极海域沉没,船上的8名中国籍船员中有4人获救,4人失踪。① 这是短短十天时间内发生的涉及我劳务人员的两起特大安全事件,共造成14人死亡,给当事人家属造成了重大损失。

突发性自然灾害是造成中国劳工在海外伤亡的另一个"杀手"。据调查,中国劳务人员工作地点往往是人烟稀少、交通不便、通信联系困难、地理环境危险的山区和河滩地区,特别是从事桥梁、道路、水库大坝、矿山开采等工种的海外中国劳工,其工作环境更是危险。近年来,国内许多企业在海外市场上获得一些国家的铜、铁、铝等有色金属开采权,派出了大量国内劳工。例如,中国五矿2006年从智利国家铜业公司获得83.625万吨电解铜供应合同;2007年8月,中国铝业总公司通过收购加拿大秘鲁铜业公司,获得了秘鲁特罗莫克铜矿的开采协议。这些国际工程大订单的获得,表明中资企业国际竞争力的提高,另一方面,由于这些大企业都是从国内带劳务工人去从事工程项目建设,也就相应地增加了劳工人员安全风险。例如,2004年3

① 详见这一时期相关报纸报道。

月 14 日,哈萨克斯坦一处中国建设项目工地,发生了一起中国石油天然气集团公司 9 名职工被泥石流吞噬的恶性安全事件。[①] 这是一起十分典型的因劳务人员工作场所环境恶劣而发生的意外伤亡事件。

劳动保护条件差也是造成劳工伤亡的一大主因。劳务人员远涉重洋,来到人生地不熟的陌生环境,主要目的是赚钱,获得比国内更多一点的薪金和报酬。但是,相对于国内环境,外国的政治、经济、人文环境和法律制度同国内有很大区别,再加上语言不通、文字陌生,与当地人沟通困难。因此,海外劳务人员会遇到许多想象不到的问题。在海外,有许多中资和外资兴办的企业,都没有很好地落实安全生产和劳动保护的措施,导致危害中国劳务人员的各种工伤事故不断。例如,2004 年 3 月 16 日,土耳其北部宗古尔达克省库兹鲁煤矿发生瓦斯爆炸,5 名中国工人当场遇难,2 人受伤。2008 年 1 月 7 日,一场突如其来的爆炸,夺走了在韩国京畿道利川市某冷库打工的 12 名中国工人的生命。

另外,日本、韩国是亚洲地区中国劳务人员最多的国家,许多劳务人员通过国内劳务派遣公司到日本、韩国,从事海洋捕捞、建筑装修、管道清洗等当地人不愿干的工种。这些工种有共同的特点,就是"危险、艰苦和高污染"(Dangerous、Difficult、Dirty),又称"3D"劳务,无形中增加了工作危险程度。据中国驻韩国使馆领事部提供的数据,光 2007 年,就有 43 名中国籍劳工在韩国务工时死亡,占外籍劳工工伤死亡总数的 45% 左右。[②]

(二)危害劳务人员财产安全的风险

在经济相对发达,社会政治环境较稳定,法制健全的美、日、韩、欧盟等国家和地区,发生绑架和杀人等危害劳务人员生命的安全事件相对少些,但业主拖欠工资,劳务人员财物被窃,中介诈骗等影响劳工经济利益的事件是经常发生的。从海外劳工面临的财产安全风险来看,主要表现在以下几个方面:

---

① 搜狐网 2010 年 6 月 28 日。

② 《利川冷库爆炸追踪:在韩中国劳工生存状况调查》,人民网 2010 年 6 月 28 日。

1. 侵害劳工的工资薪金风险

中国在海外的劳务人员大部分来自经济条件差、家庭负担重的低收入阶层，而且多数人来自农村，主要来自中西部省份的偏僻地区，文化水平较低，他们出去打工的主要目的就是多"赚钱"。但在现实生活中，境外雇主故意克扣或拖欠工资，不兑现劳务报酬，不执行劳动福利规定，无故延长劳动时间的问题不断发生，甚至在某些国家还引发中国工人罢工的劳资冲突事件。据日本厚生劳动省2006年对日本接受研修生的企业进行调查显示，共有730家企业涉嫌违反日本劳动基准法，存在延长工时、拖欠工资的行为。[①] 例如，2008年8月22日，日本山梨县昭和町一家洗衣工场工作的6名湖北女实习生，因业主克扣工资，拒绝上班而与雇主发生冲突，后被公司方面强制送返回国。[②] 2009年3月7日，近200名劳工在中国驻罗马尼亚使馆门口露营扎寨，原因是中国劳工遇到了企业倒闭无工可上，罗方雇主发不出工资的劳务纠纷事件。罗方雇主还单方面解除合同，扣压中国劳务人员护照，以致劳务人员的签证超期成为非法滞留人员。[③] 这一事件后经中国领事官员调节和介入后得到解决。但国外老板无故拖欠中方劳务人员工资引发的经济问题，确实在我海外劳务人员安全中占有较高比例。

2. 中介诈骗导致劳务人员的经济损失

中介欺诈和"黑中介"因素导致劳务人员经济损失是劳务风险的一大主因。根据我国政府管理海外劳务人员派遣的规定，只有拥有合法资质的国内劳务中介公司才可经营国际劳务中介业务。现在，合法的规范的劳务中介企业是我国公民出国劳务活动的主渠道，其业务量占到整个劳务市场业务量的三分之二以上。总体来讲，国内大部分劳务中介公司是依法经营，正当赚钱的。但是，社会上也有一些"非法中介"公司，包括一些不够诚信的"正规中介"公司，采取虚假和伪造合同等手段来蒙骗劳务人员，搞欺诈和"黑中介"活动，损害了劳务人员的利益。有些违规地向劳务人员收取所

① 许思佳：《21世纪初中国海外劳工安全问题探析》，外交学院2008级硕士生论文。

② 《商务部调查湖北6名女工在日本遭虐待事件》，中国新闻网2010年6月28日。

③ 《罗马尼亚中国劳工与中介冲突200人露宿中使馆》，中国新闻网2010年6月28。

谓“保证金”,金额在几万至十几万人民币不等。许多劳务人员付出了高额的“保证金”后,急于想出国赚钱还债,在对劳务合同和各项规定不甚了解的情况下,盲目签订劳务合同,结果出国后才知道受骗上当。许多来自农村的劳务人员往往是借钱缴纳“保证金”出国的,一旦碰上这样的不幸,连回国的旅费都无着落,结果流浪街头。这些年,中国驻外使领事馆经常要处理中国劳工因生活无着落而被外国警方收容并驱逐出境的领事事件,有些事件还损害了中国的国际形象。

非法劳工是国际社会打击的对象,也对劳务人员自身安全带来潜在的风险,但是,国内总是有许多人铤而走险,通过非法渠道前往海外打工。这部分劳务人员是中国海外公民中最容易“受伤”的群体,其个人的生命和财产安全基本上没有任何保障。据估计,我国每年通过非法中介机构和私下渠道到境外打工者数千人。这些人偷渡到海外后,有些为逃避外国移民警察检查,过着“东躲西藏”的生活。有些被雇主强制长时间劳动,个人权益得不到维护。有些劳工被警察查获而投入国外牢狱,失去自由。更有人暴死异国他乡,惨不忍睹。例如,2004 年 2 月 5 日,19 名中国劳工(非法移民)在英国莫克姆湾拾贝时被突然上涨的潮水吞没,溺水身亡,这是一起震惊英国乃至欧洲的一次性死亡人数最多的中国非法劳工案。2009 年 9 月,新加坡一中介企业伪造工作合同和用工许可证,骗取中国劳工的一大笔血汗钱后逃之夭夭,数百中国劳务人员蒙受经济损失。①

3. 排外性经济民族主义对劳工财产的损害

以国际工程承包带动本国劳务人员出国,这是国际劳务市场一个特点,对像中国和印度这样劳动力富余的发展中国家来讲,更是如此。我国企业到海外从事工程承包活动,一旦工程中标和项目开工建设,就会分批次将国内劳务人员带过去,企业一般很少雇用当地人。这种做法既出于劳动力价格便宜的经济因素考虑,更有语言、习惯和法律等原因。但是,这种管理方法会在项目所在国造成一些误会甚至引起敌意,再加上西方报纸和媒体有

① 《新加坡黑中介骗取中国劳工血汗钱 伪造工作准证》,中国新闻网 2010 年 6 月 28 日。

意识地渲染所谓“中国新殖民主义”论[①]，挑拨非洲国家与中国的关系，这样，经济排外性质问题就出现了。例如，巴基斯坦的地方部落经常指责巴基斯坦中央政府引入外资和外国工人的做法，侵害了他们的经济利益，产生不满。在非洲，苏丹、尼日利亚等与中国有石油合作项目的国家，有一部分势力和当地人认为，中国企业在当地开采石油，没有给自己带来好处。他们指责政府的引进外资政策，并把愤怒撒到那些获得该国政府批准进行开采的外国公司和工人头上。自2006年初以来，尼日利亚就有200多名外国人被当地武装组织绑架，中国在该国的劳工也经常是绑架活动的受害者。2007年1月25日，2名中国石油公司的劳工在尼日利亚南部产油区巴耶尔萨遭尼反政府武装“尼日尔三角洲解放运动”分子绑架，绑匪的目的很简单，就是威胁中国公司不要插手尼国石油开采。[②]

对海外劳务人员的财产安全构成影响的另一种风险就是汇率损失。这类风险的特点是涉及面大，往往侵害到较多海外劳工。主要有：一是汇率风险。由于人民币升值和美元贬值趋势不断加快，使得以美元为工资结算货币的海外劳工的个人财产严重受损。二是东道国外汇管制和监管不严，从而对劳工带来的风险。例如，2004年1月，上千名中国劳工将挣来的血汗钱700多万新元交付给当地一家专职从事国际汇款业务的企业汇寄，这笔钱后来经多方查找下落不明，劳务人员经济损失惨重。[③] 三是合同风险。这是中国海外劳工财产权利受侵害的主要原因。因外方雇主、劳务中介或劳务人员违反合约，从而引发劳务纠纷等。例如，2006年1月3日，罗马尼亚巴克乌市的一家制衣厂，当地老板突然推翻了原先签署的合同，单方面提高了劳动量，使得工人无法获得原先承诺的工资待遇，造成劳务人员经济损

① 近年来，西方一些媒体散布所谓中国在非洲搞“新殖民主义”，将中国在非洲按照市场经济原则进行的原油勘探、矿山开发等经济活动，说成是掠夺非洲资源，搞“新殖民主义”，目的在于挑拨中国与非洲国家的传统友谊。

② 丛政：《尼日利亚—中国石油公司遭袭背后：种族冲突纠缠石油利益》，《第一财政日报》2007年4月26日。

③ 《新加坡一汇款公司大肆卷款中国民工血汗钱被骗》，搜狐网。

失。[①]

综上所述，对于前往海外的中国劳工来讲，面对复杂多样的劳务风险，既要做到合法和正当地“赚钱”，更要把生命安全放在第一位。当然要做好这些，首要的是认清海外风险的成因，探究其规律和特点。

二、劳务风险的源起和成因

劳务人员的海外风险形式是多种多样的，既有国际政治经济环境和所在国安全形势问题，也同劳务人员自身的素质分不开。有些是与其他群体的中国公民海外安全一样的普遍性问题，例如，国际恐怖主义活动对外国人包括中国人造成的危险。有些问题的出现是与劳务人员这一群体的自身特点有关。如劳务人员普遍文化水平低、法律意识薄弱、维权能力差、生活和工作环境恶劣、语言不通沟通难等。主要原因有几个方面：

（一）国际恐怖主义活动和政局动荡所致

恐怖袭击、政局动荡、社会骚乱等严重地威胁中国公民海外安全的问题，同样在中国海外劳务人员身上得到反映。过去十年间，有不少的中国劳务人员在巴基斯坦、阿富汗、以色列、苏丹、尼日利亚等等国因恐怖爆炸事件连累而死伤。这些年，这类威胁有所缓解，但是，中国劳务人员务必不能“麻痹大意”。

近年来，由于中国在非洲的承包工程项目不断地增多，中国在非洲的劳务人员也相应地增加。因种种原因，非洲的一些国家总是处于政局动荡、种族冲突和社会犯罪现象严重的安全形势中，更有一些国家因个人专制和独裁统治，社会矛盾激烈，再加上外部势力的作用，随时会发生政治突变。有些国家发生的社会骚乱事件，时常伴随着严重的刑事犯罪活动，首当其冲受到伤害的往往是外国人，包括中国劳工。

例如，2011 年 2 月份的利比亚政局动荡，中国劳务人员深受其害，企业经济损失惨重。一位在中国建筑技术集团有限公司利比亚项目工地打工、

① 《罗巴克乌制衣厂出尔反尔 中国女工命途多舛》，新华网 2007 年 1 月 28 日。

得到中国政府撤侨行动帮助而回到国内的工人回忆道:“那边的情况很危急。有人(利比亚当地人)会闯进家里,拿着刀和枪抵住我们要抢东西”,“许多昂贵的工地设备被强行搬走,工人们的西服、电脑、手表、皮鞋等财物也被洗劫一空,许多人被抢得什么都没剩下,连件像样的行李都没能带回来”,[①]这一幕幕情景,基本反映了在海外的中国劳务人员在外国政局动荡时的处境。2011 年 1、2 个月间,中东和非洲地区的利比亚、埃及、巴林、也门、突尼斯、苏丹、尼日利亚、阿尔及尔、伊朗等十几个国家,因种种原因发生过民众示威游行、罢工和抗议活动,政局极不稳定,而上述国家恰恰是中国在这些地区经济利益较多、劳务人员最密集的地方,因此,有关方面要密切地关注中东和非洲地区的安全形势,随时随地做好各项应急预案,以最大限度地保护中国劳务人员。

(二)劳工国际保护法制缺失和维权难

国际劳务合作是国际经济一体化全球化的重要组成部分。各国人民跨国界劳务活动是一个世界性现象,但对海外劳工的国际保护方面,迄今为止,国际上还没有保护国际劳工的国际公约、协定和规范。国际劳工组织虽在 1949 年和 1975 年通过了《移民就业公约(第 79 号公约)》和《移民工人建议书(第 151 号建议书)》,也只是原则性地规定一些条文,只是在框架上要求公约批准国有义务采取行动,而没有强制约束力。在劳务人员的社会保障方面,上述公约虽要求对外来务工人员实行“准国民待遇”,但至于具体的保障、救济等事项,两个公约并没有明确的规定。国际法在劳工权益方面的缺失和不完善,造成一旦劳务人员在海外进行维权,没有相应的法律依据或模糊不清。据统计,在境外发生涉及中国劳务人员的纠纷案中,24% 是外国雇主不支付劳工的工资,20% 是无故解雇,其他的则是诸如克扣工资、强迫辞退、人格侮辱等争议大、案情复杂的问题。在对这些案件的处理中,各国法律和法规中关于社会保险的设立、参加、支付等都存在很大差异,特别是有关工伤事故的界定、处理规则以及赔偿金标准等相去甚远,劳资双方

① 《我国公民分四路撤离利比亚 450 人乘包机抵北京》,新华网 2011 年 2 月 26 日。

很难达成统一的协定，这使得境外务工人员在遭到权益侵害时只能得到一点微不足道的补偿，甚至有的还根本得不到赔偿，也使得一些东道国的雇主可以随意变更原有的赔偿标准和支付办法。①

从国内立法来讲，现在还没有针对境外劳工权益保护的专门性、操作性强的法律和法规。当前，境外务工人员因患病或发生工伤事故，一般是根据劳动合同约定及相应的劳务合作协议进行处理，出现工伤事故则只能遵循所在国的法律法规进行办理。由此可见，就海外务工人员的权益保护而言，我国非但与西方发达国家有相当的差距，就是与印度、巴基斯坦、菲律宾等劳务输出大国相比，也有诸多不足，这会影响到劳务人员对政府的信任和我国劳务输出工作。2009 年 6 月，商务部曾推出过《对外劳务合作管理条例（征求意见稿）》，希望通过行政法规，明确规定海外劳务违法违规活动的查处标准，提高对法人和中介的处罚额度，增大劳务违法的成本，但这只是一个行政法规，只能规范国内的劳务派遣市场，对远在海外的中国劳工难有切实的保障。②

（三）监管不力与社会救助机制不足

由于立法滞后，中国缺少专门的境外劳务活动管理机构。现在，商务部管理的对象主要是国际经济合作公司，对劳务中介公司的管理尚无法可依，使得一些非法劳务中介企业有机可乘，许多中介公司肆无忌惮地打着各种幌子骗取劳工的钱财。例如，2004 年 4 月发生的在马来西亚的一起 180 名中国劳工被集体遣返回国事件，起因就是“黑中介”骗取每个劳务人员几万元中介费后失踪，造成劳务人员找不到工作，非法滞留而被遣返，劳工落得“人财两空”。反过来，同样作为劳务输出大国，菲律宾、泰国、斯里兰卡、孟加拉国和巴基斯坦都设立了专职监督机构对劳务输出部门和其他招募机构、公司进行定期监督与检查③，以保障劳工的利益。

---

① 方宁、罗雪峰等：《拷问海外保护机制》，《中国对外贸易》2004 年第 9 期。

② 《〈对外劳务合作管理条例〉即将出台》，中国市场秩序网 2009 年 10 月 27 日。

③ 汪涛：《对外劳务输出各国政府政策面面观》，《国际经济合作》2000 年第 6 期。

(四)企业社会责任缺失,保护措施不到位

我国成千上万的海外劳务人员主要是通过国内企业的海外项目建设而出去的,因此,企业对劳务人员的管理状况如何直接影响到劳务人员安全。部分中资企业在海外经营活动中,缺少社会责任感。这些企业把“赚钱”放在第一位,在投资战略上目光短浅,在商业活动中把国内的坏习惯带到国外,钻法律空子打“擦边球”,引起当地人的反感,有时引起企业与当地人的冲突。在非洲的一些地区,某些中国企业随意拖欠工资、加班费、解雇员工等,这种不人道的用工制度严重侵犯了包括中国海外劳工在内的员工利益,引起劳务纠纷,甚至导致当地警方介入,损害了中国国家形象。例如,前些年,中国某工程公司在加蓬的一个建设项目主体工程完工后,公司在没有做好善后工作情况下随意解雇了大批当地雇用的“临时工”,被解雇当地人随后举行了罢工并与中方发生冲突。后工人集体到法院起诉中方企业,加方法院判中方败诉,企业为此付出巨额经济赔偿。[①] 此外,一些中资企业借故不给中国海外劳工购买人身保险,不仅违反相关规定,也致使部分劳工在遭遇危险后不能得到保险赔偿金。2004 年发生的阿富汗昆都士省中国工人遭恐怖分子枪杀事件,死亡的 11 人和受伤的 5 人,业主单位均没有给工人购买过人身保险,在惨案发生后,受害者家属都未能获得相应的赔偿。部分中国海外投资企业对海外安全环境不调研,在局势和情况不明时,急急地去“危险地区”投资和抢项目,给中国海外劳工的安全埋下了隐患。

一些中国工人海外遇袭事件的发生,还与海外企业不重视安全生产,不注重安全措施和设备投入有关。仍举 2004 年 6 月 10 日发生在阿富汗昆都士的恐怖分子对中铁集团工地袭击事件为例。2001 年“9·11 事件”后,美国以反恐战争为名占领了阿富汗,阿富汗一直是中亚地区战乱频繁、经济落后、种族和部族矛盾激烈的国家,“汽车炸弹”、“人体炸弹”等形式发生的血腥恐怖事件屡见不鲜,阿富汗是世界上最大安全的国度之一。中国企业理应了解这些背景,做好安全防范工作。但是,很长时期内,中国在阿富汗项

① 赵灵敏:《公民海外频遇袭 中国抗风险思维面临新挑战》,中国网 2007 年 11 月 12 日。

目的工地一直没有严格的安全防范制度,更没有重视保安工作。中铁集团项目营地地处偏僻,易受攻击,安全防范措施相当薄弱。中国工人生活和居住的大院有三座门,但只有当地政府派遣的两名持枪保安把守,任何人都可以自由进出,没有登记和检查制度。一些刚抵达工地的中国工人被安排在大院外面的几顶帐篷中过夜,在没有任何警卫保障安全情况下,发生了惨剧。[①] 另外,一些企业或海外项目组对安全生产的重要性认识不足,安全事故时有发生。例如,中国企业通过投标方式收购的秘鲁铁矿股份有限公司在2003年就发生过170余起各种事故,其中两起事件造成中方人员死亡[②]。

(五)劳务人员文化水平低,自我保护能力弱

从我国海外劳务人员的结构来看,海外劳工整体文明素质不高,大部分人来自农村,平均文化水平在初中程度以下,许多人甚至连小学都没有毕业。出国后,这些人对当地法律不甚了解,不清楚如何签订合法的劳资合同,也不知道如何面对劳资纠纷,更不懂得当自己权益受到侵害时,如何用法律武器来维权。同时,受中国传统文化中的"和为贵"影响,许多人即使自己的利益受到损害,也不愿意与侵犯自身权益的雇主"对簿公堂",总希望大事化小、小事花了,自愿私下了结。结果,中国海外劳工在很多问题上都成为受害者。还有许多劳工合同履约意识不强,轻易违约,从而也就放弃了合同对其权利的保护。

此外,海外劳工们不团结、心不齐,喜欢"窝里斗",整体上自由散漫等,这些问题的存在,导致劳工在劳资关系中处于弱势,自我保护能力欠缺。

冰冷三尺,非一日之寒。我海外劳务人员安全状况令人忧心,保护广大海外劳务人员安全,既是促进我对外劳务输出的需要,也是落实"以人为本"执政理念的要求。今天,我们要不断地根据国际安全局势变化,针对公民海外劳务活动的特点,完善各项安全措施,以维护中国海外劳务人员的安全。

---

① 《中国援建阿富汗一工地遭袭11人死亡》,中央电视台网2004年6月10日。

② 赵灵敏:《公民海外频遇袭 中国抗风险思维面临新挑战》,中国网2007年11月12日。

第三节 海外劳务风险的防范及应对

随着我国“走出去”对外开放战略的不断深入，今后，会有更多的中国企业和劳务人员迈出国门，在国际市场上经受磨砺，艰难创业。但是，国际社会不可能太平无事，自然界和社会存在的危险和挑战随处可见，形形色色的恐怖主义、刑事犯罪活动等不安全因素威胁着海外劳务人员。面对严峻的海外劳工安全形势，如何确保我国海外务工人员的安全，成为摆在我们面前一个十分重要的课题。

党中央和国务院一向重视维护我国海外机构、人员的安全和合法权益。海外劳工作为中国海外人员（留学生、华商、游客等）中最弱势群体，更应得到特别关注和保护。胡锦涛总书记在2006年中央外事工作会议上讲话时强调：“要适应我国企业和人员大量走出国门的新形势，依法维护我国海外机构和人员的安全和合法权益。”①为此，我们认为，各级政府要针对当前海外劳工所遭遇的人身与财产风险的表现形式，建立和完善政府、企业和劳务人员“三位一体”的海外劳务人员安全保护的机制，以便最大限度地保护劳务人员的安全。

一、政府层面上对劳务风险的防范及应对

对外劳务合作是一项跨国活动，是主权国家对外经济关系的一部分，因此，海外劳务人员安全状况事关中国国际形象，各级政府在保护海外劳工人身和财产安全有义不容辞的责任。2011年2月份发生的中国政府从利比亚大规模撤出在该国的劳务人员事件，它一方面反映出中国政府保护公民海外安全的能力；另一方面，给各级政府管理部门以很多的启发，如何在当前复杂多变的国际环境中，做好海外劳务人员的安全工作，事关“以人为本”执政思想的落实，更是对各级政府执政能力和驾驭复杂局面的考验。从

① 《中央外事工作会议在京举行 胡锦涛作重要讲话》，新华网2006年8月23日。

政府层面上讲，当前应该做好几个方面的工作：

（一）加强宏观指导和管理，稳妥推进“走出去”战略

对外工程承包和劳务输出是我国对外经济关系的一部分，中国在这一领域既在优势也有潜力。但是，由于中国企业跨国经营时间短，国际化经验不足，劳务人员文化水平和技术水平普遍较低，企业法人和劳务人员在国外从事经济活动，所在国的制度、人文、法律、习俗等与国内差别很大，再加上激烈的海外工程和劳务市场竞争环境，因此，中国劳务人员在海外会遇到许多困难和问题。因此，要借鉴国际社会的经验，结合中国自身的特点，按照“国内一盘棋”思路，实行有序“走出去”战略。政府要加强劳务输出的宏观指导作用，通过政策指导、法律监督、市场准入和领事保障等手段，来做好劳务人员安全工作。

一是制定全方位的劳务市场发展战略，做好海外劳务市场开拓的中长期规划。政府应引导以高层次劳务人员输出为主的多层次的劳务输出结构，以适应国际劳务市场的变化，也有利于提高劳务人员海外安全水平。

二是政府借助政策的引导，鼓励企业“走出去”战略的实施，以通过扩大对外投资促进劳务输出。同时，政府应该给予一定的财力保障，建立境外劳务输出的信息网络中心，提供信息服务。政府应当建立统一的主管机构，由该机构综合研究有关信息的收集，资金的筹措，人员的选审和培训，输出渠道的开辟与疏通，以及海外劳工的管理与服务等一系列问题，并制定相应的对策，以确保中国公民海外劳务活动的经常开展。

三是加强对劳务中介机构的监管力度。通过执照前置审批、企业资质年审等手段，对从事国际劳务中介组织进行管理。通过清理整顿，对那些资质不好、管理不善、社会负面反响大的中介组织，应取消其资质；而对那些打着中介旗号，实际上是进行坑蒙拐骗的黑中介进行严厉打击。构成犯罪的，要由执法机关依法追究其刑事责任。

四是政府加强海外劳务输出企业的协调工作。政府应通过发挥有关国际承包企业协会等行业组织的作用，加强对劳务输出人员的保障。如建立外派劳务人员投诉机构；发挥驻外使领馆经济商务参赞的作用；建立海外劳务风险基金,对发生意外受损的海外劳工在经济上给予尽可能的赔偿和抚恤等。[①]

(二)加快立法,完善行政监管制度

依法治国是党领导人民治理国家的正确方略,是发展社会主义市场经济,建设中国特色社会主义的客观需要,是社会文明进步的重要标志,是国家长治久安的重要保障。同样,面对派出单体众多、海外安全事件性质不一、劳务人员分散和流动性大的特点,提高海外劳务人员的安全水平,保护其人身和财产安全,各级政府要把依法保护、合法保护作为海外劳务人员安全保护的主要抓手,不断地完善监管制度。

一是借鉴国外经验,制定保护劳工法律。鉴于中国海外劳务活动规模不断扩大,各种问题基本显露的特点,政府相关部门可考虑制定一部专门保护海外劳工人身和财产权利的法律,以立法形式保护海外劳工的安全,从而做到有法可依。

当前,我国保护海外中国公民安全的相关法律是:一是中国与外国签订的领事条约和参加的国际公约;二是国内法。包括《国籍法》、《劳动合同法》、《中国公民出入境管理法》、《对外贸易法》等,但是,这些法律条文的适用对象比较宽泛。因此,需要有一部专门针对劳务人员海外安全保护的法律。

中国于1979年7月加入《维也纳领事关系公约》,这意味着中国对于海外公民的保护有了最基本的国际法依据和支持。同时,中国也是国际劳工组织的创始国之一。迄今为止,中国共批准了25个国际劳工方面的公约,目前生效的有22个。在国际劳工保护领域,较有权威的机构是国际劳工组织,这一组织通过国际公约和建议书来保护国际移民的劳动和生活条件,协调国际移民与当地人的关系及劳务输入国与劳务输出国的利益平衡。尽管国际劳工组织在制定国际劳工标准、保护劳工基本权益、促进国际劳务合作方面发挥着巨大的作用,但由于它并不是一个多边贸易组织,既不能制定贸

① 雷鹏、胡晓莉:《政府要加强出境就业者的权益保护》,《中国劳动》2003年第10期。

易规则,也没有解决劳务贸易争端的机制,更不能作为劳务贸易谈判的场所。因此,在保护海外劳工安全方面,国际劳工公约和组织起的作用是有限的。

从国内法角度来看,我国虽然在《工会法》、《劳动合同法》和《中国公民出入境管理法》等法律中的一些原则性条款,可以成为规范我国对外劳务活动的法律依据,但至今没有一部专门针对外派劳务人员关系的基本法。因此,应当适时启动境外人员与机构安全保护的立法程序。通过立法,明确政府、机构与个人在涉外安全上的地位与作用。

政府要充分发挥行政机关的管理优势,重点解决法人(对外投资企业、承包公司等)力所不能及的涉外安保工作。通过立法,规定相关职能部门在中国境外人员与机构安保工作中的职责任务,以便形成统一协调、分工明确、重点不同的完备的涉外安全工作机制。通过立法,强制规范中国"走出去"企业的安全防范资质认证,使其增加相应的安全成本投入,制定内部安全防范措施与应急处置预案,为境外工作人员投保人身意外伤害险。通过立法,使中国涉外安全工作走上法制化轨道,避免涉外安全事件处理的政治化。做到无论事件大小,都可依法处理,一旦有事发生,相关人员职责清晰。2010 年 8 月 20 日,商务部会同外交部联合签发了《关于进一步做好对外劳务合作工作的紧急通知》,明确强调了外派劳务企业的安全保护责任,提出了许多"禁止"性规定,这一临时性行政规定可以作为维护海外劳务人员权益的依据,为法制化管理迈出了第一步。

二是完善行政监管制度,明确各部门职责。海外劳务人员的人身和财产权利保护涉及国内和国外两个地方,存在多头管理问题。由于政出多门、职责重叠或留有"空白",往往形不成合力。因此,要根据形势发展的需要,重新明确各方责任,做到分工合作、责任到位、人员落实和保障有力。

外交部可考虑在海外劳务人员较多的中国使领馆内,设立"劳务专员",以便专门为我国劳工排忧解难,为遇到麻烦或陷入困境的海外劳工提供帮助。例如,可否代他们提出法律申诉或向当地法院提出对违约雇主的控告,从中进行调解和斡旋。考虑到劳务人员收入和家境都较差,在我劳务人员陷入经济困难或生活无着落时，可否采取“先垫付，后结算”的方法，让劳务人员先回国或帮助他们返回家乡。由于海外劳务活动涉及国际关系，外交部可考虑设立海外劳务事务司，以便与有关部委协调和沟通，统一领导我海外公民的安全保护工作。

商务部作为国内企业在境外开办企业、开展工程承包和劳务合作的主管部门，在审批企业境外投资和劳务中介机构时，应主动就当地的安全形势征求驻外使领馆意见；要从国别（地区）投资环境、投资导向政策、安全状况、双边关系、相关国际义务等方面进行审核。对企业和机构在安全形势未明国家和地区开展业务活动，加强安全评估工作，应明确规定海外企业到中国驻外使馆强制登记备案制度。

人力资源与社会保障部从劳务人员的劳动保障和维权的角度出发，研究做好与有关国家签订双边社会保险的协定。与保险公司合作，推广和开发境外劳工保护险种，扩大劳务人员人身和意外保险的规模，从而更好地维护海外劳务人员的权益。①

各省市区主管对外经济合作和海外劳务派遣的商务厅（局）应建立和完善对外劳务合作齐抓共管的长期协作机制。各地要按照商务部《境外中资企业员工管理指引》，指导企业履行社会责任，搞好与境外当地部门和相关人员的关系。要印发《境外中资企业机构和人员安全管理规定》，建立境外安全风险预警和信息通报制度，在外人员相关信息备案制度，指导和督促企业完善境外安保制度，制订突发事件工作预案，妥善处理各类境外安全事件，努力构建境外安全风险防范体系。

行业协会从行业规范角度对防范外派劳务风险事务进行指导、协调和监督，还可以在海外设置机构，形成民间保护力量。例如，2004 年 6 月，商务部辖下的中国对外承包工程商会在韩国正式成立海外劳务中心，专职处理在韩劳务纠纷等业务。② 以此为契机，中国应在各国成立类似的组织保

① 许思佳：《21 世纪初中国海外劳工安全问题探析》，外交学院 2008 级硕士论文。

② 《中国设海外机构保护劳工完善海外劳务保障机制》，新浪网 2004 年 6 月 16 日。

护境外劳务人员,拓宽保护渠道,实现保障机制的突破。

(三)建立和完善风险防范和应急机制

从法律上讲,一国劳工在海外权益受损时,可通过当地司法救济、国际法、外交保护、领事保护和国际人权保护等途径来维护自身利益。但是,在实际生活中,只有一国的领事保护是最有效和最后的合法手段。一国领事保护的水平和能力反映出一国的国际地位,因此,我国应尽快地建立和完善海外劳务人员保护的领事制度。

一是建立劳务风险预警与服务机制。由于领事保护具有事后展开的特点,在事先预警上可能存在薄弱环节。海外劳务人员面临不同的生活环境、风土人情和法律法规,他们的某些生活习惯、行为方式、语言不通等可能因不适应东道国的国情而给自身带来安全隐患。例如,2007 年 2 月 6 日,130 多名中国工人在位于迪拜的阿联酋劳工部门口举行示威集会,原因是中国工人要求返还在国内收取的代理费。阿联酋的法律规定,任何形式的集会和游行都是非法的。[①] 此事引起阿警方强力干预,派警察到现场控制局势,情形十分危急。后中国驻阿使馆领导紧急处置,防止了事态扩大。因此,外交部领事司要做好出国劳务人员和法人企业的安全教育工作,使他们了解目的地国的生活习惯、风俗情况、有关法律法规以及有可能面临的各种风险,引导他们积极主动地融入当地社会,遵纪守法,最大限度降低海外安全风险。

二是通过多种形式,加强对劳务人员的安全教育。这几年,外交部领事司为做好中国公民海外安全的煞费心机。为普及领事保护知识,尤其是考虑到文化水平低、阅读理解能力差的中国海外公民的需要,中国领事保护中心印发了图文版的《中国领事保护和协助指南(2009 年版)》,用简单的、扼要的文字介绍了中国领事保护内容和基本条件。《中国领事保护和协助指南(2009 年版)》一书告诉劳务人员,海外劳务人员一旦其利益受损时,应当如何正确维权,中国政府的领事部门能帮助劳务人员做些什么。例如,出国

① 《海外中国劳工纠纷骤增》,《环球时报》2007 年 2 月 9 日。

务工人员在居住国受到雇主不公正对待或工资被雇主无故拖欠时，建议劳务人员依据合同及当地有关法规与雇主协商解决。如协商未果，可向当地法院提起诉讼，也可同时请求领事官员提供当地律师、翻译名单。领事官员将会向当事人介绍所在国一般的法律信息，并提供相关的协助。因此，建议各劳务企业和劳务人员，一定要阅读此书，更好地维护自身的权益。

三是完善劳务风险的领事保护机制。针对劳工安全风险的领事保护应急机制还需进一步完善。建议我驻外使领馆建立一套单独的海外劳工保护的体系，比如与世界主要劳务输入国政府建立领事磋商机制，通过双边定期磋商、紧急交涉，敦促东道国采取措施，切实维护海外劳工的权益。我国可在海外劳工比较集中的国家的领馆设劳工事务参赞，掌握所有海外劳工在当地的重要信息，负责解决劳工的困难和纠纷。可设立法律协助办公室，为中国海外劳工提供法律咨询与协助服务。与在海外的中资企业建立定期联系制度，随时了解信息和动向。在中国劳务人员较多的企业，建立劳务信息员制度，以便多种渠道掌握劳工安全状况。

二、企业层面上对劳务风险的防范及应对

在保护海外劳工安全工作上，企业理应是"第一责任人"。当前，我国公民海外就业的主要形式是通过劳务中介公司和国际工程承包公司。因此，企业法人要承担起安全责任。在海外的中资企业尤其是大型国有企业的领导人，必须明确"安全是最大的利润"，在安全问题上不可"粗心大意"。当前，根据近年来海外安全形势及中国企业海外投资与市场分布特点，企业法人在做好劳务人员安全保护工作上应该做以下几件事：

（一）企业应提高劳务风险意识，建立应对预案

2011 年 2 月份的利比亚事件中，中国在利比亚的企业直接经济损失至少 15 亿美元，至于间接的影响和损失，是不可估量的。这一事再次告诉我们，中国企业在海外投资或承包工程之前，应该对东道国的环境进行多方面的详细考察和分析，除了熟悉一国的地理、自然、历史等环境外，重点应考察东道国现在的政治、经济、社会和法律等方面资讯，更要重视各国人文和社

会风俗等有可能对经营活动和海外人员安全产生影响的因素。现在,国际社会信息相当发达,要获取各类信息是不难的。对于到战乱和社会动荡比较多的国家投资或劳务输出的中资企业来讲,安全工作是第一位的,万万不可大意。如果万不得已非要去这些地区开展商业活动,就要认真地进行海外安全风险评估。在项目实施过程中,企业要提高安全防范意识,做好各种危情出现时的预案。中资企业要在安全投入上舍得"花钱",在海外招投标过程中应加大安全成本预算,采取更有力的安保措施。可能话,海外中资企业应配备风险分析及预防的专业人才,定期对东道国的安全形势进行分析,及时发现问题,做到防患于未然。

海外企业应当根据企业的实际情况,参照我国相关部门的规定,建立比较完善的风险防范制度。这里,一些大型国企的做法值得学习。例如,中信国际合作公司为了海外职员的安全,给每个职员制作了一个员工信息卡,上有中信公司在海外分支机构和合作者电话,如有安全问题需要求助,可以24小时打电话。同时,中信公司给每个海外员工购买人身安全保险,内部也有完整规范的安保制度和应急机制,实践证明,效果很好。当然,企业做好安全工作要因地制宜,强调针对性和有效性。例如,在战乱和恐怖分子活跃的国家和地区,中国驻外机构特别是工程承包企业,应在工程区和生活区加高院墙,安装电网和24小时电子监控设备。临街建筑和车辆最好装上防弹玻璃。外出时最好不要在车辆上悬挂显示外国人身份的旗帜或标志。平时要准备好防弹衣和防毒面具。要建立严格的外出请假制度等等。在一些高危地区作业的中资企业,可借鉴美国、英国等国的经验,必要时聘请外国安保公司或专业性准武装部队性质的力量,来从事安全保护工作,以保护中方人员的安全。

(二)加强对劳工的安全教育和应急能力培训

与世界上像巴基斯坦、印度、菲律宾、孟加拉国、埃及等发展中国家中的劳务输出大国一样,中国劳工在海外也是从事脏、累、险的"3D"行业为主。由于工作场所和环境条件所致,劳工们遇到"天灾人祸"概率是比较高的,再加上企业和个人自我安全防范意识差,中国劳务人员受伤害的事件是不可避免的。对企业来讲，一旦在海外出现类似员工被绑架、工地被抢劫等安全事件，产生的经济损失和代价是相当大的，因此，在安全问题上，企业一定要舍得“投入”。

首先，海外企业应有针对性地和主动地开展对海外劳工的安全知识教育，强化海外劳工的自我安全防范意识和“自保”能力，使劳务人员能遇事不惊慌，最大限度地减少风险。

其次，要抓好海外劳务人员出国前的适应性培训，强化国内外法律、外事纪律、所在国风俗习惯和日常用语教育。例如，2005 年 5 月 11 日，在俄罗斯伊尔库茨克市发生了一起当地警察殴打中国工人，致使数十名中国建筑工人受伤的恶性事件。起因之一就是因企业对员工介绍俄罗斯签证政策的教育不足，导致工人对自己的打工合法身份不自信造成误会，最终酿成惨剧。

最后，要加强劳工应对危机能力的培训。有条件的企业，要对员工进行一些逃生和自救方面的能力培训和演练。散发小册子给海外劳工，提醒他们在国外生活和工作要注意的事项。公布公司求助电话以备不测。要求员工熟悉我国驻东道国使领馆的联系方法和电话等。

（三）多担社会责任，加强与所在国政府的联系

海外企业在经营活动中，要遵守当地法律法规，尊重当地风俗习惯，按照当地文化习惯处理问题。海外企业要积极地顺应世界潮流，在环境保护、社区公益、慈善活动等方面有所作为，力争企业利益和社会形象的“双赢”，为中国企业在国外的良好形象增添光彩。海外企业要多雇用当地员工，为东道国创造就业机会，还应拿出一部分利润来为当地建些学校、医院、公路、桥梁等公益设施，乐善好施是中国人优良文化，理应在国外得到广大发扬。

2010 年 12 月，中国政府发表的《中国与非洲的经贸合作》白皮书提出：“中国企业主动承担社会责任，积极从事惠及当地民众的公益事业，赢得了所在国政府、公众的充分肯定和积极评价。中国企业在非洲国家捐资修路、架桥、打水井、建医院、盖学校，还捐赠物资，为当地社区的发展作出积极贡献。如，中国企业在苏丹的公益事业已使 200 多万人受益，在尼日利亚捐建的中尼友好小学缓解了当地 300 个村庄的基础教育压力，在安哥拉、利比亚等国建设的职业培训中心已培训大批学员"[①]，这段表述和内容，基本反映了中国政府的立场和我企业海外经营成功的秘诀。这些年，许多国有大型海外公司在企业社会责任方面做得很好，积累了经验，值得借鉴。2006年5月，中国中信—中国铁建联合体在阿尔及利亚东西高速公路项目中标后，在签订商业合同的同时，向阿方承诺了社会回报计划，包括医疗服务、农业示范、技能培训等回馈当地社会和百姓的计划，就是很好的典范。海外企业应注意做好"本地化"工作，在当地深深扎根，在企业自身发展的同时，积极促进当地人员就业和捐助公益事业，使海外企业的发展与当地的利益息息相关，共生同荣，从而增加企业和人员的安全系数。

国内负责海外劳务输出的中介公司，也要践行企业的社会责任。当前，劳务人员主要是通过有资质的中方中介机构送达境外的，因此，国内的劳务公司必须对劳工安全负责。一旦发生劳资纠纷或劳工权益受损的情况，企业应从合同规定和企业道德出发，对海外劳务人员负责到底，不应为了蝇头小利，欺压同胞。

海外中资企业应加强与东道国政府的全方位合作，在安全风险较大的国家从事工程项目的中方企业，要积极与对方协商，争取由外国政府提供安全保障，或者要求分摊一些安全成本。例如，要求外国政府或合作方在出现战乱、恐怖活动等特定情况下，提供警察和部队武力保护。当前，我国很大一部分中资企业是在发展中国家承揽项目或投资，特别是在欠发达国家从事基础设施建设业务。像阿富汗、巴基斯坦、苏丹、尼日利亚、吉尔吉斯等国，这些国家百废待举，急需外国投资者和工程队伍承建公路、桥梁、电力等基础设施，这对他们国家的经济发展与社会稳定十分重要，而这些国家相对是安全形势较复杂的国度，各种意外事件随时会出现。因此，中国企业完全可以要求东道国合作方承担安全责任。东道国也会向外来公司与企业提供本国安全形势评估，提出相应的保安建议，提供相应的保安力量。例如，这些年，中国在巴基斯坦、阿富汗的工程项目，大部分都有军人或警察护卫工

① 国务院新闻办公室:《中国与非洲的经贸合作》白皮书。

地。有些企业的中方人员外出，会有军人武装护送。这些做法，对于避免再次发生2004年6月的阿富汗昆都士省中铁十四局11名中国工人被恐怖分子袭击致死的悲剧，成效是十分明显的。这几年，有关中国劳务人员在巴基斯坦、阿富汗等国被恐怖爆炸事件牵累或被歹徒绑架的恶性事件，已经很少了，这同中巴合作双方齐心协力地做好中资企业和员工安全工作分不开的。因此，积极与外方政府和企业合作，共同承担安全任务，这是一个较好的有效地维护劳务人员安全的经验。

三、劳工层面上对劳务风险的防范及应对

在防范和降低劳务人员海外安全风险上，劳务人身自身安全意识的提高和自我保护能力的增强是关键。考虑到劳务人员的整体文化素质低，法律和安全意识淡薄，自我保护能力欠缺的特点，因此，从劳务人员角度来讲，着重要做好以下方面工作：

（一）遵纪守法，主动适应海外环境

俗话说：入乡随俗。劳务人员身处海外，各国的政治、经济、文化发展水平都不相同，尤其是生活习惯大相径庭。劳务人员基本不懂所在国语言，尤其是当地方言，与外界交往和沟通能力极差。因此，建议劳务人员尽可能地学习外语，掌握一些最简单的生活用语。要逐渐熟悉当地的社会风俗和法律法规，增强文化认同感。劳务人员要尊重当地风俗习惯，尤其对各地独特的“奇风异俗”不要乱发议论，更不要表现出“不敬”行为。劳务人员要尊重各国宗教信仰，与当地居民友好相处。海外劳务人员还可以通过当地的华文报纸和媒体，了解当地政治经济、法律和社会文化生活。有可能话，要多与当地华侨华人沟通，经常听取和吸收他们的建议和想法。只有这样，才有可能在各种危害劳务人员的人身与财产安全事件中，获得各方帮助，以保护自己，至少能够降低风险，减少损失。

（二）提高法律意识，依法维护自身权益

海外劳务人员应多了解驻在国常用的法律知识，特别要了解一些有关外籍劳务人员的劳动工资、福利、安全生产、生活保障等方面的规定。在遇

到资方的不公正待遇或人身、财产安全受到侵害时，不要做"沉默的羔羊"，而是拿起法律武器，提出合理和合法的诉求。有条件的话，可通过工会组织来与资方沟通，只有这样才能尽可能地保护自己的各项权益，把损失降到最低。劳务人员对所在国警方或其他执法机关的无理行动应理直气壮地提出抗议和向相关部门反映，放弃"多一事不如少一事"、"和为贵"等中国人传统观念，应该依法有据地维护自己的合法权益，只有这样才能使自己真正的做到免去麻烦和灾难。

（三）劳务人员要加强团结，提高互救能力

劳务人员长期在海外生活和工作，人生地不熟，再加上异国他乡的风土人情与国内极不相同，海外劳务的工作环境对劳务人员是个考验。对于劳务人员来讲，一旦在海外发生人身和财物安全事件，要维护自身权益，无论是通过行政仲裁渠道还是走法律诉讼路径，在时间和效果上肯定比国内来得更费时、费力和费钱。因此，劳务安全要立足于"尽量不出事"。为了防止各种风险，劳务人员要有集体组织观念和相互团结精神。俗话说：在家靠父母，出门靠朋友。劳务人员要广结朋友和工友，可以通过老乡会、同乡会等形式，互相间经常联络和通报信息。在劳务过程中一旦出现安全生产事故和遇到其他危险，要学会自救和互救。平时集体生活中，相互间要经常介绍一些安全防范诀窍。劳务人员在平时要多与派出单位和项目业主进行联系。更要与我驻海外的使领馆加强联系，反映个人和团体的安全现状。一旦遇到突发和危急的情形，尤其是发生个人意志不能控制或难以把握的危情，有条件的话，劳务人员最好能主动与大使馆联系，获得中国驻外人员的建议和意见。海外劳务人员切记，出门在外，大使馆是你的"靠山"，外交官是你身边的"亲人"。2011 年 2 月底，中国政府在极短时间内从利比亚撤出 3 万多名劳务人员的事件表明，随着中国综合国力和国际影响力的不断提高，无论何时何地，世界上发生了危及中国公民的安全事件，中国政府都有信心、有办法和有能力保护好海外中国人的安全。

中国公民和法人，完全可以大胆地走出国门，参与全球化进程，与世界人民一道，共享人类和平与进步的美好生活。

参考文献

一、主要参考著作

1. [美]罗伯特·基欧汉和约瑟夫·奈:《权力与相互依赖》(门洪华译),北京大学学出版社2002年版。

2. 世界观察研究所编:《世界报告2005年——重新定义全球安全》(邓文华谢玲译),河北教育出版社2005年版。

3. [美]詹姆斯·多尔蒂、小罗伯特·普法尔茨格拉夫:《争论中的国际关系理论》,(阎学通、陈寒溪等译),世界知识出版社2003年版。

4. 傅勇:《非传统安全与中国》,上海人民出版社2007年版。

5. 中国国际问题研究所编:《国际形势和中国外交蓝皮书》(2005至2010年系列报告),世界知识出版社。

6. 阎学通:《国际关系研究实用方法》,人民出版社2001年版。

7. 余潇枫、潘一禾等:《非传统安全概论》,浙江人民出版社2006年版。

8. 胡税根、余潇枫等:《公共危机管理通论》,浙江大学出版社2009年版。

9. 俞正梁:《国际关系与全球政治——21世纪国际关系学导论》,复旦大学出版社2007年版。

10. 王逸舟:《中国外交新高地》,中国社会科学出版社2008年版。

11. 王缉思:《中国学者看世界——非传统安全卷》,新世界出版社2007年版。

12. 中国现代国际关系研究所编:《关于战略大格局》,时事出版社2002年版。

13. 梁从诚:《2005 年中国的环境危局与突围》,社会科学文献出版社 2006 年版。
14. 陆忠伟:《非传统安全论》,时事出版社 2003 年版。
15. 李伟建:《以色列与美国关系研究》,时事出版社 2006 年版。
16. 朱杰勤:《东南亚华侨史》,高等教育出版社 1990 年版。
17. 张应龙:《华侨华人与新中国》,暨南大学出版社 2009 年版。
18. 单纯:《海外华人经济研究》,海天出版社 1999 年版。
19. 任贵祥:《海外华侨华人与中国改革开放》,中共党史出版社 2009 年版。
20. 陈志敏等:《当代外交学》,北京大学出版社 2008 年版。
21. 李慎明、王逸舟:《全球政治与安全报告(2010)》,社会科学文献出版社 2009 年版。
22. 上海国际问题研究所编:《国际形势年鉴(2002)》,上海教育出版社 2002 年版。
23. 张兵、梁宝山:《紧急护侨——中国外交官领事保护纪实》,新华出版社 2010 年版。
24. 巫乐华:《南洋华侨史话》,商务印书馆 1997 年版。
25. 丘日庆:《领事法论》,上海社会科学院出版社 1996 年版。
26. 王巍、张金杰:《国家风险——中国企业的国际化黑洞》,江苏人民出版社 2007 年版。
27. 王辉耀、苗丹国等:《中国留学人才发展报告 2009》,机械工业出版社 2009 年版。
28. 欧美同学会编:《留学与中国社会的发展》,珠海出版社 2009 年版。
29. 中共中央文献研究室编:《邓小平思想年谱(1975—1997)》,上册,中央文献出版社 2004 年版。
30. 李滔:《中华留学教育史录——1949 年以后》,高等教育出版社 2000 年版。
31. 李天元、王连义:《旅游学概论》,南开大学出版社 1999 年版。
32. 谷慧敏:《旅游危机管理研究》,南开大学出版社 2007 年 5 月版。

33. 吴国存:《劳务输出理论与实践》,中国对外经济贸易出版社1993年版。
34. 商务部研究院编:《中国对外经济合作30年》,中国商务出版社2008年版。
35. 外交部政策规划司编:《中国外交年鉴》(2004—2010年共六册),世界知识出版社。
36. 李锋:《目的地旅游危机管理——机制、评估与控制》,中国经济出版社2010年版。

二、主要参考论文

1. 胡文辉:《海外华人安全风险增大的原因剖析》,《商业时代》2008年第15期。
2. 沈国放:《坚持以人为本加强领事保护》,《求是》2004年第22期。
3. 杨洁篪:《新中国外交60年与新形势下的外交工作》,《学习时报》2009年10月31日。
4. 熊光楷:《协力应对非传统安全威胁的新挑战》,千龙网2005年8月18日。
5. 王逸舟:《重视非传统安全研究》,《人民日报》2003年5月21日。
6. 李少军:《论经济安全》,《世界经济与政治》1998年第11期。
7. 周荣国:《我国经济安全面临的风险及其对策》,《经济研究参考》1999年第3期。
8. 张幼文:《国家经济安全全球化与国家经济安全》,《世界经济与政治》1998年第5期。
9. 黎海波:《中国领事保护理念的人本转向:具体案例的分析与实证》,《江南社会学院学报》2010年第6期。
10. 廖小健:《海外中国公民的安全形势分析》,《广州社会主义学院学报》2009年第2期。
11. 虞花荣:《中国公民在海外安全问题初探》,《江淮论坛》2007年第2期。
12. 任云仙:《清代海外领事制度论略》,《中州学刊》2002年第9期。

13. 何雪梅:《领事保护问题及其对策探析》,《洛阳理工学院学报(社会科学版)》2008 年第 2 期

14. 万霞:《海外中国公民安全问题与国籍国的保护》,《外交评论》2006 年第 12 期。

15. 方宁:《再论中国海外利益保护》,《理论导刊》2007 年第 2 期。

16. 方伟:《中国公民在非洲的安全与领事保护问题》,《浙江师范大学学报(社会科学版)》2008 年第 5 期。

17. 张俊峰、刘晓亮:《透过在俄中国公民安全现状看中国领事保护》,《西伯利亚研究》2008 年第 4 期。

18. 刘国福:《中国公民境外权益法律救济手段探析》,《外交评论》2010 年第 3 期。

19. 朱立群:《欧盟宪章是个什么样的力量》,《世界经济与政治》2008 年第 4 期。

20. 丘立本:《中国的和平崛起与对外移民》,《华侨华人历史研究》2008 年第 2 期。

21. 江永良:《海外华人地域分布变化特征及原因》,《华侨华人历史研究》2002 年第 1 期。

22. 许志怀、关健:《四十年出国留学工作的回顾与思考》,《神州学人》1989 年第 6 期。

23. 吴晓蕾:《新移民潮争议:中国能否留住人才受关注》,《时代周报》2010 年 06 月 24 日。

24. 袁晖:《浙商走出去的国际化困境》,《浙江统计》2009 年第 12 期。

25. 张哲:《问题发生在国外,但解决的根子还在国内——专访外交部领事司司长魏苇》,《南方周末》2009 年 1 月 7 日。

26. 陆南:《危险的商业盟友》,《商业周刊》2008 年第 1 期。

27. 韩永福:《清代前期的华侨政策与红溪惨案》,《历史档案》1992 年第 4 期。

28. 魏苇:《海外安全案件增多 中国政府保护公民海外安全》,《人民日报海

外版》2005 年 12 月 31 日。

29. 朱建庚:《中国领事保护法律制度初探》,《中国司法》2008 年第 10 期。

30. 谷广朝:《中国企业"走出去"面临的风险及防范》,《国际经济合作》2007 年第 2 期。

31. 陈永钊:《国际投资中的政治风险的防范》,《法制与经济》2008 年第 8 期。

32. 张骞:《低龄留学生显著增长 小留学生遭遇价值观考验》,解放网 2008 年 12 月 30 日。

33. 翁东辉:《调查显示中国成为最安全的国家》,《经济日报》2001 年 10 月 29 日。

34. 吴必虎等:《中国大学生对旅游安全的感知评价研究》,《桂林旅游高等专科学校学报》2001 年第 12 期。

35. 郑超:《对外承包工程:"走出去"成绩卓著,再进取力求突破》,《国际经济合作》2004 年第 1 期。

36. 许思佳:《21 世纪初中国海外劳工安全问题探析》,外交学院 2008 级硕士学位论文。

37. 丛政:《尼日利亚一中国石油公司遭袭背后:种族冲突纠缠石油利益》,《第一财政日报》2007 年 4 月 26 日。

38. 方宁、罗雪峰等:《拷问海外保护机制》,《中国对外贸易》2004 年第 9 期。

39. 汪涛:《对外劳务输出各国政府政策面面观》,《国际经济合作》2000 年第 6 期。

40. 雷鹏、胡晓莉:《政府要加强出境就业者的权益保护》,《中国劳动》2003 年第 10 期。

41. 何佳:《领事保护基本法律问题探析》,中国政法大学 2009 级硕士学位论文。

42. 李娟娟:《领事保护制度研究》,外交学院 2005 级硕士学位论文。

43. 颜志雄:《日本领事制度研究》,外交学院 2007 级硕士学位论文。

44. 夏丽萍:《海外中国公民安全状况》,《国际论坛》2006 年第 1 期。《20 世纪 90 年代以来英国领事保护机制改革:挑战与应对》,《外交评论》2009 年第 4 期。《中国政府在保护海外公民安全方面的制度化变革及原因初探》,《国际论坛》2009 年第 1 期。《日本领事保护机制的发展及对中国的启示——基于日本外交蓝皮书的分析》,《日本问题研究》2008 年第 2 期。

三、主要报纸和网站

1.《人民日报海外版》
2.《参考消息》
3.《环球时报》
4.《联合早报》
5.《南方周末》
6. 新华网
7. 中新网
8. 凤凰网
9. 新浪网
10. 外交部网站

附录

一、《中国公民海外安全常识》（外交部）

☆出行必备

身份证件

旅行在外,要养成随身携带身份证件的习惯。遇意外情况时,明确的身份情况是当事人获得及时、有效救助的基本条件之一,也是事后办理索赔、救济等善后手续的基本要求。

证件种类

在境外期间的身份证件包括护照、旅行证、当地的居留证、工作许可证、社会保险卡等。许多情况下,国内的居民身份证也可帮助中国驻外使领馆确定当事人的身份。

个人信息卡

如在境外停留时间长,且当地没有规定外国人必须随身携带护照备查,为避免丢失,建议将护照资料页复印,复印件背后写上紧急情况联系人的姓名、地址、电话,将此页塑封做成“个人信息卡”,一份本人长期随身携带,一份留在国内直系亲属处以备不时之需。

☆行前推荐

购买保险

旅行在外，出现意外情况的几率增加，且国外医药等费用普遍较高，建议出行前及在海外居留期间，购买必要的人身意外和医疗等方面保险，以防万一。同时，个人购买保险的有关情况也要及时告知家人。

☆行前提醒

了解国情

尽可能多地了解旅行目的国国情，包括风土人情、气候变化、治安状况、艾滋病、流行病疫情、海关规定（食品、动植物制品、外汇方面的入境限制）等信息，并针对突出问题，采取必要应对或预防措施。

预防接种

根据旅行目的国的疫病流行情况，进行必要的预防接种，并随身携带接种证明（俗称"黄皮书"），以备进入目的国边境时检查。

检查证件

检查护照有效期（剩余有效期应在一年以上）、空白页（应有两页以上空白页），办妥目的国入境签证和经停国家过境签证，确定是否应携带"黄皮书"，核对机（车、船）票上姓名、时间、地点等信息，避免因证件问题影响旅行。

预防万一

携带《中国领事保护和协助指南》、本"常识"和相关宣传折页，认真阅读相关旅行提醒及安全常识，查明目的国中国使馆或领事馆的联系方式，旅行中尽量规避风险，同时还要确保紧急情况下能够及时联络求助。

少带现金

尽量避免携带大额现金出行，建议携带和使用银行卡。如银联卡，目前已可在全球许多国家使用，出境前可查询确认，以方便旅行。

如必须携带大额现金，记得做好安全防范，入出境时必须按规定向海关申报，还要注意目的地国家的外汇限制。

勿带禁品

严禁携带毒品、国际禁运物品、受保护动植物制品及前往国禁止携带的其他物品。

切勿为陌生人携带行李或物品，防止在不知情中为他人携带违禁品而引来法律麻烦。

慎带药品

慎重选择携带个人物品，在海关规定允许的范围内选择所携带药品的品种和数量。

携带治疗自身疾病的特殊药品时，建议同时携带医生处方及药品外文说明和购药发票。

配合审查

赴目的国的意图应与所办理的签证种类相符，入境时请主动配合目的国出入境检察机关的审查，如实说明情况。对外沟通时要注意保持冷静、理智，避免出现过激言行或向有关官员"塞钱"，以免授人以柄。

谨慎签字

入境一国遭遇特殊审查时，如不懂当地语言，切忌随意点头应允或在文件上签字。可立即要求提供翻译或由亲友代行翻译。如被要求在文件上签字，应请对方提供中文版本，阅读无误后再做决定。

入境惯例

当一国对您入境意图、停留时间、入境次数等有怀疑时，即使您已取得该国签证，该国也有权拒绝您入境并拒绝说明理由。

维护权益

如被一国拒绝入境，在等待该国安排适合交通工具返回时，应要求该国提供人道待遇，保障饮食、休息等基本权利。否则，应立即要求与中国驻当地使领馆联系。

常念家人

出行期间要与家人和朋友保持联系，及时向家人更新自己在外旅行日程、联络方式。

在外旅行、居留期间，可选择电话、电邮、短信等多种方式保持与家人和朋友的经常性联系。

☆出行安全

管好财物

不露富,不炫富。

如乘坐公共交通工具,事先准备好零钱。

不随身携带大额现金、贵重物品,也不在住处存放。

最好在白天人多处使用自动取款机,取款时最好有朋友在身边。

因商业往来等原因接收大额现金后,建议立即存入银行。

妥善保管证件。

丢失银行卡,应立即报警并打电话到发卡银行进行口头挂失,回国后再办理有关挂失的书面手续。

牢记特征

出行如发现可疑情况,留心周围环境的特征,如地点、地形、车辆、人们的行为、衣着等可辨认的细节,以利于意外情况发生后帮助警察抓到罪犯。

严防飞车

上街行走应走人行道,避免靠机动车道太近。

携物(背包、提包等)行走,物品要置于身体远离机动车道的一侧。

在摩托车盛行的国家或地区,应严防飞车抢劫。遭遇飞车抢劫不要生拉硬夺,避免伤害自己。

遵规守则

过马路要走人行横道、过街天桥或地下通道。

走人行横道时,遵守交通规则,确保安全时迅速通过。

在实行左侧通行的国家(如英国、澳大利亚、日本等)要注意调整行走习惯,确保安全。

不要边看地图边过马路。

减少夜行

远离偏僻街巷及黑暗地下道,夜间行走尤其要选择明亮道路。

尽量避免深夜独行，尤要避免长期有规律的夜间独行。

慎选场所

不去名声不好的酒吧、俱乐部、卡拉 OK 厅、台球厅、网吧等娱乐场所。

慎对生人

不搭陌生人便车，不亲自为陌生人带路，不被陌生人带路，不与不熟悉的人结伴同行。

回避大街上主动为你服务的陌生人，不饮用陌生人向你提供的食物、饮料。

安全驾车

夜晚停车应选择灯光明亮且有很多车辆往来的地方。

走近停靠的汽车前，应环顾四周观察是否有人藏匿，提早将车钥匙准备好，并在上车前检查车内情况，如无异常，快速上车。

上车后记得锁上车门，系上安全带。

下车时勿将手包等物品留在车内明显位置，以防车窗遭砸、物品被窃。

配合警察

遇到当地警察拦截检查时，应立即停下，双手放在警察可以看到的地方，切忌试图逃跑或双手乱动。请警察出示证件明确其身份后，配合检查和询问。

妥防勒索

如遭遇警察借检查之机敲诈勒索，应默记其证件号、警徽号、警车号等信息，并尽量明确证人，事后及时向当地政府主管部门和中国驻当地使领馆反映。

结伴出行

最好结伴外出游玩、购物，赴外地、外出游泳、夜间行走、海中钓鱼、戏水时尤其要注意结伴而行。

与众同坐

乘坐公共交通工具时，尽量和众人或保安坐在一起，或坐在靠近司机的地方。

不要独自坐在空旷车厢，也尽量不要坐在车后门人少的位置。

尽量避免在偏僻的汽车站下车或候车。

入乡随俗

穿衣着装要充分尊重当地风俗。在穆斯林国家，女士严禁着装暴露，不宜穿过露、过紧、过透的衣服。

预防溺水

选择有救生员监护的合格泳场游泳，避免野外随兴下水。

雷雨或风浪大的天气不宜游泳。

独自驾船、筏要备齐救生设备，包括救生衣、呼救通讯设备，并应避免独自驾船、筏赴陌生水域。

乘坐船、筏，要遵守水上安全规定，了解掌握救生设备使用方法，并听从安全人员指挥。

☆居住安全

合法租房

了解当地房屋租售管理机关名称、职能，按照相关指导租住房屋。

租房应通过合法房屋中介，尽量选择在治安、环境条件较好的住宅区寻租，并签订完备的租住合同。

慎选合租

不与陌生人合租。

与友人合租时应注意保护个人隐私，妥存个人证件，防止银行卡遗失、密码泄漏。

严防陷阱

租房过程中注意留存相关广告、收据、合同等文件证据。

警惕低价出租广告，不因贪图廉价、方便而落入不法房主圈套。

当遭遇租房陷阱、被骗或被盗时，应及时向当地房屋租售管理部门投诉、向警方报案或采取进一步法律行动。

熟悉警局

了解所在区域警署位置、主管警官姓名、报警电话或紧急求助电话，将有关信息在下面空白处一一对应记录备用。

警局(署)位置：

报警电话：

警官姓名：

警官电话：

针对性防范

了解社区治安状况，根据当地突出问题或频发案件类型，采取对应安全措施，或移租至治安情况较好的地区。

居家提醒

家里不要存放大额现金。即使家中必须存放保险箱和贵重物品，也不要放置在客厅或门厅，以防不法分子从门口窥视到。

应根据当地社会治安状况，选择安装相应的居室防盗、报警设施，保证居住安全。

独自在家保持门窗关闭(上锁)。

在楼房底层居住尽量选择空调纳凉。

养成就寝时确认水、电、燃气、门、窗关闭(上锁)的良好习惯。

☆屋外安全

夜间返家应尽量乘电梯不走楼梯。

应在到家之前提前准备好钥匙，不要在门口寻找。

开门前注意是否有人跟踪或藏匿在住处附近死角。若发现可疑现象，切勿进屋，应立刻通知警方。

夜间送朋友回家时应等朋友平安进入后再离开。

慎邀入户

不熟悉的朋友，不轻易带回家。

不为陌生人开门，不让送报员、送奶工等服务人员进门。

预约修理工上门服务时，应选择在有亲友陪伴或告知邻居后进行，不与外来人员谈论个人或家庭情况。

及时求救

遇陌生人在门口纠缠并坚持要进入室内时,可在拒其进入的同时打电话报警,或者到阳台、窗口高声呼喊,向邻居、行人求援。

居家防火

防止易燃气体泄漏引起火灾。使用煤气等可燃气体,室内应具备通风条件。发现漏气现象,切忌使用明火寻找漏源,也不要开灯、打电话,应迅速关闭阀门,打开门窗通风。

防止用电不慎引发火灾。要经常检查家用电器线路、插座,线路老化、受损、插座接触不良均可能导致线路发热引发火灾。不超负荷用电,不用其他导线代替保险丝。

防止烤火取暖引发火灾。不在家中储存大量易燃液体。烤火取暖避免使用汽油、煤油、酒精等易燃物引火。火炉及电暖器周围不堆放可燃物,不在蒸汽管道、取暖器材周围烘烤衣物。老人、小孩烤火需有人监护。

安全出口

进入建筑物时先观察安全出口(紧急通道)位置,尤其是到达住地或下榻酒店时,应首先确认消防设施和安全出口位置,确认紧急通道畅通,以便紧急情况下自救和逃生。

预防触电

家用电器、电源设备等出现故障尽量寻求专业人员修理,避免自行带电维修。

勿用湿手更换灯泡、灯管,勿用湿布、湿纸擦拭灯管、灯泡。

发现有人触电,要立即切断电源。无法切断电源时,不能直接用手拉救,要用木棍使人和带电体脱离。

居家防雷

打雷时,应关闭电视机、电脑,更不能使用电视机的室外天线。雷电一旦击中电视天线,会沿电缆线传入室内,威胁电器和人身安全。

勿打手机或有线电话,应在雷电过后再拨打,以防雷电波沿通信信号入侵，造成人员伤亡。

不要靠近窗户，或把头、手伸出户外，更不要用手触摸窗户的金属架，以防受到雷击。

野外防雷

若在路上、田野等处遇雷雨天气无法躲避时，最好的应急措施是迅速蹲下，做到身体的位置越低越好，人体与地面接触越小越好，离铁路钢轨、高压线越远越好。

迅速关闭手机，不拨打或接听手机。

☆医疗安全

购买保险

了解当地医疗制度、费用情况，结合自身身体情况制订适宜的医疗计划，选择购买适合的医疗保险。

应急救治

了解附近药店、医院的具体位置，熟记当地的急救电话。并将医院地址、急救电话信息一一对应记录在以下空白位置。

医院地址：

急救电话：

关注疫情

关注当地报纸、电视等新闻媒体，了解有无疫情爆发。

饮食卫生

日常生活注意饮食卫生，照顾好自己的身体。

不吃不新鲜的食物和变质食物，不吃陌生人交给的食物，不吃捡拾得来的食物，不采摘食用蘑菇和其他不认识的食物。

注意食品保质期和保质方法。加工菜豆、豆浆等豆类食品时须充分加热。不吃发芽、发霉的土豆和花生。保持饮用水和厨房用水清洁干净，否则，应把水煮沸或进行消毒处理后饮用。

中毒救治

发生食物中毒，应立即停止食用可疑食品，赴医院寻求专业救治，或在专业人员指导下，采取饮水、催吐、导泻等方法进行自救。

尊重风俗

伊斯兰国家禁酒，禁止食用动物血液、猪肉和有利齿利爪的猛兽（如狗肉）、非反刍动物（如驴肉）或自死动物（包括因打、摔、触、勒、电等原因而死的动物）。

抑制传染病

有效抑制传染病的流行，关键在于切断传染病的传播链：即控制传染源、切断传播途径、保护易感染人群。

预防先行

养成讲卫生的好习惯，注意个人卫生、食品卫生、环境卫生。

加强身体锻炼，提高免疫能力。

按规定接种疫苗。对传染病人要早发现、早报告、早治疗、早隔离。防止交叉感染。

☆突发事件应对

应对袭击（偷盗、抢劫、行凶、人身侵害）

在公共场所遭遇袭击，要大声呼救，喝阻坏人，为己壮胆，伺机摆脱。

在偏僻地方遭遇袭击，切记保命为重，避免为保全身外之物而遭受人身伤害。

牢记报警：记住不法分子、相关交通工具及周围环境的特征，尽快报案。报案既是为自己，也是为他人，避免因不愿报案，在当地形成中国人胆小、好欺负的印象。

还要向中国驻当地使领馆反映情况，便于使领馆及时向当地政府提出交涉。

及时与家人、朋友联系，告知案情。避免家人、朋友因信息不畅被不法分子借机欺骗、敲诈。

应对恐怖袭击

沉着冷静,不要惊慌。

遭遇炸弹爆炸:应迅速背朝爆炸冲击波传来方向卧倒,如在室内可就近躲避在结实的桌椅下。爆炸瞬间屏住呼吸、张口,避免爆炸所产生的强大冲击波击穿耳膜。寻找、观察安全出口,挑选人流少的安全出口,迅速有序撤离现场。及时报警。

遭遇匪徒枪击扫射:应快速降低身体姿势,利用墙体、立柱、桌椅等掩蔽物迅速向安全出口撤离。来不及撤离就迅速趴下、蹲下或隐蔽于掩蔽物后,迅速报警,等待救援。

遭遇有毒气体袭击:尽可能利用环境设施和随身携带的手帕、毛巾、衣物等遮掩口鼻,避免或减少毒气侵害。尽可能戴上手套,穿上雨衣、雨鞋等,或用床单、衣物遮住裸露的皮肤。尽快寻找安全出口,迅速有序地撤离污染源或污染区域,尽量逆风撤离。及时报警,请求救助,并进行必要的自救互助,采取催吐、洗胃等方法,加快毒物的排出。

遭遇生物恐怖袭击:应迅速利用手帕、毛巾等捂住口鼻,最好能及时戴上防毒面罩,避免或减少病原体的侵袭和吸入。尽快寻找安全出口,迅速撤离污染源或污染区域。及时报警,请求救助。

应对火灾

熟记所在国火警电话,并将电话号码填写在下面空白处,遭遇火灾时应迅速报警求救。

火警电话:

在烟火中逃生要尽量放低身体,最好是沿着墙角匍匐前进,并用湿毛巾等捂住口鼻。必须经过火场逃离时,应披上浸湿的衣服或毛毯、棉被等,迅速脱离火场。

三楼以下楼房逃生时,可以用绳子或床单、窗帘拴紧在门窗和阳台的构件上,顺势滑下。或者利用结实的竹竿、室外牢固的排水管等逃生。

若逃生路线被封锁,应立即返回未着火的室内,用布条塞紧门缝,并向门上泼水降温。同时向窗外抛扔沙发垫、枕头等软物或其他小物件发出求救信号,夜间可通过手电发出求救信号。

公共聚集场所发生火灾，应听从指挥，就近向安全出口方向分流疏散撤离，千万不要惊慌拥挤造成踩踏伤亡。在人群中前行时，要和人群保持一致，不要超过他人，也不要逆行。若被推到在地，首先应保持俯卧姿势，两手抱紧后脑，两肘支撑地面，胸部不要贴地，以防止被踏伤，条件允许时迅速起身逃离。

高层建筑发生火灾，应用湿棉被等物作掩护快速向楼下有序撤离。应选择烟气不浓，大火未烧及的楼梯、应急疏散通道逃离火场。必要时结绳自救，或者巧用地形，利用建筑物上附设排水管、毗邻阳台、临近的楼梯等逃生。在无路可逃的情况下，到室外阳台、楼顶平台等待救援。不能乘电梯逃生。

汽车发生火灾，应迅速逃离车身。如车上线路烧坏，车门无法开启，可就近自车窗下车。如车门已开启但被火焰封住，同时车窗因人多不易下去，可用衣服蒙住头部从车门处冲出去。

地铁发生火灾，应利用手机、车厢内紧急按钮报警，并利用车厢内干粉灭火器进行扑救。无法进行自救时，应听从指挥，有序地安全逃生。不要大喊大叫、惊慌失措，也不能自行驶中的列车车窗跳下。

应对洪水

提早撤离，紧急时登高躲避，危机时就近攀爬树木、高墙、屋顶（不要爬到泥坯房屋顶），不要惊慌失措，不要游泳逃生，不要接近或攀爬电线杆、高压线铁塔。

携带可长期保存的食品、足够的饮用水和其他生活必需品。

用可漂浮物自救。如被洪水卷走，尽可能抓住固定或漂浮物品。

移动电话可以寻求救援。如情况允许，应将移动电话充足电并使用塑料袋密封包裹，以保证电话的正常使用。

身着醒目的衣服便于搜救人员识别、寻找。选择衣服时，要注意衣服颜色与附近房屋屋顶颜色、植物颜色相区别。

应对地震

地震发生时应沉着冷静，不要惊慌。

如果在室内，迅速关掉电源、气源。蹲下，寻找掩护并抓牢——利用写字台、桌子或者长凳下的空间，或者身子紧贴内部承重墙作为掩护，双手抓牢固定物体。如果附近没有写字台或桌子，用双臂护住头部、脸部，蹲伏在房间的角落。远离玻璃制品、建筑物外墙、门窗以及其他可能坠落、倒塌的物体，例如灯具和大衣柜等。在晃动停止并确认户外安全后，方可离开房间。不要站在窗户边或阳台上。不要跳楼或破窗而出。切勿使用电梯逃生。

如果在室外，远离建筑区、大树、大型广告牌、立交桥、街灯和电线电缆，之后待在原地不动。

如果在开动的汽车上，在确保安全的情况下，尽快靠边停车，留在车内。不要把车停在建筑物下、大树旁、立交桥或者电线电缆下。不要试图穿越已经损坏的桥梁。地震停止后小心前进，注意道路和桥梁的损坏情况。

如果被困在废墟下，要坚定意志，就地取材加固周围的支撑。不要向周围移动，避免扬起灰尘。用手帕或布遮住口部。敲击管道或墙壁以便救援人员发现。可能的话，请使用哨子。在其他方式都不奏效的情况下再选择呼喊——因为喊叫可能使人吸入大量有害灰尘并消耗体能。不在封闭室内使用明火。

应对台风、飓风

台风（飓风）到达前，要随时通过电台、电视了解台风（飓风）移动情况及政府公告，确保门窗牢固，熟悉安全逃离的路径和当地的避难所，准备不易变质的食品及罐装水、自救药品和一定现金，保证家用交通工具可正常使用，并加足燃料，随时听从政府公告撤至安全区域。

台风（飓风）来临时，应紧闭门窗，关闭室内电源，尽量避免使用电话、手机。远离门窗和房屋的外围墙壁，躲到走廊、空间小的内屋、壁橱中，或者地下室或半地下室。不要外出。

如在室外，请不要在大树下、临时建筑物内、铁塔或广告牌下避风避雨。不要在山顶和高地停留，要避开孤立高耸的物体。

如在水上，应立即上岸。

如在汽车上，立即离开汽车，到安全住所内躲避。

如在公共场所，要服从指挥，有秩序地向指定地点疏散。

未收到台风（飓风）离开的报告前，即使出现短暂的平息仍须保持警戒。

台风（飓风）过后，应注意检查煤气、水、电路的安全性，不使用未被确认为安全的自来水，不要在室内使用蜡烛等有火焰的燃具。室外行走遇路障、被洪水淹没的道路或不坚固的桥梁，应绕行，并注意静止的水域很可能因为电缆或电线损坏而具有导电性。

☆特殊地理环境、气候应对

应对热带雨林气候

提前做好疾病疫苗注射，准备驱湿防暑药品，多喝些淡盐水、吃些清淡食品，保持身体健康，提高免疫能力。

防病：准备必要的药品，如蛇药片、预防疟疾药品、肠胃药、白药、酒精、碘酒、药棉、纱布绷带等。携带充足的饮用水，如需取用自然水源，请务必加热煮沸。

防蛇咬：用木棍拨打草丛，将蛇惊走。一旦不小心被毒蛇咬伤，不要惊慌，要及时寻求专业医疗救治，并在此前迅速自救。自救处置，应先把伤口上方（靠心脏一方）用绳或布带缚紧，再用力挤压伤口周围的皮肤组织，将有毒素的血液挤出，然后可用清水、唾液洗涤伤口，同时可服下解蛇毒药片，并用药片涂抹伤口。

避雷击：如果在雨林中遇到雷雨，可到附近稠密的灌木带躲避，不要躲在高大的树下。避雨时应把金属物暂存放到附近一个容易找到的地方，不要带在身上。

防蚊：不穿短衣裤，应扎紧裤腿和袖口。当夜幕降临时，最好支起帐篷或蚊帐睡觉，以防蚊虫叮咬。

防水蛭：在鞋面上涂肥皂、防蚊油可防止水蛭上爬，大蒜汁也可驱避水蛭。喝开水，防止生水中水蛭幼虫体内寄生。如被水蛭叮咬，勿用力硬拉，可拍打使其脱落。也可用肥皂液,浓盐水,或用火烤使其自然脱落。压迫伤口止血,或用炭灰研成末或捣烂嫩竹叶敷于伤口。

应对寒冷气候

防雪盲:备墨镜,太阳镜

防干:润肤露和润唇膏

防冻:风雪天外出应戴上手套、防寒帽、耳朵套。保持脚部的温暖干燥,袜子湿了要及时更换,风大时应停止户外活动。经常按摩揉搓冻伤部位以促进血液循环。在高海拔地区,可补充吸氧,促进血液循环。

应对高原环境

患有严重心肺疾病者应避免前往高原地区。

保持良好心态,消除恐惧心理,避免过度紧张。

限制体力消耗,避免剧烈运动,保持良好食欲及体重平衡。

保证充足睡眠,不要暴饮暴食,不要酗酒,刚到达高原地区几天内不要洗澡。

在专业人员指导下服用抗高原反应药物。适当吸氧。当反应症状加重时,应及时到医院就医。

二、中国公民海外安全状况问卷调查统计表

1. 你的性别

□男　　680 人　　　　　　□女　　472 人

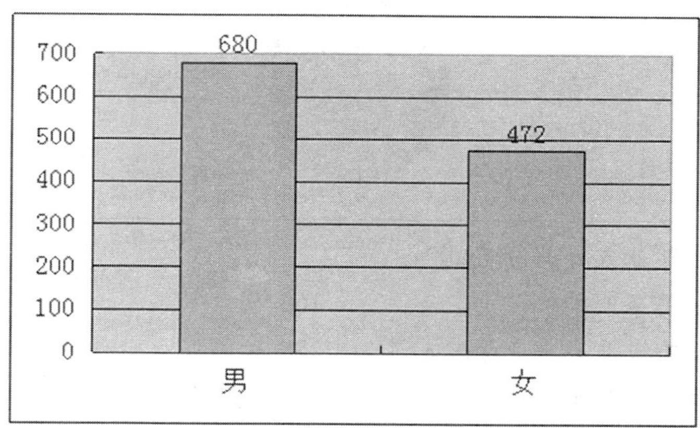

2. 你的年龄

□20 岁以下　　　128 人

□20－29 岁　　　544 人

□30－39 岁　　　228 人

□40－49 岁　　　156 人

□50 岁以上　　　96 人

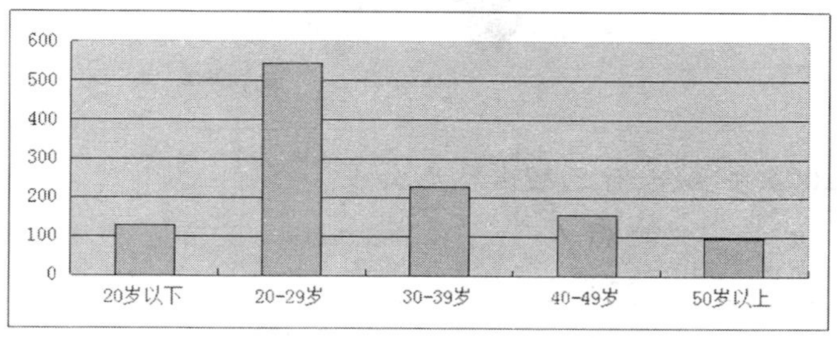

3. 你的文化程度

□高中及以下 156 人

□大专和大学 776 人

□研究生及以上 220 人

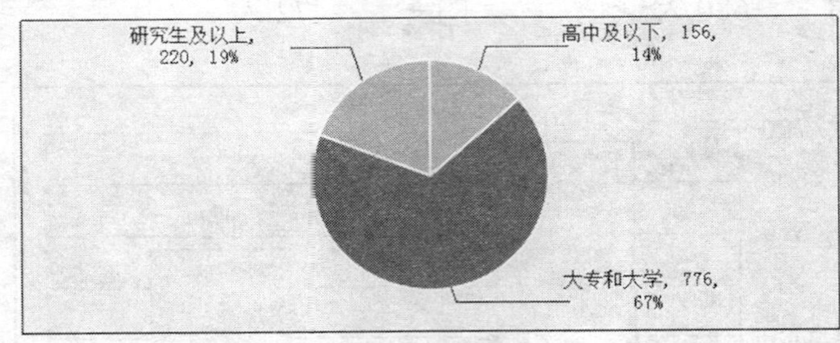

4. 你的职业或者身份是

□机关事业单位人员 168 人

□国有或非公企业管理人员 288 人

□在读留学生 180 人

□劳务人员 68 人

□自由职业者 180 人

□其他 268 人

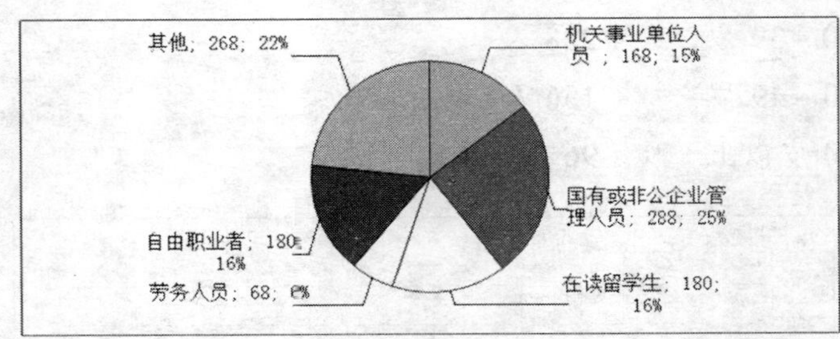

5. 从 2005 年至今，你已经出境几次

□1 次 588 人

□2 次 224 人

□3 次 104 人

□3 次以上　　236 人

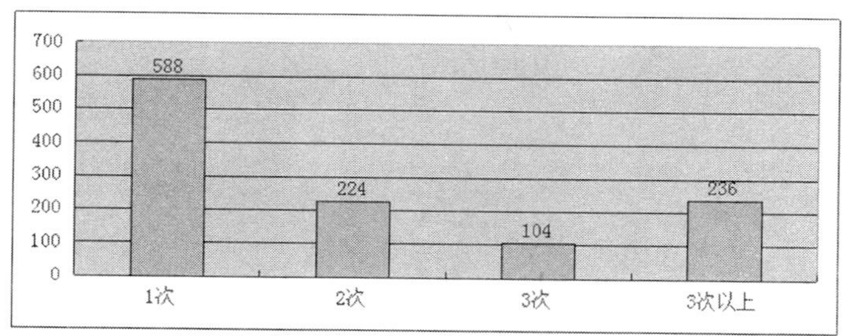

6. 你最近一次出境的目的

□旅游观光　　448 人

□留学　　200 人

□商务活动　　208 人

□劳务输出　　52 人

□公务考察　　80 人

□其他　　164 人

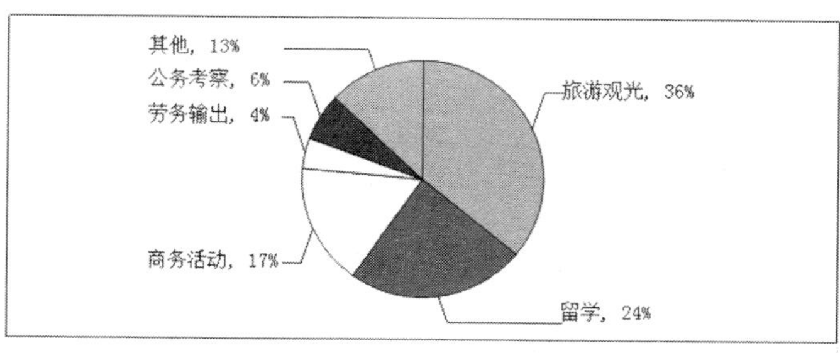

7. 从 2005 年至今，你到过下列哪些地方

□欧洲　　292 人

□俄罗斯　　44 人

□日本　　288 人

□中东　　36 人

□东南亚地区　　308 人

□美国和加拿大　　264 人

□非洲　　32 人

□澳大利亚和新西兰　　128 人

□其他　　260 人

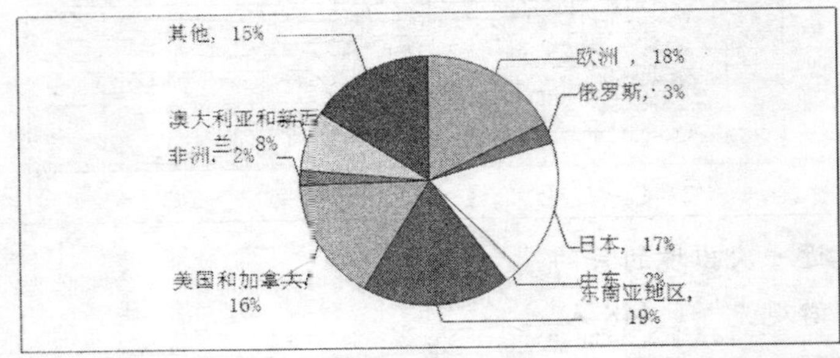

8. 在最近一次出国旅行中，你是否接受过"安全旅行"知识教育或提示

□有　　292 人

□有告知，个人因故没参加　　80 人

□没有　　488 人

□有些提示　　292 人

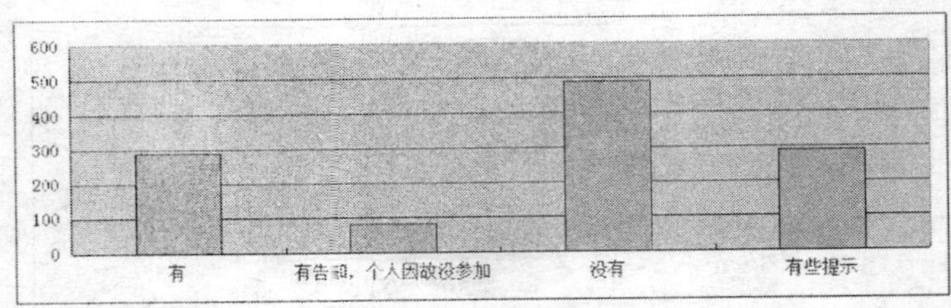

9. 你受到的"海外安全旅行"教育主要是从什么渠道得到

□组团旅行社提示　　308 人

□单位出国前教育活动　　260 人

□个人自己把握　　416 人

□其他　　168 人

10. 你出国前有没有上过外交部网站，了解"海外安全动态"等栏目

□上过，了解一些　　232 人

□不知道有这网站　　588 人

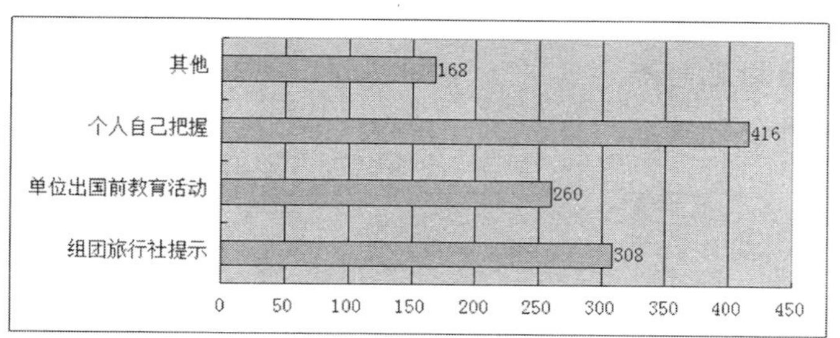

□知道,但没上过 304 人

□十分关注 28 人

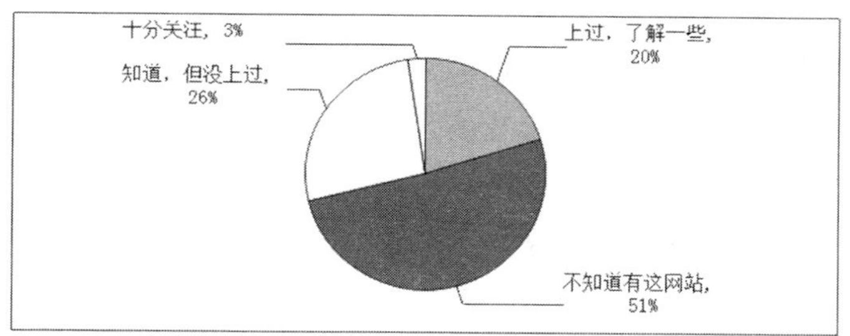

11. 出国后你是否留意过所在地"中国大使馆或者领事馆"应急电话或联系方法

□有 504 人

□从没想过 420 人

□出事了再说 228 人

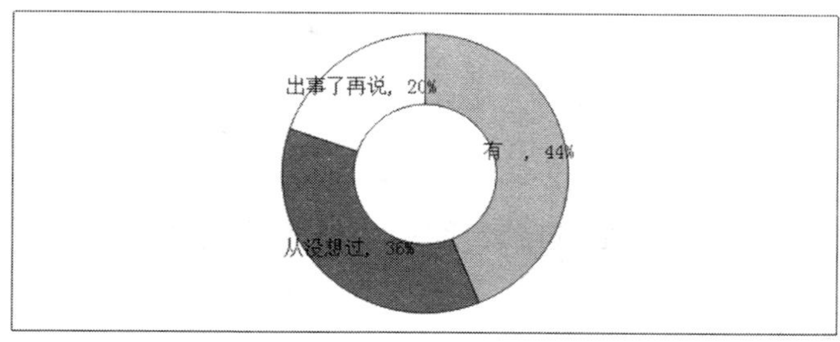

12. 在国外,你习惯用什么方法与国内单位或亲友联系

□手机国际漫游 356 人

□互联网　　380 人

□当地固定电话　　308 人

□不做任何联系　　108 人

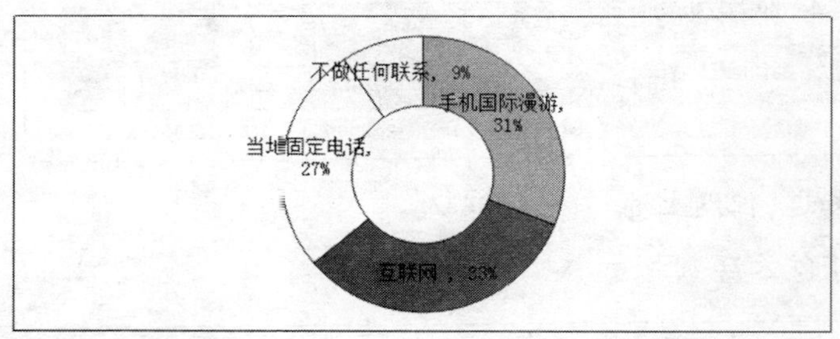

13. 下列有关安全知识资料，你是否曾经阅读并了解

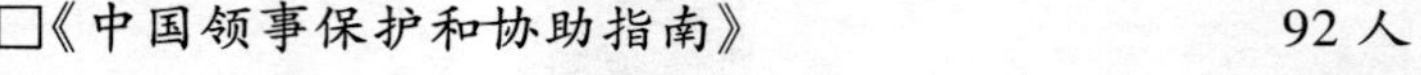

□《中国领事保护和协助指南》　　92 人

□《中国公民出境旅游文明行为指南》　　304 人

□《公民安全旅行知识读本》　　212 人

□都没有　　544 人

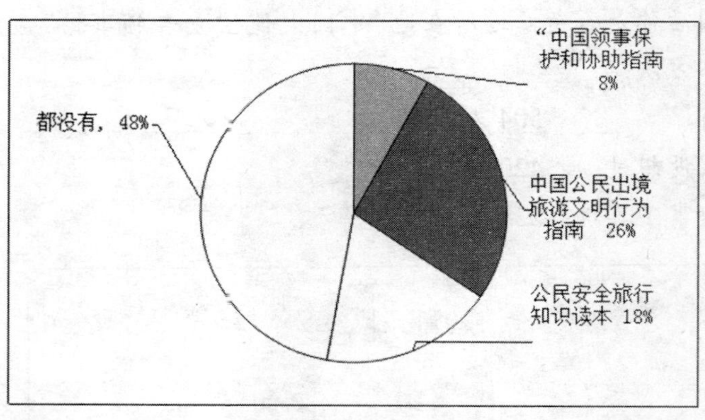

14. 在国外出现意外伤害或者处于困境时，你首先想求助什么人

□团队领队　　276 人

□向国内打电话　　104 人

□求助中国领事馆　　464 人

□当地警察或者其他政府部门　　256 人

□寻求当地华人或者社团帮助　　52 人

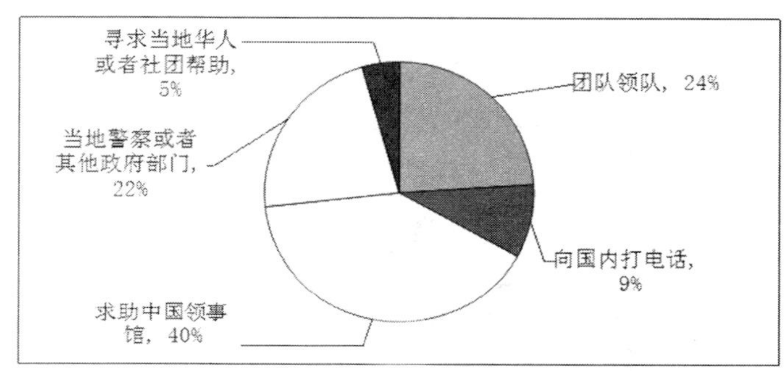

15. 出国后，你认为哪些行为容易引发麻烦（可选三项）

□带大额现金并露“财”　　632 人

□单独外出　　440 人

□不尊重当地风俗习惯　　732 人

□言语伤害当地人　　380 人

□自身行为不当　　448 人

□其他　　72 人

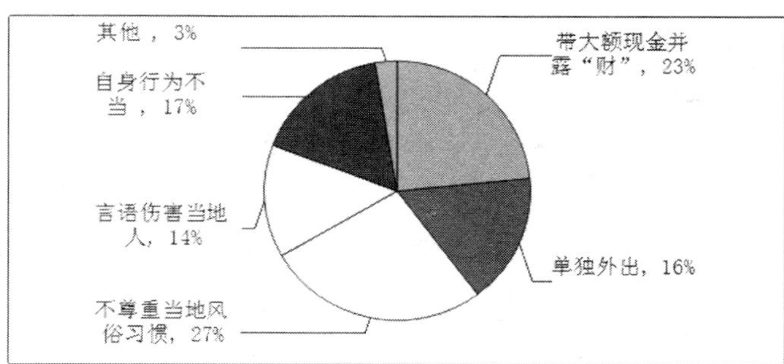

16. 在你第一印象中，下列哪些国家或地区最不安全（请依次选择前三项）

□1. 美国、加拿大　　152 人

□2. 欧盟国家　　104 人

□3. 俄罗斯　　244 人

□4. 新、马、泰　　220 人

□5. 日本　　92 人

□6. 中东地区　　568 人

□7. 巴基斯坦、阿富汗　　904 人

□8. 南非　　592 人

□9. 其他　　108 人

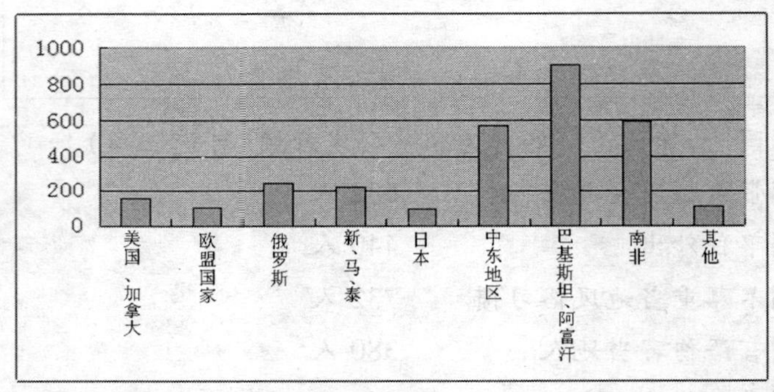

17. 你认为下列哪些事件最危害你的国外旅行安全(请依次选择前三项)

□目的地国政局动荡　　596 人

□恐怖袭击　　840 人

□抢劫犯罪　　564 人

□绑架　　172 人

□突发公共传染病　　576 人

□突发自然灾害(地震、海啸等)　　380 人

□其他　　16 人

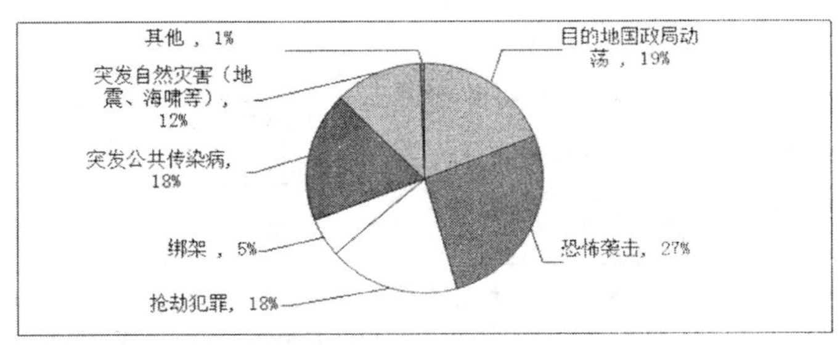

18. 你认为下列哪些做法有助于个人海外活动安全(请选择三项)

□通过合法渠道出入境　　824 人
□在国外遵纪守法　　808 人
□尊重外国风俗习惯　　596 人
□关注政府安全提示　　432 人
□增强自身防范能力　　592 人
□其他　　8 人

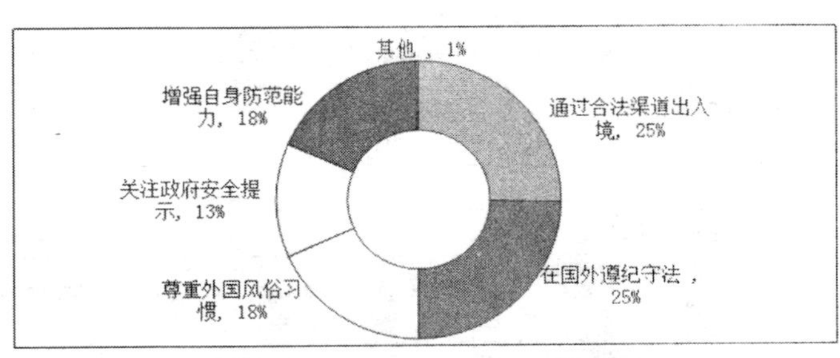

19. 在过去的出国经历中，如有，则你遇到过下列何种意外伤害或财物损失

□失窃　　30 人
□抢夺　　8 人
□诈骗　　5 人
□交通事故　　8 人
□骚乱　　4 人
□恐怖袭击　　2 人

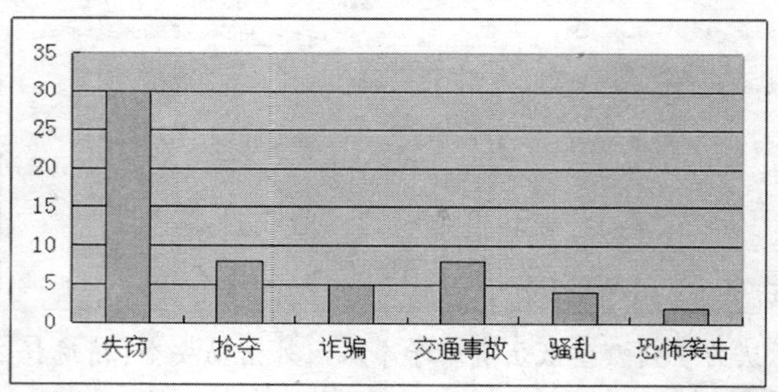

20. 为了公民海外安全，你认为政府应该提供哪些帮助(选择三项)

□1. 加强出国人员安全警示教育　752人

□2. 强化出国人员信息登记并告知驻外使领馆　552人

□3. 提高相关政府部门应对危机能力　492人

□4. 要求出国人员提高自身安全防范能力　628人

□5. 加快中国与外国领事协助互助协议谈判　496人

□6 强化出国人员人身和财产商业保险制度　460人

□7. 其他　32人

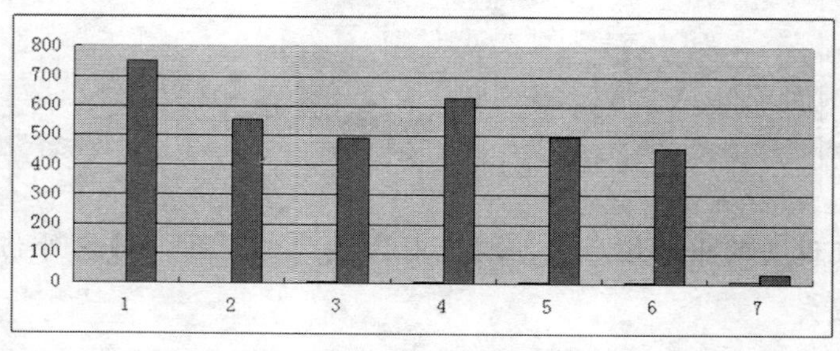

21. 日常生活工作中，你是否有下列习惯(请列出三项)

□1 出国前，上网了解目的地国政治经济现状和安全现状 886人

□2. 经常有意识地收看中央电视台“新闻联播”　876人

□3. 阅读报刊时事新闻，关注国际热点　790人

□4. 出国前，向亲戚朋友了解国外各方面知识　604人

□5. 其他　52人

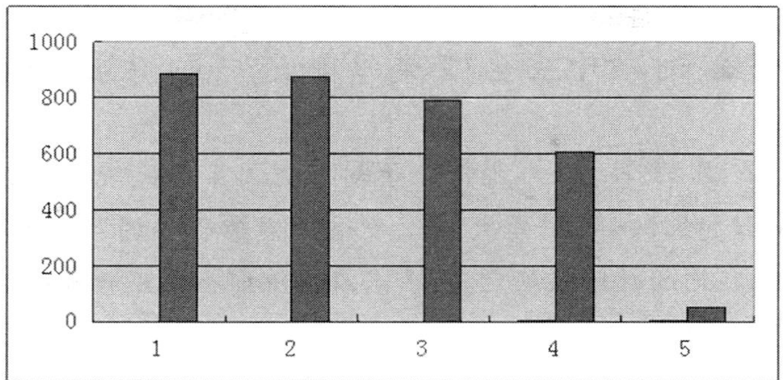
1000
800
600
400
200
0
1
2
3
4
5

三、中国公民海外安全重大事件选(2001年9月至2010年)

2001年9月11日,19名恐怖分子劫持美国4架民航客机并撞向纽约世界贸易中心和国防部"五角大楼",制造了震惊世界的"9·11事件",包括21名华人在内的数千人伤亡,有3名以上中国公民死亡或者失踪。

2002年

4月12日,以色列耶路撒冷市发生自杀式"人体炸弹"爆炸事件,造成中国劳工2死2伤。

4月15日,韩国釜山发生"4·15"空难,128名乘客失去生命。其中有19名去韩国旅游的中国游客。

6月29日,中国驻吉尔吉斯大使馆一等秘书王建平和司机在吉尔吉斯的比什凯克市遭不明身份人员枪杀。

7月17日,以色列特拉维夫市发生两起自杀式"人体炸弹"爆炸中,造成中国劳工1死1伤。

2002年,据统计,在卡塔尔、约旦、安哥拉、毛里求斯、利比里亚、斯里兰卡、马来西亚等国先后发生过十余起中国工人与资方劳务纠纷案。

2003年

1月5日,以色列特拉维夫市发生自杀式"人体炸弹"爆炸事件,1名中国人遇难、1名中国人失踪,另7名中国人受伤。

3月13日,中国派往联合国监核会的化学武器专家郁建兴在伊拉克执行核查任务时因车祸身亡。

3月20日,一艘福州的拖网船在斯里兰卡海域遭到海盗的炮击而沉没,15名中国船员死亡。

5月21日,阿尔及利亚北部地区发生地震,造成中国建筑公司在阿项目部工作的9名工人死亡,10余人受伤。

9月16日,澳大利亚西澳科廷科技大学的中国留学生郜乐天在其居住的9层楼房窗户坠楼身亡。

9 月 30 日，澳大利亚维多利亚州西部的高速公路上发生了一起车祸，一名中国留学生由于未系安全带而被抛出车外，当场死亡。

11 月 24 日，俄罗斯人民友谊大学一幢学生宿舍楼发生火灾，导致 11 名中国学生罹难。

2003 年，据报道，在新西兰发生的中国留学生因交通事故死伤达 10 多人。

2004 年

1 月 29 日，以色列耶路撒冷市发生一起自杀式“人体炸弹”爆炸，中国劳工陈能鹰受重伤。

2 月 1 日，沙特阿拉伯麦加发生踩踏事件，造成严重人员伤亡。中国公民 5 人死亡，14 人受伤。

2 月 2 日，一辆载有 26 名中国游客的旅游大巴在泰国春武里府行驶时与火车相撞，造成 3 名游客死亡，多人受伤。

2 月 4 日，约旦南部的克拉克工业区，满载 20 名中国工人的一辆中巴客车与一辆大货车迎头相撞，造成 2 人死亡，18 人受伤。

2 月 5 日，英格兰西北部兰开夏郡莫克姆海湾拾贝工人被潮水包围，造成 19 人中国劳工丧生(均为非法偷渡者)。

2 月 20 日，中国留学生吴宇航和余宁燕在挪威首都奥斯陆野外被发现遇害。

3 月 7 日，昆士兰大学中国女学生沈芸由于匆忙横穿马路而被车撞，导致脑死亡。

3 月 13 日，天津华北有色建设工程公司工人李爱军与贾会鹏被苏丹反政府武装劫持。18 日，贾会鹏成功逃脱险境，27 日李爱军被成功救出。

3 月 14 日，在哈萨克斯坦，中国石油天然气集团公司 9 名职工被突如其来的泥石流吞噬而死亡。

3 月 16 日，土耳其库兹鲁煤矿发生瓦斯爆炸，5 名中国工人当场遇难，2 名中国工人受伤。

3 月 26 日，苏丹南部一油田附近，中国劳工魏庆会和马卫东被一伙暴徒开枪杀害。

4月11日,7名中国人被不明身份的伊拉克武装组织绑架。经中国相关部门全力营救,7名中国公民获释。

4月13日,一艘马来西亚货船在孟加拉湾海域沉没,船上17名船员均为中国人,虽救起15人,但仍有2人失踪。

4月27日,汉诺威大学(德国)的学生宿舍内发生一起凶杀案。在学生宿舍公用厨房内,中国学生张宵和卢珏璋发生口角,最终张用刀将卢刺死。

5月3日,巴基斯坦瓜达尔港建设工地,12名中国监理工程师遭到遥控汽车炸弹袭击,3名中国工程师在爆炸中遇害,9人受伤。

5月31日和6月3日,科特布斯市连续发生了两起中国留学生被德国当地人袭击事件。

6月9日,澳大利亚堪培拉大学中国学生张洪洁在其居住的寓所内被其男友杀害。

6月10日,阿富汗北部昆都士的中铁十四局集团公司施工工地遭到20多名持枪恐怖分子袭击,11名工人丧生,另10人不同程度受伤。

8月27日,一名中国商人在南非约翰内斯堡家中被杀。

8月中旬,留学生黄计全在加拿大马格德堡市郊一湖中游泳时不幸溺水身亡。

12月14日,中国商人刘某在吉尔吉斯斯坦遭歹徒袭击身亡。

2005年

元旦,中国公民卢铣深夜遭多名西班牙裔青少年乱棍袭击,惨死在美国新泽西州自己的餐馆门前。

元旦夜,德国海布隆市,留学生葛南在参加了聚会后回家途中遭遇歹徒袭击不幸死亡。

1月5日,印度洋周边海域发生巨大“海啸”,造成中国公民14人遇难,17人受伤。失踪41人(大陆7人、香港33人、澳门1人)。

1月18日,在俄罗斯伊尔库茨克经营木材生意的中国淮安商人王健惨遭歹徒袭击而死亡。

2月4日，阿塞拜疆一中国商品批发市场内发生火灾。经核实，有10多名中国公民在此经商，其中1人的货物在火灾中受损。

2月6日，一名中国公民在喀麦隆杜阿拉市遭遇歹徒抢劫时被枪击身亡。

2月23日，24岁的留美博士生王洁在美国东湾柏克莱发生车祸，后不治死亡。

2月25日，“浙岱渔02317号”渔船在韩国济州岛西南海域与一艘韩国商船相撞后沉没。两名中国船员获救，10名船员失踪。

2月26日，中国一公司驻肯尼亚办事处工程师梁国贵遭8名持枪歹徒抢劫财物损失严重。

3月1日，南非罗斯敦堡发生骚乱，数十家华人商店遭到洗劫。

3月11日，中国公民邓祥吉在南非遭歹徒绑架。

3月13日，美国纽约华人集中居住的法拉盛“寇登花园”发生一起枪杀案，死者是一名来自中国广州的女子，凶手是其前非洲裔男友。

3月21日，在一艘韩国渔船工作的5名中国渔民趁渔船在新西兰惠灵顿港口停泊时跳入水中，结果4人被救起，1人失踪。

3月，吉尔吉斯共和国首都比什凯克市爆发大规模骚乱，整个城市陷入无政府状态，导致10多名中国公民受伤，200多商户被抢，经济损失800万美元左右。

3月25日，意大利海关警察称，在意大利西西里海岸，6名中国偷渡客被“蛇头”逼迫跳海身亡，有3人下落不明。

3月27日，马里首都巴马科发生球迷骚乱。我旅马侨民15家饭馆被砸、抢、烧，有9名侨民受伤。

4月1日，在纽约一家中餐馆送外卖的35岁华裔青年陈民光，在为居住在“特雷西塔”公寓一名未当班的警官送外卖后突然失踪。

4月5日，加拿大渥太华“中国城”突发大火，至少造成5人死亡，3人受伤。

4月14日《泰晤士报》报道，3名来自中国四川和湖南的少女利用假护照从法国巴黎飞往英国,她们在英国纽卡斯尔市的一家收容所呆了3天后失踪。

4月21日,由云南某旅行社组织的10人旅游团,在距老挝首都万象200多公里的卡西县发生车祸,有6人死亡,2人受重伤。

5月17日,一辆载有15名游客的中巴游览车在由澳大利亚堪培拉驶往悉尼途中的高速公路上发生交通事故,造成中国公民1死6伤。

6月7日,一名名叫毕树德的来自中国吉林的工人在巴勒斯坦加沙地带炮击事件中不幸遇难身亡。

7月22日,日本千叶西南海域发生货船相撞事故,中国船员8名失踪,1名死亡。

7月26日,马来西亚云顶第一酒店,发生一起中国游客与酒店方争斗的群体性事件。引起警方干预和中方交涉,影响较大。

8月22日,中国留学生胡某在希腊圣托里尼岛游泳时不幸溺水身亡。

9月5日,印尼曼达拉航空公司一架从苏门答腊省棉兰飞往雅加达的波音737-200客机起飞时失事。经核实,有2名中国公民在此次事故中罹难。

9月24日,3名歹徒闯入旅居津巴布韦的中国商人李昕的住所实施抢劫,李昕在与歹徒搏斗时遭枪击身亡,另一中国公民受重伤。

10月8日,巴基斯坦发生里氏7.6级强烈地震。地震造成中国公民1死4伤,5人均系在巴中资公司承建项目工作人员。

10月份,巴基斯坦发生多起针对中国公民的恐怖袭击事件。新疆北新路桥公司在巴基斯坦承建的公路项目先后两次遭武装袭击,项目被迫停止施工。华为公司驻卡拉奇项目组工作人员被抢劫,后劫匪被警方击毙。

10月20日,一名中国商人在俄罗斯哈巴罗夫斯克被犯罪分子残忍杀害。

11月3日,法国一所语言学院学生公寓发生火灾,15名学生受伤,其中有1名北京和3名台湾学生,被送往医院,均无生命危险。

11月9日,约旦首都安曼发生连环酒店爆炸案件。事件造成正在约旦访问的我国防大学学员代表团成员 3 人身亡,1 人受伤。

11 月 22 日,在马来西亚英迪汝莱学院学习的中国留学生宋某被 2 名持刀劫匪杀害。

12 月 6 日,2 名中国留学生在加拿大渥太华唐人街一卡拉 OK 厅与人发生争执并遭枪击身亡。

12 月 14 日,我公民刘某在吉尔吉斯斯坦遭歹徒袭击身亡。

17 日,一辆承载中国赴澳培训团的大客车在澳大利亚墨尔本市西南 300 多公里处公路上发生翻车事故,车上 26 名中国旅客均受轻伤,被分别送往附近医院。

12 月中下旬,巴西执法部门在圣保罗发起打击走私和仿冒品行动,对许多华商店铺进行了查抄,并没收大批货物。

26 日,委内瑞拉玻利瓦尔州圣菲里市一家烟花爆竹店发生爆炸,引发火灾并殃及周边店铺,造成数人伤亡。据了解,爆炸导致 2 名中国公民死亡。

2005 年,南非共发生 40 多起针对华侨华人的歹徒抢劫,造成 8 人遇害。

2006 年

1 月 10 日,旅居南非的香港同胞刘向荣遭 5 名歹徒持枪入室抢劫,双方发生激烈枪战,刘中弹身亡。

1 月上旬,俄罗斯汉特曼新斯克民族自治区某市警方突击检查了一栋中国公民宿舍楼,将 58 名中国公民全部带回审查。39 人因无合法工作证件被该市法院以非法务工为名判处罚款并驱逐出境。

1 月 12 日,在沙特麦加举行的朝觐活动发生人员踩踏事故,造成数百人伤亡,有 5 名中国公民死亡。

1 月 21 日,3 名中国男子在匈牙利首都布达佩斯遇刺,1 人因失血过多身亡,另外 2 人在医院救治。

1 月 29 日,11 名香港同胞在澳大利亚珀斯遭遇车祸,其中 1 人不幸死亡,2 人受伤。

1月31日,一香港旅游团在埃及遭遇车祸,共有14名香港同胞在车祸中遇难,29人受伤。

2月4日,1名中国公民在返回约翰内斯堡住处时遭到5名持枪歹徒抢劫并被枪杀。

2月4日,来自山东省青岛市的23岁陈敬敏在南非约翰内斯堡北郊米德兰的工厂遭到武装抢劫,头部中弹后身亡。

2月5日,南非自由省和约翰内斯堡地区又发生两起歹徒持枪抢劫中国公民事件,造成2人死亡。

2月5日,在吉尔吉斯斯坦北部一座中国人居住的场所,发生当地人攻击中国人骚乱事件,造成至少6个中国人受伤。

2月15日,在巴基斯坦俾路支省赫伯地区,安徽合肥水泥设计院与巴基斯坦企业合作的水泥厂项目组的6名中国工程技术人员乘车从工地返回驻地途中,突遭一持冲锋枪歹徒从车正面扫射,2人当场死亡,1人在送往医院途中伤重死亡。

3月28日,广东人吴文龙、吴卓彬在泰国南部的那拉提瓦府巴蜀县遇不明身份武装分子枪击,吴卓彬当场死亡,吴文龙重伤被送当地医院救治。

3月19日,美国达拉斯市连降暴雨,造成水灾,在该市某大学就读的一名中国留学生不幸溺水身亡。

4月4日,韩国"东元628号"远洋渔船及船上25名船员(包括3名中国船员)在索马里海域被索武装人员劫持。经近四个月的营救努力,渔船和中方船员等人于7月30日获释,3名中方船员安然无恙。

4月11日,马德里Lavapies区政府日前开始对华商经营活动进行大清查。结果有70多家华商店铺被关门和查封,200多家华商接到关门整顿通知。

4月14日,阿根廷布宜诺斯艾利斯一家华侨洗衣店发生火灾,经警方调查发现,葬身火海的2名中国公民此前已头部中数枪遇难。

4月14日,新西兰奥克兰发生一起行李箱藏尸案。警方称死者为19岁中国留学生万彪。

4 月 18 日，太平洋岛国所罗门发生骚乱。20 多家华人华侨店铺被焚，殃及数百名华人华侨。

4 月 28 日，柬埔寨金边北部竹兴制衣厂（台资）的一间辅料仓库因电路故障引燃煤气发生火灾，造成 1 名中国劳工死亡，3 人受伤。

5 月 14 日，来自江苏中旅的20 人旅行团在曼谷至帕塔亚高速公路上发生车祸，造成 1 死 5 伤。

5 月 19 日，中国公民李志巍在莫斯科被不明身份者杀害。

4 月底，东帝汶局势出现动荡。5 月 29 日，中国政府派出的两架包机接回因东帝汶连日骚乱被困的 243 名侨胞。

5 月 24 日，中国公民刘某在俄罗斯克麦罗沃市被害身亡，并被抢走 400 万卢布。

5 月 29 日，阿富汗首都喀布尔发生骚乱。一名中国温州商人在喀布尔市中心开设的服装店遭到哄抢后被焚毁。

6 月 22 日，据中国驻西班牙使馆告，今年以来，西班牙发生多起中国公民被假警察强行搜包、盗抢钱财事件，使当事人旅行受到严重影响。

6 月 23 日，日本枥木市警察巡逻时发现两名男子形迹可疑。在警察上前询问时，两人欲夺警枪，警察开枪击中其中一人腹部，此人送往医院后不久死亡，另一人被警方逮捕，二人均为中国公民。

7 月 9 日，俄罗斯一民航客机在伊尔库茨克市失事，3 名中国公民受伤。

7 月 12 日，黎巴嫩和以色列爆发军事冲突，造成平民伤亡。中国政府决定撤出在黎巴嫩的 143 名中国公民（包括 7 名香港同胞）。

7 月 22 日和 9 月 9 日，两位华人在莱索托遇劫身亡。

7 月 26 日，以色列轰炸了联合国驻黎巴嫩维和部队位于黎巴嫩南部的一处观察站，造成中国军事观察员杜照宇死亡。

8 月 21 日，莫斯科 ACT 市场附近一越南餐馆发生爆炸。爆炸事件中共有 7 名中国公民受伤，其中受重伤的中国公民张某因伤势过重死亡。

9 月 16 日，泰国南部合艾市的连环爆炸事件中，一名吴姓中国公民（海南省籍）受轻伤，并被送往当地医院包扎。

10月7日，纽约州北部28号公路橄榄镇附近发生一起重大车祸，造成中国公民3死2伤。

10月7日，蒙古额尔登特市附近发生一起交通事故，造成3名中国公民死亡，1人重伤，4人轻伤。

10月8日，广东籍侨胞马燕璇在南非约翰尼斯堡市区内被劫匪枪击后不幸遇难，同车的侨胞许静怡受伤。

10月9日，3名中国留学生在澳大利亚塔斯马尼亚州东部TRIABUNNA遇车祸，造成1人死亡，2人受伤。

10月30日，中国大连籍捕鱼船"辽大甘渔8990"号在澳大利亚北部海域被澳海军巡逻艇拘捕，船上15名船员均为中国公民。

11月11日，一群武装歹徒乘坐车辆闯入中国驻委内瑞拉大使馆商务处驻地，劫持中国外交官并威胁杀死外交人员。歹徒得手后逃离，所幸商务处官员以及家属未受伤害。

11月16日，南太平洋岛国汤加因宪政改革分歧引发骚乱，约30家华人店铺被烧、被抢。23日，193名旅居汤加的我国侨胞乘坐中国政府派出的包机平安抵达厦门机场。

12月14日，一辆载有中资公司员工的客车在阿联酋迪拜发生交通事故，共造成中国工人6人死亡 8人重伤。

12月16日，浙江一民营企业员工在乌干达坎帕拉遭歹徒抢劫，该公司在乌干达负责人遭枪击，被击中四枪，经抢救无效死亡。

12月16日，在韩国全罗南道光阳市发生一起交通事故，造成中国公民4死2伤。

12月21日，在韩国木浦海域一货轮发生火灾，导致中国籍船员4死2伤。

12月25日，在韩国全罗南道木浦市发生一起交通事故，导致中国公民3死1伤。

2007年

1月14日，两名中国公民在俄罗斯西伯利亚东南地区赤塔市遭到不明身份者袭击,造成1死1伤。

1月25日,9名中国石油工人在尼日利亚南部耶尔萨州遭绑架,11天后平安获救。

2月2日,在罗马尼亚巴克乌县WEAR公司服装厂工作的部分中国女工因劳务纠纷进行罢工。

2月11日,韩国南部城市丽水的法务部出入境管理事务所外国人收容所发生的火灾中,被收容的中国公民有8人死亡,17人受伤,其中多人伤势严重。

3月8日,俄罗斯赤塔警方宣称发现了6具中国公民3男3女尸体,初步调查显示,他们是在2006年12月在赤塔州阿克什斯基区和奥农斯基区遇害的。

3月17日,一家中资公司的2名员工在尼日利亚阿南布拉州遭不明身份武装人员劫持。

4月8日,4名中国游客在赴尼泊尔博克拉途中遭遇车祸,其中2人伤势严重。

4月24日,一家中资石油公司设在埃塞俄比亚东南部地区的项目组遭200多名不明身份武装分子袭击并抢劫,事件造成中方9人死亡。

5月25日,一艘载有数十名非法移民的船只在尼加拉瓜附近海域发生撞船事件,造成5人死亡。据尼方称,死者均为中国非法移民。

6月22日,来自巴基斯坦拉尔清真寺和哈福赛神学院的学生袭击了一家健康中心,劫持了12名人质。有9名中国人遭到劫持,其中5名为女性。

7月8日,4名中国公民在巴基斯坦西北边境省首府白沙瓦市遭到袭击,其中3人死亡,1人重伤。

7月11日,巴拿马籍货轮"HAITONG7"号受超强台风影响在美国关岛附近海域沉没。船上22名中国福建籍船员13人获救,3人不幸遇难,6人失踪。

7月19日,位于东京文京区的清华寮发生火灾。火灾中有2名中国人遇难,9人受伤。

8月11日，一辆有中国公民乘坐的车辆在泰国曼谷被撞倾覆，造成中国公民1死2伤。

9月29日，马尔代夫首都马累发生爆炸，经中国驻斯里兰卡大使馆(兼管马尔代夫)与马外交部和警方核实，有8名中国大陆公民受轻伤，由马警方送到当地医院进行初步治疗。

10月9日，我一名在澳大利亚珀斯学习的女留学生在回家路上遇害身亡。

10月14日，3名中国女留学生在乌克兰首都基辅遭不明身份的歹徒袭击，不同程度受刀伤。

10月16日，一江苏旅游团乘坐的大型巴士车在新西兰罗托鲁阿市附近发生车祸，16名团员中多人受伤，其中4人被送入当地医院治疗。

10月17日，两名中国工人在南非司法首都布隆方丹遭到抢劫遇袭身亡。

11月8日，一辆中国台湾游客乘坐的旅游大巴在加拿大卑诗省黄金镇以西70公里发生车祸，致2人死亡、多人受伤。

11月10日，费城以北 Quakertown 宾州309号公路上发生一起车祸，造成来美参加短期公司培训的中国公民1死1轻伤。

12月11日，阿尔及利亚发生两起恐怖炸弹袭击事件，造成62人死亡，有7名中国公民受伤。

12月17日，一辆旅游巴士在从埃及霍尔格达驶往开罗的途中发生车祸，造成2死43伤，伤者包括2名中国游客。

12月24日，先后有多起中国工程人员在尼日利亚被绑架、中原油田驻埃塞俄比亚项目组遭遇袭击事件发生。

2008年

1月7日，韩国京畿道利川市一家冷冻仓库因煤气事故发生爆炸，造成30人死亡，10人失踪。据韩警方初步确认，有12名中国公民遇难，1名重伤。

1月8日，5名中国公民在南非约翰内斯堡某地区郊游时误食有毒蘑菇中毒，造成2人死亡，其他3人仍在接受治疗。

1月17日，一架由北京飞往伦敦的英国航空公司BA038号航班在希思罗机场紧急降落时发生事故。经中国驻英国使馆向英航和英警方确认，事故造成18人轻伤，伤者中有1名中国女性。

1月17日，乌克兰警方在“七公里”市场进行了4次大规模的查验证件行动，涉及300多名中方经商人员。乌方对其中多数人进行了罚款处理，并遣返无合法证件者。

1月22日，一名在澳大利亚墨尔本维多利亚大学执教的中国公民在回家途中遭人抢劫并被殴打成重伤，在送往医院后不治身亡。

2月7日，一艘韩国渔船在安哥拉海域被一希腊油轮撞沉，船上27名船员中有17名中国船员，除3名中国船员失踪外，其余人员已获救。

2月3日，福建一艘渔船在印尼东部海域遇风浪失踪，船上22名船员中有19名中国船员，除5名中国船员获救外，其余人员下落不明。

2月11日，两名中国游客随旅行团在巴黎“老佛爷”商场购物时，因被怀疑使用假钞，被商场保安扣留并移交警方处理。

2月20日，据中国外交部网站消息：近日，美国华盛顿地区西北部乔治亚街一带连续发生多起中餐馆中国送外卖员工被抢案，其中两名中国公民被开枪打死。

2月21日，中国一旅游团在南非约翰内斯堡市遭持枪抢劫，随身携带财物被抢并造成两人受伤。

2月23日，来自中国福建的林文杰夫妇在南非遭遇武装抢劫，不幸中弹身亡。

3月10日，部分“藏独”组织人员聚集到中国驻多伦多总领馆前，举行游行示威。期间，两名青年学生爬上总领馆楼顶，降下中国国旗，企图升上所谓“雪山狮子旗”。

3月17日，数十名“藏独”分子冲进中国驻慕尼黑总领馆，抢夺中国国旗，加以焚烧，并挂上“藏独”旗帜。他们还破坏总领馆设施，打伤6名总领馆工作人员。

3月17日,法国巴黎发生一起中国留学生和当地青年冲突事件,中国留学生1人死亡,1人轻伤。

3月21日,一香港旅游团在新西兰奥克兰市发生车祸,造成4死1伤。

3月26日,在赤道几内亚承建工程项目的大连某公司的近百名劳务人员不顾当地法律进行罢工,并与维持秩序的当地警方发生冲突,造成中方人员2死4伤。

4月19日,据外交部网站报道,近日,巴哈马发生三起华侨华人所开商店遭歹徒持枪抢劫案,造成财物损失,幸未有人员伤亡。

4月26日,7名中国公民在印度尼西亚亚齐遭绑架。经多方艰苦努力,我被绑人员已于4月29日全部获救,并得到妥善安置。

5月6日,尼日利亚一中资公司3名工程人员遭不明身份武装分子绑架。后经我多方努力,3人均获释。

6月7日,据中国外交部网站消息,近日,一中国公民在泰国陶公府拉艾县遭当地不明身份持枪分子袭击身亡。

7月11日,8名台湾同胞及1名侨胞在马达加斯加海域遇险失踪。后找到2名遇难同胞遗体,其余人下落不明。

7月20日,乌克兰基辅5名中国留学生在返回宿舍途中遭遇歹徒袭击,其中2人身受重伤,2名学生及时安全逃离。

8月10日,2名在英国纽卡斯尔市的中国留学生被发现惨死于所住公寓中。

8月29日,龙和中兴公司员工张国在巴基斯坦西北部遭"塔利班"绑架。后经中方积极营救,安全获救。

9月11日,俄罗斯官方对莫斯科的阿斯泰(ACT)市场进行突击检查,查封了华商在仓库里的鞋、服装、袜子等日用品,货物价值大约21亿美元。

9月14日,俄罗斯一客机失事,经中国驻俄使馆、驻叶卡捷琳堡总领馆核实,获知1名中国公民遇难。

9月18日,一艘香港货船在亚丁湾被索马里海盗劫持,船上有24名中国船员,后获释,船上24名中国船员安全返回。

9月19日,3名中国公民在新加坡遇害身亡。

10月,1名中国女留学生在悉尼住所内遭入室抢劫、伤害并被胁迫,逃生时死亡。

10月18日,中国石油天然气集团公司的9名工人在苏丹西部地区遭武装分子绑架,5人遇害,4人获救。

10月20日,韩国首都首尔江南区一家旅馆发生纵火行凶事件,造成至少2名中国籍女性死亡,另有2名中国人在袭击中受伤。

10月26日,3名中国留学生在澳大利亚悉尼的住所遭入室抢劫,其中1人死亡。

11月14日,天津远洋渔业公司所属的"天裕8号"渔船在肯尼亚海域被索马里海盗劫持,船上共有16名中国船员(含1名台湾船员)。经多方努力,全体船员和该船安全获救。

11月25日,泰国曼谷国际机场因遇示威活动被迫宣布关闭,绝大部分航班不能正常起降,包括近千名中国公民在内的大量游客滞留,中国政府实施紧急"撤侨"行动。

12月23日,二百余位中国劳工因劳资问题到中国驻罗使馆示威抗议,后经我方努力,事态得到平息。

12月24日,一名来自哈尔滨电站工程有限责任公司的员工在巴基斯坦马拉根德地区外出采购途中突然遭到四五名不明身份武装分子枪击,身中三弹,随即被紧急送往医院进行救治。

2009年

1月28日,马达加斯加首都塔那那利佛部分地区发生骚乱,当地多家超市(包括一些华人商铺)遭抢劫。

1月30日,一辆载有15名中国游客的旅行轿车在美国亚利桑那州西北向93号公路发生严重车祸,造成中国游客6死9伤。

2月15日,一悬挂塞拉利昂旗的中资货船在俄罗斯符拉迪沃斯托克(海参崴)附近海域遇险,船上10名中国船员中有3人获救,其余7人失踪。

4月4日,美国纽约州宾汉姆敦镇一所移民中心内发生枪击案,4名中国公民死亡,1 人受伤。

4 月 6 日,意大利中部阿布鲁佐大区发生里氏 5.8 级强烈地震,有 2 名中国公民在地震中受轻伤。

4 月 6 日,就读澳大利亚昆士兰州布里斯班市某学校的一名中国留学生与同伴在黄金海岸冲浪者天堂游泳时失踪。

4 月 13 日,尼日利亚拉各斯 IJORA 码头的中国海艺公司 IKEJASKY 号渔船进行检修时发生意外,造成爆炸和大火,导致 5 名中国船员死亡。

4 月 14 日,据中国外交部网站消息,近日,一上海居民在菲律宾莱特省潜水时不幸溺水身亡。

5 月 23 日,在加拿大渥太华河上划船时失踪的两名中国留学生被证实已溺水身亡。

5 月 27 日,一名来自福建的女性公民在菲律宾北哥打巴托省喀吧坎市被一伙不明武装分子绑架。经多方努力,该公民于 5 月 31 日获救。

6 月 1 日,法国航空公司 AF447 航班空客 A330 在从巴西里约热内卢飞往法国巴黎的途中失踪,有 9 名中国公民遇难。

6 月 18 日,俄罗斯政府宣布将集中销毁价值高达 20 亿美元的中国"走私"商品,并要求莫斯科市尽快关闭切尔基佐沃市场,结果导致数万华商数十亿财产损失。

6 月下旬,澳大利亚塔斯马尼亚州一名中国女留学生在夜晚搭乘当地人便车回市区途中,遭同车 2 男子侵害并杀害。

7 月 22 日,一名就读于韩国培材大学的中国留学生在大田市宿舍中遇害身亡,凶手被韩警方抓获。

8 月 25 日,我阿尔及利亚高速公路项目部 10 名劳务人员下班乘车返回驻地途中,与当地一辆砼罐车相撞,造成 6 人死亡、4 人受伤。

9 月 7 日,据中国外交部网站消息,近日,两名中国工程人员在利比亚南部沙提地区(首都的黎波里以南约 400 公里)驾车途中,遭 3 名不明身份蒙面武装分子开枪抢劫,造成 1 死 1 伤。

9 月 28 日,在尼日利亚拉各斯一家中资企业的 3 名员工在驾车途中遭当地人员武装抢劫，造成2名中国公民受伤，财物遭劫。

10月10日，贝宁科托努一中资蚊香厂遭当地歹徒持枪抢劫，造成数万美元的财产损失，无人员伤亡。

10月15日，新加坡“捷城”号货轮在塞舌尔以北海域遭索马里海盗劫持，船上有21名船员，其中3名为中国籍。12月28日，该轮获救。

10月19日，青岛远洋运输公司所属“德新海”轮在印度洋被索马里海盗劫持，船上有中国船员25名。后经营救，25名中国船员和“德新海”轮安全获救。

10月31日，莱索托一中资民营企业中方员工在上班时遭歹徒抢劫，两人中枪，送往医院后不治身亡。

10月16日，一名中国公民在秘鲁利马自己经营的餐馆内遭枪杀致死。

11月24日，美国伊利诺伊州立大学香槟分校附近高速公路上发生一起重大交通事故，造成中国留学生1死2伤。

12月2日，来自湖北的旅行团在泰国帕塔亚乘坐快艇时发生严重碰撞事故，造成在艇上中国游客2死6伤（伤员中包括1名港人）。

12月初，罗马尼亚首都布加勒斯特市红龙和尼罗市场的华商与市场管理方尼罗集团发生商业纠纷，罗方查封了市场近300家华商店铺。

12月8日，南非东开普省伊丽莎白港市发生一起中国公民遭抢劫遇害案。一中国公民在其经营的超市遇害。

12月14日，英国约克市附近高速公路发生一起重大交通事故，造成中国2名留学生死亡。

12月24日，苏里南东部边境城市阿明那发生骚乱，造成人员伤亡。有中国公民营的店铺在骚乱中被烧抢，造成损失，数十名中国公民被迫赴苏首都避难。

2010年

1月13日，海地发生地震，造成8名中国联合国“维和”警察遇难。

1月18日，一伙武装人员在阿富汗北部法利亚布省绑架了2名中国工程师。

1月27日,交通快艇“海豚号”在印尼东部阿鲁群岛海域因风浪过大沉没,船上33人中有24名中方人员。据了解,他们是当地渔业公司雇用的工人。

2月3日,澳大利亚GECS教育集团宣布倒闭,旗下院校就读的40余名中国留学生受到影响。

3月12日,7名中国渔民在喀麦隆附近海域被海盗劫持。经多方努力,3月18日,7名中国渔民安全获救。

4月1日,一艘中国台湾渔船在索马里海域被海盗劫持,船上有3名中国船员。

4月14日,冰岛南部埃亚菲亚赤拉冰盖火山大规模喷发,导致欧洲多国机场关闭,数以千计的中国公民滞留当地。外交部和中国驻外使馆积极行动,妥善处理和应对,事件得到较好解决。

5月10日,全国人大常委会副委员长乌云其木格率团过境巴黎时,在前往机场的路上,她乘坐的车辆受到试图抢劫的歹徒袭击。随行安保人员迅速反制,车上人员没有受到伤害,物品没有损失。

5月16日,也门分离主义分子在该国东部绑架了3名中国石油工人。

5月16日,来美仅两个月的23岁中国女留学生姚宇在美国法拉盛闹市区41路被杀。

5月23日,3名服务于尼日利亚Nifex公司的中国公民在阿比亚州被绑架,后经营救后脱险。

5月26日,罗马尼亚最大的中国商品集散地,位于首都布加勒斯特东北郊的红龙中国商品市场发生严重火灾。初步估计共计1000余家商店遭到大火彻底焚毁,华商直接经济损失达上亿欧元。

6月14日,中国政府决定派遣飞机接回因吉尔吉斯共和国局部地区的政治和社会骚乱而陷入困境的中国公民,前后共在9架专机执行撤侨任务,共有1317名中国公民安全回国。

6月22日,一辆载有17名中国劳务人员的卡车在新加坡发生交通事故,造成3人死亡、14人受伤。

6月28日，一艘名为“金福号”的由中国公司租用的新加坡货轮被索马里海盗劫持，船上有19名中国籍水手，都成为人质。

7月14日，一辆载有14名中国广西游客的观光大巴在韩国仁川发生交通事故，部分人员受伤，但均无生命危险。

7月24日，在德国杜伊斯堡市举行的“爱的大游行”群众集会活动发生踩踏事件，1名中国女性公民遇难，另有2人受伤。

7、8月间，巴基斯坦全国多个地方发生严重洪水灾害，中国在巴许多工程项目人员被困，3人下落不明。8月7日，192名获救中国工人坐包机返回中国。

8月23日，香港康泰旅行社一辆满载22人的旅游巴士在菲律宾首都马尼拉被歹徒挟持，警方与劫持者发生武力冲突，结果造成香港游客8死7伤的严重后果。

9月7日，中国15名渔民在中国钓鱼岛附近海域作业期间，被日本海上安保厅抓走并扣留，中国有关方面表示强烈不满，并向日方进行严正交涉。

9月17日，2名中国工人在斯里兰卡东方省巴蒂卡洛地区发生的爆炸事件中不幸遇难身亡。

6月至9月，在苏丹国接连发生两起中国农场遭抢劫、工人被暴力致残致伤、钱财遭抢的恶性事件，使我公民身心财产均遭受重大损害。

10月7日，一名中国留学生在美国马来里兰州贝塞斯达横过马路时遭车辆碰撞，送医院救治无效死亡。

10月17日，一个中国旅游团在美国亚利桑那州发生车祸，造成2人丧生，多人受伤。

11月8日，一艘中国渔船在韩国西海岸以外海域倾覆，15名船员中10人获救，5人失踪。

11月10日，一艘巴拿马籍货船在日本冲绳海域失踪，船上有25名中国船员。后3人被救起，其余人失踪。

11月18日，旅居意大利的浙江省瑞安籍侨胞王氏夫妇驾车行驶至西班牙巴塞罗那郊区，遭遇四名手持凶器的劫匪，两名歹徒手持凶器对王先生一阵乱捅，王最终抢救无效去世。

11 月 18 日，新加坡警方通报中国驻新加坡大使馆，称一名中国劳务人员在滨海湾中央岬公园身亡，疑为后脑遭人袭击所致。

12 月 1 日，两名中国游客在泰国普吉岛附近海域驾驶汽艇与一艘帆船相撞，不幸落水身亡。

12 月 3 日，一艘搭载 24 名中国船员的巴拿马货轮在菲律宾以北海域沉没，船上 14 人获救，另 10 人下落不明。

12 月 9 日，一名 20 岁中国留学生在墨尔本东南区一条公路上因发生车祸而死亡，车内另一名男性乘客受重伤。

12 月 13 日，一艘载有 42 人的韩国远洋渔轮在南极海域沉没，船上的 8 名中国籍船员中有 4 人获救、4 人失踪。

12 月 18 日，一艘中国拖网渔船因与韩国海岸警卫队船只相撞而发生倾覆，事件造成 2 名中国渔民下落不明，另 1 人受伤，生命处于危险之中。

12 月 19 日，在葡萄牙里斯本郊外 PORTOALTO 华人仓库区的中国城，华商王金龙遭几名蒙面歹徒持枪抢劫，王金龙身中数枪，后抢救无效死亡。

12 月 23 日，中国工程与农业机械进出口有限公司援莫桑比克项目中方人员驻地遭到歹徒袭击和抢劫，并导致 6 人程度不同受伤，其中 1 人伤势较重。

12 月 27 日，俄罗斯外贝加尔地区一家炼油厂发生爆炸，有 5 名中国公民在这次爆炸事故中丧生。

12 月 30 日，一名 23 岁中国籍研修生在日本三重县四日市一铁路道口推行自行车时被一辆急速行驶而来的机动车“追尾”，撞进道口警戒横杆，死于列车车轮下。

☆注：根据外交部网站、新华网、中国新闻网、新浪网、《南方周末》、《环球时报》等媒体的相关报道整理而成。个别人姓名和事件发生时间，因报道失误或国际时差转换原因，可能会有差错，本资料仅供相关研究参考，任何人引用上述资料，请自行核实原出处，文责自负。

感悟与致谢

自从中国人民大学毕业到浙江省委党校执教，二十多年来，我一直以国际政治理论的教学和研究为业，其间虽有彷徨或游离自己的职业选择，但最终没有转入他途。作为一位从事党的干部教育事业的教师，我深知责任重大、使命光荣。我除了努力地上好每一节课，指导好每一篇学员论文外，自己从没放松过学习和深造，以不断地提高业务水平。我先后到中央党校、国家行政学院、井冈山干部学院和复旦大学美国研究中心等国内学术重地进修，得到许多一流业内学者的指点，收益匪浅。多年来，每当自己在全省各地的国际形势报告会结束，学员和听众们报以热烈的掌声致谢时，我既有党校教师的职业荣誉和成就感，更深知压力和责任。期间，我也经常发表些学术论文，编著过多部书稿，但总感到“分量”不够，直到2009年7月，本人申报的《非传统威胁下中国公民海外安全分析》课题得到国家社会科学基金立项，自己有机会主持一项国家级课题，我才觉得自己在学术生涯上进了一大步。

《非传统威胁下中国公民海外安全分析》是国内第一部全方位地展示改革开放以后特别是进入新世纪以来，中国公民在海外活动的安全现状和特点，分析海外风险的成因和形式，阐述非传统威胁与公民海外安全间关系，指导公民如何规避风险和防范应对的专著。一年多来，我一直被这一课题魂萦梦牵。我不断地搞调查研究、查阅资料、论证据点、跟踪相关信息等，吸收了外交部中国领事保护中心、教育部、商务部相关职能部门领导的一些建议。本课题召开过多次的课题论证会、座谈会，广泛地听取了专家和学者的意见。2011 年年初，中国政府从埃及接回游客、从利比亚撤出劳工和从日本撤离中国公民等海外安全事件的相继发生，它表明，中国公民的海外安全，既是一个理论课题，更是十分紧迫的现实问题，加强研究，大有必要。我为自己可以给国家和社会做点有益的事情，备感高兴。

《非传统威胁下中国公民海外安全分析》虽是个人专著，但也可说是集体智慧的结晶。课题从立项到研究过程中，我得到了许多我敬重的浙江省委党校学术"高人"们的关心和鼓励。吴锦良、董建萍、何显明、郭祥才教授对我的课题设计提出了许多改进建议，对课题中标，功不可没。课题写作过程中，陈立旭、曹文彪、徐邦友、张静蓉、董明、郭亚丁等教授一直关心课题的进展，提出建议，使内容更加丰富。还有更多教授以各种形式对我以支持，我倍感欣慰。书稿完成后，浙江省委党校马力宏教授、浙江大学吕有志教授、浙江电子科技大学李仁德教授和上海国际关系学会金应忠研究员审阅了全稿并润色，使本课题终成"正果"。值得指出的是，作为我的老乡、校友和邻居的浙江省委党校政治学教研部主任方柏华教授，一直满腔热情地关心和支持我，我始终怀有感激之情。浙江工业大学的黄伟峰副教授和浙江省委党校王景玉副教授提供了书稿第四章、第九章的基础性内容。研究生杨蔚琪、王琴、汪雪芬、孙烨、张明敏同学做了资料整理工作。人民出版社资深编辑陈寒节同志为本书面世，做了许多工作。在此，一并向他们表示由衷的感谢。

俗话说：人遇喜事精神爽。我生性快乐，凡事总往好处想。我人生的大部分时间是在中国改革开放 30 多年中度过的，可谓"生逢好时光"。中国是世界上发展最快、变化最大、最有安全感的国家，我认为这就是每个人最大的"喜"事。近四年是我从事党校干部教育生涯中进步最快、发展最顺的日子，这一切离不开本单位现有的"想干事、能干事、干成事"的和谐集体氛围，我在此真诚地向浙江省委党校校委领导和各部门负责人表示敬意。

浙江人国学大师王国维说：衣带渐宽终不悔，为伊消得人憔悴，他说的是学术和事业的三重境界之一，现在我有所知悟，但深知相距甚远。我人已到中年，最美好的年华全付诸党校，虽成就不大，但也知足。大学毕业后，一直有三位女性陪伴和祝福我。独居乡下的母亲，每次打电话，总是先说“注意身体”，从不在意儿子功名如何。爱女李易璇在酷热天气，组织大学生帮我做课题问卷调查。每当我不悦之时，她总挽紧我的手，共同漫步于西子湖边，给我信心和勇气。爱人陈晓蓓女士与我执手相伴25年，一直是我人生航船的安全“港湾”。值本书出版之机，我承诺，我会以男性的刚毅和坚强力量来呵护你们，我们会永远地平安。

李晓敏

2011年3月21日于杭州午潮山麓